U0492650

经时济世

继往开来

贺教育部

重大攻关项目

成果出版

季羡林

九十有八

教育部哲学社會科学研究重大課題攻関項目

"十三五"国家重点出版物出版规划项目

国际金融中心法制环境研究

A STUDY ON LEGAL ENVIRONMENT FOR INTERNATIONAL FINANCIAL CENTER

周仲飞 等著

中国财经出版传媒集团
经济科学出版社
Economic Science Press

图书在版编目（CIP）数据

国际金融中心法制环境研究/周仲飞等著．—北京：经济科学出版社，2017.8

教育部哲学社会科学研究重大课题攻关项目

ISBN 978-7-5141-8076-3

Ⅰ.①国…　Ⅱ.①周…　Ⅲ.①国际金融中心-社会主义法制-建设-研究-上海　Ⅳ.①D927.510.228

中国版本图书馆CIP数据核字（2017）第122958号

责任编辑：王　丹　王　莹

责任校对：杨　海

责任印制：邱　天

国际金融中心法制环境研究

周仲飞　等著

经济科学出版社出版、发行　新华书店经销

社址：北京市海淀区阜成路甲28号　邮编：100142

总编部电话：010-88191217　发行部电话：010-88191522

网址：www.esp.com.cn

电子邮件：esp@esp.com.cn

天猫网店：经济科学出版社旗舰店

网址：http://jjkxcbs.tmall.com

北京季蜂印刷有限公司印装

787×1092　16开　25印张　480000字

2017年8月第1版　2017年8月第1次印刷

ISBN 978-7-5141-8076-3　定价：63.00元

（图书出现印装问题，本社负责调换。电话：010-88191510）

课题组主要成员

首席专家 周仲飞

主要成员 弓宇峰 尹 亭 李 妍 吴 弘
肖卫兵 张淑芳 岳彩申 单海玲
贺小勇 符 琪 廖益新 潘拥军

编审委员会成员

总　序

哲学社会科学是人们认识世界、改造世界的重要工具，是推动历史发展和社会进步的重要力量，其发展水平反映了一个民族的思维能力、精神品格、文明素质，体现了一个国家的综合国力和国际竞争力。一个国家的发展水平，既取决于自然科学发展水平，也取决于哲学社会科学发展水平。

党和国家高度重视哲学社会科学。党的十八大提出要建设哲学社会科学创新体系，推进马克思主义中国化时代化大众化，坚持不懈用中国特色社会主义理论体系武装全党、教育人民。2016 年 5 月 17 日，习近平总书记亲自主持召开哲学社会科学工作座谈会并发表重要讲话。讲话从坚持和发展中国特色社会主义事业全局的高度，深刻阐释了哲学社会科学的战略地位，全面分析了哲学社会科学面临的新形势，明确了加快构建中国特色哲学社会科学的新目标，对哲学社会科学工作者提出了新期待，体现了我们党对哲学社会科学发展规律的认识达到了一个新高度，是一篇新形势下繁荣发展我国哲学社会科学事业的纲领性文献，为哲学社会科学事业提供了强大精神动力，指明了前进方向。

高校是我国哲学社会科学事业的主力军。贯彻落实习近平总书记哲学社会科学座谈会重要讲话精神，加快构建中国特色哲学社会科学，高校应需发挥重要作用：要坚持和巩固马克思主义的指导地位，用中国化的马克思主义指导哲学社会科学；要实施以育人育才为中心的哲学社会科学整体发展战略，构筑学生、学术、学科一体的综合发展体系；要以人为本，从人抓起，积极实施人才工程，构建种类齐全、梯队衔接的高校哲学社会科学人才体系；要深化科研管理体制改革，发挥高校人才、智力和学科优势，提升学术原创能力，激发创新创造活力，建设中国特色新型高校智库；要加强组织领导、做好统筹规划、营造良好学术生态，形成统筹推进高校哲学社会科学发展新格局。

哲学社会科学研究重大课题攻关项目计划是教育部贯彻落实党中央决策部署的一项重大举措，是实施“高校哲学社会科学繁荣计划”的重要内容。重大攻关项目采取招投标的组织方式，按照“公平竞争，择优立项，严格管理，铸造精品”的要求进行，每年评审立项约40个项目。项目研究实行首席专家负责制，鼓励跨学科、跨学校、跨地区的联合研究，协同创新。重大攻关项目以解决国家现代化建设过程中重大理论和实际问题为主攻方向，以提升为党和政府咨询决策服务能力和推动哲学社会科学发展为战略目标，集合优秀研究团队和顶尖人才联合攻关。自2003年以来，项目开展取得了丰硕成果，形成了特色品牌。一大批标志性成果纷纷涌现，一大批科研名家脱颖而出，高校哲学社会科学整体实力和社会影响力快速提升。国务院副总理刘延东同志做出重要批示，指出重大攻关项目有效调动各方面的积极性，产生了一批重要成果，影响广泛，成效显著；要总结经验，再接再厉，紧密服务国家需求，更好地优化资源，突出重点，多出精品，多出人才，为经济社会发展做出新的贡献。

作为教育部社科研究项目中的拳头产品，我们始终秉持以管理创新服务学术创新的理念，坚持科学管理、民主管理、依法管理，切实增强服务意识，不断创新管理模式，健全管理制度，加强对重大攻关项目的选题遴选、评审立项、组织开题、中期检查到最终成果鉴定的全过程管理，逐渐探索并形成一套成熟有效、符合学术研究规律的管理办法，努力将重大攻关项目打造成学术精品工程。我们将项目最终成果汇编成“教育部哲学社会科学研究重大课题攻关项目成果文库”统一组织出版。经济科学出版社倾全社之力，精心组织编辑力量，努力铸造出版精品。国学大师季羡林先生为本文库题词：“经时济世　继往开来——贺教育部重大攻关项目成果出版”；欧阳中石先生题写了“教育部哲学社会科学研究重大课题攻关项目”的书名，充分体现了他们对繁荣发展高校哲学社会科学的深切勉励和由衷期望。

伟大的时代呼唤伟大的理论，伟大的理论推动伟大的实践。高校哲学社会科学将不忘初心，继续前进。深入贯彻落实习近平总书记系列重要讲话精神，坚持道路自信、理论自信、制度自信、文化自信，立足中国、借鉴国外，挖掘历史、把握当代，关怀人类、面向未来，立时代之潮头、发思想之先声，为加快构建中国特色哲学社会科学，实现中华民族伟大复兴的中国梦作出新的更大贡献！

教育部社会科学司

前　言

本书是周仲飞作为首席专家承担的教育部哲学社会科学研究重大课题攻关项目《国际金融中心法制环境研究》（项目批准号：11JZD009）的最终成果。本书通过对上海建设国际金融中心法制环境现状的实证考察，提出了上海国际金融中心可持续发展以及成为全球领先的国际金融中心亟须解决的11大法律问题，包括地方立法权、金融监管治理、人民币国际化的宏观审慎监管、跨境国际金融机构监管和处置安排、税收和涉外劳动立法等。通过对主要国际金融中心发展的历史考察，本书提出这些法律问题的完善不在于一味地宽松或者严格，而在于它们的适应性。具体来说，能够促进国际金融中心发展的法律应该是与国际金融中心政治、经济、基础设施等发展水平相适应的具有弹性（或者灵活性）的法律制度。法律的弹性要求法律尤其是金融法律和监管规则，应该按照金融的发展因势而变。

本书写作的具体分工如下：第一章（周仲飞、弓宇峰、石薇），第二章（张淑芳），第三章（李妍），第四章（符琪、岳彩申、弓宇峰、周仲飞），第五章（尹亭），第六章（潘拥军），第七章（廖益新），第八章（贺小勇、肖卫兵、单海玲、吴弘），第九章（周仲飞）。

周仲飞

摘　要

本书从历史和现实两个维度，梳理出上海建设国际金融中心面临的11大主要法律问题。历史证明，促进国际金融中心形成与发展的法律不在于一味地宽松与严格，而在于适应性。在金融立法属于中央事权的背景下，将中央立法中涉及金融机构准入和金融业务准入的事项交由上海人大和上海政府制定相关实施办法，能很好地解决法律的适应性问题。相对于金融监管体制而言，金融监管治理对于金融稳定和国际金融中心的发展更为重要，国家层面对金融监管治理法律保障制度缺漏的完善显得尤为迫切。上海国际金融中心建设的目标之一是到2020年“基本建成与我国人民币国际地位相适应的国际金融中心”，这就要求我们建立基于货币稳定的宏观审慎监管制度，涵盖跨行业、跨周期和跨国境资本流动三个方面。长期以来，我国监管机构和立法对机构准入和产品准入采取了严格监管政策，在很大程度上影响了作为有全球影响力的国际金融中心所必备的金融机构总部数量和金融产品数量。为此，有必要降低金融机构和金融业务准入门槛，并允许在上海注册的金融机构从事综合经营，这就需要尽快制定金融控股公司法和针对系统重要性金融机构的认定、监管和跨境有序处置的法律制度。缺乏保障金融市场基础设施的法律规则，是上海国际金融中心金融市场基础设施不发达的一个原因。明确交易、结算、清算过程中参与者的权利义务，建立金融市场基础设施的恢复与处置计划有助于提高金融市场基础设施的稳定性和有效性。国际金融中心的发展离不开税收、信用评级、社会信用体系、人力资源等支撑体系的法律保障和财税的适当分权，应建立包括统一的信用评级监管机构、信用评级机构的权利义务、信用评级机构的透明度等在内的信用评级法律制度，制定包括信用信息记录、归集、公开、查询、应用、保护和信用产品市场等在内的地方社会信用立法，构建以国民待遇为基础的多元化灵活用工的管理模式是建设上海国际金融中心建设必备的法律支撑。金融纠纷不同于一般的民商事纠纷，需要更加专业的解决方法，我们建议有必要在上海建立独立的金融法院系统和金融调处制度。

Abstract

This book sorts out eleven legal issues that Shanghai faces in establishing international financial center from historical and current perspectives. History provides evidence that law in facilitating the formation and development of international financial center is neither loose nor strict, but adaptability. In the context of financial legislation centralization, legislation regarding the entry of financial institutions and products or relating to the implementing and secondary matters in the central legislation should be granted to Shanghai People's Congress or Shanghai municipal government, to solve the issue of legislation adaptability. Compared to financial regulatory system, more important is financial regulatory governance to financial stability and international financial center development. Improvement of legal arrangements in this regard seems urgent in establishing good financial regulatory governance in China. One of the goals of Shanghai international financial center is to internationalise Renminbi. To achieve this goal, a macro-prudential regulatory system based on currency stability is needed covering cross-sectors, cross-cycles and cross-border capital flows. For a long time, China's regulatory agencies and legislation have imposed strict regulation on the entry of financial institutions and products, which blocks the entry of more international financial institutions and the development of more financial products. It is suggested that the thresholds for financial institutions and products be lowered and that financial institutions registered in Shanghai be permitted to conduct cross-sector activities. All these accordingly require the availability of financial holding company law and identification, regulation, and orderly cross-border resolution of a systemically important financial institution. The lack of complete legal system for financial market infrastructure is one of the reasons for the under-developed financial market infrastructure in Shanghai. The clarification of the rights and duties of participants in trading, settlement and clearing process and the design of recovery and resolution plan for financial market infrastructure are helpful to enhance the stability and efficiency of financial market infrastructure. Without legal arrangements for taxation, credit rating, social credit system and human resources, an international financial center could not develop. Proper separation of power in taxing, credit rating legislation including a unified credit rating regulatory agency, rights and duties of credit rating institutions, transparency of credit rating institutions, local social credit legislation covering recording, collection, publication, enquiry, application and protection of credit information, and a flexible, national treatment-based system for employment are necessary legal supports for Shanghai to build international financial center. Different from general civil and commercial disputes, financial disputes are tackled with more professional approaches. It is suggested that Shanghai establish independent financial court system and financial ombudsman system.

目 录

Contents

Contents

第一章

法律对国际金融中心建设的作用

国际金融中心的产生和发展取决于多种因素：一国政府的支持政策、经济总量、地理位置等，其主要的经济功能是按照市场化的原则提供最合理、最有效的方式配置金融和其他资源。法律的目的就在于消除阻碍这些资源按照市场化配置的各种障碍。那么，法律究竟对消除资源配置的障碍起到了何种作用？上海建设国际金融中心究竟存在着哪些有效配置资源的法律障碍和法律缺失？本章通过法律对伦敦、纽约、巴黎、东京等国际金融中心发展过程中所起作用的历史考察，试图回答法律传统和法律的宽严程度对国际金融中心建设的作用，以及法律所起作用的复杂性。我们通过对上海国际金融中心法治建设的问卷调查，以定量的统计方法编制了上海国际金融中心法治指数，描述了上海国际金融中心的法治建设现状。本章最后通过法律对国际金融中心建设作用的历史考察和上海国际金融中心的现状调查，提出了上海未来建设国际金融中心的法律障碍以及解决这些障碍的路线图。

一、法律是如何影响国际金融中心的形成和发展：历史考察

国际金融中心被认为是一定数量金融服务在给定城市空间的集合，是中介机构协调金融交易，安排支付清算的地方。市场的流动性和有效性、金融业务的多

样性和互补性、专业服务、技术专家、劳工技能以及获得高质量信息的容易程度等要素对于金融中心的形成和发展是至关重要的。[①] 无论是因商业需求和地理位置自然形成的国际金融中心，还是政府因发展经济需要推动形成的国际金融中心，所有这些要素都与法律有紧密联系似乎已经成为不言自明的公理。但是，法律的存在或者缺位对国际金融中心建设究竟是起着推动作用还是阻碍作用？不同的法律传统对于国际金融中心的形成与发展是否起着不同的作用，或者更直接说普通法是否比大陆法更有利于国际金融中心的建设？某些法律是否比其他法律对于国际金融中心发展具有更加重要的作用？这些问题似乎不是以“是”或“否”可以简单问答。本书通过法律对伦敦、纽约、巴黎、东京等城市在国际金融中心形成与发展过程中所起的作用的历史考察，试图总结法律与国际金融中心建设具有规律性的关系。

（一）法律对国际金融中心作用的历史考察

1. 伦敦

17 世纪，东印度公司和其他特许股份公司的成立，促进了交易公司股票的二级市场的形成。但刚刚诞生的股票市场因为政府的放松监管而充满了欺诈和市场操纵，从中还形成了操纵价格的职业从业人员，即股票经纪人（stock-jobbers）。英国议会曾在 1694 年和 1696 年春考虑制定相关法案监管资本市场，但最终也未能出台。英国股市在 1696 年夏天发生了第一次崩盘。[②] 股市崩盘促使英国在 1697 年颁布了其第一批证券法律，包括限制伦敦的股票经纪人不得超过 100 人，所有经纪人必须获得执照并缴纳年费，禁止经纪人用自有账户从事交易或者收取超过法定限额的佣金，期货交易从合同订立到交割证券不得超过三天等。[③] 1708 年，1697 年的证券法律期满失效，自此到 1720 年南海泡沫事件之前，英国没有出台过新的证券法律。1720 年上半年，南海公司因为政府的支持，其股价增长了 8 倍以上，而南海公司股价的飙升又刺激了更多小公司的成立、股票的上市和股价的升高。如同 17 世纪 90 年代，证券欺诈充斥着伦敦资本市场。[④] 1720

① See Youssef Cassis, *Capitals of Capital: A History of International Financial Centres*, 1780 - 2005, New York: Cambridge University Press, 2006, P. 2.

② See Erik F. Gerding, *Law, Bubbles, and Financial Regulation*, Routledge, 2014, P. 68.

③ See Stuart Banner, *Anglo - American Securities Regulation: Cultural and Political Roots*, 1690 - 1860, Cambridge University Press, 1998, pp. 39 - 40.

④ See Erik F. Gerding, *Law, Bubbles, and Financial Regulation*, Routledge, 2014, P. 72.

年9月，南海公司的股价开始下跌，同时拖累了其他公司的股价，英国迎来了第二次股市崩盘。在南海公司股价仍在上升期间，英国议会通过了《泡沫法》。《泡沫法案》通常被误解为英国政府打压股市欺诈的法律，而实际上它是一部压制竞争、保护南海公司利益的立法。该法规定，没有议会立法的授权，任何人不得设立新公司；任何现有的公司不得从事超过经营执照规定的活动；同时，该法鲜有保护投资者和防止欺诈的条文。南海公司泡沫后的14年，英国议会又通过了《约翰·伯纳德爵士法》，禁止股票卖空、期货和期权交易。《泡沫法》和《约翰·伯纳德爵士法》对后来1个世纪的英国金融市场产生了深远影响：公司设立、发行股票要经过冗长的议会批准程序。但是《约翰·伯纳德爵士法》在施行后的1个世纪内作用有限，该法试图禁止的股市投机行为在现实中仍然普遍存在。这反映了18世纪英国议会对股市投机行为的态度：只说不做。这种态度也促使了英国证券市场在18世纪和19世纪早期慢慢地发展壮大。① 而18世纪英国法官支持证券投机交易的判决，也促进了证券市场的发展。②

在1826年以前，除了英格兰银行以外，英国不允许设立股份制银行。《1826年银行法》允许在伦敦65英里以外的地区设立股份制银行，但《1833年银行法》废除了此条禁令，允许在伦敦设立股份制银行，只要它们不发行银行券或者放弃此项权利。虽然一开始伦敦的股份制银行受到英格兰银行和私人银行的抵制（如股份制银行在1854年之前不得加入伦敦票据交换所），但它的优势不在于其业务范围，而在于其法律地位、充足的资本金和广泛的分支机构网络。③ 19世纪中叶，英国（包括欧洲其他国家）公司法放松了对公司设立的限制。英国《1844年公司法》规定了无须先经议会立法批准而成立公司的一般权利，《1856年股份公司法》和《1862年公司法》进一步确认了这个权利，这使得公司尤其建造铁路的公司可以从资本市场获得资金，从而促进了一级市场和二级市场的发展；而大型股份制银行的出现可以集中调配金融资源。④ 1870年后，国际上逐渐形成了以英国为中心的国际金本位制度。在强大的黄金储备的支持下，英国得以在数十年的时间里维持英镑的币值稳定，币值稳定增强了伦敦对外资以及外资金融机构的吸引力。⑤ 资本的不断集中和资本输出的持续增长使得19世纪的伦敦已

---

① See Stuart Banner, *Anglo - American Securities Regulation: Cultural and Political Roots*, 1690 - 1860, Cambridge University Press, 1998, P. 99 & P. 111.

② See id. P. 111. 18世纪和19世纪英国法官常常个人投资政府债券和公司股票，法官支持证券投资行为的判决往往与其个人利益相关。See id. pp. 119 - 120.

③ See Youssef Cassis, *Capitals of Capital: A History of International Financial Centres*, 1780 - 2005, New York: Cambridge University Press, 2006, pp. 43 - 44.

④ See id. pp. 41 - 42.

⑤ 潘英丽等：《国际金融中心：历史经验与未来中国》（上卷），格致出版社2009年版，第50页。

经成为世界上头号国际金融中心。①

英格兰银行建立之初虽然是一家商业银行，但其充当着中央银行的角色。1844 年英国国会通过了《英格兰银行法》，规定英格兰银行作为发行银行，享有英镑的垄断发行权；作为银行的银行，统一保管各普通银行的存款准备金，充当各金融机构的票据清算中心，担当“最后贷款人”的角色；作为政府的银行，接受政府存款、管理国库。《英格兰银行法》理顺了英国银行业体系，是伦敦作为国际金融中心的基础性法律。

20 世纪以后的两次世界大战，逐渐动摇了伦敦作为世界头号国际金融中心的地位。1931 年英国放弃金本位是伦敦作为国际金融中心历史的一个转折点，人们对英镑的信心发生了动摇，因为英镑无法以固定的汇率自由兑换成黄金，它相对其他货币的价值已经无法保障。英国脱离英镑金本位在世界范围造成了远比 1929 年华尔街股票崩盘更严重的金融危机。其后果是在一段时间内，伦敦作为国际金融中心的作用大大降低。这是因为国与国之间的货币流动受到了更多的政府限制；银行和投资者需面对更大的风险，对把钱放在国外更加小心翼翼。当然，20 世纪 30 年代的货币事件对所有金融中心都造成了不利影响，所有金融中心的运作都受到了内外部的限制，使得其取代伦敦的历史地位变得不可能。② 尽管伦敦暂时没有受到很大影响，而且影响主要来自国际贸易的崩溃，但其声誉和影响力再也不能同日而语了。与纽约相比，伦敦的地位摇摇欲坠。③

20 世纪 30 年代初期，英国并未加入各国政府加强银行和证券市场监管的浪潮中，一部分原因可能是英国当时未有太多的银行倒闭，另一部分原因是金融体系比世界其他国家更加专业化，英格兰银行的严密监督确保了金融体系能够有效运行。④ 但是从国内看，政府力量的增强，特别是 1931 年英国实施外汇管制以后，意味着伦敦不再是一个自由运作、顺应客观市场供求变化的市场。第二次世界大战期间，英国货币市场的角色就是尽可能满足政府的金融需求，资本市场则负责处理长期融资问题。这些控制对伦敦实现其全球金融中心的传统功能造成了阻碍，而纽约则从伦敦的战时管制所造成的业务流失中获利最多。⑤ 第二次世界

① See Youssef Cassis, *Capitals of Capital*: *A History of International Financial Centres*, 1780 - 2005, New York: Cambridge University Press, 2006, P. 41.

② ［法］尤瑟夫·卡西斯、艾里克·博希埃著，艾宝宸译：《伦敦和巴黎：20 世纪国际金融中心的嬗变》，格致出版社 2012 年版，第 31 ~ 32 页。

③ See Youssef Cassis, *Capitals of Capital*: *A History of International Financial Centres*, 1780 - 2005, New York: Cambridge University Press, 2006, P. 185.

④ See id. pp. 191 - 192.

⑤ ［法］尤瑟夫·卡西斯、艾里克·博希埃著，艾宝宸译：《伦敦和巴黎：20 世纪国际金融中心的嬗变》，格致出版社 2012 年版，第 35 ~ 37 页。

大战标志着伦敦作为金融中心对世界经济的统治地位的终结。

20 世纪 50 年代，英国对汇率和资本流动采取管制，财政部对金融市场也是高度干预，它以指令的方式通过英格兰银行控制信贷向清算银行的分配，以至于凯恩斯说在英国没有必要对银行实行国有化，因为事实上已经是国有化了。① 尽管如此，伦敦仍然保留着国际金融中心所具有的机构、机制、技术、人才，英国政府恢复伦敦国际竞争力也是雄心勃勃。1933 年实施的美国《Q 条例》限制在美国的存款利息，导致了美元在二十世纪五六十年代流向欧洲大陆。当时欧洲国家如法国、瑞士、意大利和德国不鼓励外国存款的进入，禁止为短期外国存款支付利息，以及对欧洲美元实施准备金要求。而在英国，政府重建伦敦国际金融中心的决心超过了对外资流入可能引发通货膨胀、流动性风险和影响货币政策的担忧，对非居民的外国货币活动采取了较为宽松和自由的政策，银行愿意向美元存款支付高利息。英格兰银行也于 1958 年和 1962 年逐步放开了外汇管制，这样，国内金融机构可以更方便地利用国外资金开展业务，而对本国货币的金融活动采取了严格的监管，这与许多欧洲国家对外国货币采取怀疑态度截然不同。这些因素促使 20 世纪 50 年代欧洲美元和欧洲债券市场首先在伦敦出现，从而使伦敦再次成为最具影响力的国际金融中心之一。②

20 世纪 70 年代末期后，英国一系列放松金融监管的措施对伦敦国际金融中心的发展产生了显著影响。首先，1979 年英国取消汇率管制，促进了资本输出和以英镑定价的外国证券的发行，伦敦的欧洲货币市场和国内金融市场也完全融为一体。20 世纪 80 年代后，大多数国家取消了汇率管制，从而使各国货币能够自由兑换，各国国际金融的活动日益紧密，促使各国金融活动集中地的国际金融中心日益受到重视。其次，英国 1986 年 10 月 27 日实施的金融市场“大爆炸”，与其说是放松监管的开始，还不如说是放松监管的高潮，因为相关措施已经在 20 年之前欧洲美元市场形成时已经实施。1986 年 10 月，伦敦证券交易所采取了金融市场自由化改革；1986 年 11 月，英国颁布了《金融服务法》。两项改革措施主要包括取消了“stockjobbers”和“stockbrokers”之间的区别，允许 stockjobbers 和 stockbrokers 均可进入伦敦证券交易所从事股票买卖；取消最低佣金制度；允许经纪商和承销商可以相互从事对方的业务；银行修改会员规则以开放金融证券市场的通道，允许金融机构和外国证券公司直接入市交易，允许外国银行百分之百地拥有英国经纪公司；打破金融机构的业务界限，放松混业经营限制等。金融“大爆炸”极大地刺激了伦敦资本市场的发展，伦敦证券交易所的外国公司上

① Youssef Cassis, *Capitals of Capital: A History of International Financial Centres*, 1780 - 2005, New York: Cambridge University Press, 2006, P. 209.

② See id. pp. 223 - 224.

市数量、外国公司市值、外国股票交易量一直占据全球首位。

2. 纽约

美国的证券交易始于18世纪后期，1817年纽约证券交易所成立。从1792～1836年，纽约是美国唯一立法禁止卖空的州，但如同《约翰·伯纳德爵士法》在英国的作用一样，立法并没有起到效果，股票投机交易仍然在正规的法律体系外进行。① 1837年以前，州银行获得执照必须向州立法机构的每个成员提出申请，其结果是申请人行贿立法机构的成员，并向他们施加压力禁止新的准入者。州银行准入壁垒最后导致了美国自由银行时代的到来。自由银行时代并非没有银行准入门槛，而是指只要符合银行法规定的准入条件（当然是尽可能少的限制），均可以设立银行。美国第一部州自由银行法于1837年诞生于纽约，随后其他各州迅速效仿。在纽约实施自由银行法的三年内，银行数量增加了一倍。② 随着1865年《赋税法》规定对所有银行券征收10%的税，自由银行时代也戛然停止。③ 到19世纪50年代，纽约已经成为美国重要的银行、保险、证券中心，但纽约仍然不是美国的金融中心，纽约证券交易所也只是个地方性市场。

南北战争爆发后，联邦政府需要大量的融资来支持战争，但当时的法律规定政府的借款只能通过铸币支付，不能使用银行信贷，而战争的需要使建立稳定的国家货币体制迫在眉睫。为此，借鉴了纽约州自由银行法的许多思想，美国于1863年和1864年分别制定了《国家货币法》和《国民银行法》，允许创建联邦牌照的国民银行，发行统一的国家货币；建立了货币监理署，负责对所有国民银行的发照和检查。但各州银行发行的各色各样的银行券逐渐从市场退出，并不是因为《国民银行法》授权国民银行发行统一货币，而是1862年和1865年税法分别规定对州银行发行银行券征收2%和10%税的结果。《国民银行法》要求国民银行要么以现金的方式持有储备金，要么把储备金的一半存放到17个储备城市中的任何一家国民银行，后者又可以把它们的一半储备金存放到纽约的任何一家国民银行。由于纽约在美国经济中的地位，这一规定导致许多银行将准备金存放在纽约的银行，从而使得纽约成为资本运转的场所，也极大地促成了纽约作为美国金融中心的崛起。

---

① See Stuart Banner, *Anglo - American Securities Regulation: Cultural and Political Roots, 1690 - 1860*, Cambridge University Press, 1998, P. 174.

② Jill M. Hendrickson, *Regulation and Instability in U. S Commercial Banking: A History of Crises*, Palgrave Macmillan, 2011, P. 60.

③ 由于自由银行倒闭数量众多，一部分学者认为自由银行本身就是失败；而另一部分学者认为自由银行倒闭有各种原因，其成功也是有目共睹。这两种不同观点实际上形成了至今对美国银行监管有深远影响的两种不同理念，加强银行监管和放松银行监管。

在国民银行时期的1873年、1884年、1890年、1893年和1907年，美国发生了五次银行危机，每次危机都伴随着股票市场的下跌。在消除危机的过程中，纽约清算所发挥了重要的作用。它通过发行清算所贷款凭证、向遭受挤兑的银行发放储备金等方式，阻止了危机的传递。[①] 5次危机后，许多人质疑纽约清算交易所发行贷款凭证的合法性，因为具有货币性质的紧急贷款只有在财政部的管理下才是合法的。对于纽约清算所行使中央银行职能的讨论，最终催生了美国1913年《联邦储备法》和美国联邦储备系统的诞生。

自1914年开始，伦敦作为国际金融中心的影响力逐渐衰退，而纽约的影响力逐渐增强，其中一个原因是1913年美国金融立法极大地增加了美国获得市场份额的机会。[②] 1913年，国会通过了《联邦储备法》，建立了作为中央银行的联邦储备银行系统（或称联邦储备系统）。联邦储备银行是一个准政府实体，发行由政府支持的联邦储备纸币，以代替国民银行纸币。虽然《联邦储备法》允许在美国12个地区建立储备银行，纽约州也实行单一银行制度，但这些并没有妨碍纽约的银行在数量和规模上在全国占有的支配地位，美国实际上只有一个以纽约为中心的货币市场和货币政策。[③] 1919年，美国颁布实施《爱治法》(Edge Act)，允许国民银行在海外设立分支机构，开展国际业务。美国银行的海外分支机构从1913年的26家增加到1920年的181家，[④] 扩大了美国银行在世界范围内的影响。联邦储备体系的建立，黄金储备向联邦储备银行的集中，以及《国民银行法》的修改，赋予国民银行创设承兑票据的合法权利，而一战期间欧洲国家大量的战争所需的借款在纽约完成，促成了纽约的银行票据市场和国际债券市场的发展。[⑤] 在第一次世界大战接近尾声时，纽约已经呈现出替代伦敦成为世界头号国际金融中心的势头。

20世纪20年代是美国没有银行危机和金融混乱的10年，也是美国商业银行数量剧增和大规模兼并、股市极度繁荣的10年。这一时期的主要特征是美国历史上第一次大规模公开发行国外证券，以及国内公司的融资方式实现了从依赖银

---

① See Jill M. Hendrickson, *Regulation and Instability in U. S Commercial Banking: A History of Crises*, Palgrave Macmillan, 2011, pp. 90 - 95.

② See Youssef Cassis, *Capitals of Capital: A History of International Financial Centres*, 1780 - 2005, New York: Cambridge University Press, 2006, P. 161.

③ 潘英丽等：《国际金融中心：历史经验与未来中国》（上卷），格致出版社2009年版，第54～55页。

④ Youssef Cassis, *Capitals of Capital: A History of International Financial Centres*, 1780 - 2005, New York: Cambridge University Press, 2006, P. 155.

⑤ 潘英丽等：《国际金融中心：历史经验与未来中国》（上卷），格致出版社2009年版，第56页。

行贷款到发行股票与债券的显著转变。[①] 其中的法律原因就是宽松的反垄断法促成了金融公司、公用企业的兼并，银行监管的放松允许银行可以涉足证券和房地产业务，而对证券市场的不干预政策导致了证券市场的投机行为。

20 世纪 30 年代初期，银行倒闭潮和公众对金融机构信心缺失，促使政府加强对银行和证券交易所的监管。1933 年美国通过《证券法》和《银行法》（合并成为《格拉斯—斯蒂格尔法》）在进一步规范美国金融市场的情况下，促成美国金融市场地位的提升。如《证券法》规定了发行和上市证券的信息披露质量；1934 年的美国《证券法》建立证券交易委员会，为现代证券市场的规范提供了基础。1933 年的《银行法》在很长时间内是美国银行政策具有里程碑意义的法律，它包括五个具有历史影响的规定：确立了证券和银行业务分离，建立了存款保险制度，禁止银行向活期存款支付利息和规定银行向定期存款支付利息的上限，赋予国民银行与州银行一样设立分支机构的权利，将银行控股公司纳入联邦监管。1935 年《银行法》修改了 1933 年《银行法》有关联邦储备理事会职权的规定，扩大了理事会改变准备金要求的权力，扩大了联邦储备银行的贷款权力，授权理事会对成员银行支付的定期存款利率规定上限。从 1934 ~ 1980 年，美国金融业进入了持续的稳定发展期，其中的原因包括 1933 年《银行法》对存款利息支付的限制降低了银行的资金成本，分业经营的法律使证券机构可以充分获得自己市场的利润，存款保险尤其是对非联邦储备系统成员的州银行的开放在很大程度上预防了银行挤兑和银行倒闭。[②] 规范证券投资业务的证券法律一开始遭到了金融业的反对，但最终他们意识到从长远看是保护它们自身的利益。[③] 这些金融法律不仅成为各国规范金融市场的榜样，而且进一步促成了纽约国际金融中心的崛起。

第二次世界大战结束后，布雷顿森林体系建立了以黄金为基础、以美元作为最主要国际储备货币的黄金——美元本位制度。自此，美元成为最重要的国际储备货币和支付工具（如同 1914 年前的伦敦），这为纽约作为国际金融中心奠定了货币制度基础。[④] 同时，纽约联邦储备银行在国际金融活动中发挥了重要作用，它是主要外国中央银行和政府的代理行，唯一被授权拥有外国账户和在国际范围内开展业务的储备银行。“二战”以后，伴随着西方国家对经济的政府干预，金融领域的政府干预也逐渐加强。比如在汇率管制方面，西方主要国家，除美国和

① ［美］米尔顿·弗里德曼、安娜·J·施瓦茨，巴曙松等译：《美国货币史：1867 ~ 1960》，北京大学出版社 2009 年版，第 171 页。

② Richard Scott Carnell, Jonathan R. Macey & Geoffrey P. Miller, *The Law of Financial Institutions*, Fifth Edition, Wolters Kluwer, 2013, P. 20.

③ Margaret G. Myers, *A Financial History of the United States*, Columbia University Press, 1970, P. 334.

④ 潘英丽等：《国际金融中心：历史经验与未来中国》（上卷），格致出版社 2009 年版，第 59 页。

瑞士外，直到20世纪70年代末才实现货币自由兑换。汇率管制致使货币不能自由兑换，影响了欧洲国家的国际金融活动，从而促成了纽约作为国际金融中心地位的提升。

即便纽约当时已经成为首屈一指的国际金融中心，但其影响力仍然无法与伦敦在半个世纪以前的影响力相比。其中一个原因是美国对银行和金融活动的监管影响了金融机构涉足其他金融领域的可能性。[①] 在20世纪50年代，美国经济增长提供了大量的信贷机会，而美国商业银行发现它们无法筹集到足够的资金来抓住机会，其中一个原因是《Q条例》，因为该条例对银行支付存款的利息设定了最高限额，导致公司将资金投向证券市场。20世纪60年代美国银行的海外扩张与其说是对欧洲国家的侵入，还不如说是逃离美国复杂而限制性的银行监管法律。[②] 美国银行逐渐成为欧洲美元市场的主力，所占欧洲美元市场的份额从1959的17%增加到1969年的54%。1963年美国实施的《利息平衡税法》和1965年推行的《外国信贷自愿限制计划》，禁止纽约资本市场向外国证券发行开放，美国银行遂不断地利用其在伦敦和欧洲的分支机构从事此类业务，在1963～1972年间，美国银行在欧洲美元市场占据了显著的位置。可以说尽管美国银行立法以牺牲纽约为代价提高了伦敦的国际影响力，但美国银行充分利用了这种态势，控制了欧洲美元市场，并将欧洲美元市场整合到它们整个全球战略中去，[③] 从而提高了纽约作为国际金融中心的全球影响力。

纽约州法律和联邦法律一定程度上刺激了纽约作为国际金融中心的发展。[④] 直到20世纪80年代后期，纽约州是美国唯一允许外国银行设立分支机构的州。美国《爱治法》允许地方银行从事国际业务，结果这些地方银行蜂拥至纽约。1966年《外国投资者税法》取消了许多禁止外国人投资美国证券的规定。20世纪70年代中期后，美国逐渐取消了一些金融管制。1974年，美国取消了资本管制，外国直接投资计划、利息平衡税、对外信贷限制计划等限制资本外流措施也被废除。1975年4月，纽约证券交易所废除了股票交易中的固定佣金制度，美国证券交易委员会和纽约证券交易所更少的管制使其国际化程度迅速提高。整个20世纪90年代，纽约证券交易所接受了861个外国公司的上市，而伦敦证券交

---

① See Youssef Cassis, *Capitals of Capital: A History of International Financial Centres*, 1780－2005, New York: Cambridge University Press, 2006, P. 206.

② See id. P. 226.

③ See id. pp. 225－226.

④ See Sarkis J. Khoury, *The International Financial Centers: Developing the Competitive Edge*, in Yoon S. Park & Musa Essayyard eds. *International Banking and Financial Centers*, Kluwer Academic Publishers, 1989, pp. 71－73.

易所同期只接受156个外国公司的上市。[①] 1982年，《Q条例》完全被废除。1984年，美国国会通过了《加强二级按揭市场法》，取消了《格拉斯—斯蒂格尔法》对国民银行、信用社、存贷机构购买私募按揭支持证券的数量限制。自1981年底始，美联储允许银行建立国际银行工具，以吸引海外美元的回流，鼓励美国和外国的银行更多地在美国而不是国外经营银行业务。国际银行工具被视为美国银行的海外分支机构，可以接受外国人的存款，也可以对外国人发放贷款。包括纽约州在内的许多州制定了专门的税收法律，赋予国际银行工具税收优惠。到1987年，纽约的金融机构拥有3/4的国际银行工具资产。[②] 20世纪90年代后，美国政府进一步放松了对金融业的限制。1994年颁布的《里格尔尼尔州际银行业务和分支机构效率法》，允许美国银行跨州设立分支机构。美国最高法院在1991年和1994年的两个判决（Lamf，Pleva，Lipkind，Prupis和Petigrow诉Gilbertson和丹佛中央银行诉丹佛第一州际银行）对证券诉讼作出了新的限制，并降低了证券发行人和其代理人的责任。1995年和1998年出台的《私人证券诉讼改革法》和《证券诉讼统一标准法》提高了私人针对证券发行人和金融机构提起证券诉讼的门槛。1999年的《格雷姆—里奇—比利雷法》（即《金融服务现代化法》）废除了实施60多年的《格拉斯—斯蒂格尔法》所规定的分业经营。2000年的《商品期货现代化法》放松了对场外衍生品市场的监管，将大多数有经验交易方之间进行的场外衍生品交易不再视为期货或者证券而予以监管。

但是，纽约作为国际金融中心的优势地位在21世纪初逐渐被伦敦超越。从美国的自身原因看，有两个事件尤为相关。一是21世纪初伴随着科技泡沫的破灭，纳斯达克市场的崩盘。二是美国国会为应对安然和世通丑闻颁布的《萨班斯—奥克斯利法》，国会加强了对公司内部控制的监管，增加了外国公司到美国上市的成本。相反，伦敦在此时抓住了机会，2005年到2008年全球（除英国外）的20个最大IPO有14个在伦敦证券交易所完成，只有4个在纽约证券交易所完成。[③]

3. 其他国际金融中心

（1）巴黎。

1792年的法国大革命在一定程度遏制了巴黎作为国际金融中心在18世纪蓄

① See A. C. Pritchard, *London as Delaware? University of Cincinnati Law Review*, Vol. 78, Winter 2009, P. 484.

② Sydney J. Key & Henry S. Terrell, *The Development of International Banking Facilities*, in Yoon S. Park & Musa Essayyard eds. *International Banking and Financial Centers*, Kluwer Academic Publishers, 1989, P. 191.

③ See Bob Wigley, *London: Winning in a Changing World: The Review of the Competitiveness of London's Financial Centre*, December 2008.

积的良好发展势头，尤其是 1793 年雅各宾派颁布法令，关闭巴黎证券交易所、解散股份公司等措施阻碍了巴黎发展成为一个国际金融中心。[①] 19 世纪前期，巴黎作为国际金融中心的发展部分得益于其相对宽松的法律和监管环境。1823 年 11 月，政府废除了禁止外国证券在巴黎证券交易所上市的法令，外国证券在巴黎证券交易所上市并不完全要求获得政府的授权，而是由证券经纪人组织——股票经纪公司（Compagnie des Agents de Change）决定。尽管法国当时禁止期货交易，但政府对场外市场（Coulisse）采取了容忍的态度，未能在证券交易所正式上市的证券可以在场外市场交易。[②] 1859 年以后，法国当局对私人公司发行证券采取了比较自由的态度，仅仅要求政府对这些证券的上市给予通告即可，而非此前三年那样试图限制证券上市，其目的是为了扭转业务转向伦敦的态势。[③] 但在 1916 年 5 月 13 日的法律下，任何外国证券的上市都是被禁止的，外国证券的上市都必须获得对 1916 年法律的豁免。外国证券的上市在经过巴黎证券交易所审查之后，仍然有可能被财政部拒绝。这一情况一直持续到 1968 年证券交易委员会成立并接管此职能。[④]

第二次世界大战对法国经济的损害要远大于对英国经济的损害，法国政府在战后更大的精力放在重建国家而不是提高巴黎作为国际金融中心的影响力。“二战”以后的 40 年间，法国和其他西方国家一样更加信奉凯恩斯的经济政策，国家干预成为经济的主要特征。在金融领域，法国对私营银行和中央银行采取国有化，实施了对金融中心发展有重大影响的汇率控制。国家控制几乎扼杀了巴黎资本市场的发展，在这一时期没有证券在国外发行，法国公司发行的证券数量也只占 GDP 的 3.5%（而在 1913 年占了 11%），其结果是巴黎证券交易所直到 20 世纪 80 年代前萧条不堪。[⑤] 20 世纪 60 年代法国银行逐步走向了国际市场，但却面对要求不允许使用它们的国内储蓄客户资源和在国际市场上难以满足法国机构需求的政策环境。在财政政策上，对于非居民 25% 的扣除税率和非优惠的税收政策，将外国机构排除在市场之外。在监管层面，认购国外发行的债券需要得到批准，但是外国债券在法国国内无报价而不得不将其存托。每项国际市场上的承销交易均涉及美元外流的外汇管制，因此必须向监管部门事先报批。政府的管制自

---

① Youssef Cassis, *Capitals of Capital: A History of International Financial Centres*, 1780 – 2005, New York: Cambridge University Press, 2006, P. 26.

② See id. P. 30.

③ See id. P. 64.

④ ［法］尤瑟夫·卡西斯、艾里克·博希埃，艾宝宸译：《伦敦和巴黎：20 世纪国际金融中心的嬗变》，格致出版社 2012 年版，第 331 页。

⑤ Youssef Cassis, *Capitals of Capital: A History of International Financial Centres*, 1780 – 2005, New York: Cambridge University Press, 2006, P. 214.

1966年11月逐渐放松，允许法国银行在巴黎市场放开国际发行和允许法国公司开展国际融资。1968年5月，法国再次引入外汇管制，法郎计价的发行又陷入了困境，法国银行在国际市场上发行的能力再次下降。① “二战”以后直到20世纪80年代，法国金融市场相对封闭的主要原因在于这个国家的统制经济，以及古老的结构和管理市场运行的僵化规则。②

1984～1985年，法国采取了金融自由化措施，各种短期金融工具（包括可转让存单等）被引进，从而相应的二级市场也迅速发展起来；债券发行和经纪的佣金制度几近全面取消；1986年成立了期货交易所，1987年成立巴黎期权交易所；自1992年起取消股票经纪人的垄断权等。③ 但是，金融保护、政府干预、沉重的社会保障和税务负担一直是巴黎成为全球领先金融中心的障碍。④

（2）东京

20世纪70年代之前，日本的银行业、资本流动、非居民购买日本公司股票、在日本发行外国债券、日本企业国外借款、银行在欧洲美元市场的活动、证券和债券市场都受到政府严格的监管。⑤ 日本还通过一系列措施限制来自国外的竞争和国内企业和金融机构进入国际市场，包括外汇管制、限制国内企业从事外汇交易的牌照数量、限制日本国际金融机构从事国际业务。⑥ 所有这些监管措施使日本远离国际金融体系，尤其是外汇管制成为东京金融市场丧失竞争力的一个重要因素。20世纪70年代的高通胀率迫使日本政府开放东京金融市场，实施金融自由化。日本政府首先放松监管债券市场和证券公司，然后再放松对银行业的监管。1980年的《外汇改革法》表明了日本全面开启金融国际化的进程。外汇法的修改意味着日本基本实现了内外资本流动的自由化，日本银行原则上被允许无限制地在国内和国外借贷外币；日本居民可以完全自由地从银行将日元兑换成外币储蓄；在日本的外国投资范围放宽，尤其是取消了权益性投资中25%的所有权限额；⑦ 放松了公司债的利率上限控制，降低了日本公司在海外发行债券的门槛，取消了日本公司海外发行债券事先要获得政府批准的要求，代之以告知要

---

① ［法］尤瑟夫·卡西斯、艾里克·博希埃，艾宝宸译：《伦敦和巴黎：20世纪国际金融中心的嬗变》，格致出版社2012年版，第383～385页。

② 同上引，第324页。

③ Youssef Cassis, *Capitals of Capital: A History of International Financial Centres*, 1780 – 2005, New York: Cambridge University Press, 2006, P. 247.

④ ［法］尤瑟夫·卡西斯、艾里克·博希埃，艾宝宸译：《伦敦和巴黎：20世纪国际金融中心的嬗变》，格致出版社2012年版，第446～447页。

⑤ Youssef Cassis, *Capitals of Capital: A History of International Financial Centres*, 1780 – 2005, New York: Cambridge University Press, 2006, P. 239.

⑥ See Erik F. Gerding, *Law, Bubbles, and Financial Regulation*, Routledge, 2014, P. 290.

⑦ 潘英丽等：《国际金融中心：历史经验与未来中国》（上卷），格致出版社2009年版，第88页。

求；银行被允许发行存单，进而相应的二级市场也得以发展；资本流动也逐渐放开，取消了非居民购买日本股票的限制等。1983 年，日美日元委员会成立，加快了日本金融国际化的步伐，主要表现在利率自由化，外汇交易和金融管制进一步取消和放松，国际性证券交易扩大。[①] 到 20 世纪 80 年代，东京是仅次于纽约、伦敦，位列第 3 位的国际金融中心。

随着 20 世纪 90 年代日本经济泡沫的破灭，东京作为国际金融中心的影响力急剧下降。1998 年以前日本是西方发达国家唯一维持外汇管制的国家，尽管 1980 年外汇法修改已经放松了外汇管制，但仍然存在大量的过剩管制和报告义务。[②] 为了在 2001 年前将东京建成与纽约、伦敦同等水平的国际金融市场，1997 年，日本实施了日本版的"金融大爆炸"。日本版的"金融大爆炸"有三个目的：通过法律放松过去严格监管的金融体系；把国内居民的银行储蓄吸引到金融市场；取消外汇管制。[③] 1998 年 4 月实施的新外汇法包括内外资本交易完全自由化，废除外汇银行许可制度；通过官方注入资本，增持银行股份等方法帮助银行加大对不良资产的处理力度；修改公司法、商法、证券交易法等法律放松金融市场的管制，取消银行、证券和保险分业经营的障碍，加强金融监管机构；赋予日本银行更多的自主权，同时推进一系列保护投资者和确保市场公正性的措施。[④] 2006 年，日本进行了最重要的证券法改革，即通过了《金融工具和交易法》，推进了以资本市场发展为重心的东京国际金融中心重振计划。该法为保护投资者，对所有的投资工具进行跨业监管。该法部分内容被称为日本版的《萨班斯—奥克斯利法》，要求日本的上市公司加强内部控制以确保财务信息披露的全面性和准确性；要求对冲基金在日本金融监管厅注册；不同流动性的上市有价证券适用不同信息披露制度；根据投资者的性质，对从业者适用不同规则。尽管日本《金融工具和交易法》增加了金融机构的监管负担，短期对于东京的竞争力可能有负面影响，但是，其中许多为提高市场效率的灵活性监管措施会产生长期效益。日本金融监管厅和金融业界已经达成 14 项原则，采用以原则为基础的监管方法，从另一方面减缓了金融机构的监管压力。日本金融监管厅加强监管行动的透明度和可预见性从长期来看也有利于提升东京作为国际金融中心的竞争力。

（3）香港

尽管香港国际金融中心地位的形成有其历史原因，但香港透明、公开的金融

---

① 潘英丽等：《国际金融中心：历史经验与未来中国》（上卷），格致出版社 2009 年版，第 89 页。

② 同上引，第 118 页。

③ Youssef Cassis, *Capitals of Capital: A History of International Financial Centres*, 1780 – 2005, New York: Cambridge University Press, 2006, P. 270.

④ 潘英丽等：《国际金融中心：历史经验与未来中国》（上卷），格致出版社 2009 年版，第 119 ~ 122 页。

法律制度，对外国机构从事金融业务的开放措施，对金融市场采取不干预政策，例如优惠的税收体制、资本的自由流动、汇率市场化等，是其成为有竞争力的国际金融中心的重要因素。《中华人民共和国香港特别行政区基本法》第109条规定：特别行政区政府提供适当的经济和法律环境，以保持香港的国际金融中心地位。1997年亚洲金融危机后，香港金融监管局放宽境外银行在港设立分行的数量限制、分阶段撤销储蓄和往来存款的利率限制、简化银行三级发牌制度、加强银行内部财务管理及风险控制和银行审慎监管等。[①] 2003年香港成立“跨市场监管委员会”，加强不同监管机构之间的市场信息交流，制定应急监管措施，促进对金融集团的监管。针对分业监管造成的问题，如对银行的证券业务，香港证监会作为证券业的牵头监管机构，香港金融管理局作为银行从事证券业务的主监管机构。但香港也存在影响香港国际金融中心地位的监管法律，如证券业务和存款业务混同，从事普通商业银行业务的人和从事投资银行业务的人混同，以及产品的信息披露对于一般投资者而言无法理解等不足，均会对香港作为国际金融中心的竞争力产生消极影响。

（4）新加坡

《新加坡金融管理局法》第4条规定，新加坡金管局主要目的之一即为“培育稳健的和声誉显著的金融中心”，职责之一则为“将新加坡发展为国际金融中心”。可以说自1965年独立之日起，新加坡就朝着建成国际金融中心的方向努力。国际金融中心的第一步是政府取消外币利息税，大力鼓励外国金融机构进入新加坡金融市场；授权美洲银行开立亚洲货币单位，开展外币业务，即向亚洲客户吸收美元存款、发放美元贷款，从而在新加坡形成了亚洲美元市场。[②] 亚洲金融危机后，新加坡取消外资在本地银行不得持有40%以上股权的限额，放宽符合资格的银行的新元贷款额上限，鼓励银行业的兼并收购。[③] 1999年后，新加坡开放直接险市场，取消外国人只能持有本地直接险公司49%股份的限制，且不限制外国保险公司市场准入的数量；继续开放再保和自保市场；放松对保险公司业务进行直接具体的监管。[④] 新加坡金融监管环境被世界银行描述为世界上对金融机构经营最友好型的监管。新加坡也建立了单一监管机构，降低监管的重复和冲突，并从单一的机构监管导向转向系统性风险导向，为降低合规成本同时维护稳健的金融环境提供了良好基础。对所有金融机构，新加坡监管当局均施以风险

① 潘英丽等：《国际金融中心：历史经验与未来中国》（中卷），格致出版社2009年版，第191、229页。

② Youssef Cassis, *Capitals of Capital: A History of International Financial Centres*, 1780 - 2005, New York: Cambridge University Press, 2006, P. 276.

③ 潘英丽等：《国际金融中心：历史经验与未来中国》（中卷），格致出版社2009年版，第246页。

④ 同上引，第257～256页。

为基础的监管。同样，新加坡以规则为基础的监管方法可能损害新加坡的竞争优势，对金融创新反应不够及时。而信息披露的规则过于复杂，披露的信息缺乏意义，则增加了购买证券的成本。

（5）迪拜

尽管迪拜在世界国际金融中心版图中并未处于较高的位置，[①] 但其专门通过金融法律促成国际金融中心从无到有的做法显然值得借鉴。2004 年 1 月，阿联酋修改了《宪法》第 121 条，将建立金融自由区的命令、方式和范围，以及在该范围内可以免除适用联邦法律的权限赋予了阿联酋联邦立法机构。联邦立法机构据此在 2004 年 3 月 27 日颁布了只有 10 个条文的《金融自由区法》，允许阿联酋联邦下面的任何一个酋长国建立金融自由区，同时豁免了金融自由区和在金融自由区从事的金融活动适用联邦民商事法律，但联邦刑事法律和其他法律仍适用于金融自由区。2004 年联邦第 35 号法令做出决定，在迪拜酋长国建立面积为 110 英亩的国际金融中心，迪拜国际金融中心有权制定所有民商事领域的法律，建立独立的金融监管体制。

2004 年迪拜酋长国颁布了《迪拜国际金融中心法》，建立了包括迪拜国际金融中心管理局、迪拜金融服务局和迪拜国际金融中心法庭在内的迪拜国际金融中心组织架构。国际金融中心管理局拥有独立的立法权，负责起草金融中心的法律和条例，由迪拜酋长颁布。金融服务局对金融中心管理局总裁负责，负责监管中心的金融活动，有权颁布监管条例和规则。迪拜国际金融中心法庭分初审法庭和上诉法庭，审理与金融中心本身、在金融中心设立的机构和在金融中心从事的交易有关的法律纠纷。依据《迪拜国际金融中心法》，迪拜国际金融中心已经颁布了《监管法》《合同法》《破产法》等九部法律。

（6）卡塔尔

卡塔尔金融中心是依据《卡塔尔金融中心法》的规定于 2005 年建立的，目的是在多哈建立一个金融和商业中心，以吸引国际金融服务机构和跨国公司到卡塔尔。《卡塔尔金融中心法》授予卡塔尔经济与商业部部长（也是法定的卡塔尔金融中心局主席）颁布适用于金融中心的条例。条例在金融中心具有优先适用效力，卡塔尔国家的民商法原则上不能适用于金融中心。虽然卡塔尔刑法仍适用于金融中心，但是金融中心的业务活动如果符合《卡塔尔金融中心法》和条例，将不构成犯罪或不能视为违反了刑法或其他法律。《卡塔尔金融中心法》还为卡塔尔金融中心提供了基本的组织结构，即建立卡塔尔金融中心局和卡塔尔金融中心监管局，他们都有权起草适用于金融中心的条例，但这些条例需提交给卡塔尔经

---

① 迪拜在 2009 年 3 月 Z/Yen 集团世界国际金融中心排名中位列第 23 位。

济与商业部长颁布，涉及监管局和监管法庭职能的条例还需要经过卡塔尔部长会议同意。法律还建立了专门的卡塔尔金融中心民商法庭和监管法庭。从 2005 年到 2007 年，卡塔尔经济与商业部长先后颁布了卡塔尔金融中心条例第 1 号 ~ 13 号，其中包括《金融服务条例》《公司条例》《反洗钱条例》等。

（二）法律传统的影响

鉴于主要国际金融中心都建立在普通法系国家，有的学者提出了法律传统对于国际金融中心建设有重要影响。以法律与金融学派（LLS & V）为代表的法金融学派认为法律传统是金融发展的法律前提，他们认为不同的法律体系对私有财产和投资者权利保护的重视程度不同，而对私有财产和投资者的保护是金融发展的基础。具体而言，普通法系国家比大陆法系国家能够更好地保护股东权利，如果小投资者担心内部人会掠夺他们的利益，他们就不再投资内部人的企业。如果外部投资人不购买股票，那么股票市场就不会发展。普通法系国家通过法官创设的信义义务来保护小股东，而大陆法系国家的法学理论和司法实践过于刚性而无法适应保护小股东利益的需要。大陆法系国家（无论是法国还是德国）的政府比普通法系国家的政府在监管市场方面起着更大的作用，大陆法系国家通常过度监管金融市场，而普通法系国家则较少监管。[①]

有的学者认为法律传统对国际金融中心的影响在于法律的适应能力，不同的法律传统对于经济、金融变化的适应能力不同。普通法系因为法官造法，以个案方式对商事和金融交易作出不同的反应。法国法是立法机构主导法律制定，不能对变化了的外部条件作出快速反应，从而阻止了金融发展。德国法则摒弃了法国法的方法，专门设计了随着外部条件变化而变化的制度安排。[②]

尽管法律传统对于一国的金融发展包括国际金融中心的建设有一定的影响，但过分强调法律传统在其中所起的不同作用，甚至有些学者提出国际金融中心应同迪拜一样采用普通法律制度是缺乏说服力的。即使是不考虑其他原因，大陆法系曾经的国际金融中心如巴黎、法兰克福、柏林和东京在 20 世纪的衰落更多的原因是战争的影响，而最早的国际金融中心则诞生在属于大陆法系的阿姆斯特丹。

第一，法金融学派认为普通法系国家侧重保护个人财产权利，而大陆法系国

---

① Cited from Mark J. Roe, *Legal Origins*, *Politics*, *and Modern Stock Markets*, *Harvard Law Review*, Vol. 120, December 2006, pp. 470 – 471.

② Cited from Thorsten Beck, Asli Demirgruc – Kunt & Ross Levine, *Legal Theories of Financial Development*, *Oxford Review of Economic Policy*, Vol. 17, No. 4, 2001, P. 484.

家侧重保护国家权利。金融市场交易的产品如证券在其产生之时对于普通法系国家还是大陆法系国家都是一种新的财产权，作为一种财产权，根植于普通法系还是大陆法系的财产法基本原理仍然适用于这些交易产品。对于私有财产的法保护可以追溯到罗马法，罗马人最先制定私有财产的权利并建立相应的法律制度，而且将物分为有形体物和无形体物。1789 年法国《人权宣言》第 17 条明确宣称，财产权是一个“神圣不可侵犯的权利”。尽管法国大革命加强了国家的权力，但如果说大陆法系推动了国家以牺牲个人财产来扩大其影响力，从而阻碍了金融市场的自然发展是缺乏说服力的。① 有的学者研究也表明，除了能够支持普通法系和大陆法系对待投资者确有不同外，但尚无充分的证据支持普通法系国家要比大陆法系国家更能保护金融投资者。②

第二，法金融学派认为普通法系法官通过信义义务的解释，避免了对法律条文的机械适用，从而能够比大陆法系更好地保护小股东的利益。事实上，大陆法系国家也通过类似于普通法系的信义义务，即诚实信用原则，达到保护小股东利益的目的。源于罗马法的诚实信用原则是对法官衡平权的授予，因为从规范意义上看笼统规定的“诚实信用”导源于这样的事实：立法机关考虑到法律不能包容诸多难以预料的情况，不得不把补充和发展法律的部分权力授予司法者。③ 在德国，诚实信用原则被规范使用，允许法官在制定法的框架下，创造出广泛的“案例法”。④ 在法国，法官也常常依据诚实信用原则对制定法作出解释。⑤ 尤其是当代，大陆法系与普通法系法官在造法方面的差别已经不像过去那样明显。⑥ 虽然信义义务是普通法的一项重要法律制度，但是在普通法国家如美国，小股东利益的保护并不仅仅是依据信义义务，监管机构也起着极大的作用。有的学者认为美国普通法法官常常表现出不愿意保护小股东利益，也正是因为 20 世纪初期普通法的信义义务在保护小股东利益方面作用有限（依据普通法在许多州内幕交易是

---

① See Michael Graff, *Law and Finance: Common Law and Civil Law Countries Compared: An Empirical Critique*, *Economica*, 2008, Vol. 75, P. 63.

② See id. P. 76.

③ 徐国栋：《诚实信用原则的概念及其历史沿革》，载于《法学研究》1989 年第 4 期。

④ Katharina Pistor, *Legal Ground Rules in Coordinated and Liberal Market Economies*, European Corporate Governance Institutional Law Working Paper No. 30/2005, 2005, P. 19, available at http://ssrn.com/abstract=695763.

⑤ Prabirjit Sarkar, *Common Law vs. Civil Law: Which System Provides More Protection to Shareholders and Promotes Financial Development*, *Journal of Advanced Research in Law and Economics*, Vol. 2, Issue 2 (4), Winter 2011, P. 144.

⑥ See Katja Funken, *The Best of Both Worlds: The Trend Towards Convergence of the Civil Law and the Common System*, LA732 Comparative Legal Essay, July 2003, pp. 14-16, available at http://ssrn.com/abstract=476461.

合法的），美国不断有要求制定新的联邦法律的呼声。[①]

第三，法金融学派认为大陆法系国家对金融市场的监管要比普通法系国家更加严格，例如大陆法系国家监管股票交易所，普通法国家则很少对股票交易所进行监管。[②] 我们在前面可以清楚看到，无论是大陆法国家还是英美法国家，在不同时期对金融市场都有放松监管和严格监管的做法。英国《泡沫法》在长达一个世纪时期要求公司设立、发行股票要经过冗长的议会批准程序。美国《Q 条例》对金融机构支付存款利息上限的控制，导致了欧洲美元市场的产生，在很大程度上帮助了伦敦作为国际金融中心的复苏。美国《萨班斯—奥克斯利法》加强了对上市公司的监管，减少了外国公司在美国上市的数量。而法国在 19 世纪初期，对巴黎证券交易所和场外交易采取了宽松的监管政策。有的学者甚至提出普通法国家通过法典和监管机构对证券市场的大多数监管措施要比大陆法系国家更加严格。[③]

第四，法金融学派忽视了大陆法系和普通法系互相融合的特征。比如，南非法律承继了大陆法和普通法的传统。日本公司法过去采用德国模式，但自 20 世纪 50 年代后，其深受美国法的影响。瑞士公司法则有许多英国法律制度的烙印。随着欧盟法律一体化进程的加快，英国法本身也越来越变得“大陆化”。[④] 在美国，为何担保信贷和证券化如此发达，一个原因就是《统一商法典》第九条没有留给法官太多的解释权，或者说美国人能够制定如此详尽的法律促进了担保信贷和证券化的发展。[⑤] 正如有的学者指出，即使在普通法系国家，大陆法系的模式也越来越多地被使用，而普通法模式的使用呈现出下降趋势，随着详细的法规和规则远多于过去，经典普通法开放式的法律制定和规则制定现在并不多见。[⑥] 特别是商法、金融法领域，越来越多国家采用了制定法的模式，早在 1892 年，美国就开始了法典化运动。而且随着国际金融监管标准被越来越多国家的立法和监

---

① See Mark J. Roe, *Legal Origins, Politics, and Modern Stock Markets*, *Harvard Law Review*, Vol. 120, December 2006, P. 473.

② See John C. Coffee, Jr., *The Rise of Dispersed Ownership: The Roles of Law and the State in the Separation of Ownership and Control*, *Yale Law Journal*, Vol. 111, 2001, P. 9.

③ See Mark J. Roe, *Legal Origins, Politics, and Modern Stock Markets*, *Harvard Law Review*, Vol. 120, December 2006, P. 475.

④ Prabirjit Sarkar, *Common Law vs. Civil Law: Which System Provides More Protection to Shareholders and Promotes Financial Development*, *Journal of Advanced Research in Law and Economics*, Vol. 2, Issue 2 (4), Winter 2011, P. 144.

⑤ See Mark J. Roe, *Legal Origins, Politics, and Modern Stock Markets*, *Harvard Law Review*, Vol. 120, December 2006, pp. 478 – 479.

⑥ Frederick Schauer, *The Failure of the Common Law*, *Arizon State Law Journal*, Vol. 36, 2004, P. 772.

管实践所采用，大陆法系国家和普通法系国家的金融法已越来越趋同。①

（三）法律的宽严程度

从上述几个国际金融中心的法律史看，国际金融中心的形成期和繁荣期与相对宽松的法律环境（无论是制度安排还是制度实施）密不可分，或者说伴随着的是一系列管制措施的放开和放松。如伦敦、东京、巴黎、柏林等都经历过称为金融“大爆炸”的放松监管。虽然英国 18 世纪前期有《约翰·伯纳德爵士法》，禁止股票卖空、期货和期权交易，纽约在 17 世纪末～18 世纪初立法上禁止股票卖空，但这两个城市都默许了卖空交易的存在。尤其是国际金融中心的某些创新产品或者市场往往是在法律尚无到位之前就开始发展（如伦敦证券交易所和纽约证券交易所的形成），而不是先有法律再有新产品或新市场的出现，这也是金融中心的发展特点，即对新产品或新市场应该提供相对比较宽松的法律环境。但是，如果该新产品或新市场要良好运行的话，产品或者市场会自然形成要求有恰当法律保障的内在需求。而且，也只有到产品或市场比较成熟时，法律才能比较准确地把握它们的问题和发展方向，并作出恰当的反应。

在各个金融中心尚无统一的法律和监管制度的情况下，法律和监管制度的竞争对金融中心的发展产生了重要影响。资本的逐利本性往往会引导其流向最能获利的法律和监管环境，而金融中心为了吸引更多的资本流入或者受到利益集团的压力，会抱着放松监管比监管一个萎缩的市场更好的心理，就像 20 世纪 80 年代经济繁荣期瑞典、日本的监管机构和 1997 年德国证交所一样，提供宽松的制度和政策供给，如德国证交所在 1997 年为了复制美国高科技企业的成功经验，创立了高科技板块（Neuer Market），极大地放松了上市条件。尽管“竞次”的法律和监管制度从长远角度看有可能危害国际金融中心的发展，但从历史经验看，立法者、政府和资本对短期利益的追逐往往会占上风。某个国际金融中心单方面地采用比其他国际金融中心更为严格的法律和监管制度，显然会使其处于不利的竞争地位。

在与国际金融中心相关的各种法律中，货币、汇率、资本等制度尤为重要。19 世纪后期，英国实施了金本位制度，使其在数十年的时间里维持英镑的币值稳定，增强了伦敦对外资以及外资金融机构的吸引力。1931 年英国放弃金本位

---

① 周仲飞：《全球金融法的诞生》，载于《法学研究》2013 年第 5 期；See Mark J. Roe, *Legal Origins, Politics, and Modern Stock Markets*, *Harvard Law Review*, Vol. 120, December 2006, P. 476.（Roe 教授认为，现代国家的监管需求已经超过了 20 世纪普通法系国家和大陆法系国家的监管水平，当代富裕国家社会经济水平的相似性迫使所有相关国家朝着新的、基本相似的机制前进。）

的后果是伦敦作为国际金融中心的作用大大降低。布雷顿森林体系建立的黄金—美元本位制度使美元成为最重要的国际储备货币和支付工具，为纽约作为国际金融中心奠定了货币制度基础。从 1931 年英国实施外汇管制到 1979 年完全取消外汇管制的近 50 年间，伦敦的国际金融中心的影响力也是随着外汇管制的逐渐放松而逐渐增强。相对于其他国家，美国较早实行货币自由兑换和资本自由流动，促成了纽约作为国际金融中心地位的提升。除此之外，其他法律对国际金融中心也有不同程度的影响，如 19 世纪中叶，英国公司法放松了对公司设立的限制，促进了一级市场和二级市场的发展。1933 年实施的美国《Q 条例》导致了美元在 20 世纪 50 ~ 60 年代流向欧洲大陆，与其他国家限制外资流入不同，英国对外资流入采取了宽松的政策，从而促成了伦敦欧洲美元市场的产生。不少人把在本世纪初纽约逐渐失去其竞争优势归咎于 2002 年美国实施的《萨班斯—奥克斯利法》，但外国证券在纽约上市数量的减少在该法颁布之前就存在，这就说明更主要的原因是相比于其他国际金融中心美国更为严格的金融监管制度、多重监管、以规则为基础的监管方法。①

美国是联邦制国家，各州享有宪法保证的一系列权利。在金融领域，美国建立了双重银行体制，以及与此相适应的多重的联邦和州监管体制。以银行监管领域为例，根据银行取得执照的来源以及存款保险的机构，银行金融机构需要分别接受不同监管机构的监管。美国多重监管机构尽管在一定程度上能带来监管的相互竞争，有利于创造良好的监管环境，但多重监管机构也带来众多明显的问题：其一，多重监管机构致使监管存在重复和冲突，从而不仅浪费了有限的监管资源，而且增加了金融机构的合规成本；其二，多重监管机构在监管的权限和范围方面难以清晰界定，导致监管漏洞，影响对金融机构的有效监管；其三，多重监管机构不可避免的产生监管法律法规的复杂性，从而增加了法律风险的不可预见性；其四，多重金融监管机构也致使金融监管对金融创新和危机反应缓慢，从而由于未能有效应对金融创新，维护金融稳定，影响了本国金融市场对金融机构的吸引力。

与英国采用“以原则为基础的监管”方法不同，② 美国一直采用“以规则为基础的监管”方法，其结果是监管规则（无论是立法机构还是监管机构制定的规则）越来越详细、繁杂，规则的废除和失效永远赶不上规则立改的速度，规则汇编越来越厚。自 1989 年以来，美国各监管机构制定了 800 多个条例适用于银行

① See Michael Bloomberg & Charles Schumer, *Sustaining New York's and the US' Global Financial Services Leadership*, 2007, P. 73.

② 全球金融危机后，英国对“以原则为基础”的监管方法做出修正，提出以判断为导向的监管方法。

和其他吸收存款的机构,[①] 各个不同的监管机构按照各自的法定职责颁布了各种条例和规则，这些条例和规则多年未作修订，在很多方面互相冲突，逐渐落后于金融市场的发展。金融机构遵守这些监管的成本不断上升，如证券公司每个交易日需平均回复一次监管查询，大型证券公司则超过3次；证券公司合规成本2002年为130亿美元，2005年迅速上升为250亿美元。这些合规成本的支出很大一部分来自监管机构的检查、监管行动、监管规则之间的不一致等。[②] 美国诉讼文化形成的好讼特征，也影响到美国国际金融中心的竞争力。2005年美国证券市场的赔偿额高达35亿美元，比2004年和2003年分别高出15%和70%。[③] 好讼增加了经营者的法律成本和风险，因证券纠纷而引发的诉讼导致公司倒闭或者清算在美国数不胜数。除了民事诉讼外，相比英国，美国（加拿大、澳大利亚也是如此）则有更多的证券刑事诉讼，而英国即使是那些核心的证券犯罪如内幕交易，刑事制裁也很少适用。

与美国不同，英国在金融法律和监管环境方面的持续改善为伦敦国际金融中心竞争力的提高创造了比较优势，从而也成为促使伦敦在本世纪初再登世界头号国际金融中心的影响因素之一。首先，1997年10月英国成立单一金融监管机构：金融监管署。金融监管署作为单一监管机构使得监管具有简明性、一致性，有效降低了多重监管机构造成的监管重复、冲突，能迅速对金融创新做出反应。但是，单一监管机构通常注重单个机构的风险，而忽视系统性风险。一旦单一机构没有发现金融机构存在的问题，就没有其他机构可以填补这个空缺。2007年全球金融危机以后，英国通过了《银行业法》《金融服务法》和《银行业改革法》，通过对金融监管体制的改造，对系统性风险监管作出了制度安排。其次，英国注重通过一系列金融法律法规维护资本市场高标准的信息披露和透明度，海外公司在伦敦上市成本要低于纽约，增强了海外公司到伦敦上市的吸引力。例如，2005~2008年，在伦敦证券交易所前20位的IPO中有14个来自外国公司，而纽约证券交易所为4个。[④] 最后，在2009年以前，英国对问题金融机构的处置适用普通破产法，缺乏专门适用于问题金融机构危机处理的法律法规，这是国际金融机构落户伦敦所遇到的一个难题。但在2009年后，英国通过了《银行业法》、《银行业改革法》，建立了相对完备的问题金融机构处置法律制度。

---

① See Michael Bloomberg & Charles Schumer, *Sustaining New York's and the US' Global Financial Services Leadership*, 2007, P. 83.

② See id.

③ See id. P. 74.

④ See Bob Wigley, *London: Winning in a Changing World: The Review of the Competitiveness of London's Financial Centre*, December 2008, P. 13.

然而，英国在金融法律和监管环境方面也存在不利于国际金融中心建设的种种困难。作为欧盟成员，英国要遵守欧盟的规定，但欧盟规定很少考虑如何保证伦敦作为国际金融中心的地位，从而影响伦敦作为国际金融中心的吸引力。事实上，历史上曾经帮助伦敦建立国际金融中心的法律法规逐渐被非以此为目的的欧盟其他法律法规取代。①

（四）法律作用的复杂性

但是，历史提供给我们的远非“宽松的法律和监管制度有利于国际金融中心发展”这个单一维度可以概括，法律对金融中心发展的影响远比此复杂。第一，法律对国际金融中心作用是“宽松（或者缺少）法律和监管制度→金融中心繁荣→泡沫→危机→严厉法律和监管制度”周期律的一个环节。宽松法律和监管制度往往会刺激国际金融中心的繁荣发展，同时也产生泡沫。经济泡沫又会促使政府进一步放松法律和监管制度，而市场参与者也会借机寻找法律漏洞和规避法律，此时欺诈、腐败和违规行为就伴随着泡沫应运而生。当泡沫破裂，危机发生时，政府就会出台严厉的法律和监管制度来应对危机。当严厉的法律施行一段时间，危机逐渐平息，政府当局又会放松金融监管。当然，这一阶段的法律宽松与前一阶段的法律宽松不是简单的重复，而是在新的政治、经济、金融形势下不同的宽松。例如，1825 年英国废止了《泡沫法》导致大量铁路股份公司的产生，随之而来的是股票发行欺诈和 1836 年的英国股灾。1844 年英国《股份公司法》加强了公司的监管，但简化了公司成立的程序。新公司法迎来另一波铁路股份公司设立高峰的同时，涉及铁路股票的欺诈活动也十分猖獗，最终导致了 1847 年危机，并招致了英国议会对铁路公司设立的严格监管。② 美国 20 世纪 20 年代的放松监管，带来了纽约国际金融中心 10 年的繁荣，但随之而来的金融危机，促使美国出台了包括《格拉斯—斯蒂格尔法》、《Q 条例》在内的严格监管金融市场的法律。20 世纪 80 年代美国放松了对存贷机构的监管，允许它们从事房地产等高风险业务，当美国房地产泡沫破裂后，数千存贷机构陷入破产境地。政府随后重组了存贷业，对其实施了类似于商业银行一样的监管，甚至用新的监管存贷机构取代了旧的监管机构。在 20 世纪 90 年代，美国未曾发生过重大的金融危机，而面对欧洲全能银行的竞争，《格拉斯—斯蒂格尔法》限制了美国金融机构

---

① See Bob Wigley, *London: Winning in a Changing World: The Review of the Competitiveness of London's Financial Centre*, December 2008, P. 17.

② See Erik F. Gerding, Law, *Bubbles, and Financial Regulation*, Routledge, 2014, pp. 74 – 77.

在全球市场的竞争力，美国在过去逐渐放松分业经营限制的基础上，于 1999 年正式出台了《金融服务现代化法》，彻底放弃了分业经营。

第二，如果仅仅说宽松的法律环境更能吸引市场参与者可能不够全面，且过于表面，它无法解释虽然纽约有比伦敦更为严厉的信息披露和执法制度，为何有的公司仍然选择到纽约上市。实际上，不同市场参与者的不同利益诉求影响了他们对法律环境的选择，或者说他们可能会依据自己的利益诉求选择使他们利益最大化的法律环境，而不是一味地选择宽松的法律环境。按照科菲教授的研究，外国公司到东道国交叉上市取决股票发行人的选择，到美国交叉上市的外国发行人是因为在美国上市能够获得比在其他地方上市更高的股值溢价和更低的资本成本；而到伦敦上市的外国发行人是因为伦敦市场能够满足企业的控制集团控制企业的个人利益。[①]

第三，当危机出现后，为了遏制危机，政府通常会制定严厉的法律。但危机时期常常不能提供制定良法所需要的环境，政治家更多采取的是头痛医头、脚痛医脚的方法，或者仅仅考虑的是向选民展现他们对危机做了一些事情，而不在乎所制定的法律是否合理和有效。18 世纪 20 年代法国西西比泡沫破裂后，法国政府重新采用高利贷法和对银行信贷近乎宗教式的限制，并限制股份公司的设立，以至于直到 19 世纪大多数法国企业的组织形式仅限于两种合伙（普通合伙和有限合伙）。19 世纪后期德国商品市场（而非证券市场）出现了一系列投机泡沫和市场操纵行为，并最终导致了数家银行和经纪公司的倒闭。但愤怒的德国立法机构采取的措施却是对证券市场进行严格监管，比如对证券交易双倍征税、禁止许多证券和商品的信用交易、要求在场内交易的投机商公开注册等，其结果是阻碍了当时正在蓬勃发展的德国证券市场。[②] 当然，应对危机出台的法律多为严厉的法律也有例外。1825 年英国危机后，政府并没有针对市场的投机行为加强监管，却把改革的重点放在废止《泡沫法》和重组英国的银行体制。前者缩短了议会发放公司执照的时间，后者允许在伦敦 65 英里以外的地区设立股份制银行，这两项措施对英国的资本市场和银行业的发展起着重要的推动作用。

第四，一部法律在国际金融中心建设过程中往往起着不同作用，某些作用可能与立法者的初衷大相径庭。美国《Q 条例》被认为是美国促成伦敦国际金融中心在 20 世纪中期再次崛起，同时削弱纽约的竞争优势的重要因素。但《Q 条例》形成的欧洲美元市场却吸引了大量的美国金融机构在欧洲设立分支机构，极大地

---

① See John C. Coffee, Jr., *Law and the Market: The Impact of Enforcement* (draft, July 2007), pp. 7 – 8.

② See John C. Coffee, Jr., *The Rise of Dispersed Ownership: The Roles of Law and the State in the Separation of Ownership and Control*, *Yale Law Journal*, Vol. 111, 2001, pp. 56 – 58.

促进了纽约金融机构的国际业务。美国《格拉斯—斯蒂格尔法》确立的分业经营通常被认为是影响美国金融机构竞争力的罪魁祸首，最终在1999年被废除。但美国的分业经营促成了美国发达的资本市场，实体经济不像欧洲国家那样更多依赖银行贷款，当银行融资成本增加时，可以依靠各类资本市场融资，也就是为什么美国能比欧洲国家更快地从本次金融危机复苏的一个原因。美国的商业银行和投资银行分业经营也促成了美国金融机构的多样化，尤其是具有全球竞争力的大型投资银行的产生，这又有助于形成国际金融中心所需要的市场基础设施和市场原则。① 美国分业经营被废除后，商业银行从事各类投资银行业务被认为是2007年美国次债危机的原因之一，但是，也正是因为分业经营的废除，才使得危机时期美国商业银行可以兼并问题投资银行，从而以成本最低的市场化方式处置问题金融机构。

二、上海国际金融中心法治指数：现实状况

一个国家、一个地区或者一个特定的领域的法治水平是一种客观存在，既然是一种客观存在，就可以对其进行量化评估。近年来，国内外兴起了利用统计学工具衡量法治水平的做法，旨在通过法治指数对法治水平的变化进行纵向和横向的比较，如浙江省余杭区委、区政府的“余杭法治指数”、中国政法大学发布的《2103年中国法治政府评估报告》、世界正义组织的全球法治指数。在全球范围，尚无专门对国际金融中心的法治建设编制指数。英国Z/Yen集团编制的全球金融中心指数中涉及法治的指标散见在不同的指标中；世界正义组织的法治指数是针对一个国家或地区的法治状况。据我们了解，本书编制的上海国际金融中心2013年法治指数可以说是国内外迄今为止首个国际金融中心法治指数。该指数基于对各个行业和公众的2 500余份法治指标问卷、专家问卷、我国官方统计和国际货币基金组织评估的数据，从商法制度、金融法律制度、政府管理、司法制度、保障制度和环境、金融消费者保护等视角，通过统计分析方法评估上海国际金融中心遵守、实施、执行法律法规的程度。

① Niki Anderson, Martin Brooke, Michael Hume & Miriam Kürtösiová, *A European Capital Markets Union: Implications for Growth and Stability*, Financial Stability Paper No. 33, Bank of England, February 2015, pp. 6 – 7.

（一）研究方法

上海国际金融中心法治指数编制采用的基本研究方法是层次分析法。层次分析法是在对一个事件的研究中，将定性和定量的衡量指标统一在一个模型中的功能评价，既能进行定量分析，又能结合定性的主观评价。层次分析法首先将影响因素细分成若干层次，每个因素细分层次下进一步对细分要素两两判断，比较重要性，以此计算各层要素的权重，最后根据组合权重并按最大权重原则确定最优方案。

法治水平受到众多因素的影响，包括制度、环境、管理等多个方面，既包含可量化的一些衡量因素，也包含大量主观判断的因素，如何编制法治指数从而能反映出区域法治水平，需要将诸多因素进行有效融合、综合考虑。本书选用层次分析法编制上海国际金融中心法治指数，能客观衡量可量化的因素，也能将众多专业人士的主观判断进行合理量化，最终有效融合。

按照层次分析法编制法治指数，基本上要经过以下四个步骤：①

步骤 1：分析法治的相关影响因素，对各个因素进行分解，理清各个因素的相关关系，建立系统的递阶层次结构的指标体系。

步骤 2：对同一层次各元素关于上一层次中某一准则的重要性进行两两比较，构造两两比较的判断矩阵。判断矩阵的建立，可先将各指标之间进行两两对比，然后按 9 分位比率排定各评价指标的相对优劣顺序，依次构造出评价指标的判断矩阵。

$$A = (a_{ij})_{n \times n} = \begin{pmatrix} a_{11} & a_{12} & \cdots & a_{1n} \\ a_{21} & a_{22} & \cdots & a_{2n} \\ \vdots & \vdots & \vdots & \vdots \\ a_{n1} & a_{n2} & \cdots & a_{nn} \end{pmatrix}$$

其中，a_{ij}为第 i 个指标比第 j 个指标的重要程度，赋值为 1 ~ 9，且 $a_{ij} = 1/a_{ij}$，赋值规则为（见表 1 - 1）：

① 郭金玉、张忠彬、孙庆云：《层次分析法在安全科学研究中的应用》，载于《中国安全生产科学技术》2008 年第 2 期；赵颖、赵庆国：《基于层次分析法的中小企业自我评价模型及其应用》，载于《现代经济》（现代物业下半月刊）2009 年第 2 期；张震等：《基于层次分析法与模糊综合评价的供应商评价研究》，载于《东北大学学报》2006 年第 10 期；朱建军：《层次分析法的若干问题研究及应用》，东北大学博士论文，2005 年 1 月；董四辉、宿博：《层次分析法的改进方法在煤矿安全评价中的应用》，载于《辽宁工程技术大学学报》（自然科学版）2012 年第 5 期。

表 1－1　判断矩阵赋值

赋值	含义
1	表示两个指标之间，具有同样的重要性
3	表示两个指标之间，前者比后者稍微重要
5	表示两个指标之间，前者比后者较为重要
7	表示两个指标之间，前者比后者明显重要
9	表示两个指标之间，前者比后者更为重要
2，4，6，8	表示上述相邻判断中的中间值

步骤3：由判断矩阵计算被比较元素对于该准则的相对权重，并进行判断矩阵的一致性检验，由式（1－1）

$$\lambda_{max} = \frac{1}{n}\sum_{j=1}^{n}\frac{(A\omega)_i}{\omega_i} \tag{1-1}$$

求得最大特征值 λ_{max}，进一步计算一致性指标 C_I：

$$C_I = \frac{\lambda_{max} - n}{n-1} \tag{1-2}$$

计算一致性比例 C_R：

$$C_R = \frac{C_I}{I_R} \tag{1-3}$$

一般当 $C_R < 0.1$ 时，认为该判断矩阵具有较好的一致性，否则需要重新调整判断矩阵。随机一致性指标 I_R 的取值见表1－2：

表 1－2　随机一致性指标取值

n	1	2	3	4	5	6	7	8	9
I_R	0	0	0.58	0.9	1.12	1.24	1.32	1.44	1.45

步骤4：通过一致性检验后，便可得到各个层次的指标权重大小。将判断矩阵 A 求出特征向量，对特征向量进行归一化处理，便得到各个指标的权重值。在编制法治指数时，指标体系中各个指标与所对应的权重乘积可得到权重得分，由底层指标权重得分向上一层指标做进一步的按权重累计，最终得到整个法治指数的综合得分。归一化处理公式（1－4）如下：

$$W = (\omega_1, \omega_2, \cdots, \omega_n),\ \omega_i = \frac{m_i}{\sum_{j=1}^{n} m_j} \tag{1-4}$$

其中，m_i 为特征向量所对应的元素值，ω_i 为归一化后各个元素的权重值。

1. 指标体系的构建

基于层次分析法的法治指数编制，第一个步骤是指标体系的构建。设计一套可以反映法治状况的指标体系是法治指数编制的前提。应用层次分析法分析决策问题时，首先要把问题条理化、层次化，构造出一个有层次的结构模型，进而能够基本反映所评估对象的法治状况。由于法治评估不可能面面俱到，只能选择能够反映真实法治水平的关键要素，所以，指标选择是否科学、合理就直接影响到指数的科学性和合理性。选择哪些指标不只是个方法问题，而更多的是体现了对国际金融中心法治要素的认识问题。

上海国际金融中心指数既不完全等同于一般国家和地区的法治指数，也不仅仅是指金融法治指数。指标体系不但要反映法治建设的一般要求，如政府权力的制衡、透明、廉洁、符合程序，司法制度的公开、公平、公正、廉洁，社会秩序和公民安全等，也要反映国际金融中心所需要的一般商业经营环境，如财产权保护、公司治理、交易自由、人力资源、税收等，更要反映到 2020 年上海国际金融中心建设的目标，如金融市场体系建设、金融机构建设、金融基础设施建设、金融消费者权益保护和金融安全与稳定等。据此，我们参考了 Z/Yen 集团的全球金融中心指数、世界正义组织的法治指数和世界银行《全球治理指数报告》中的指标体系，征求了国内外学者的意见，提出了“上海国际金融中心法治指数”，其由 6 个一级指标和 23 个二级指标构成。6 个一级指标分别是：商事法律制度、金融法律制度、政府管理、司法制度、保障制度和环境以及金融消费者保护。上述一级指标是衡量国际金融中心的关键要素，各个一级指标进一步细化为二级指标和能把各个二级指标具象化的问题（即三级指标）。具体二级指标如图 1-1 所示。

各个二级指标由能够释明二级指标的问题（即三级指标）构成，如公司治理这个二级指标由 11 个三级指标构成。金融法律制度是中央事权，地方的权限十分有限，对全国金融法治的评估基本也能反映地方的金融法治水平。所以，金融法律制度中的三级指标（除了金融稳定法律制度下的三级指标外）采用了世界银行和国际货币基金组织对中国是否遵守国际金融监管标准的问卷，同时也包括少量涉及上海金融监管制度的问题。

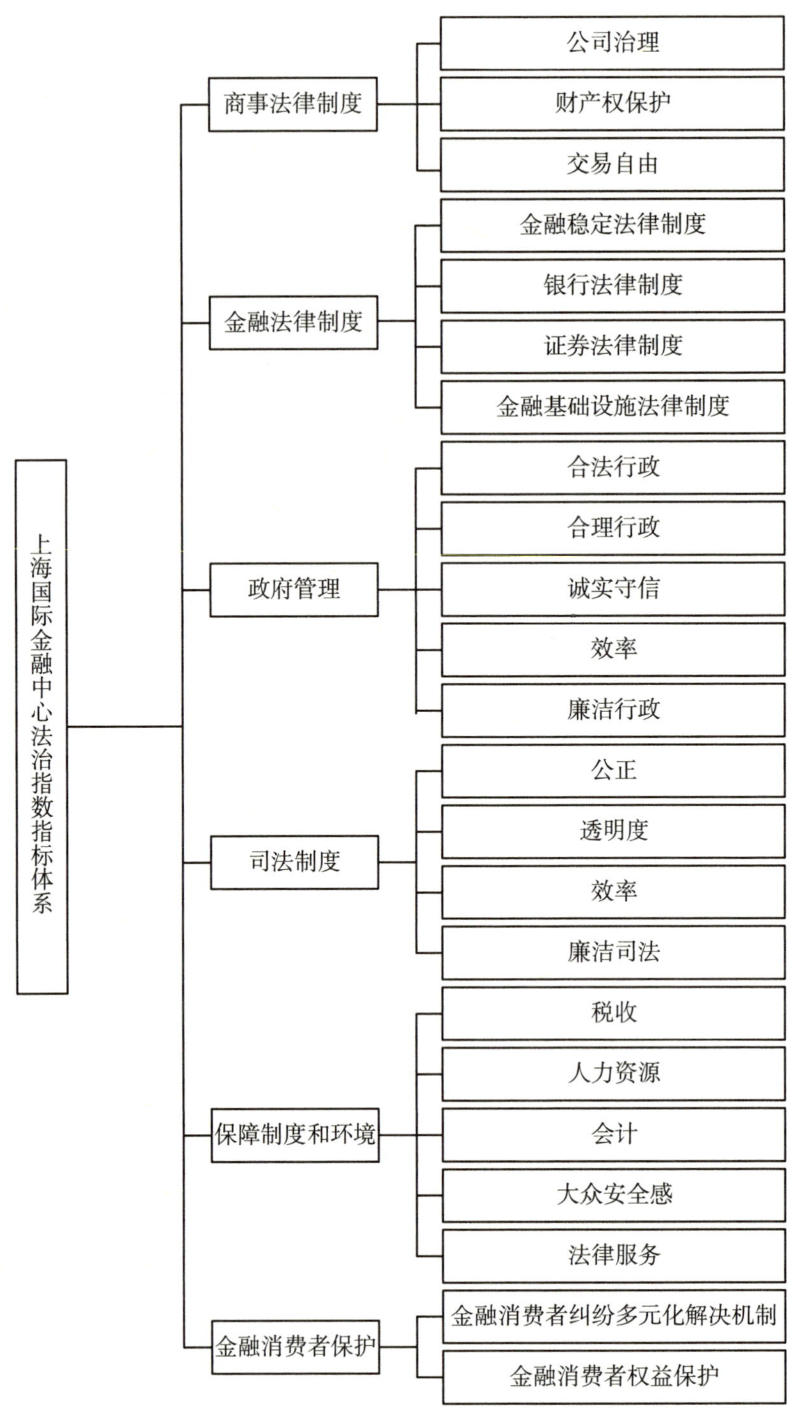

图 1-1　国际金融中心法治指数指标体系

2. 指标权重的确定

每个一级指标对于国际金融中心法治指数的重要性并不相同，法治指数的指标体系所对应的权重由专家依据各自对各个一级指标重要性的认识进行打分（二、三级指标各个指标的权重相同）。我们选择了接受不同法律教育又工作在主要国际金融中心的15位（中国、美国、英国、中国香港、新加坡）专家，根据每位专家对每个一级指标的打分，经算术平均得出一级指标的综合判断矩阵如下：

$$A=\begin{pmatrix} 1 & 0.92 & 1.28 & 1.11 & 1.13 & 1.98 \\ 1.09 & 1 & 1.40 & 1.21 & 1.23 & 2.15 \\ 0.78 & 0.72 & 1 & 0.87 & 0.88 & 1.54 \\ 0.90 & 0.82 & 1.15 & 1 & 1.01 & 1.78 \\ 0.89 & 0.82 & 1.14 & 0.99 & 1 & 1.76 \\ 0.51 & 0.46 & 0.65 & 0.56 & 0.57 & 1 \end{pmatrix}$$ ①

对综合矩阵进行一致性检验，得到 $C_R=0.002748<0.1$，通过一致性检验，进一步对判断矩阵求特征向量，得到各个一级指标的权重：商事法律制度的权重为19.4%、金融法律制度为21.1%、政府管理为15.1%、司法制度为17.4%、保障制度和环境为17.2%以及金融消费者保护为9.8%。

（二）法治指数编制

1. 数据收集

上海国际金融中心法治指数的数据来源由三部分构成：官方统计数据、国际货币基金和世界银行数据、问卷调查数据。与三级指标设计有关，来源于官方统计的数据较少，主要涉及有关比率统计，如司法效率和行政效率中的结案率、行政复议率等都采用上海市政府和司法系统公开披露的数据。金融法律制度中的银行法律制度、证券法律制度、保险法律制度、金融基础设施法律制度下的三级指标数据来源于国际货币基金组织和世界银行对我国银行、证券、保险、金融基础设施是否遵守相关的核心原则的评估报告。

① 判断矩阵出现小数，是由于多位专家所构建的通过一致性检验的判断矩阵，通过算术平均值得到的综合判断矩阵。

来源于问卷调查的数据相对比较复杂，包括来自于社会调查和专家调查两大数据。社会调查问卷包括公众卷、公司卷、金融监管机构卷、金融消费者卷。我们把所有三级指标中与社会公众有关的问题合并成一个公众卷。由于受访对象教育水平、收入、工作等不同对法治水平的认知也不同，所以，我们按照受访对象居住小区品质高、中、低三类，各随机入户调查1/3受访对象，收回问卷1 013份。公司卷由所有三级指标中涉及与公司有关的问题合并而成，受访对象为上海地区的股份有限公司和有限责任公司，收回问卷446份。金融法律制度（主要是金融稳定法律保护）和金融消费者保护中涉及金融监管机构的问题合并成为金融监管机构卷，受访对象为中国人民银行上海总部、上海银监局、上海证监局、上海保监局、上海市金融服务办公室的50位工作人员，收回问卷50份。金融消费者保护涉及的三级指标均涉及非专业、大众金融消费者，受访对象因而确定为各金融机构营业大厅中等候办理业务的普通金融消费者，收回问卷965份。

考虑到许多三级指标的专业性，一般公众和具有法律背景的专家有不同的认识，所以，我们就商事法律制度、政府管理（除行政效率外）、司法制度、保障制度和环境中的税收和人力资源以及金融消费者保护六个领域设计了与社会调查问卷问题不完全相同的专家问卷，按每个领域5位教授、律师进行问卷调查，收回有效问卷30份。每个问题问卷所得分值与社会调查问卷所得分值各占50%。

2. 问卷的有效性、充足性和可靠性检验

上海国际金融中心法治指数编制中的公众卷、公司卷、金融消费者保护卷采取随机发放形式，受访对象较多。为了保证问卷结果的代表性，需要对所收集的问卷依次进行有效性检验、充足性检验和可靠性检验。

问卷有效性检验包括输入异常检验和消极答卷检验，一方面剔除在进行问卷结果输入时由于人工操作失误而导致输入异常的问卷结果，另一方面剔除同一份问卷连续勾选相同答案超过一定数目，或大部分未回答的消极答题问卷。

在剔除了输入异常问卷后，本书将剔除连续勾选相同答案次数超出极限值的消极答题问卷。从问卷所设计问题的前后逻辑判断，连续相同答案的选项超过8个为本次答卷的不可能事件，因此将连续相同答案个数超过8个的问卷定义为消极答题问卷，并予以剔除，问卷结果如表1-3所示。

表 1-3　　问卷有效性检验结果

问卷类型	消极答题问卷数	问卷总数	问卷题目总数	数据输入错误问卷数
公司卷	25	446	38	11
公众卷	38	1 013	33	4
金融消费者卷	94	965	17	6

依据表 1-3 的数据，可以计算出公司卷有效性为 92.10%，公众卷有效性为 95.85%，金融消费者卷有效性为 89.64%，符合指数编制的有效性要求。

问卷充足性检验基于中心极限定理，在一定置信度和允许误差下检验问卷数量是否充足。本书对每个问题进行检验，核对其样本是否充足。对任意问题 i，样本标准差为 σ，可信程度为 95%，则对于不同的抽样误差 Δ_x 下，充足样本量为式（1-5）：

$$n = \frac{z^2\sigma^2}{\Delta_x^2} = \frac{1.96^2\sigma^2}{\Delta_x^2} \tag{1-5}$$

在剔除异常问卷数和消极答题问卷数后，本次问卷共获得有效问卷 2 246 份，当抽样误差不超过 0.1，置信度为 95% 时，问卷中所有问题都具有充足样本，结果如表 1-4 所示。

表 1-4　　问卷充足性检验结果

当抽样误差不超过 0.1，置信度为 95% 时

	总题目数	问卷中所有问题所需最高样本量	问卷中所有问题所需最低样本量	是否充足
公司卷	38	306	28	充足
公众卷	33	271	32	充足
金融消费者卷	17	333	54	充足

从表 1-4 结果可看出，当误差不超过 0.1，置信度为 95% 时，实际样本量远远超过最低样本量，目前所有样本数量都充足。在目前样本数目下，误差值更为精确，远低于 0.1。

问卷可靠性检验主要考察问卷的可信程度，即检验问卷结果的一贯性、一致性、再现性和稳定性。克伦巴赫 α 系数是目前最常用的检验可靠性系数，其公式（1-6）为：

$$\alpha = \frac{K}{K-1}\left(1 - \frac{\sum S_i^2}{S_x^2}\right) \qquad (1-6)$$

其中，K 为数据矩阵中题目的总数，S_i 为每个问卷在第题得分的方差，S_x 为每个问卷全部的数值总和的方差。α 系数在 0 到 1 之间，系数值越高，可信度越高，问卷的内部一致性越好。一般认为，α 系数达到 0.8 以上，问卷数据才具有实用价值。本书利用 SPSS 软件对不同数据源进行检验，得到如下的检验结果（见表 1-5）。

表 1-5　　问卷可靠性检验结果

问卷类型	Cronbach's Alpha	基于标准化项的 Cronbachs Alpha	相关系数均值	相关系数极小值	相关系数极大值	范围	极大值/极小值	方差
公司卷	0.879	0.892	0.174	-0.234	0.736	0.970	-3.150	0.009
公众卷	0.803	0.816	0.112	-0.115	0.642	0.757	-5.565	0.009
金融消费者卷	0.713	0.707	0.075	-0.133	0.717	0.850	-5.374	0.011

一般情况下，如果量表的 α 系数大于 0.8，则代表通过可靠性检验。从 α 系数的结果看，公司卷、公众问卷的 α 系数分别为 0.88、0.80，都通过可靠性检验。而对于金融消费卷，α 系数为 0.71，没有通过可靠性检验，表明问卷中个别题目与其他题目的一致性（即相关性）较差，意味着这部分数据不适合参与后续结果的计算，因而在计算上可以剔除这些数据。通过筛选，我们剔除了二级指标“金融消费者纠纷多元化解决机制”下的若干相关性较低的题目后，重新计算得到 α 系数为 0.796，可以通过可靠性检验。本次用于法治指标编制的问卷数据，都通过了可靠性检验。

3. 法治指数计算

收集各个问卷结果，对问卷中的各个答案进行标准化的处理。绝大多数问题的答案设计，从最不满意到最满意共有 5 个层级 ABCDE（少数问题的答案设计为 2 个层级和 3 个层级）。将受访者答题卷的答案转化为［0，1］之间的数值，0 为最不满意，1 为最满意，各个答案五等分，得到各类问卷的描述性统计量如表 1-6～表 1-8 所示：

表1－6　　公众卷描述性统计量

问题编号	均值	变异系数	问题编号	均值	变异系数	问题编号	均值	变异系数
1	0.73	0.33	12	0.64	0.49	23	0.25	1.23
2	0.63	0.58	13	0.42	0.72	24	0.74	0.45
3	0.36	1.15	14	0.59	0.5	25	0.5	0.51
4	0.54	0.72	15	0.21	1.2	26	0.44	0.7
5	0.47	0.86	16	0.29	0.96	27	0.31	0.76
6	0.55	0.46	17	0.55	0.57	28	0.61	0.49
7	0.45	0.8	18	0.58	0.43	29	0.66	0.4
8	0.62	0.41	19	0.34	0.89	30	0.65	0.35
9	0.39	0.79	20	0.45	0.58	31	0.55	0.62
10	0.51	0.62	21	0.48	1.02	32	0.5	0.56
11	0.6	0.52	22	0.53	0.46	33	0.67	0.29

表1－7　　公司卷描述性统计量

问题编号	均值	变异系数	问题编号	均值	变异系数	问题编号	均值	变异系数
1	0.85	0.43	15	0.61	0.44	29	0.6	0.38
2	0.69	0.43	16	0.48	0.57	30	0.57	0.45
3	0.29	1.19	17	0.69	0.38	31	0.65	0.31
4	0.79	0.33	18	0.53	0.54	32	0.69	0.26
5	0.86	0.28	19	0.54	0.56	33	0.92	0.2
6	0.62	0.46	20	0.42	0.72	34	0.61	0.59
7	0.6	0.55	21	0.25	0.97	35	0.57	0.39
8	0.79	0.38	22	0.54	0.39	36	0.5	0.43
9	0.55	0.69	23	0.52	0.5	37	0.54	0.3
10	0.51	0.69	24	0.26	0.74	38	0.53	0.31
11	0.76	0.21	25	0.24	0.85			
12	0.34	0.91	26	0.28	1.57			
13	0.61	0.4	27	0.44	0.59			
14	0.36	0.81	28	0.22	0.87			

表 1-8　　金融消费者卷描述性统计量

问题编号	均值	变异系数	问题编号	均值	变异系数	问题编号	均值	变异系数
1	0.56	0.38	8	0.40	1.23	15	0.45	0.70
2	0.51	0.43	9	0.49	0.86	16	0.28	0.88
3	0.54	0.59	10	0.52	0.97	17	0.27	0.87
4	0.58	0.40	11	0.32	2.00			
5	0.60	0.46	12	0.50	0.74			
6	0.68	0.49	13	0.61	1.30			
7	0.44	0.89	14	0.40	0.63			

按照层次分析法综合得分的计算步骤，依次计算各个层次的权重得分，将各指标加权后的分值相加后，我们可以得出上海国际金融中心法治指数为 64 分（见表 1-9）。

表 1-9　　法治指数各级指标加权值

一级指标	加权一级指标值	一级指标权重（%）	未经加权一级指标值	二级指标	二级指标权重（%）	未经加权二级指标综合值	专家调查指标值	社会调查指标值
商事法律制度	10.48	19.4	54	公司治理	33	58	45	70
				财产权保护	33	55	57	52
				交易自由	33	51	48	54
金融法律制度	16.67	21.1	79	金融稳定法律制度	20	74	—	—
				银行法律制度	20	90	—	—
				证券法律制度	20	84	—	—
				保险法律制度	20	69	—	—
				金融基础设施法律制度	20	76	—	80
政府管理	9.82	15.1	65	合法行政	20	67	71	62
				合理行政	20	54	60	47
				诚实守信	20	71	88	54
				廉洁行政	20	55	61	48
				效率	20	80	—	80

续表

一级指标	加权一级指标值	一级指标权重（%）	未经加权一级指标值	二级指标	二级指标权重（%）	未经加权二级指标综合值	专家调查指标值	社会调查指标值
司法制度	11.83	17.4	68	公正	25	69	72	66
				透明度	25	63	72	54
				效率	25	76	63	88
				廉洁司法	25	64	71	56
保障制度和环境	9.63	17.2	56	税收	25	41	44	37
				人力资源	25	62	57	67
				会计、法律服务	25	58	—	58
				大众安全感	25	61	—	61
金融消费者保护	5.49	9.8	56	金融消费者纠纷多元化解决机制	50	61	—	61
				金融消费者权益保护	50	51	45	57

（三）上海国际金融中心法治状况分析

通过我们的计算，2013 年上海国际金融中心法治指数为 64 分。从各一级指标来看，未经加权的金融法律制度、司法制度、政府管理、金融消费者保护、保障制度和环境、商事法律制度的数值分别为 79、68、65、56、56、54 分（以下数值均为未经加权数值）。

1. 商事法律制度

出人意料的是商事法律制度的得分在所有一级指标中最低，仅为 54 分，略高于“一般”。3 个未经加权的二级指标中公司治理为 58 分、财产权保护为 55 分、交易自由为 51 分。关于公司治理问卷，我们设计的专家问卷和公司问卷并不完全相同。专家对公司治理的评价普遍较低，得分仅为 45 分；而公司对公司治理的评价相对较高，得分为 70 分。其中的原因可能是专家以中立第三人的身份作出评价，而公司受访人则是以利益相关方对本公司的公司治理作出评价。在公司股东的知情权、表决权、股东的会议召集权方面，专家和公司都予以了比较高的评价，公司通常给予了“多数情况下得到保障”的评价，专家的评价则介于

“部分情况下得到保障”和“多数情况下得到保障”之间。对于股东知情权和表决权的回答，变异系数均在0.38以下，表明对于股东知情权和表决权在多数情况下得到保障，受访公司有比较一致的看法；而对股东的会议召集权的回答，变异系数为0.69，表明受访公司对该问题的回答比较分散，也就是说受访公司对股东的会议召集权在多数情况下得到保障的看法并不十分集中。对于公司与股东的条件是否优于其他交易方，公司的评价介于“有时候与经常有优惠”之间，而且该问题回答的变异系数为0.43，表明受访公司对此问题回答有比较一致的看法。

对于董事会履职整体评价，专家给予了“一般”的评价，而公司的评价为“比较好”。公司对该问题问答的变异系数为0.21，表明大多数受访公司认为董事会能够比较好地履职。对于大股东侵犯小股东或者公司利益的行为，小股东和公司董事会、监事会是否能够通过诉讼予以救济，专家和公司都作出了“部分情况下能”的评价，而且公司对该两个问题回答的变异系数分别为0.55和0.69，表明小股东和董监事会在部分情况下能够通过诉讼救济，受访公司的看法并不十分一致。对于独立董事的作用，专家（受访专家均有担任独立董事经历）的打分为0.1分，几近“不能发挥作用”的评价，而公司的评价则在“部分情况下能”和“多数情况下能”之间，且变异系数为0.46，表明受访公司对独立董事的作用有相对比较一致的看法。我们还专门设计了大股东侵犯小股东权益、侵犯公司利益是否普遍的三级指标，专家分别作出了“非常普遍”和“比较普遍”的评价。

财产权保护的专家（均为律师）问卷得分和社会调查（受访对象为公众和公司）问卷得分基本接近，分别是57分和52分。对于通过法院保护债权的迅速性、实现担保物权的便捷性，专家和社会调查问卷的评价分别是“不迅速”、“不便捷”。但社会调查问卷对这两个问题回答的变异系数分别为0.91和0.81，说明了社会调查对法院债权不迅速和实现担保物权不便捷的看法并不集中。对于债务人是否可以实现不想偿还债务的想法、企业破产下同等情形的债权人是否能够获得同等清偿，两类问卷的评价介于“部分情况下能”和“多数情况下能”之间，而社会调查对这两个问题回答的变异系数分别为0.44和0.57，表明社会调查对这两个问题的看法比较一致。专家问卷和社会调查问卷对于担保信息的查询作出较高的评价，分别认为“能够查到大多数信息”和介于“能够查到大多数信息”与“能查到部分信息”之间，而且社会调查中该问题回答的变异系数为0.4，说明社会调查对问题的回答有比较一致的看法。专家和社会调查问卷得分差别较大的是拆迁款的充分补偿，专家的评价是接近“一般”，而社会调查的评价基本上为“较充分”，且变异系数为0.33，表明社会调查的受访者多数认为拆迁款能够较充分得到补偿。专门为专家问卷设计的私人财产权保护的法律制度是否完善、私人财产权的救济途径是否畅通、知识产权保护法律制度是否完善，专家的评价基本上是“一般”或者略低于“一般”。

交易自由方面专家和社会调查（受访对象为公众和公司）的得分分别为48分和54分。在交易安排不受政府干预方面，专家和社会调查评价均在“部分情况下能”和“多数情况下能”之间，而社会调查对相关问题回答的变异系数都在0.54以下，表明受访人对问题的回答有比较一致的看法。在与行业领头企业从事交易时，专家认为“在少数情况下”有协商的可能性，社会调查认为企业只有“在部分情况下”有协商的可能性，而且该问题回答的变异系数为0.56，说明社会调查的受访人对此问题的看法比较一致。专家对我国设立各类经营组织的容易程度的评价为“一般”，而对政府审批权监督的评价为“不到位”。这与本次指数计算数据来自于2014年我国商事制度改革之前有关。

2. 金融法律制度

未经加权的金融法律制度得分为79分，处于“较好”与“好”之间。其中，金融稳定法律制度得分为74分，银行法律制度得分为90分，证券法律制度得分为84分，保险法律制度得分为69分，金融基础设施得分为76分。金融稳定法律制度的受访对象为金融监管机构。受访者对金融稳定机构的设立、跨行业风险信息的收集和分析、与境外监管机构的合作、上海处置金融突发事件的预警机制和处置机构等做出了最高值的评价。在对问题金融机构处置方面，如存款保险制度、最后贷款人制度、过渡金融机构、最后贷款人制度等选项，受访人的评价要么是法律无规定也无实践，要么是法律无规定但有实践，这说明了我国金融法律制度对于问题金融机构处置的法律制度存在着较大的缺陷。①

银行法律制度、证券法律制度、保险法律制度、金融基础设施采用的是世界银行和国际货币基金组织对我国相关金融业的评估结果，从我们对其评估结果的赋值看，我国金融监管机构及其监管活动与国际监管标准已经比较接近。尤其是银行法律制度，被评估为“基本不符合”的三级指标只有2个，即银行监管机构的独立性、透明度和问责性与银行风险管理标准，占银行法律制度所有35个三级指标的5.7%。被评估为“基本符合”的三级指标占总三级指标的28.6%，共涉及10个三级指标，包括对大额股权转让的审批、信用风险管理标准、风险集中度和关联方风险暴露监管、国家风险和转移风险的监管、操作风险和利率风险监管、国际通行会计标准的适用、金融集团的并表监管等。其他三级指标均被评

① 本次调查在我国2015年出台存款保险制度前进行，所以对我国有无存款保险制度的评价是零分。

估为“符合”，即得满分 1 分。

在证券法律制度中，被评估为“部分符合”（与银行法律制度的“基本不符合”赋值相同）三级指标共有 3 个，占所有 29 个三级指标[①]的 10.3%，包括证券监管机构的独立性、问责性、资源保障、会计和审计标准是否达到国际水准等。被评估为“基本符合”的三级指标共有 8 个，占总三级指标的 27.6%，包括监管责任是否清晰而客观地规定、证券自律组织的作用、监管机构的执法权、信息披露、集合投资计划监管标准、市场中介机构的监管等。其他三级指标均被评估为“符合”。

保险法律制度相比银行和证券法律制度评价较低。在总共 28 个三级指标中，被评估为“部分符合”（与银行法律制度的“基本不符合”赋值相同）的三级指标共有 9 个，占 32.1%；被评估为“基本符合”的三级指标有 8 个，占 28.6%；其他三级指标被评估为“符合”。被评估为“部分符合”的三级指标包括监管目标是否清晰规定，监管机构的独立性、问责性和资源保障，保险机构的审批标准是否清晰、客观和公开，保险公司重大股权变更和兼并的审批，监管机构的及时纠正行动，问题保险机构处置，保险机构的准备金和清偿力要求，保险机构的反洗钱和反恐怖融资要求等。被评估为“基本符合”的三级指标包括有效保险监管的先决条件（如保险法律法规、机构设置、金融基础设施等）是否具备、监管机构的透明度、保险机构的公司治理标准和内控制度、监管机构的现场检查、保险机构风险管理、保险机构从事投资和衍生产品业务的监管标准等。

金融基础设施法律制度包括系统重要性支付系统、证券结算系统（场外债券市场）和证券结算系统（证券交易所）法律制度三部分，被我们赋值的有效三级指标共 50 个（扣掉 2 个被评估为“不适用”的三级指标）。被评估为“部分符合”（与银行法律制度的“基本不符合”赋值相同）的三级指标有 7 个，占 14%，“基本符合”的三级指标有 19 个，占 38%，其余三级指标均被评估为“符合”。“部分符合”的三级指标包括支付系统、结算系统的法律基础、中央证券登记机构的证券交割风险、中央证券登记机构和中央对手方的公司治理和信息披露、证券结算系统的跨境交易结算等。“基本符合”的三级指标包括支付系统提供的支付手段的实用性、支付系统的治理安排和政策透明度、中央银行对支付系统的监督、中央对手方的成本收益评估、通过证券借出与借入加快证券结算、中央银行和其他监管机构对证券结算系统的监管与合作等。

① 实际上为 30 个三级指标，扣除一个评估为“不适用”的三级指标。

3. 政府管理

未经加权的政府管理得分为 65 分，处于“一般”与“较好”之间。对于合法行政、合理行政、诚实守信、廉洁行政，我们为专家问卷和社会调查（受访对象为公众和公司）问卷设计了不完全相同的问卷。在合法行政和诚实守信方面，专家都给予了比较高的评分，分别是 71 分和 88 分。这说明按照专家的评估，上海行政机关基本上“在大部分情况下”能够做到依法行政，基本上“在全部情况下”能够做到诚实守信。但由于社会调查问卷对这两个二级指标打分较低，分别是 62 分和 54 分，影响了它们的整体得分。合理行政和廉洁行政无论是专家和社会调查打分都偏低，专家和社会调查对合理行政的打分分别为 60 分和 47 分，廉洁行政打分分别为 61 分和 48 分。行政效率数据来自政府官方披露的数据，主要涉及各类行政案件的比率，得出的分数为 80 分，处于“比较高”和“高”之间。社会调查和专家对政府管理打分低于 50 分（即被评估为“部分情况下是”）的三级指标主要包括忽视行政相对人权利救济和执法结果的告知、政府网站可能包含虚假信息、获得行政许可需要通过熟人请托、赔偿因为与执法人员有关系而获得更多赔偿、政府官员公款消费等。但是，需要注意的是社会调查对上述这些问题回答都出现了强变异，变异系数均在 0.72 以上，最高至 1.2，说明社会调查中受访人对这些问题的回答非常分散。在问及“行政处罚的公正性是否会因为相对人与政府有关系而受到影响”和“行政人员利用职务之便为自己或他人谋取私利”，无论是社会调查还是专家的评价基本上属于“多数情况下会”。但社会调查对这两个问题的调查结果也出现了强变异（变异系数分别为 0.79 和 0.96），说明受访人对处罚的公正性“在多数情况下”因有关系而受到影响和行政人“在多数情况下”利用职权谋私利的看法并不一致。社会调查对于通过网络、电话等方式获得政府信息，给予了“可以获得部分和大部分信息”的评价，而且变异系数为 0.46，表明社会调查的受访者对此评价有比较一致的看法。对于政府是否会对内部违规官员处罚，社会调查的结果基本上是“对该官员进行调查，但不了了之”，且看法比较一致（变异系数为 0.5）。

4. 司法制度

未经加权的司法制度得分为 68 分。在司法公正、透明、廉洁方面，专家的评分都高于社会调查（受访对象为公众和公司）的评分，分别是 72 分对 66 分、72 分对 54 分、71 分对 56 分。这可能与社会调查的受访对象缺乏司法实践的经历，而受访的专家都是一线律师有关。例如，在上级法院干预下级法院案件审理的可能性、政府干预法院案件审理的可能性、民告官胜诉的可能性、社会舆论对案件审理的影响、同案不同判的可能性，专家大部分都作出了“有部分可能”的评价，且多数问卷作出了接近于“很小可能”的评价，而社会调查的评价介于“有部分可能”和“有较大可能”之间。但社会调查对这些问题的回答出现了强弱不同的变异系数，如民告官和同案不同判的变异系数分别为0.89和1.02，表明了受访人对这两个问题的看法非常分散；上级法院干预下级法院审案、政府干预审案、社会舆论对审案的影响的变异系数分别为0.57、0.43和0.58，表明了受访人对这些问题的看法比较一致。

司法公正中专门为专家设计的问卷，如法官的专业性、上海法院的地方保护倾向、当事人庭审中的充分陈述权等，专家的评分均在0.70分与0.85分之间（满分为1分），属于“较好”。在透明度方面，专家对上海法院的公开审理、上网数量等都做出了“较好”的评价，但专家和社会调查对通过法院的各项平台（如报纸、网站）获得信息作出了“一般”的评价，而且社会调查对此问题回答的变异系数为0.46，表明受访人对结果有比较一致的看法。在廉洁司法方面，专家对于法官以权谋私、利用熟人关系影响案件审理都给出了“少数情况下会”的评价；而社会调查都给予“部分情况下会”的评价，但对法官以权谋私看法不一（变异系数为0.71），对利用熟人关系影响审案则看法较为一致（变异系数为0.51）。当涉案后，社会调查显示受访人基本上会找律师或者自己学习法律，而且对该问题的问答变异系数为0.45，表明受访人对此问题的看法比较集中。另外，专家对于上海法官是否会与律师私下交流案情、是否会接受律师或者当事人的好处、是否会通过律师报销个人开支等，都做出了“少数情况下会”的评价。

在司法效率方面，专家的评分为63分，而社会调查问卷采用的是官方统计数字，评分为88分。专家问卷侧重在立案、执行、审理期限的定性评价，官方统计数字则侧重于立案率、结案率、执行标的到位率。对于立案率和结案率，专家评价和官方统计相比相差一个等级，立案率和结案率官方统计得分分别为1分和0.75分，专家评分分别为0.81分和0.69分。二者评价差别较大的是执行率，官方评价为“较好”，而专家评价为“执行难比较普遍”。

5. 保障制度和环境

未经加权的保障制度和环境得分为56分。税收得分为41分，其中专家评分为44分，社会调查（受访对象为金融机构、公司和公众）评分为37分，评价较低。专家和社会调查问卷中相同的三级指标包括金融高管所得税退税补贴是否合理，金融业营业税率、企业所得税率和个人所得税率是否偏高。对于这些三级指标，专家和社会调查的评价基本上处于“一般”与“高（不合理）”之间。而社会调查对于前两个问题回答的变异系数分别为0.5和0.59，表明受访人看法相对比较集中，但对后两个问题看法出现强变异系数，分别为 0.74 和 0.85，表明受访人的看法不一致。对于个别指标如 25% 的企业所得税率，社会调查和专家的评价则处于“高”与“很高”之间，但社会调查的结果出现了强变异（变异系数为 0.87），表明社会调查的受访人对此的看法比较分散。除此之外，专家还认为“在某种程度上”上海税务过重影响了跨国金融机构在上海设立总部的积极性；而营业税税基设计、企业所得税扣除项的设计、证券交易印花税设计的合理性，以及财政分配方式对上海建设国际金融中心的影响只是属于“一般”。对于上海金融机构整体税负是否合理，税收政策是否有利于金融创新、金融机构集聚、金融市场发展、金融衍生品税制设计是否合理等，专家的评价均在“一般”和“不利（或不合理）”之间。专家最终对上海税收政策是否有利于上海国际金融中心建设的评价为 0.38 分，处于“一般”与“不利”之间。

人力资源评分为 62 分，专家和社会调查（受访对象为金融机构、公司和公众）的评分分别为 57 分和 67 分。社会调查对上海人才政策、居住证办理、招聘公正性、劳动争议解决渠道、劳动合同的保障作用等给予了“一般”和“较好”的评价，尤其是对单位是否足额缴纳四金，给予了 0.92 分的评价，接近满分。而且，社会调查对上述问题回答出现了弱变异，变异系数在 0.2 和 0.45 之间，表明受访人对这些问题的看法相当一致。对于签订劳动合同时，有没有感觉自己的权益可能得不到保障，社会调查的回答介于“没有”和“有时候有”之间，而且变异系数为 0.59，受访人看法相对比较一致。专家对有无签订劳动合同、劳动争议解决渠道、单位足额缴纳四金等给予了“较好”与“好”之间的评价。对于员工晋升是否公平、单位能否提供培训机会、员工所获报酬是否与其劳动相符、单位提供的劳动保护是否全面，专家给予了“一般”的评价。在大学生上海落户按“211”学校和非“211”学校打分、单位招聘员工的公正性、医疗保险能否满足员工日常医疗费用，专家的评价处于“一般”与“较差”之间。专家对外国人在上海就业办理程序给出了“不简便”的评价，认为外国人“可能会”因为缴纳社会保险金的负担离开中国。专家最终对上海的人才政策是否有利于上海国际金融中心建设给予了“尚有不利影响”的评价。

会计和法律服务的受访对象主要是企业和会计师、律师事务所，没有专门设计专家问卷。该二级指标得分为 58 分，表明受访对象对上海的会计和法律服务的满意度为“一般”。除了上海每万人口律师人数属于“较好”水平外，有关会计制度是否与国际惯例符合、会计制度对造假的遏制效果、会计和律师服务效果等方面，评价均为“一般”，所有这些问题回答的变异系数在 0.3 和 0.43 之间，表明受访人对这些问题的评价（即评价为“一般”）相当一致。

大众安全感问卷的受访对象为一般公众，得分为 61 分，表明上海公众安全感在“一般”偏上水平。当自己遭遇不安全事件时，公众认为“在部分情况下”会得到他人（警察除外）的帮助。对于社区巡防，公众认为“有时见到”治安人员的巡逻。但这两个问题回答的变异系数分别为0.56和0.62，表明公众的看法还比较一致。对于公众外出是否担心自己遭到不法侵害或者担心家中被盗或不安全事件，公众的评价为“在少数情况下会”。对于本人居住区域内近几年发生的违法犯罪情况，公众的评价为“有些多”与“较少”之间。公众认为上海市治安的整体状况为“一般”与“较好”之间。对这些问题回答出现了弱变异，变异系数在0.29和0.49之间，表明受访公众对这些问题的看法相当一致。

6. 金融消费者保护

未经加权的金融消费者保护得分为56分，其中金融消费者纠纷多元化解决机制为61分，金融消费者权益保护为51分。当金融消费者与金融机构发生纠纷时，他们对消费者保护协会的调解或者对金融机构的处理结果，评价为“一般”，而且变异系数系数分别为0.38和0.43，表明受访人对这两个问题的看法相当一致。我国基本建立了金融消费者纠纷多元化解决机制，但尚缺乏在解决金融机构和消费者纠纷方面比较有效的金融调处制度。

金融消费者权益保护分为金融消费者卷和专家卷，得分分别为57分和45分。金融消费者和专家问卷涉及的共同三级指标中，如产品风险提示、客户适格性审查、隐私权保护、消费者反悔权方面，专家的评价基本上属于“少数情况下有”，而金融消费者的评价基本上属于“部分情况下有”。但是，除了产品风险客户适格性审查这一项受访的消费者的看法比较一致外（变异系数分别为0.46和0.59），对于消费者“部分情况下有”隐私权保护和消费者反悔权的回答比较分散，因为这些题目的回答出现了强变异，有的涉及隐私权保护的回答，其变异系数为2。对于签约前信息披露，金融消费者和专家的评价均介于“部分能”和“大多数情况能”之间，且金融消费者问答的变异系数为0.48，回答相当集中。对签约后信息披露（定期报告账面余额等），金融消费者和专家的评价均介于“部分能”和“少数情况下能”，但金融消费者回答的变异系数为0.89，表明受访消费者对此问题的看法十分分散。对于专门针对金融消费者的一些三级指标，如消费者是否理解所购买的金融产品、消费者在购买产品时金融机构是否解释过个人信息保护政策、金融产品合同霸王条款是否多，消费者的评分基本在0.5分以下，属于“一般”偏下的评价。在这三个问题中，金融机构信息保护政策解释出现强变异（变异系数为1.23），表明受访消费者对此看法极其不一致；其他两个问题的回答变异系数分别为0.40和0.63，表明受访消费者看法还比较一致。在问及金融机构是否捆绑产品销售，金融消费者的回答介于“有时有”和“没有”之间；在问及是否能够承受理财产品的损失，金融消费者的回答介于“基本能承受”和“不能承受”之间。但对这两个问题回答的变异系数分别为0.61和0.70，表明对前个问题受访者的看法相对一致，而对后一问题，受访者的看法比较不一致。在问及是否参加过金融机构或者金融监管机构组织的金融消费者教育，受访的消费者的评价是“很少”，虽然对这两个问题的回答出现了强变异（变异系数分别为0.88和0.87）。

在专家问卷中，对于我国金融监管机构的监管目标是否与金融消费者保护相冲突、金融监管机构对金融机构按投资者不同条件销售产品的监管、金融监管机构对消费者信息保护、上海市政府鼓励金融机构向中小企业融资的力度、金融机构或者行业自律组织在制定合适条款的作用，专家都给予了“部分是或者一般”的评价。对于金融纠纷中金融机构和金融消费者举证责任的分配和金融机构提供的信息是否有利于消费者进行产品比较，专家给出了“不合理或者不一致”的评价。专家最终对上海金融消费者保护情况是否有利于上海国际金融中心建设，给出了“一般”和“不利”之间的评价。

三、上海国际金融中心建设法治保障的发展路径

如果以50分为法治建设的一般水平，2013年上海国际金融中心法治指数64分的得分，说明了上海国际金融中心法治状况处于“一般”和“较好”之间。[①] 随着党的十八大以来中央和上海各项改革措施的落地，我们认为在其他指标不变的情况下，2015年后上海国际金融中心法治指数应该高出64分。行政审批权的改革、存款保险制度的建立、司法体制改革、上海科创中心新的人才政策实施等，都能提高相应指标的得分。但是，上海如果要发展并长期成为全球领先的国际金融中心，相应的法治建设任重道远。本书基于历史和现实的考察，提出了上海国际金融中心法治保障的问题和路径选择。

第一，对于国际金融中心的形成与发展而言，没有任何一个法律传统具有优于其他法律传统的地位，法律与金融学派（LLS&V）认为普通法系更有利于国际金融中心建设的观点并不足信。我国在建立国际金融中心时，没有理由去全盘或者倾向于移植包括普通法系在内的某个法系的法律制度，而是要建立符合与本国政治文化、法律传统、金融发展水平等相适应的法律制度。但是，在建立相应的

① 如以100分为“好”，75分为“较好”，50分为“一般”，25分为“较差”，0分为“差”。

法律制度时，应当遵守或者吸收国际通行标准或者最佳实践。应该承认，自2008年后，以20国集团首脑峰会为核心，金融稳定理事会、巴塞尔委员会、国际货币基金组织等作为主要参与机构的新全球金融治理已经基本形成，国际金融组织制定的尤其是20国集团首脑峰会承认的国际金融标准的确已经成为国际通行的标准或者最佳实践，并且更加深入、全面地影响和渗透到各国金融立法和实践中。当然，国际通行标准和最佳实践不是一成不变的，也不是照搬某些国家的标准，而是在各国广泛参与的基础上，吸收各国行之有效的做法不断改进和完善。

第二，在各个国际金融中心存在着不同的法律制度背景下，监管套利无法避免。在多数情况下，资本总是流向宽松的法律环境。但无论是宽松还是严格的法律，都会陷入“宽松（或者缺少）法律和监管制度→金融中心繁荣→泡沫→危机→严厉法律和监管制度”周期律。虽然过于严格的法律制度是不可能建成国际金融中心的，但是，促进国际金融中心形成与发展的法律也不在于一味地宽松，而在于是否具有适应性，或者说能够促进国际金融中心发展的法律应该是与国际金融中心政治、经济、基础设施等发展水平相适应的具有弹性（或者灵活性）的法律制度。法律的弹性要求法律尤其是金融法律和监管规则应该按照金融的发展因势而变。根据国务院的部署，上海可以按照“先行先试”的原则建设国际金融中心。金融与法本身不能分离，金融的“先行先试”没有法的即时改进就谈不上先行先试，法的即时跟进是“先行先试”的内在组成部分。而在金融立法属于中央事权的背景下，根据国际金融中心的发展水平及时调整立法，解决发展过程中出现的各种与国家现有法律冲突和不协调的问题将极其困难。我们认为，只有赋予上海具有解决这些法律冲突或填补法律空白的特别立法权，才能做到“先行先试”中法的即时跟进。上海国际金融中心的特别立法权是指，全国人大特别授予上海市人大和政府制定对上海国际金融中心的机构和活动具有优先适用效力的法规和规章的权力。

第三，从历史看，不同的法律对国际金融中心的形成与发展都能从各个层面产生影响，很难说是其中某个或者某些法律起着决定性作用。但是，有关保障资本自由流动、货币自由兑换的法律具有相对重要性，因为放开资本管制和货币自由兑换是国际金融中心的必备要素，很难想象一个有国际竞争力的国际金融中心其资本流动是受到管制的，本币不能自由兑换。这意味着上海建设国际金融中心一个首要前提就是在保证金融稳定的前提下，如何有序地加快资本和货币自由化的进程。国际金融机构云集、业务品种丰富是一个有竞争力国际金融中心的另外两个必备要素。上海无论是国际金融机构总部的数量还是业务品种的种类都远远落后于伦敦和纽约等国际金融中心。这就要求上海国际金融中心必须要降低机构和业务的准入门槛。国际金融中心的发展大抵都经历过“大爆炸”似的金融机构和业务自由化过程，如伦敦（1986 年）、东京（1997 年）、巴黎（1984 年）等。即使在美国没有出现过类似金融大爆炸，但美国《格拉斯—斯蒂格尔法》出台后到 1999 年《金融服务现代化法》彻底废除前的 60 年间，商业银行从来没有被彻底禁止从事投资银行业务，美国新出台的《多德—弗兰克法》也没有禁止金融机构的综合经营。上海如果要成为有竞争力的国际金融中心，允许在上海注册的金融机构从事综合经营应是必然的选择。当然，金融机构从事综合经营应采取金融控股公司设立子公司的形式。监管机构治理在维护金融稳定，保障金融业稳健发展已经被国际金融界广泛认可，但在我国监管机构的独立性、问责性、透明度等监管治理的法律保障制度安排尚未得到立法机构和监管机构的重视。如何在法律

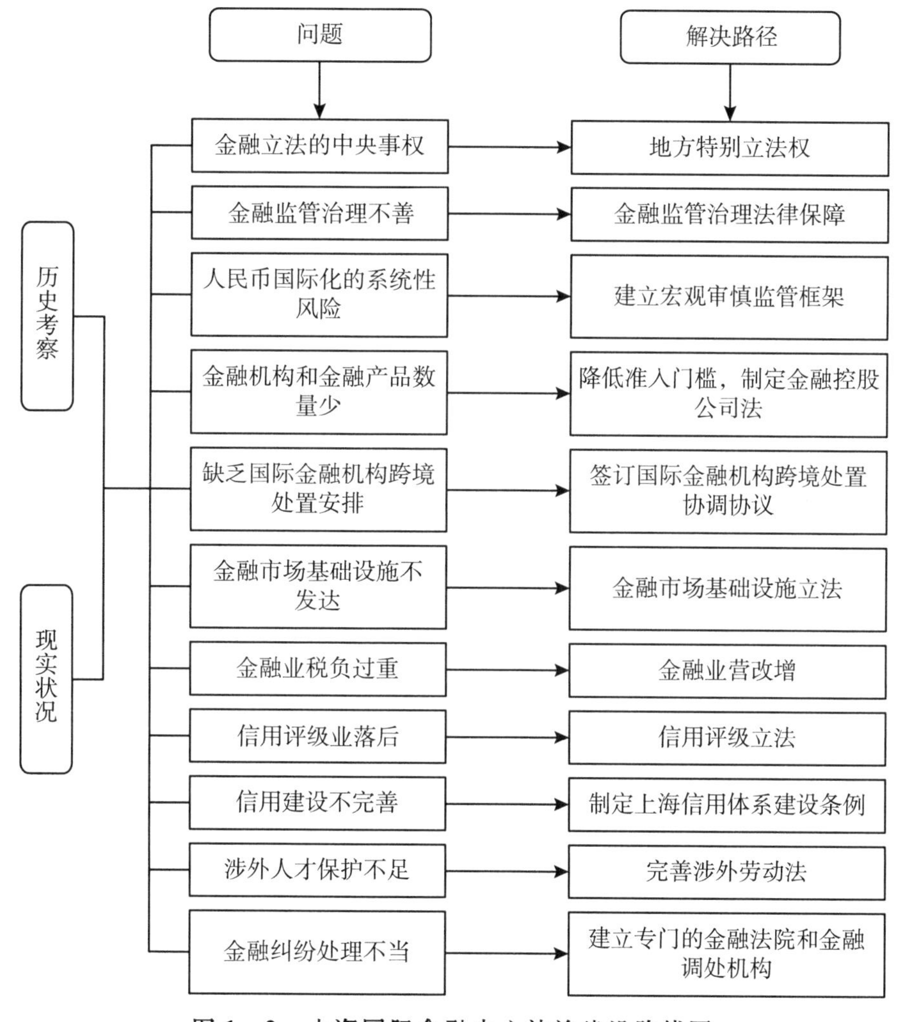

图 1－2　上海国际金融中心法治建设路线图

上有序地安排问题金融机构退出，往往是国际金融机构在东道国新设机构要考虑的重要因素，我国迄今为止没有一套完善的关于国际金融机构跨境处置的法律制度。税制安排、人力资源、社会信用体系等与建设有国际竞争力的国际金融中心的要求还有差距。不完善的金融消费者权益保护机制，如缺少专业的金融法院和独立、中立的金融调处机构，职责重叠的金融消费者权益保护机构，无法向金融消费者提供统一、专业、快捷的保护。

依据主要国际金融中心的发展经验和对上海国际金融中心法治建设现状的分析，我们梳理了上海建设国际金融中心的 11 个主要问题，并提出了解决的路径（见图 1－2）。除第 2 个问题“监管治理不善”外，[①] 本书后续的各章就是依据这些问题和解决路径展开的。

---

① 对于该问题的论述，详见周仲飞：《银行法研究》第 2 章《银行监管机构的独立性和问责性》，上海财经大学出版社 2010 年版。

第二章

国际金融中心建设的地方特别立法权

2009年4月14日，国务院出台了《关于推进上海加快发展现代服务业和先进制造业、建设国际金融中心和国际航运中心的意见》（以下简称《国际金融中心意见》），提出国际金融中心建设的总体目标是："到2020年，基本建成与我国经济实力和人民币国际地位相适应的国际金融中心；基本形成国内外投资者共同参与，国际化程度较高，交易、定价和信息功能齐备的多层次金融市场体系；基本形成以具有国际竞争力和行业影响力的金融机构为主体、各类金融机构共同发展的金融机构体系；基本形成门类齐全、结构合理、流动自由的金融人力资源体系；基本形成符合发展需要和国际惯例的税收、信用和监管等法律法规体系，以及具有国际竞争力的金融发展环境。"

建设国际金融中心是一项复杂的系统工程，其中营造良好的金融法治环境，既是国际金融中心建设的重要内容，也是国际金融中心建设不断推进的重要保障。首先，良好的法治环境为国际金融中心的形成奠定了基础；其次，法治环境对国际金融中心的发展有推动作用；最后，法治环境对国际金融中心的安全稳定起保障作用。而作为管理者一方的政府行政系统要在国际金融中心建设中发挥导向作用，也需要法治环境支撑。《国际金融中心意见》提出，到2020年"基本形成符合发展需要和国际惯例的税收、信用和监管等法律法规体系，以及具有国际竞争力的金融发展环境"。这为今后一段时期努力营造有利于上海国际金融中心建设的法治环境指明了方向。

然而，我们也应当看到，上海目前所具备的内外在条件与建设国际金融中心法治环境的要求相比，仍有不小的差距。究其原因，既有主观因素，也有客观因素的制约。就后者而言，由于受立法权限制，目前国际金融中心建设在诸多方面还存在法律规范或规则的缺位。而上海国际金融中心的发展往往先于、快于全国其他地方，一些新的情况、新的问题出现也是难免，但实践中却常会遇到现行立法空白或不完善之处等问题。

上海国际金融中心的建设作为我国一项重要的国家战略，是国家希望通过加快上海国际金融中心建设促进经济增长，尤其是在市场体系、金融服务、金融产品和工具的推进方面起到促进作用，从而推动经济结构调整和经济发展方式转变，深化金融领域中的改革开放，并使上海有能力更好地服务于全国。在这一过程中，上海国际金融中心法治建设并不是对国家金融基本制度的挑战和改变，而是需要地方立法给予其发展的具体的、细化的、可操作性的改革制度支撑。在法律规定的金融基本制度框架下，地方立法可以在自身的权限范围内、能力所及范围内，以地方立法的形式支持和鼓励金融改革、发展及创新。我们认为，在地方立法的需求先于全国的情况下，立法权的层级分配不失为合理和可行路径，以利于我国国际金融中心建设获得良性法律支撑。

一、立法权层级分配基本理论

（一）立法权的含义

立法权可以有广义和狭义两种解释，广义的立法权指凡是有立法权力的主体创制法律、法规的活动；狭义的立法权仅指宪法上规定的国家立法机关制定法律的行为。

关于立法权的划分目前世界各国主要存在两种体制：立法权单一化体制和立法权多元化体制。单一化体制即立法权由一个政权机关所享有，其他国家机关不能行使立法权。多元化体制则将立法权作一定分割，由不同性质、不同层次的机关来行使。

我们认为，多元化的立法体制更适合于现代社会发展的需要，如果说在古老的经济制度下，强调立法权的单一化有它的时代意义，那么过渡到现代社会，它已经不能顺应时代潮流。如果不改变立法权统一于中央的状况，就会阻碍地方积极性的发挥。尤其在我国经济、文化发展极不平衡，中央立法不可能适时对应每一地方的需要，也不可能在任何地方一成不变的实施。当然我们并不是说改变立法总的原则和精神，特别是宪法的原则精神。而是说在一些具体情形下，必须依靠地方国家机关的努力，才能制定出适合本地需要的法律文件。而且，随着福利国家时代的到来，政府职能越来越多，正如托马斯·戴伊所描述的："如果说，政府的权力曾经一度受到限制的话——政府除了保障法律和秩序、保护私人自由和私人财产、监督合同、保护本国不受外国侵略以外，没有别的权力——那个时刻早已过去。"① 立法机关往往在应对行政管理的复杂性方面显得力不从心，诸多事项需要行政机关自行把握。

（二）立法权的层级分配

立法权的层级分配，指一国的立法体制中存在着金字塔式的结构化排列。从各国的立法体制来看，这种分层是现实存在的。典型的大陆法系国家都有一个统一的立法系统。这个系统如同金字塔一样，最高立法机关的立法权位于塔顶，其他层级的立法机关和行政机关都分布在塔顶以下的各个层次。在其他法系国家，立法权同样存在着这样的结构。这种结构化的立法层级使不同的立法在立法系统中分布于不同的层次之间，每一个层次国家机关的立法权都有特定的权力域。我国立法大体实行四级制，因此，立法权由低至高排列为：省、自治区人民政府所在地的市、经济特区所在地的市、经国务院批准的较大的市和设区的市的立法权；省、自治区、直辖市、特别行政区的立法权及国务院各部、委，中国人民银行，审计署和国务院直属机构的行政立法权；国务院的行政立法权和全国人民代表大会及其常务委员会的立法权。当然，这样的划分不是太科学，因为在一些层级中还有立法机关行政级别的高低之分。对于上述四个层级的立法，如果再粗略的进行划分，实际上可归于中央与地方两个大的范畴，本书的国际金融中心法制环境建设立法权层级分配就立足于这一思路。

1. 中央立法权

中央立法是指我国全国人民代表大会及其常务委员会和国务院及各部委制定法律、法规、规章的活动。中央立法所涉及的事项一般是全国范围内重大的、具有普遍性的问题，如国家安全问题、环境保护问题、自然资源问题等。中央立法权以立法主体来划分，包括三个方面：一是全国人民代表大会及其常务委员会的立法权。根据《中华人民共和国宪法》第 57 条规定："中华人民共和国全国人民代表大会是最高国家权力机关。它的常设机关是全国人民代表大会常务委员

① ［美］托马斯·戴伊，梅士译：《谁掌管美国》，世界知识出版社 1980 年版，第 66 页。

会。”第 58 条规定：“全国人民代表大会和全国人民代表大会常务委员会行使国家立法权。”全国人大及其常务委员会的行政立法权包括：第一，根据宪法制定有关国家机构的和其他的基本法律；第二，修改宪法和法律；第三，解释宪法和法律。二是国务院，即中央人民政府的行政立法权。根据宪法和法律的规定，国务院的行政立法权包括以下几项：第一，制定行政法规。它是狭义行政立法中具有最高法律效力的法律文件，其形式为条例、规定、办法等。第二，根据全国人大及其常委会的授权制定某些具有法律效力的行政法规。第三，根据宪法规定的程序向全国人大及其常委会提出拟定的法律草案和其他议案。第四，依法批准和撤销国务院下属行政机关制定的行政规章和地方性规章。第五，由国务院直属机构和办公机构拟定各种规范性文件，需经国务院批准并发布后生效，一般视为行政法规的范畴。三是国务院各部委及具有行政管理职能的直属机构的行政立法权。根据我国宪法规定，国务院各部委有权根据法律和行政法规，在本部门业务权限范围内制定行政规章。此种法律文件在实践中多采取决定、命令、指示的形式。根据《立法法》第 80 条及《国务院组织法》第 10 条的规定，国务院各部、委员会、中国人民银行、审计署和具有行政管理职能的直属机构可以根据法律和国务院的规定，对于其职权范围内的行政事项有权发布行政规章、命令和指示，而对于涉及部委工作中的方针、政策、计划和重大行政措施则应报国务院审查决定。由此可见，国务院各部、委员会、中国人民银行、审计署和具有行政管理职能的直属机构是我国行政机关中有权制定行政性规章的职权性主体，但其行政立法权受国务院的制约，附有立法权限和条件的限制。

2. 地方立法权

地方立法是指地方各级国家权力机关和行政机关依法制定行政管理规则的活动。在我国，地方立法有三种情形：一是实施性或执行性立法。即根据本地方的实际情况，将中央立法的规定具体化，确定实施细则和执行方法；二是自主性立法。针对地方特定问题作出特殊规定。如某省就有关本地区的资源、矿产、环保、疾病防治等问题制定相应的地方性立法文件，以调整地区性的特有的社会关系；三是先行先试立法，即对虽属全国范围的事项，但国家尚未立法，而这样的社会关系不得不及时调整，省、自治区、直辖市和较大的市（含省、自治区人民政府所在地的市、经济特区所在地的市、经国务院批准的较大的市和设区的市，下同）的人大及政府可根据本地具体情况和实际需要，率先制定地方性立法文件。

我国地方立法包括省、市级人大和人民政府立法。依据《立法法》第 72 条、第 82 条和《地方各级人民代表大会和地方各级人民政府组织法》第 7 条、第 60 条规定，我国地方立法的主体有以下几类：第一，省、自治区和直辖市人大和人民政府。第二，省、自治区的人民政府所在地的市的人大和人民政府。第三，经国务院批准的较大的市的人大和人民政府，如大连市、鞍山市等。《立法法》和《地方各级人民代表大会和地方各级人民政府组织法》赋予省会市（包括自治区首府，下同）和较大市一定的立法权限，是从我国各省、自治区的具体情况和实际需要出发的。我国的省、自治区的行政区域一般都比较大，省区内各地之间的政治、经济、文化等方面发展不平衡，特别是改革开放以来，这种不平衡更趋明显。一般来说，省会市和较大市人口较多，有的是本行政区域的政治、经济、文化中心；有的经济发展水平较高，有的是工业发展的重建城市，还有一部分是沿海开放城市，具有良好的对外开放、发展经济的条件，在一定的区域内甚至对于全国的国民经济和社会发展以及改革开放有重要的影响。它们都属于本行政区域比较发达的地区，是改革开放和经济建设的重要阵地，社会经济关系和行政管理相对来说也更为复杂。从一定意义上讲，它们对法治环境的需求也更为迫切。因此，地方人大和地方政府组织法在立法权上采取区别对待的办法，给予省会市和较大市一定的立法权，目的在于更好地促进本地区发展，进而带动整个省、区乃至全国的发展。

（三）我国地方立法的特色

第一，地方立法具有地方性。所谓的地方性是指地方立法的主体只能是地方各级国家机关，中央国家机关不能成为地方立法的主体。法治实践中，我国中央层面也存在不少涉及地方事务、专门为了解决地方某一或某些问题的法律、法规，如全国人大制定的《香港特别行政区基本法》、《澳门特别行政区基本法》、《中华人民共和国民族区域自治法》等，这样的立法不能归于地方立法的范畴。“地方立法能充分体现本地经济水平、地理资源、历史传统、法制环境、人文背景、民情风俗等状况，适合本地实际。地方立法的首要任务就是以立法的形式创制性地解决应由地方自己解决的问题，以及国家立法不可能解决的问题。也就是说，地方立法体现的是对国家法律、行政法规的‘拾遗补阙’，重点解决地方经济、社会发展中无法可依的问题，并把改革和发展的决策同地方立法结合起来，使地方经济、社会发展以及社会稳定建立在法制的轨道上。”[①] 地方立法的任务体现在两个领域，一方面是解决本地方问题，另一方面是解决应当以中央立法解决而目前中央立法不能或不便解决的存在于地方的全国性问题，上海国际金融中心法制环境的培植就属于此类。

第二，地方立法具有从属性和自主性。上述我们强调地方立法的地方性，但

① 廖军和：《关于地方立法观念创新问题的思考》，http：//www.people.com.cn.

并不是说地方立法可以完全脱离中央立法而存在，相反，地方立法与中央立法相比，处于相对次要的地位。即地方立法原则上要以中央层面的宪法、法律、行政法规等为依据，尤其不能抵触宪法的原则和精神。正如我国《宪法》第五条强调的："一切法律、行政法规和地方性法规都不得同宪法相抵触。一切国家机关和武装力量、各政党和各社会团体、各企业事业组织都必须遵守宪法和法律。一切违反宪法和法律的行为，必须予以追究。任何组织或者个人都不得有超越宪法和法律的特权。"而且地方立法承担的功能之一就是贯彻实施国家宪法、法律和行政法规。同时，我们也应当看到，地方立法作为一国立法体制的组成部分，也有相对独立的地位。地方立法存在的主要原因之一，是要以地方立法的形式调整地方社会关系，解决地方问题。它可以在不与中央层面立法相抵触的前提下，独立自主地、积极地解决应当由地方解决的实际问题。地方立法负有补充中央法律、法规立法不足、不到位、不及时而先行一步，从而为中央立法积累经验的职责。依据《宪法》《地方各级人民代表大会和地方各级人民政府组织法》以及《立法法》的规定，我国省、自治区、直辖市、较大的市的人民代表大会及其常务委员会和人民政府享有地方立法权。这一规定改变了我国以往中央集中统一立法的格局，形成了具有中国特色的一元两级多层次分权型立法体制。

第三，地方立法具有针对性、先行性和创新性。所谓针对性，就是结合本地实际情况，以解决现实问题为目标，不是为立法而立法。空想社会主义者罗伯特·欧文就曾说："适当的立法措施可能带来的好处有多大，目前人们都还没有条件充分地认识到。我所谓的立法措施，并不是指任何党派规章。我所指的是这样一些法律，它们能减少并且最后防止各劳动阶级现在所遭受的最大祸害；防止大多数同胞在工业体系下被人数少得多的一部分人压迫的现象；防止我国一半以上的居民再受完全愚昧无知的教育；防止他们宝贵的劳动用于最有害的方面；防止这一部分可贵的人口经常被自己没有受到教育来加以抵抗的引诱所包围，这些引诱会驱使他们做出对自己和社会最为有害的行为。"① 自这一观点问世以来，人们关于法律制定的逻辑过程就有两种不同的论点，一种论点是对该论断的肯定，即一个国家的立法行为可以作为一个社会工程来看待。所谓社会工程是指在特定时间内将立法作为国家治理过程中的集中性行为，通过这种集中行为使一国在较短时间内形成一个法律的格局，至少在某一个法域中使法律规范的制定行为相对规范化，甚至通过一次立法会议或者立法行为形成一个法律。事实上，在一些国家的发展历史中此种风暴形式的立法状况是存在过的，例如，苏联在建国初期就在一次会议上通过了十多部法律。另一种论点与欧文的论点相反，认为立法不能够

① ［英］罗伯特·欧文著，柯象峰等译：《欧文选集》，商务印书馆1984年版，第1卷，第116页。

采取机械化、大规模化的方式，应当根据事态本身是否需要法律调整以及人们对事态与法律关系认识的深刻程度而进行，若某个范围的事态需要相关法律予以调整就制定之，但当人们对这个事态与其调控规则的关系认识还不够深刻时则不应立即制定相应法律。① 也就是说，不能将立法作为工程来看待，要根据事态的需要和对事态与法之关系的认识进路系统渐进地进行，不过分强调体系的完备，不搞大而全。比如针对城市规划和违法建设问题，上海、广州先后出台违法建设查处的法规，如2004年《上海市城市规划实施监督检查暂行规定》和《上海市城市规划管理查处违法建设暂行规定》，前者仅21个条文，后者仅19个条文，清晰明了，可操作性强，既能解决实际问题，又容易为公众理解和接受。立法的针对性就是要求立法由追求纯粹的数量、速度转变为追求质量和效益。地方立法的先行性与创新性是紧密联系在一起的，如湖北就曾提倡“特色先行”的立法理念，甘肃确立了“急需先立”的立法原则。先行性一方面要求立足于本地实际，另一方面尽可能使立法具有超前性和创新性。同时，借鉴国际先进的立法理念，充分发挥立法对现实社会生活的导向作用。地方立法的先行性与创新性从当下观察，似乎是个别问题或特殊问题，但它最终要走向一般和普遍，成为可复制、可推广的模式。正因为如此，创新始终是地方立法的出发点与落脚点，同时，创新也是我们评判地方立法质量与成效的一个重要指标。

二、中央与地方立法分权的现实性

改革开放以来，我国地方立法从无到有，经历了一个探索、创新的发展过程。地方立法，无论是制定新的地方性法规规章，还是修改、废止过时的地方性法规规章；无论是实施性立法、自主性立法还是先行性立法，都是一项创新性的工程。没有创新性，就没有地方立法的必要性和生命力，换句话说，地方立法的生命力和根本活力在于创新性。中国实行改革以来，不少全国性的制度安排的形成途径是：个人以及由个人自愿组成的团体的自发安排——地方政府的默认及地方立法的规范——中央的局部肯定和中央立法规范。如家庭联产承包责任制度、企业利润提成奖励制度、劳动合同制度、股份合作制度等。这些新制度的安排之所以能够在一定时期顺利实施，与地方立法的作用是分不开的。如果没有地方政府对自发产生的制度创新的默认、保护和立法规范，那么，许多新制度安排将会

① 关保英：《科学立法之科学性解读》，载于《社会科学》2007年第3期。

刚刚露头就被取缔，因为这些制度创新与传统的思想观念是有较大出入的。而地方政府敢于采取默认态度或采取一定保护措施，除了中国实行改革开放以后形成了实事求是的制度环境之外，主要是来自他们对这些自发产生的创新意图的充分了解和对新制度安排的预期收益的把握。作为一个国际化的大都市，上海必须在地方立法中进行制度创新。

（一）必要性

1. 主动实现宪法和法律原则的需要

宪法和法律原则的实现是指宪法和法律原则中的权利义务规则由应然变为实然的状态，由存在形态变为实在形态的状态。实现与实施不同，后者指宪法和法律原则在国家权力和法律法规中的具体运作过程，前者则是通过运作所获得的实际结果。如果说后者是一个实证性概念的话，那么，前者则是一个理性化概念，它其中可能包括了实证乃至实用成分，而它的最高追求则是一种理性的价值选择。实现和效力不同，效力指宪法和法律原则对人、对事甚或对空间的规制程度，而实现则不单单包括它的具体规制环节，而是对规制环节的一个高层次的升华。如果说效力是宪法和法律制度范围内的概念的话，那么，实现则是高于宪法和法律制度的一个哲理概念，它其中可能包含着一定的效力属性，而它实质上却是对效力的一定理论提炼。实现与执行不同，执行是指行政主体在履行行政管理职能过程中对宪法和法律基本规则内容的贯彻，而实现则是在行政主体和行政相对人双方面的作用下，使宪法和行政法原则的内容归位于权利与义务的关系之中，实现中可能包含着执行，但是它与执行相比是更为周延的概念系统。[①]

地方立法的创新实质是对权力运作模式的设计，这样就有可能使问题走向另一个极端，即地方立法在超越宪法和法律的情况下，实现创新功能。其实，作为法治国家而论，宪法的龙头法、根本法地位是无论如何也动摇不得的。也就是说，我们所讨论的地方立法的创新只能是在不违背宪法和法律的前提下而论之的。合理的解释应当是，地方立法的先行先试是对宪法和法律原则的一个实现过程。如我国宪法的一切权力属于人民的原则、民主集中制原则、各民族平等原则、社会主义法制原则、精简与效能原则等就应当是地方立法制度创新遵循的准则，也应当是地方立法创新的目标。同时，地方立法的创新应当是一种积极的体现宪法和法律原则的过程。宪法和法律原则与地方立法的关系可以有两种认识进

① 关保英：《行政法原则的实现初探》，载于《时代法学》2006 年第 5 期。

路，一是从宪法和法律原则的具体规则与地方立法规范的具体形式来认识二者的关系，但以此认识，地方立法只能是对宪法和法律原则的具体化，不能对抗宪法确立的具体规则，母法和子法的关系正是这种条文形式的关系原理。二是从宪法、法律和地方立法发展变化的哲学原理来认识。我们知道，宪法由于是根本法，法律是居于第二层次的立法，故而其条文都具有一般性、普遍性和抽象性的特点，而地方立法作为宪法和法律包容下的法律部门则是特殊的、个别的。地方立法在发展变化过程中，有先行之义务，即宪法和法律来不及或不可能对某一新的社会因素进行感应时，地方立法可以率先感应。那么，地方立法的创新功能就是这种率先感应的一个具体表现。当然，整个感应过程不一定能够完全和宪法和法律原则所确立的社会主流相统一。此点提醒我们，在认同地方立法的创新功能的同时，必须确立相应的原则，设计相应的标准使创新功能以良性的姿态出现。

2. 结合地方实际情况将国家法律、行政法规的规定具体化的需要

在立法实践中，中央立法和地方立法扮演着不同的角色。中央立法重在解决和调整具有全局性、整体性、根本性的问题，主要针对国家的宏观领域进行调整，不可能做到事无巨细面面俱到，也不可能兼顾到各地区的不同情况。正因为如此，《立法法》第 73 条第 1 款第 1 项规定：地方性法规可以就“为执行法律、行政法规的规定，需要根据本行政区域的实际情况作出具体规定的事项”作出规定，即为了保障法律、行政法规的实施，赋予地方为执行法律、行政法规而制定实施性细则的立法权。地方立法之所以能在我国法制建设和法治化进程中扮演重要角色，正如上述，主要是因为与中央立法相比，地方立法更具适时性、针对性和可操作性。例如，《上海市合同格式条款监督条例》将《合同法》相关条款细化为 21 个条文，详细规定了“格式条款不得含有免除提供方责任、加重消费者责任、排除消费者权利”等方面的内容，并通过政府工商行政部门备案审查、组织听证、责令修改、侵权处罚等方式对房屋买卖、租赁、装潢和物业管理、旅游、水电煤气等合同格式条款进行监管，从而有效维护公平竞争秩序，切实保护消费者合法权益。既简明、又实用，具有很强的可操作性。地方立法弥补了中央立法对微观领域调整的不足，法治实践中为确保中央立法得到有效实施，在很多情况下、很大程度上需要地方立法因地制宜地做出具体的、具有操作性的规定，以增强其可行性和可实施性。笔者在描述《立法法》时说过：“《立法法》对于立法行为的规范并不是一蹴而就的，这既有立法技术处理上的客观原因，也有人们对立法事项认识需要不断深化、不断提高的主观原则。以前者而论，《立法法》作为一个基本法只需规定立法事项的总原则、只需要规定立法行为中的一般事项，而立法行为的具体行为规则和在特别情况下适用的规则则没有必要规定，正

如《立法法》在附则中对军事法规和军事规章的规定那样，其将诸如此种特殊的立法行为留给了后续立法去规范。以后者而论，《立法法》在基本内容上还有许多需要完善的地方，需要其他法律进一步补充规定的地方，如《立法法》就没有规定有关越权立法、违法立法的法律责任和制裁规则问题，也没有规定国内立法和国际立法的关系问题、规章以下其他规范性文件的关系问题、地方性法规和部委规章的地位问题等。对于《立法法》所留下的这些空白地带可以有两种态度，一种是等待，即等待全国人大作补充规定，一种是有权的机关从自己的权限范围出发作出补充规定，或制定与《立法法》连贯的行为规则。选择后者是负责任的态度。"① 地方立法在具体细化中央立法的过程中，我们认为，不能局限于中央立法的框框，简单地援引法律、行政法规的原则性规定，甚至于某种程度上进行一种简单的立法抄袭，而必须充分发挥立法中的自主性，根据本地区的实际情况和特殊问题进行一定的创新，这才是地方立法的价值所在。

3. 对中央立法未及、未尽的空白地带及时填补的需要

《立法法》第 73 条第 2 款规定："除本法第八条规定事项外，其他事项国家尚未制定法律或者行政法规的，省、自治区、直辖市和较大的市根据本地方的具体情况和实际需要，可以先制定地方性法规。在国家制定的法律或者行政法规生效后，地方性法规同法律或者行政法规相抵触的规定无效、制定机关应当及时予以修改或废止。"《立法法》赋予地方在除国家立法保留事项之外的事项内，先行立法的权力，为国家统一立法进行探索，积累经验，为国家立法起一个试验田的作用。《立法法》在作出此项规定时设定了如下限制：第一，不能超越国家立法专有的立法权限，即法律保留的事项；第二，"除本法第八条规定的事项外，其他事项国家尚未制定法律或者行政法规的，省、自治区、直辖市和较大的市根据本地方的具体情况和实际需要，可以先制定地方性法规"；第三，"法律、行政法规生效后，同其相抵触的地方性法规规定无效，制定机关应当及时修改或废止"。因此，这一先行立法权是有限的立法权。地方立法机关在行使这一立法权时，除了遵循上述限制外，还应做到不同宪法原则、条文相抵触。在此背景下，地方立法机关可以对中央立法将要体现的国家意志进行模拟、创制权利义务或权利义务关系，根据本地方的具体情况，满足地方的实际需要。这表明《立法法》授予了地方立法以创制权，虽然《立法法》同时对此权力进行了限制，但是，地方立法仍然具有很大的创制空间，这种创制性地方立法需要地方立法直接进行制度创新。

① 张淑芳：《我国制定地方立法法的若干思考》，载于《湖北民族学院学报》2000 年第 2 期。

我们认为，在一些急需立法规范调整而中央层面立法又不能及时到位的情况下，地方立法却可以适应形势的需要及时创制，为了改变中央立法的此种滞后与不足，由地方立法先行一步，应当是符合立法逻辑的。而且，这样的先行对我国法治的完善应当说是有百利而无一害的。例如，深圳经济特区在地方立法工作中一贯以来就是注重先行性立法。率先制定了《深圳经济特区商事条例》、《深圳经济特区创业投资条例》、《深圳经济特区企业技术秘密条例》、《深圳市员工工资支付条例》等。据2008年统计，其先行性立法占地方立法总量的24%，高于上海9个百分点。[①] 像《深圳经济特区商事条例》就实现了对传统商事立法的突破，该条例第一次以立法的形式明确规定了商人的概念、商人的分类以及营业转让等制度，成为全国范围内的一个创举。

4. 为解决地方性问题发挥自治作用的需要

《立法法》第64条第1款第2项规定：地方性法规可以就“属于地方性事务需要制定地方性法规的事项”作出规定。第66条规定：“民族自治地方的人民代表大会有权依照当地民族的政治、经济和文化的特点，制定自治条例和单行条例。自治区自治条例和单行条例报全国人民代表大会常务委员会批准后生效。自治州、自治县的自治条例和单行条例，报省、自治区、直辖市的人民代表大会批准后生效。”这是《立法法》赋予地方人大解决地方性事务的自主性立法权，它对地方性问题的解决起到了自治作用。实践证明，我国改革开放以来，一系列新的制度的确立很大程度上就是归因于地方立法在制度创新方面的成功。“1980年2月，广东省人大常委会就通过了《广东省计划生育条例》。这是广东省人大常委会制定的第一部地方法规，也是我国第一部计划生育地方性法规。该条例在全国率先明确规定夫妻双方均有实行计划生育的义务；实行计划生育的合法权益受法律保护，不实行计划生育是违法行为；提倡晚婚，实行晚育；城镇人口（国家干部、职工和城镇居民），一对夫妻只生育一个子女；农村人口，提倡一对夫妻生育一个子女，要求生育第二个子女的夫妻，必须本人申请，由乡（镇）人民政府按人口计划指标及间隔期统筹安排等。许多省、区、市纷纷来广东考察学习。从1987年7月~1998年12月，全国有32个省、区、市制定了计划生育条例。2001年12月29日第九届全国人民代表大会常务委员会第二十五次会议通过的《中华人民共和国人口与计划生育法》也吸取了广东的立法经验。”[②] 深圳市于

---

① 该数据来源于2008年上海市人大立法研究所项目《京津沪渝深五市地方立法比较研究》。

② “广东人大立法工作30年回眸”，http://www.rd.gd.cn/pub/gdrd2012/rdzt/gg30y/201212/t20121212_129128.html.

1988年1月颁布实施《深圳经济特区土地管理条例》，明确规定土地使用权可以有偿出让、转让和用于抵押。这是我国第一部规定土地有偿使用的地方性法规，它改变了我国传统的国有土地无偿划拨制度，直接促成了1988年七届全国人大第一次会议对《宪法》第10条第4款的修改，使国有土地有偿转让制度从深圳走向全国，对我国的改革开放和经济发展起到了巨大推动作用。

上海市作为国际大都市，不论是其城市综合竞争力、城市社会环境、城市吸引力，还是其管理体制、服务水平，都已在全国范围内取得了领先的地位。因此也就承担了比一般地方更为繁重和复杂的组织、管理经济文化和其他方面事项的职责。而地方立法的先行先试和制度创新就必不可少，它对于调整政府行政系统的结构与功能，实现有效社会治理必然会发挥重要作用。就上海国际金融中心建设而言，其对地方立法的制度创新具有更为强烈的内在需求。必须指出的是，我们评判现行的法律制度是否对本地区有效，并不是对该法律制度本身的单纯评价，而是对该法律制度对经济激励（促进）、保障程度和规制程度的评价，有效的法律制度必须对经济和社会发展起到促进作用。由于各地区在自然、人文、经济、社会等诸多方面存在较大的差异，因此，仅仅凭借现有的国家统一的法律制度是难以适应各地发展需要的，必须根据本地区的实际情况通过地方立法为其提供一整套适应并能够推动本地区经济文化等快速发展的法律制度，这些法律制度与现有的法律制度相比必须具有创新内容。

（二）可行性

对于中央与地方立法分权，在我国宪法、组织法、立法法及行政法等法律中都有相关的规定，具有实在法上的依据。其中既有关于中央与地方各自立法权限的具体规定，也有涉及这一问题的法律原则规定。

1.《宪法》规定的地方立法权

在《宪法》第三章国家机构第五节地方各级人民代表大会和地方各级人民政府、第六节民族自治地方的自治机关中，均确立了地方立法权。《宪法》第100条规定，省、直辖市的人民代表大会和它们的常务委员会，在不同宪法、法律、行政法规相抵触的前提下，可以制定地方性法规，报全国人民代表大会常务委员会备案。该条是省级人大及其常委会制定地方性法规权力的直接依据。从上述法条中可以看出，《宪法》不仅明确了地方立法权限和范围，还认可了地方立法的名称——地方性法规。同时，《宪法》还规定了地方政府的立法权。如《宪法》第105条规定，地方各级人民政府是地方各级国家权力机关的执行机关，是地方各级国家行政机关；第107条规定，县级以上地方各级人民政府依照法律规定的权限，管理本行政区域内的经济、教育、科学、文化等行政工作，发布决定和命令。

"先行先试"属于地方立法权的当然权力，这一点符合宪法规定的处理中央与地方关系基本原则中充分发挥地方的主动性和积极性的内容。从原则与规则的关系看，规则是原则的具体化。宪法原则通常会在具体的宪法规则中表现出来。《宪法》第3条第4款规定："中央和地方的国家机构职权的划分，遵循在中央的统一领导下，充分发挥地方的主动性、积极性的原则。"该条款被认为是处理中央与地方关系的基本原则。《宪法》第5条第3款规定："一切法律、行政法规和地方性法规都不得同宪法相抵触。"只要不同宪法相抵触，法律、行政法规和地方性法规都有其作用的空间，有一定的灵活性和自主性。对于如何充分发挥地方的主动性和积极性，宪法确立了一些基本规则，特别重要的就是上面提到的《宪法》第100条规定的省级人大及其常委会制定地方性法规的权力和《宪法》第三章第六节规定的民族自治地方的自治权和自主权。如果地方性法规只是对法律和行政法规的执行，是对法律和行政法规的具体化而缺乏任何地方性试验的可能，那么也就谈不上充分发挥地方的主动性和积极性了。

2.《地方各级人民代表大会和地方各级人民政府组织法》规定的地方立法权

《地方各级人民代表大会和地方各级人民政府组织法》在规定省级人大及其常委会制定地方性法规的权力时，对《宪法》的规定有所发展。该法第7条规定，"省、自治区、直辖市的人民代表大会根据本行政区域的具体情况和实际需要，在不同宪法、法律、行政法规相抵触的前提下，可以制定和颁布地方性法规，报全国人民代表大会常务委员会和国务院备案。省、自治区的人民政府所在地的市和经国务院批准的较大的市的人民代表大会根据本市的具体情况和实际需要，在不同宪法、法律、行政法规和本省、自治区的地方性法规相抵触的前提下，可以制定地方性法规，报省、自治区的人民代表大会常务委员会批准后施行，并由省、自治区的人民代表大会常务委员会报全国人民代表大会常务委员会和国务院备案。"

《地方各级人民代表大会和地方各级人民政府组织法》第43条规定，"省、自治区、直辖市的人民代表大会常务委员会在本级人民代表大会闭会期间，根据本行政区域的具体情况和实际需要，在不同宪法、法律、行政法规相抵触的前提下，可以制定和颁布地方性法规，报全国人民代表大会常务委员会和国务院备案。省、自治区的人民政府所在地的市和经国务院批准的较大的市的人民代表大会常务委员会，在本级人民代表大会闭会期间，根据本市的具体情况和实际需要，在不同宪法、法律、行政法规和本省、自治区的地方性法规相抵触的前提下，可以制定地方性法规，报省、自治区的人民代表大会常务委员会批准后施行，并由省、自治区的人民代表大会常务委员会报全国人民代表大会常务委员会和国务院备案。”

虽然上述两个条款也没有明确地方性法规的具体事项范围，但条文中的“根据本行政区域的具体情况和实际需要”无疑成为省级人大及其常委会在制定地方性法规时进行自主判断和自主选择的法律依据，同时也指明了地方性法规的主要内容，是根据本行政区域内具体情况和实际需要提出立法解决方案。

3.《立法法》规定的立法权

《立法法》针对地方立法、行政立法作了具体规定，如地方性法规、地方政府规章规定的事项。

《宪法》与《地方各级人民代表大会和地方各级人民政府组织法》关于地方立法权的规定相对较早，也规定得过于宽泛。与《地方各级人民代表大会和地方各级人民政府组织法》相比，《立法法》的规定更加详细。《立法法》第72条规定，“省、自治区、直辖市的人民代表大会及其常务委员会根据本行政区域的具体情况和实际需要，在不同宪法、法律、行政法规相抵触的前提下，可以制定地方性法规。”《立法法》第73条第1款规定，“地方性法规可以就下列事项作出规定：（一）为执行法律、行政法规的规定，需要根据本行政区域的实际情况作具体规定的事项；（二）属于地方性事务需要制定地方性法规的事项。”显然，根据本条款，“地方性事务”是地方性法规的立法事项范围，即对地方性事务进行立法是地方立法权的当然权力。虽然《立法法》没有直接划定地方性事务的范围，但我们可以从《立法法》的其他条款中找到确定地方性事务范围的路径。一方面，《立法法》第八条明确规定了国家立法权的范围；另一方面，《立法法》第73条第2款规定，凡不属于国家立法权的事项范围，同时法律或行政法规没有作出规定的，只要根据本行政区域的具体情况和实际需要制定的地方性法规中的事项都可以被认为是属于地方性事务的范围。同理，《立法法》也对地方政府规章作了规定，其第82条规定，“省、自治区、直辖市和较大的市的人民政府，可以根据法律、行政法规和本省、自治区、直辖市的地方性法规，制定规章。地方政府规章可以就下列事项作出规定：（一）为执行法律、行政法规、地方性法规的规定需要制定规章的事项；（二）属于本行政区域的具体行政管理事项。”

4. 部门行政法规定的地方立法权

如《行政许可法》第 15 条规定："本法第 12 条所列事项，尚未制定法律、行政法规的，地方性法规可以设定行政许可；尚未制定法律、行政法规和地方性法规的，因行政管理的需要，确需立即实施行政许可的，省、自治区、直辖市人民政府规章可以设定临时性的行政许可……地方性法规和省、自治区、直辖市人民政府规章，不得设定应当由国家统一确定的公民、法人或者其他组织的资格、资质的行政许可；不得设定企业或者其他组织的设立登记及其前置性行政许可。其设定的行政许可，不得限制其他地区的个人或者企业到本地区从事生产经营和提供服务，不得限制其他地区的商品进入本地区市场。"第 16 条规定："地方性法规可以在法律、行政法规设定的行政许可事项范围内，对实施该行政许可作出具体规定。规章可以在上位法设定的行政许可事项范围内，对实施该行政许可作出具体规定。法规、规章对实施上位法设定的行政许可作出的具体规定，不得增设行政许可；对行政许可条件作出的具体规定，不得增设违反上位法的其他条件。"

又如《行政处罚法》第 11 条规定："地方性法规可以设定除限制人身自由、吊销企业营业执照以外的行政处罚。法律、行政法规对违法行为已经作出行政处罚规定，地方性法规需要作出具体规定的，必须在法律、行政法规规定的给予行政处罚的行为、种类和幅度的范围内规定。"第 13 条规定："省、自治区、直辖市人民政府和省、自治区人民政府所在地的市人民政府以及经国务院批准的较大的市人民政府制定的规章可以在法律、法规规定的给予行政处罚的行为、种类和幅度的范围内作出具体规定。尚未制定法律、法规的，前款规定的人民政府制定的规章对违反行政管理秩序的行为，可以设定警告或者一定数量罚款的行政处罚。罚款的限额由省、自治区、直辖市人民代表大会常务委员会规定。"

从上述法条中，我们可以看出，部门行政法中也对地方立法的权限和范围进行了规定。对地方性立法在设定行政许可和行政处罚时作出了限制，同时也肯定了地方立法在一定的前提条件下可以有设定行政许可以及对行政处罚作出具体规定的权力。

综上，结合省级人大及其常委会制定地方性法规的原则，我们可以进一步确定地方性法规包含了"先行先试"的权力。《宪法》第 100 条、《地方各级人民代表大会和地方各级人民政府组织法》第 7 条和第 43 条，以及《立法法》第 72 条都明确规定制定地方性法规的"不抵触"原则，即省级人大及其常务委员会在不同宪法、法律、行政法规相抵触的前提下可以制定地方性法规。可以说，地方性法规规定的"先行先试"事项，只要与宪法、法律和行政法规不相抵触，就是合法和有效的。

基于此，我们认为，地方性法规所规定的凡属法律没有规定的事项都属于“先行先试”的范围，这也是基于地方立法权权力属性的必然结论。《宪法》第99条规定：“地方各级人民代表大会在本行政区域内，保证宪法、法律、行政法规的遵守和执行；依照法律规定的权限，通过和发布决议，审查和决定地方的经济建设、文化建设和公共事业建设的计划。”结合《宪法》第100条，以及《地方各级人民代表大会和地方各级人民政府组织法》和《立法法》相关条款，特别是《立法法》第73条第1款，可以看出，省级人大及其常委会制定地方性法规的权力可以进一步分为执行性立法（执行法律和行政法规）和自主性立法（为地方性事务需要的立法）。根据《宪法》第99条和第100条，执行性立法的原则是需要有明确的法律依据，自主性立法的原则是不抵触宪法、法律和行政法规，“先行先试”是自主性立法的体现。

（三）必然性

中央与地方立法分权是否能够存在，决定于一国地方立法的空间，即一国是否存在需要地方立法的要素，我们把这种要素称为地方立法客体。

地方立法的客体究竟是主观的东西还是客观的东西是需要予以澄清的，仅从地方立法客体的外在形式来看，我们很容易将它理解为一种主观的东西，事实上，将地方立法作为一种主观东西来理解和认识似乎是合乎逻辑的。之所以这样说，是因为地方立法的客体是与地方立法的主体相对应而言的。如果说，地方立法的主体必须受制于地方立法的客体，地方立法的主体能够选择并作用于甚至能够决定地方立法的客体的话，那么地方立法就是一个主观的东西，既然是主观的，那就可以说这样一些因素可以对它起决定作用：一是立法者个人的主观认知。所谓立法者个人的主观认知是指在立法体系中参与立法的单个个人对一个立法过程和立法文件提出相应的意见和建议，而这种建议又被所制定的法律文件所吸收，这时如果形成了某种新的关系形式，我们也把这种关系形式视为地方立法的客体。那这种客体的主观性就是非常强烈的。二是立法机构通过一定的论证、通过一定的法律程序对若干方案进行了选择。显然这样的选择是受主观条件限制的，其中的论证、逻辑推理都是这种主观选择的支撑因素。对于这个过程以及这个过程对法律所规制事态所产生的影响，我们都可以用主观性来描述。三是某一地方立法的社会反馈。所谓社会反馈，是指一个地方立法在其公布或者实施以后，相关的社会成员或者利害关系人对该典则的内容所提出的肯定性或者否定性的见解或者意见。这些建议或意见只对该法律典则在事后发生作用，但这种事后发生作用是现代立法不可或缺的要素构成。不言而喻，这样的反馈虽然所加进去的意志或主观认知具有多元性，但这样的多元性同样是主观的而不是客观的。上列三个方面似乎表明地方立法客体是纯粹主观范畴的东西。然而在笔者看来，上列若干方面都是地方立法主体和客体关系的外在形式，即是说，在一个法律典则形成过程中还有诸多内在的因素。对于这种内在因素，马克思曾经做过这样的表述："立法者应当把自己看作一个自然科学家，他不是在制造法律，不是在发明法律，而是在表述法律，把精神关系的内在规律表现在有意识的现行的法律之中。"① 这非常清楚地表明地方立法客体中的若干主观要素只是第二性的东西，而非第一性的东西。作为第一性的东西，便是这种主观因素背后存在的若干客观要素。这些客观要素决定着地方立法的客体。

决定因素之一：政权结构形式。任何一个国家的宪法都不可避免地要对该国的政权结构形式作出规定，这也构成了各国宪法的基本内容。② 国家政权的结构形式是就一国中央政府与地方政府的关系而言的，在单一制国家政权结构形式之下，中央与地方适用统一的宪法，地方政府不存在独立的政权运作方式，不是一个独立的政治实体，它没有独立的意志乃至于没有独立的法律人格，中央政府的法律典则自然而然的适用于地方政府；在联邦制政权结构形式之下，中央政府是在地方政府权力相对让渡的情况下形成的，在有些重大国家事务上往往存在两种意志和两种运作方式，甚至除了中央政府具有宪法典以外，各个地方政府也有自己的宪法典，地方政府有着较大的独立性和自主权。显然，在联邦制政权结构形式之下，地方立法有较大的独立性和选择空间，而且这些选择空间是较少受到中央政府约束的。③ 可以说，在联邦制政权结构形式之下一国的立法体制是两套机制，即存在于中央的机制和存在于地方的机制。与联邦制相比，单一制政权结构形式则是另一种情形，在单一制政权结构形式之下，地方立法没有绝对的独立性，甚至没有相对的独立性。严格地讲，它是中央立法的剩余范畴，即是说，由于中央立法还不可能对某一或者某些事务作出规定时才有地方立法存在的空间。由此可见，在不同的国家结构形式中，地方立法有着不同的客观状况，这种客观

---

① 《马克思恩格斯选集》第 1 卷，人民出版社 1995 年版，第 347 页。

② 如《芬兰共和国宪法》第 2 条；《德意志联邦共和国基本法》第 20 条；《希腊共和国宪法》第 26 条；《葡萄牙共和国宪法》第 114 条等等。参见萧榕：《世界著名法典选编（宪法卷）》，中国民主法制出版社 1997 年版，第 96、147、173、366 页。

③ 联邦制国家地方立法常常是相对独立的，中央政府在通常情况下，并不去对地方立法进行干预。这其中的根本原因在于在联邦制国家通常将中央行使的权力与地方行使的权力作了适当划分，非集中不可的权力就由中央来行使，而非分散不可的权力则由地方来行使。由于存在这样的权力划分，既不会出现地方立法与中央立法重合的情形，也很少出现地方立法照搬中央立法的情形。因此，在联邦制之下，地方立法有较大的独立性和选择空间。

状况不单单表现在立法主体的法律人格上，更为重要的是表现在立法客体上。我国从政权结构形式来讲属于单一制，因此我国地方立法的客体是不能完全从中央立法独立出去的，决定这种客体的要素要以中央立法留下的空间而论。

决定因素之二：宪法的行文技术。宪法作为国家的根本大法至少要解决这样一些问题：一是一国国家权力类型上的划分。就是通过宪法将国家权力作了理论上或实务上的类型区分。例如，美国宪法就将国家权力分为立法权、行政权、司法权三个大的类型，[①] 而我国民国期间就将国家权力分为立法、行政、司法、考试、监察等五个类型，我国《宪法》则将国家权力分为立法、行政、审判、检察等四个类型。二是一国国家政权的体制设计。所谓体制设计是指不同国家政权之间在职权行使中究竟如何进行划分的问题。例如，实行三权分立的国家将不同的国家权力交由不同的国家机构行使，而三个机构之间实行互相牵制和制约，我国宪法所确立的是议行合一的体制形式，在这样的体制形式下，行政权、检察权都是立法权的执行权力。三是中央和地方的职权划分，即中央各政权机关行使何种权力、地方政权机关行使何种权利，以及他们在权力行使中的关系。上列三方面问题是宪法规定的主要问题，而各国宪法在规定上列问题时所采取的行文方式往往是不同的，或者说行文技术是有较大差别的。而行文技术都必然会影响到地方立法的权力行使上，进一步讲，也必然会影响到地方立法的客体上。以我国为例，《宪法》第 89 条和第 107 条这两个条文是关于中央和地方行政权的划分，同时它也必然影响到中央和地方在行政立法中的职权划分。

决定因素之三：立法性质的定位。康德曾对立法权下了这样一个定义："立法权，从它的理性原则来看，只能属于人民的联合意志。因为一切权利都从这个权力产生，它的法律必须对任何人不能有不公正的做法。如果任何一个人按照他与别人不同的意志去决定国家的事情，那么，他就可能经常对别人做坏事，就绝不会发生这种事情。"[②] 这个定义从学理上揭示了立法的概念，也在某种程度上揭示了立法行为的性质。笼统地讲，立法是用于表达国家意志的行为，而行政则是用来执行国家意志的行为，仅从字面意义上看，二者的行为性质似乎是非常清楚的。然而，正如古德诺所言：在现代国家负责表达国家意志的立法机关常常也履行着执行国家意志的职能，反之，执行国家意志的行政机关也常常承担着表达国家意志的职能。[③] 我们注意到，《立法法》回避了立法的概念，回避了对立法

---

① ［美］保罗·布莱斯特等，陆符嘉等译：《宪法决策的过程：案例与材料》，中国政法大学出版社 2001 年版，第 1～3 页。

② ［德］康德，沈叔平译：《法的形而上学原理》，商务印书馆 1991 年版，第 140 页。

③ ［美］古德诺，王元译：《政治与行政》，华夏出版社 1987 年版，第 2 页。

行为性质的揭示。[①] 在这里还有一个问题需要提到，地方行政机关除了制定地方政府规章以外，还有诸多具有行政主体资格的行政机关或者法律法规授权的组织也在一定范围内制定调整社会关系的行为规则，称之为行政管理规范性文件。《立法法》没有认可行政规范性文件作为行政立法的属性，不争的事实是，现实中行政规范性文件既能够设定新的行政法关系，又能够为行政相对人创设新的权利和义务，而当它作出这样的创设性规定时，与立法行为并无二致。[②] 此处所讲的只是一个客观事实，我们试图通过这个客观事实说明立法性质的定位同样是地方立法客体的决定因素。

决定因素之四：地方权力的范围。说到底，地方立法客体的最终形成决定于地方立法权的范围，这是无可争议的。在这里有一个问题需要澄清，即地方立法权尽管具有一定的主观性，但地方立法的客体是客观的，那么我们是否由此就得出一个结论：地方立法权作为主观的东西是决定不了作为客观的地方立法客体的？回答是否定的，因为地方立法权客体的客观性并不是绝对的，任何客体都是在各种内外在因素的制约和影响下形成的，因此我们不能在对地方立法权客体进行分析时脱离相关的地方立法权限乃至于地方人大和政府在国家政权体系中所享有的权限。上面我们已经列举了我国宪法对中央行政系统和地方行政系统有关职权划分上的规定，《立法法》关于行政法规和地方政府规章所规制的事项也做了相应的规定，更为重要的是，该法在第 8 条规定了法律保留原则，强调了中央立法权的专属性。从这个角度讲，地方性法规与法律的界限应当是比较清晰的，但是地方性法规与行政法规的界限、地方政府规章与行政法规的界限却不十分清晰。总而言之，地方人民代表机关和地方人民政府在地方事务管理中所行使的权力与中央立法机关和中央政府行使的权力究竟怎样划分、怎样定位会直接决定地方立法的客体。应当说，我国《地方各级人民代表大会和地方各级政府组织法》可以合理地解决这个问题。令人遗憾的是，就目前地方政府组织法的规定来看，这个问题并没有像我们期望的那样得到合理解决，这便为地方立法客体的确定留下了难题，也留下了空间。无论如何，我们认为地方权力的范围是地方立法客体的又一决定因素，至于这个决定因素如何具体影响到地方立法客体的确定上则是需要进一步探讨的。

---

① 《立法法》第 1 条规定了该法的目的，第二条规定了该法的适用范围，第 3 条 ~ 第 6 条规定了相关的立法原则，包括法治原则、民主原则、科学原则、实用原则等。但令人遗憾的是，该法没有揭示立法的概念，同时也回避了对立法行为性质的解释。

② 刘松山：《违法行政规范性文件之责任研究》，中国民主法制出版社 2007 年版，第 30 ~ 31 页。

三、上海建设国际金融中心的地方立法权分析

我国《立法法》第八条规定："下列事项只能制定法律：（一）国家主权的事项；……（八）基本经济制度以及财政、税收、海关、金融和外贸的基本制度；……"该条被看作是法律保留事项，即涉及金融基本制度的事项应当由法律来规定，不是地方立法的权限范围。对于金融基本制度这类法律保留事项，上海是否没有任何立法权限？如果有的话，上海地方应该遵守哪些分权原则，并且可以规定哪些事项？

（一）中央与地方立法分权的原则

《立法法》第1条规定："为了规范立法活动，健全国家立法制度，提高立法质量，完善中国特色社会主义法律体系，发挥立法的引领和推动作用，保障和发展社会主义民主，全面推进依法治国，建设社会主义法治国家，根据宪法，制定本法。"该条指明了该法的目的在于规范我国立法权的行使，在随后的行文中对我国各个层次的立法进行了命名，如法律、行政法规、地方性政府规章，对我国不同层次的法律和法律规范进行了排位，如宪法为第一位次，其次是法律、行政法规、地方性法规等。更为重要的是该法对地方立法的制定权作了严格的程序上的限制，包括它的制定主体、制定方式和程序等。为了达到从根本上控制地方立法中存在的混乱现象，该法第96条规定："法律、行政法规、地方性法规、自治条例和单行条例、规章有下列情形之一的，由有关机关依照本法第88条规定的权限予以改变或者撤销：（一）超越权限的；（二）下位法违反上位法规定的；（三）规章之间对同一事项的规定不一致，经裁决应当改变或者撤销一方的规定的；（四）规章的规定被认为不适当，应当予以改变或者撤销的；（五）违背法定程序的。"第98条规定："行政法规、地方性法规、自治条例和单行条例、规章应当在公布后的30日内依照下列规定报有关机关备案：（一）行政法规报全国人民代表大会常务委员会备案；（二）省、自治区、直辖市的人民代表大会及其常务委员会制定的地方性法规，报全国人民代表大会常务委员会和国务院备案；较大的市的人民代表大会及其常务委员会制定的地方性法规，由省、自治区的人民代表大会常务委员会报全国人民代表大会常务委员会和国务院备案；（三）自治州、自治县制定的自治条例和单行条例，由省、自治区、直辖市的人民代表大会常务委员会报

全国人民代表大会常务委员会和国务院备案；（四）部门规章和地方政府规章报国务院备案；地方政府规章应当同时报本级人民代表大会常务委员会备案；较大的市的人民政府制定的规章应当同时报省、自治区的人民代表大会常务委员会和人民政府备案；（五）根据授权制定的法规应当报授权决定规定的机关备案。”从这些规定我们可以看出，地方立法的客体虽然在《立法法》中没有令人满意的翔实而具体的规定，但是该法规定了地方立法客体的若干选择条件。即是说，当地方人民代表大会和地方人民政府制定地方性法规和地方政府规章时必须严格选择相关的立法客体。那么，《立法法》对这种选择条件究竟是怎样的，我们试从下列方面予以概括。

第一，中央立法具有保留权力，地方立法不得选择。法律保留原则是现代法治文明的体现，按照法律保留原则，行政机关只能在有特殊法律规定的前提下才可以活动。① 其本质在于强化立法机关的法律地位，在于强调立法权行使中的排他性。我国《立法法》第 8 条强调一些特定事项只能由法律作出规定。毫无疑问，这实质上是用隐含的方式确立了法律保留原则在我国立法体制中的地位。根据该法规定，一些特定事项包括国家政权体系、行政法律制度、民事法律制度、行政权行使的特定事项，只能由全国人民代表大会及其常务委员会制定规则，甚至国务院也不能对这样的事项作出规定。由此可见，法律保留原则在我国具有非常高的地位。地方立法在有关客体的选择中，属于法律保留事项的便不得选择，这是一个具有绝对意义的法律问题。即是说，地方立法即便是在形式上也不能选择这样的事项。②

第二，中央立法具有专属权力，地方立法不得选择。中央立法从广义上讲包括了全国人民代表大会及其常务委员会制定法律的行为，还包括国务院制定行政法规的行为，甚至还包括国务院职能部门制定部门规章的行为。部门规章的法律位次尽管不高，但它往往具有适用全国的效力。由于在全国范围内适用，所以它的法律地位也应当在中央层面上。这种广义的关于中央立法权的解释是合乎我国《立法法》规定的。即是说，《立法法》将行政法规和部门规章按照中央立法来定位。我们知道，有些事项也许除了法律以外其他行政法文件也可以作出规定，而规定这些特定事项的行政法文件可能仅仅限定在行政法规和部门规章之中。我

---

① ［德］奥托·迈耶，刘飞译：《德国行政法》，商务印书馆 2002 年版，第 4 页。

② 笔者注意到，我国诸多地方立法在行文中下意识地涉及了法律保留原则的问题。例如《××省旅游管理条例》（2002 年）第四十五条规定：“在旅游或者旅游经营活动中，违反治安管理、建设、土地、林业、交通、文物管理、物价、外事、环境保护、工商行政等法律、法规的，由县级以上人民政府有关行政管理部门依法处理；触犯刑律的，追究刑事责任。对同一违法行为，不得给予两次以上罚款的行政处罚。”该条在某种意义上讲，违反了法律保留原则，因为当事人的违法行为是否追究刑事法律责任只能够由全国人大及其常务委员会来规定，而地方立法是不具有这样的权力的。

们将这种虽然不受法律保留原则的限制，但将立法权限限制在中央层面上的立法限定情形称之为中央立法的专属性。在我国行政法文件中，专属于中央立法的情形非常多见，既是由于国务院所享有的行政管理权所决定的，也是由一些职能部门所享有权力的全国性所决定的。有学者就对宪法第 89 条规定的国务院 18 项职权作了分析，这 18 项职权中的相当一部分专属于国务院，而部门规章由于涉及到全国性的事务，有些行政立法权也是专属的。① 如公安部关于闯黄灯违章的规定就具有专属性，这样的专属性是符合《立法法》第 4 条关于法治统一原则的精神的。中央立法的专属性应当在《立法法》中予以列举。然而由于《立法法》所出台的时代背景以及我国对专属立法认识上的相对滞后，还无法在《立法法》中将专属于中央立法的立法客体予以列举规定。当然，随着我国立法体系的不断完善和成熟，我们将会在《立法法》修改和完善时同时构建中央专属立法规范化的制度。无须证明，凡专属于中央立法的立法客体，地方立法则无权作出规定。

第三，中央立法已有规定的，地方立法不得选择。我国有学者提出了立法抄袭的概念，这个概念比较生动地表达了我国地方立法目前的状况。以笔者理解，地方立法的抄袭有两种情形：一种情形是此一地方抄袭彼一地方的立法的情况，如某市在 2006 年制订了一个行政执法条例，而另一市则在 2002 年制定了同样的行政执法条例，而且其内容的重复率达到 90% 以上，我们便可以说后者抄袭了前者。另一种情形是地方立法将中央立法中的规定重复一遍。这种重复可以说也是一种立法抄袭，例如《行政处罚法》出台以后，各地都结合地方特点制订了处罚的实施办法，其实诸多地方的实施办法只是将处罚法的内容照抄了一遍。这两种立法抄袭都是不妥当的。就第二种抄袭情形而论，至少增加了立法成本。基于此，我们认为地方立法在客体的选择上不应当与中央重复。换句话说，当中央立法对某一事项作出规定时，地方立法就不应当就同一事项作出同样规定。这样的限定是有充分理论依据的，在于国家立法的重点不单单在于立法的主体上，更为重要的在于立法的客体上。在地方立法与中央立法客体相同的情况下，必然反映了我国法律体系的不严密和不严肃性。

第四，中央立法正在酝酿中的，地方立法不得选择。立法行为是一个包括对旧的法律进行废止和修改，对新的法律进行制定的综合性行为。在这种综合性行为中，新的法律的制定是最为关键的。上面已经指出我国是单一制国家，地方意志和中央意志同为一个意志。这个基本理论若具体到立法中，那就必然是中央立法优于地方立法、中央立法先于地方立法等。在法治实践中，往往存在这样的情况，某一个社会事态，中央和地方同时考虑对它的规制问题。以行政程序法的制

① 关保英：《行政法教科书之总论行政法》，中国政法大学出版社 2009 年版，第 203 ~ 204 页。

定为例，我国中央层面上的立法已经酝酿了多年，与此同时，我国诸多地方也试图制定属于地方的行政程序规则。事实上，某省已经在 2008 年 4 月 9 日制订了《某省行政程序规定》，该规定在立法效果上得到了诸多好评，但同时也有诸多诟病。[①] 在我们看来，有些立法地方可以先行先试，但是它的数量是极少数的，绝大多数地方立法的客体的确定必须考虑中央立法情况。当地方选择某一立法客体时，如果中央已经处于酝酿阶段且已经有了初步方案，地方立法便不得选择。这同样是法治统一原则所要求的。

第五，中央立法有禁止规定的，地方立法不得选择。法律保留原则从较大的范畴上禁止了全国人大及其常委会以外的立法主体行使立法权的状况。这个禁止是相对宽泛和严整的。宽泛是说它从宏观上确立了相关主体不能就特定事项进行规定的情形，这种宽泛性涉及到政治、经济等诸多方面，是对法律事项宏观上的规定。严整是说该条规定基本上形成了法律保留原则的制度构型，而且将这种制度构型在《立法法》第 9 条又做了进一步强调，第 9 条规定："本法第 8 条规定的事项尚未制定法律的，全国人民代表大会及其常务委员会有权作出决定，授权国务院可以根据实际需要，对其中的部分事项先制定行政法规，但是有关犯罪和刑罚、对公民政治权利的剥夺和限制人身自由的强制措施和处罚、司法制度等事项除外。"是不是说《立法法》第 8 条规定的法律保留原则就将所有中央立法所禁止的立法事项都予以穷尽了呢？当然不能作出这样肯定的回答。换句话说，中央立法包括国务院的行政法规，甚至包括部门规章，在立法实践中，还有诸多的禁止性规定。这些禁止性规定对地方立法同样具有拘束力。在立法实践中，这些禁止性的规定可以概括为下列方面：一是有些事项只能由中央机关进行规范，就必须禁止地方作出规定，例如有关地球构造、太空探索和一些高端技术方面的行为规则只能由中央立法制定规范，地方立法也许能够制定这样的规范，但制定时必然是不严谨，乃至于没有可信度而言的。这样的禁止中央立法可以在自己制定的法律文件中明确规定，它并没有体现在法律保留原则中，但对地方的确有拘束力。二是由中央立法制定行为规则更加科学合理的，便应当禁止地方立法涉及该事态。例如有关中心城市整体规划的行为规则，既可以由中央进行规范，也可以由地方进行规范，而中央规范比地方规范更为科学和可取，如此，中央立法便可明确禁止地方立法选择相应的立法客体。

---

① 由于该规定涉及到有关行政权的行使问题，涉及到行政权行使过程中与广大公众的关系问题，而这样的问题，地方政府规章究竟能不能作出规范是引起质疑的。因为牵扯到行政权的行使程序尤其牵扯到行政权与公民权利的关系时，相应的规则应当由立法机关来制定，甚至可以说这些问题与一国的宪法体制有很大的关联性。基于此，学者们诟病该规定也许有一定道理，但要说明的是，该规定对规范行政机关的行政行为进而规范行政机关的职权行使必然是有好处的。

（二）上海金融立法权的调整范围

金融基本制度作为法律保留事项，属于中央立法事权，地方不得选择予以立法。但是，这并不意味着上海对金融领域没有任何立法权。

1. 地方金融立法权的实践

最近几年，国务院批准设立了浙江省温州市金融综合改革试验区、广东省珠江三角洲金融改革创新综合试验区、福建省泉州市金融服务实体经济综合改革试验区、云南沿边金融改革综合试验区、青岛财富管理金融综合改革试验区，深圳前海深港现代服务业合作区，上海、天津、福州等自贸区，对有关金融改革采取了先行先试的政策。但这些先行先试的金融改革基本是采取国务院或者中央金融监管机构以规范性文件的方式予以确认，而不是采取地方立法的方式直接予以规定，地方立法要么重复国务院和中央金融监管政策，要么在中央的权限范围内提出了地方的一些促进性政策。例如，2012 年 6 月，国务院对支持深圳前海深港现代服务业合作区开发开放有关政策作出批复，明确支持前海在金融改革创新方面先行先试，包括允许前海探索拓宽境外人民币资金回流渠道，构建跨境人民币业务创新试验；支持设立在前海的银行机构发放境外项目人民币贷款；支持在前海注册、符合条件的企业和金融机构在国务院批准的额度范围内在香港发行人民币债券；支持前海试点设立各类有利于增强市场功能的创新型金融机构等。但该批复明确规定，落实上述政策的具体措施，分别由发展改革委、人民银行、银监会、证监会、保监会会商有关方面按程序制定。由于金融改革创新的权限掌握在中央金融监管机构，前海一直未获得金融创新的授权，即使争取到一些授权，也与预期相差甚远。①

又如，国务院为建设上海国际金融中心建设，专门发布了《关于推进上海加快发展现代服务业和先进制造业、建设国际金融中心和国际航运中心的意见》，上海市人大常委会依据国务院的意见，于 2009 年 6 月通过了《上海市推进国际金融中心建设条例》。但该条例对于上海国际金融中心的金融市场、机构、产品、业务等没有实质性的规定，基本上是在中央事权的范围内做一些原则性的规定，立法用语大多为“配合”（如第 8 条：配合国家金融管理部门推进货币、外汇、债券、股票、商品期货、金融衍生品、保险、黄金、产权等市场的建设。配合国家金融管理部门优化金融市场参与者结构），“支持”（如第 9 条：支持银行、证

① 《深圳前海金改试点有名无实：定位不明政策下不来》，2014 年 8 月 22 日，经济观察网。

券、保险、信托、期货、基金、融资租赁、货币经纪、财务公司等各类金融机构的发展。第 10 条：支持金融机构开发、推广有利于金融市场健康发展、符合国家金融监管要求的各种金融产品和业务；支持有关机构研究探索以股指、汇率、利率、股票、债券、银行贷款等为基础的金融衍生产品），“鼓励”（如第九条：鼓励国内外金融机构在本市设立总部和分支机构）等。

但是，温州金融综合改革试验区为地方金融立法权的突破做出了有益的探索。2012 年 3 月 28 日召开的国务院常务会议批准实施《浙江省温州市金融综合改革试验区总体方案》，决定设立温州市金融综合改革试验区，提出了温州市金融综合改革的 12 项主要任务，包括规范发展民间融资、加快发展新型金融组织、发展专业资产管理机构、研究开展个人境外直接投资试点、深化地方金融机构改革等。其中针对民间融资和个人境外直接投资试点，国务院要求地方制定相应的管理办法。为此，浙江人大常务委员会于 2013 年 11 月 22 日通过了《温州市民间融资管理条例》。而对于个人境外直接投资，温州市政府在国务院批准温州金融综合改革试验区总体方案之前的 2011 年 1 月份就出台了《温州市个人境外直接投资管理办法》，但不出半个月即被叫停。在国务院批准温州金融综合改革试验区总体方案后，该管理办法作为温州“国家金融试验区”方案主要组成部分，逐级上报至国务院获得了批准。①

依照《温州市民间融资管理条例》，民间融资是指自然人、非金融企业和其他组织之间，通过民间借贷、定向债券融资或者定向集合资金的方式，进行资金融通的行为。因生产经营需要，自然人之间、自然人与非金融企业和其他组织之间，或者非金融企业之间可以进行借贷。而在当时，只有自然人之间的借贷被认为是合法，而自然人与企业之间、企业与企业之间的借贷都被视为非法。《温州市民间融资管理条例》通过地方立法权，突破了原有的禁止性规定。

根据 2008 年修订的《外汇管理条例》，境内机构、个人向境外直接投资或者从事境外有价证券、衍生产品发行、交易，应当按照国务院外汇管理部门的规定办理登记。国家规定需要事先经有关主管部门批准或者备案的，应当在外汇登记前办理批准或者备案手续。而事实上，个人按照《外汇管理条例》进行境外直接投资基本没有开闸。在当时，个人境外投资基本上按照 2005 年国家外汇管理局颁布的《国家外汇管理局关于境内居民通过境外特殊目的公司融资及返程投资外汇管理有关问题的通知》（以下简称 75 号文）的规定，允许境内居民法人或境内居民自然人以其持有的境内企业资产或权益在境外进行股权融资（包括可转换

① 陈周锡：《温州个人境外直接投资试点方案上报国务院》，载于《第一财经日报》2012 年 3 月 22 日。

债融资）为目的而直接设立或间接控制境外企业，但需经外汇局核准购汇或以自有外汇汇出，并办理境外投资外汇登记。而根据《温州市个人境外直接投资管理办法》，个人境外直接投资，是指温州市个人通过新设、并购、参股等方式在境外设立非金融企业或取得既有的非金融企业所有权、控制权、经营管理权等权益的行为。温州市的管理办法对外汇管理局的 75 号文多有突破。第一，温州市管理办法对个人投资资金没有局限于 75 号文件规定的个人持有的境内企业的资产或者权益，这就包括了个人持有的境内境外的个人任何资产。第二，75 号文限定个人境外直接投资的目的是股权融资，而温州市管理办法并无此限定，个人可以出于单纯投资的目的进行境外投资。第三，75 号文要求个人境外直接投资到外汇局登记，而温州市管理办法中个人境外直接投资由温州市外经贸局核准登记，到市外汇局办理境外直接投资外汇登记。

2. 上海地方金融立法可以突破的内容

《立法法》第 73 条规定："地方性法规可以就下列事项作出规定：（一）为执行法律、行政法规的规定，需要根据本行政区域的实际情况作具体规定的事项；（二）统筹推进本行政区域内基本公共服务均等化事务以及其他属于地方性事务需要制定地方性法规的事项。"第 82 条规定："省、自治区、直辖市和较大的市的人民政府，可以根据法律、行政法规和本省、自治区、直辖市的地方性法规，制定规章。地方政府规章可以就下列事项作出规定：（一）为执行法律、行政法规、地方性法规的规定需要制定规章的事项；（二）属于本行政区域的具体行政管理事项。"从这两个条文看，地方对于诸如金融基本法律制度的这些法律保留事项，地方的立法范围可以包括以下三个方面：

第一，中央立法留有空隙而属于区域性的事务。全国性的事务与区域性的事务进行划分本身就是一个难度非常大的问题，这是由社会事务的复杂性所决定的。从法理上讲，中央立法应当规定全国性的事务，这种全国性的事务可以从两个角度来理解：一个是由于这种事务比较重大，只能归属于国家，从而我们把它作为全国性事务来认识。例如有关国有资产管理的问题、有关国家级高等级公路的管理问题、有关其他牵涉到国民经济和社会发展的重大问题，这些问题的重要性便决定了它的国家事务性质。另一个是这个事务具有普遍意义，即是说，这样的事务尽管从形式上看是地方性的，但它是全国任何一个地方都存在的。以土地管理、人口管理、水利管理、森林管理等为例，这些事务在每一个省、自治区、直辖市都是存在的，尽管就该事务本身来讲，它是区域化的，但由于它的普遍性，我们不能将这种形式上具有区域性的事务视为真正意义上的地方性事务，而应当将其视为全国性事务，例如我国《公路法》《草原法》《水利法》《环境保护法》《大气污染防治法》等，就把这些实质上归属于地方的事务归属于中央进行调整。本章在此所强调的区域性的事务是指该事务存在于某一个或者某几个特定的区域之内，对于这种区域的特定性，中央立法或者留有空隙，或者认为没必要，或者不便对这样的特定性事务作出规定。如《上海市经济技术开发区条例》《上海市漕河泾新兴技术开发区暂行条例》《上海市外高桥保税区条例》《北京历史文化名城保护条例》《北京市图书馆条例》《北京市博物馆条例》《天津滨海新区条例》等都属于区域性立法，这样的事情中央立法也可以进行规范，但这样的规范必然会加大立法成本，通过地方立法进行治理则更加有效。某种意义上讲，区域性是地方立法的一个重要判定标准，如果我们忽视了地方立法的区域性特点，我们便有可能使地方立法存在诸多弊病。

第二，中央立法留有空隙而属于实施性的事务。从法理学理论上讲，一个法律典则乃至于一个法律规范应当是一个相对完整的东西。我们常常将法律规范中的条款分为假定条款、处理条款和制裁条款三个类型，假定条款描述的是某种客观状态以及由这种客观状态所引申出来的法律事实，尤其包括当事人和当事人对法律的抵抗等；处理条款则在于表达对出现的法律事实下一步采取的法律行动；制裁条款则要说明某种特定的法律后果。以此推论，理想的立法模式应当是一个完整的法律典则，必须包括上列三种不同类型的法律规范，它们作为一个有机的整体共同构筑某一个法律典则。以此而论，法律对某种状况的表达，对表达出来的状况进行的处理，以及带来的其他相应后果，是一个完整的事务，是一个完整的行为过程。然而，由于社会事务的复杂性和立法技术的局限性，要在一部法律典则特别是行政法律典则中完整反映社会事务的情形往往是不可能的。因此，我国立法体制中法律典则和附属于该典则的实施办法分而立之就成了立法中的一个普遍现象，而且这个现象在我国已经形成了立法上的套路。即由全国人民代表大会及其常务委员会制定一个法律典则后，或者由国务院制定一个实施办法，或者通过地方立法制定实施办法。[①] 例如我们制定了《行政复议法》之后又制定了《行政复议法实施条例》，制订了《土地管理法》之后又制定了《土地管理法实施办法》等。那么，地方立法的客体之一就存在于此种实施性事务中，诸多中央立法在其行文的最后都指出其实施办法要么以行政法规的形式出现，要么以地方

① 有关实施性的规范，有的称为“条例”，如国务院制定的《中华人民共和国行政监察法实施条例》；有的称为“实施办法”，如《湖南省实施〈中华人民共和国节约能源法〉办法》；有的称为“规定”，如《湖南省实施〈国家赔偿费用管理办法〉规定》；有的称为“实施细则”，如《湖南省旅馆业治安管理办法实施细则》。

立法为之。[①]

第三，中央立法留有空隙而属于次级性的事务。在单一制国家政权体制之下，从严格意义上讲地方并不享有立法权，换言之，单一制国家政权体制要求中央立法能够覆盖所调控社会事务的方方面面并且不留空隙，这是一个基本的理论前提。但是由于我国是一个多民族的国家，而且存在不同的大行政区域，存在不同的省、自治区和直辖市，这就在地理空间上形成了某种多元化和多样性的社会事务。对于这样的社会事务，首先应当肯定中央立法应当尽可能予以覆盖，其次在中央立法不能覆盖的情况下，地方可以依宪法和《立法法》赋予的权力制定地方立法。也就是说，地方立法的存在有一个大前提就是中央立法留有空隙，即是说中央立法由于某种外在的或者内在的原因而不能够对有关的社会事态作出规定，这个空隙也就成了地方立法的基本空间。反过来说，当中央立法将应当规制的事态予以规制时地方立法就不能再制定相应的行为规范。地方立法所设置的客体除了中央立法留有的空隙以外，还有若干其他方面的要求，其中之一就是这种事态属于次级性的事务。所谓次级性的事务，就是在这些事务之上有更为高级的、更为大规模的、更为与国家事务有密切关系的事务，例如一个国家的基本国策就属于这样的高级事务。我们可以把这样的高级事务用社会学的词语予以替换，就是首属事务，例如我国的领土问题、国防和外交问题、我国有关太空探索的问题等，就属于这样的首属事务。这样的事务地方无权作出规范。与这种首属事务相对应的就是次级事务，该次级事务所处的层次相对较低，例如有关地方经济发展的事务、有关地方社会管理的事务，这些事务由地方通过立法进行规范可能更加有效。那么问题的关键在于如何确定哪些事务属于次级事务，哪些事务属于首属事务。在笔者看来，一是可以从事态类型上进行划分。譬如说国防、外交、地质构造、大型水利工程等就是一种首属性的事务类型，这样的事务在地方上是不存在的，因此地方立法便不能对其作出规定。还有一种划分标准就是对某一事务本身进行分级、分层，以人口控制为例，人口是否要计划发展，就是一个首属事务，而一旦计划发展的战略被确定以后，怎样具体进行计划或者怎样实施中央立法确定好的计划，便是这个首属事务中的次级事务，这样的事务就可以作为地方立法中的客体。上海国际金融中心法治环境的建设也是如此，国家的基本经济制度、基本金融制度等属于首属性事务，而金融中心建设中的具体事项、具体制度设计也应当是次级性事务，归于地方立法是完全可行的。

---

① 如《草原法》第 73 条规定：“对违反本法有关草畜平衡制度的规定，牲畜饲养量超过县级以上地方人民政府草原行政主管部门核定的草原载畜量标准的纠正或者处罚措施，由省、自治区、直辖市人民代表大会或者其常务委员会规定。”《税收征收管理法》第九十条规定：“耕地占用税、契税、农业税、牧业税征收管理的具体办法，由国务院另行制定。”

3. 上海金融立法权的具体内容

尽管金融立法属于中央事权，但正如上文分析，对于中央立法权的事项，如果是属于区域性、实施性和次级性的事务，地方仍然有立法权。上海国际金融中心虽然属于全国性的事务，但也是一个区域性的安排，上海市人大常委会制定的《上海市推进国际金融中心建设条例》基本上是一种促进性地方立法，没有突破中央权限，尚未反映作为一个区域性的地方立法应有的权限。同样作为区域性的地方立法，浙江的《温州市民间融资管理条例》和《温州市个人境外直接投资管理办法》对中央事权多有突破。上海市人大常委会通过的《中国（上海）自由贸易试验区条例》虽然要受到国务院有关自贸区外商投资准入负面清单限制和中央金融监管机构的授权，但该条例的相关规定已经为未来突破中央立法权留下了空间，如第 12 条规定，自贸试验区实行在金融服务等领域扩大开放，暂停、取消或者放宽投资者资质要求、外资股比限制、经营范围限制等准入特别管理措施。第 25 条规定，在自贸试验区内创造条件稳步进行人民币资本项目可兑换、金融市场利率市场化、人民币跨境使用和外汇管理改革等方面的先行先试。第 26 条规定，自贸试验区建立有利于风险管理的自由贸易账户体系，实现分账核算管理。但在我们看来，自贸区中涉及的银行、期货公司、证券公司、保险公司、外资银行、证券投资基金管理公司在股东机构类型、资质、股比、业务等方面的负面清单限制或者授权应该由上海市人大直接立法，而不是由中央通过规范性文件进行限制或者授权。

金融立法与其他立法一样涉及大量实施性和次级性事务，并且规定这些实施性和次级性事务由国务院金融监管机构制定实施办法。我们认为，这些实施性事务和次级性事务涉及的机构准入和业务准入均可以交由上海市人大和上海市政府制定相关的实施办法。这些可以由地方特别立法权规定的实施性和次级性的金融事务包括：

第一，机构准入。《商业银行法》《证券法》《保险法》《证券投资基金法》《外资银行管理条例》《外资保险公司管理条例》等都规定了相应商业银行、外资银行、证券公司、证券结算登记公司、证券服务机构、保险公司、保险服务机构、投资基金管理公司等金融机构的设立条件，其中必有一条设立这些机构还需满足国务院相关金融监管机构“规定的其他条件”，这些“其他条件”完全可以由上海人大或者市政府依据上海国际金融中心建设的需求作出规定，而由国务院相关金融监管机构作出规定的“其他条件”往往是统一适用于全国，不一定适用于金融发展水平高于全国的上海。

又如在机构设立的最低注册资本方面，相关法律如《商业银行法》《证券法》《保险法》等都规定了国务院相关金融监管机构有权调整商业银行、证券公司、保险公司、保险专业代理机构、保险经纪人的最低注册资本。对于注册资本的调整就可以由地方立法机关根据地方经济、金融发展水平予以调整。

再如在各类金融机构的发起人、股东或者主要股东等的资格、出资比例等均由国务院金融监管机构的实施细则予以规定，例如在外资金融机构设立中，这些方面也被纳入国务院自贸区外商投资准入特别管理措施（负面清单）之中。我们认为，外资银行、外资保险公司、外资证券公司、外资期货公司、外资租赁公司等的股东、唯一股东或者主要股东是否为与所入股机构同一性质的金融机构，是否要为中方控股或者受单一股东和合计持股比例限制，单个或者全部境外投资者持有上市内资金融机构股份的比例的限额等均可以由上海地方立法机构予以规定。试想外资比例一旦超过国务院金融监管机构规定的限额，外资金融机构就不得设立，上海何以能够吸引更多的外国金融机构进驻上海。事实上，统一适用于全国的外资证券公司，外资不得超过49%的规定也被证监会打破。2015年8月，证监会发布《落实CEPA补充协议十有关政策，进一步扩大证券经营机构对外开放》允许港资、澳资金融机构分别在上海市、广东省、深圳市各设立一家两地合资的全牌照证券公司，港资、澳资合并持股比例最高可达51%，内地股东不限于证券公司。国务院自贸区外商投资准入特别管理措施（负面清单）也规定，我国签订的相关协议中有更加优惠安排的，适用相关协议的规定。这就是说，这些属于实施性和次级性的金融事务并非全国必须适用统一的规定，而是可以在实行先行先试的金融改革试验区作出与全国其他地区不同的规定，显然，地方立法机关比中央金融监管机构更能依据地方的实际情况对此作出恰当的规定。

第二，业务准入。在《商业银行法》《保险法》《证券法》《外资银行管理条例》《外资保险公司管理条例》等金融法律规定的相关金融机构可以从事的经营业务中，均有一条兜底条款，即国务院金融监管机构批准的“其他业务”。考虑到各地金融机构产品开发和业务能力、风险控制水平等不同，在金融机构可以从事的法定业务范围中的“其他业务”由中央金融监管机构统一作出规定是不恰当的，可以由上海人大或者上海市政府予以规定。又如有关金融机构在从事各种不同的金融业务时，中央金融监管机构往往会规定相应的资格条件，如外资银行从事人民币业务，银监会对外资银行就规定了相应的资格条件，统一适用于全国。但是上海的外资银行和其他非发达地区外资银行从事人民币的业务因为所处市场经济、金融发展水平不同、市场的需求不同，显然应该有不同的资格条件，而不可能适用全国划一的条件。事实上，统一适用于全国的外资证券公司不得申请开立A股证券账户的规定也被2015年8月证监会发布的《落实CEPA补充协议十有关政策，进一步扩大证券经营机构对外开放》突破。证监会的文件允许港澳资分别在内地批准的在金融改革方面先行先试的若干改革试验区内，各新设1家两地合资全牌照证券公司。所有这些都说明属于实施性或者次级性的金融事务并非必须全国适用统一的规定。既如此，由地方立法机构和政府作出规定显然比中央金融监管机构更能符合地方的实际情况。

第三章

人民币国际化下的宏观审慎监管

上海国际金融中心建设的战略目标是到2020年“基本建成与我国经济实力以及人民币国际地位相适应的国际金融中心”。人民币国际化被认为是我国应对2008年全球金融危机的货币战略，是对过分依赖美元的全球货币体系积极应对措施和再平衡。① 但是，人民币国际化战略带来了短期外债的迅速增加，离岸在岸人民币汇率套利主体和套利机会的增加，巨大的利差汇差引发了一些通过贸易领域的转移定价、伪装成外国直接投资债务流入及衍生品交易带来的或有负债的秘密生长。这些因素结合人民币中国特色的“出口退税”“强制结售汇”“超额外汇储备”等货币制度的法律演变，形成了中国特色的金融系统性货币风险。“影子银行”和地产泡沫使中国面临和欧美发达国家类似的、由被迫去杠杆带来的系统性风险，中国特殊的货币发行机制，更易招致国际资本流动冲击，后者更加具有顺周期性和风险传染效应。2016年初资本外逃所带来的人民币大幅贬值引起的金融市场震荡，人们仍然记忆犹新。所以，建立基于货币稳定的宏观审慎监管框架对于人民币国际化背景下的我国金融稳定有着特殊的现实意义。但是我们应该清醒地认识到我国加速推进人民币国际化的同时，尚未能同步建立一个与之配套的、基于货币稳定的宏观审慎监管框架来防范货币套利、资本跨境流动所引发的金融系统性风险。而中国人民银行在有关人民币国际化宏观审慎监管相关规范性文件中所使用的“宏观审慎监管”概念与国际上使用的概念也相去甚远。中国人民银行及上海总部颁布的《中国人民银行关于在全国范围内实施全口径跨

① 王华庆:《对全球货币体系的思考》，载于《上海财经大学学报》2010年第12期。

境融资宏观审慎管理的通知》《关于支持中国（上海）自由贸易实验区扩大人民币跨境使用的通知》《中国（上海）自由贸易试验区分账核算业务境外融资与跨境资金流动宏观审慎管理实施细则》等法规中使用的“宏观审慎政策”“宏观审慎管理”概念，更类似于一种调节参数，最多称之为“宏观审慎资本夹层（macro-prudential overlay）”或者资本缓冲，其含义远小于金融稳定理事会、国际货币基金组织和国际清算银行所倡导宏观审慎整体性概念，后者强调的宏观审慎监管是一个抑制金融系统性风险、防范金融体系崩溃危害实体经济的政策框架。

发达国家主导建立的并由国际清算银行、国际货币基金组织、金融稳定理事会作为最佳实践推介给全部成员的宏观审慎监管理论框架虽然已经注意到跨境资本流动对新兴市场国家的冲击。但该理论框架从其产生之日起，更多的是为发达国家治理债务危机而生，缺乏对新兴市场国家的足够关注。1994 年的墨西哥、1997 年的东盟诸国、2001 年的阿根廷都曾步入过货币危机引发的金融危机泥沼且至今未能够完全走出。国际货币基金组织给这些国家开出的药方，即所谓的“华盛顿共识”，认为对套利资本的流动管理只是一项临时措施，是在一个国家积累了足够的外汇储备，采取了紧缩性财政政策，提高了利率，让本币升值后才可以使用的管制措施，而且更倾向于价格管制而非更加有效的行政批准或数量管制。① 产生这种认识的原因是多方面的，但无疑与美元和欧元作为国际主流结算货币的地位及新自由主义自由市场理论传统是分不开的。然而，对于倚重外资的新兴市场国家，如果无视了货币的变量，只单纯执行贷款价值比率上限、债务收入比率上限、系统重要性银行资本附加要求等传统宏观审慎的信贷政策调整工具，套利资本将使政策执行效果大打折扣甚至无效。本章以此为研究起点，充分考虑人民币国际化的实践背景，在中国宏观审慎监管制度实际中增加货币变量，在宏观审慎监管现有的“跨部门”“跨周期”研究维度下，增加新的维度变量“跨国境”。通过考察跨境资本流动对时间和空间维度的巨大的干扰作用，使宏观审慎监管这样一个动态发展、不断完善中的概念更能够适用于中国的本土化改革。

---

① Jonathan D. Ostry, Atish R. Ghosh, Karl Habermeier, Luc Laeven, Marcos Chamon, Mahvash S. Qureshi & Annamaria Kokenyne, *Managing Capital Inflows: What Tools to Use*? IMF Staff Discussion Note, April 5, 2011, P. 8.

一、货币危机与宏观审慎监管

从金融危机产生的原因，可以分为顺周期性系统风险（又称时间维度风险）和跨部门维度风险。顺周期系统性风险是由于金融体系的顺周期性效应（包括资本监管的顺周期性、会计体系的顺周期性等）带来的风险，与信贷和资产价格的膨胀和衰退紧密相连。跨部门维度风险则可以理解为不同部门由于风险传染、共同的风险暴露和系统重要性机构的外部性带来的风险。系统性风险分为宏观系统性风险和微观系统性风险。宏观系统性风险是指当整个金融体系都暴露在风险中时，因整个系统去杠杆而导致的风险；微观系统性风险是单个金融机构倒闭对金融体系的威胁和破坏。货币危机作为金融宏观系统性风险的表征，通常而言无法通过微观审慎监管予以预防和遏制，而是要根据货币危机发生的不同原因通过施加不同的宏观审慎监管工具才能发挥预防和遏制作用。

（一）货币危机与金融危机

在很多情况下，系统性金融危机是银行危机、货币危机和债务危机的综合。所有这些危机大多有一个共同的来源：经济严重失衡、资产价格和汇率的严重偏离。危机常常来自人们对某种货币或者银行体系失去信心，表现为信贷或外部资金的突然逆转，资产价格的突然修正，从而暴露出经济和金融体系的脆弱性。1992～1993 年的欧洲货币危机、1994～1995 年的墨西哥危机及 1997 年的亚洲金融危机越来越显示出金融危机的融合性特征，即货币危机、银行危机和债务危机总是同时爆发并交织在一起。或者像土耳其和委内瑞拉 20 世纪 90 年代中期的危机、智利 1981～1982 年的危机那样，表现为一种危机先爆发，随后引发其他几类危机。

货币稳定与金融稳定有着密切关系。从讨论货币稳定与金融稳定关系已有的文章来看，基本上可以分为两个理论，即传统理论（Schwartz Hypothesis）和新环境假说论（New Environment Hypothesis）。[①] 传统理论认为，货币稳定和金融稳

---

① Otmas Issing, *Monetary and Financial Stability: Is there a Trade-off?*, Speech on the European Central Bank Conference on "Monetary Stability, Financial Stability and theBusiness Cycle", March 28 - 29, 2003 Bank for International Settlements, available at https://www.ecb.europa.eu/press/key/date/2003/html/sp030329.en.html.

定常常是重合的，金融稳定和货币稳定二者之间存在一致性。该观点认为货币稳定能够促进金融稳定，或者说货币稳定有益于金融稳定，抑或说货币不稳定能够加剧金融不稳定，货币稳定是金融稳定的充分而非必要条件。[①] 在货币稳定和金融稳定之间的关系这个问题上，新环境假说论与施瓦茨假说论完全相反。新环境假说论者认为，以实现货币稳定为目标的货币政策容易滋生通货膨胀偏见，造成了金融体系的动荡，加大了金融体系的潜在风险，不利于金融稳定。较低且稳定的通货膨胀率使得人们对于未来的经济前景的预期过于乐观，促长了资产价格泡沫，加大了金融体系的脆弱性。正是由于公众相信央行对通胀的控制，通胀的压力才从商品和劳务领域转移到资产领域，最终增加了金融体系的脆弱性，央行低通胀美誉成为资产泡沫元凶。[②] 在某些历史时期，金融失衡是可以出现在一个货币稳定的环境下，比如20世纪20年代的美国，以及20世纪80年代末90年代初的日本。2008年的金融危机也是一个很好的例证，美国在2007年之前一直保持低通胀的货币环境。

美查尔斯·艾森斯坦《货币革命——后危机时代的经济博弈》从货币产生和发展的历史、货币对利息要求的强制性说明货币是导致金融体系不稳定的根源。该书回顾了从古代礼赠经济到当代资本主义时期的货币史，其间，货币体系鼓励竞争、培育稀缺性、毁灭社群，并强迫经济不断扩张。[③] 有独无偶，伍志文认为，货币经济天生就是不和谐的，具有内在的不稳定缺陷，金融不稳定是货币经济的特质，深深根植于内生的货币当中，围绕货币展开的利益冲突是金融不稳定的总根源。[④] 经济—金融关系的大转型会导致货币运行发生显著的变化。金融不稳定导源于利益关系不和谐，表现为货币循环过程中的货币分布结构失衡。而造成货币分布结构失衡的关键在于政府治理缺失。保罗·克鲁格曼认为，固定汇率制不相容的货币政策和汇率政策直接影响了金融危机的成因和发生的概率。[⑤] 在固定汇率下，国内信贷超过货币需求的过度增长，会对中央银行外汇储备造成巨大冲击。而中央银行的外汇储备是有限的，在投机的冲击下，固定汇率制最终将崩

---

① Michael D. Bordo, Michael J. Dueker & David C. Wheelock, *Aggregate Price Shocks and Financial Instability: An Historical Analysis*, Federal Reserve Bank of St. Louis Working Paper 2000 - 005B, September 2001, P. 6.

② Michael D. Bordo & David C. Wheelock, *Price Stability and Financial Stability: The Historical Record*, Federal Reserve Bank of ST. Louis Review, September/Qctober 1998, available at https://files.stlouisfed.org/files/htdocs/publications/review/98/09/9809dw.pdf.

③ ［美］查尔斯·艾森斯坦著，彭哲译：《货币革命：后危机时代的经济博弈》，电子工业出版社2013年版，第3页。

④ 伍志文：《货币双轨制政府治理和金融稳定》，经济科学出版社2007年版，第12页。

⑤ Paul Krugman, *A Model of Balance - of - Payments Crises*, *Journal of Money, Credit and Banking*, Vol. 11, Issue 3, August 1979, pp. 311 - 325.

溃。根据蒙代尔不可能三角理论，汇率稳定性、货币政策独立性和资本完全流动性，三者不可能完全实现，必须放弃一个。如果一个国家选择加入全球金融体系，那么只能在固定汇率和货币政策独立性之间选择一个。

（二）作为应对货币危机的宏观审慎监管

将货币稳定作为宏观审慎监管的研究标的，虽然还未引起理论界普遍关注，但将货币稳定纳入宏观审慎监管视野，是以降低系统性风险为己任的宏观审慎监管的必然选择。克里斯汀·福布斯认为，资本流动管理分为两种：一种是资本管制或者任何形式的对跨境金融活动的限制，这些限制会依据居住地不同而有所区别；另一种是与外币风险敞口和外币借贷相关的宏观审慎监管，并不依据居住地采取不同的措施。[①] 在存在货币升值压力时，一国政府倾向于使用控制资本流入放松资本流出的手段；在私人部门信贷膨胀和通胀背景下，则倾向于使用宏观审慎监管措施。从实践看有两个明显的趋向：包括中央银行货币互换等创新监管工具已经被用于基于货币稳定的宏观审慎监管中，作为提供货币流动性的手段；基于货币稳定的宏观审慎监管倾向于对资本流动采用市场化监管措施，避免对市场微观主体的直接干预，强调设定预期性指标引导市场主体行为。

在 2008 年全球金融危机爆发前，新兴市场国家应对资本流动的手段大多以禁止、事前审批、额度限制等行政管制手段（见表 3－1）。2008 年金融危机后，国际货币基金组织对资本管制的态度发生了很大转变，支持“宏观审慎性措施”。金融渠道热钱涌入，已经构成政策行动的背景。部分受日元贬值、外资流入影响较大的亚洲新兴市场会采取三类手段加以应对：第一类手段是干涉外汇市场，积累外汇储备，以抑制汇率升值的幅度。从历史上看，韩国、中国、中国台湾地区等货币当局都不乏直接干预外汇市场的先例。第二类手段是部分国家降息、降低银行准备金或推迟加息时点。第三类手段是资本流动管制，韩国和菲律宾都宣称要采取“宏观审慎性措施”（例如韩国不断讨论的托宾税），来缓解资本流入的压力。中国台湾地区、泰国也有可能会采取一定的资本管制措施。例如，对导致国内信贷膨胀和资产泡沫的银行对外借款进行管理，就既可以视为资本管制，也可以视同宏观审慎管理。

---

① Kristin Forbes, *Marcel Fratzscher & Roland Straub*, *Capital Controls and Macroprudential Measures: What Are They Good for?* NBER Working Paper No. 20860, January 2015, P. 1.

表 3-1　　市场国家常用资本管制工具

工具分类	代表国家	具体措施	作用
行政管制	菲律宾	限制居民与非居民金融机构进行远期套期保值	限制货币市场金融工具
	拉脱维亚、冰岛	存款提取限制	限制资本流出
	马来西亚	禁止与商业无关的掉期交易，禁止套期保值	禁止与贸易无关的交易
金融领域的直接管制措施	巴西、智利、哥伦比亚	对金融交易征税（巴西）；限制直接借款的外币负债（智利、哥伦比亚）限制购买国债（韩国）	短期资本管制
	韩国	限制境外投资者购买韩国国债	限制资本流入
间接金融领域资本管制措施	印度尼西亚、泰国、韩国	对银行和金融公司持有的净外汇头寸提高到资本总额的25%（泰国，印度尼西亚）；限制银行外汇净头寸（印度尼西亚）	外汇净头寸限制
	墨西哥、印度	将商业银行外币负债限制在贷款总额的10%	银行外币负债限制
	韩国	对非核心负债征 0～50 基点	

资料来源：季云华：《新兴市场国家国际资本流动管理的实践和启示》，载于《南方金融》2014 年第 5 期。

2008 年金融危机后，各国应对货币危机的监管措施呈现出以下特征：

（1）使用包括利率、存款准备金率、贷款总量控制及公开市场操作等传统工具。

金融危机后，印度尼西亚、马来西亚等国提高了汇率弹性，货币升值较多。许多国家进行了外汇干预，增加外汇储备积累。印度尼西亚等国央行将法定存款准备金率从 5% 提高 8%，要求商业银行持有央行票据至少 1 个月。

（2）延长外资在境内的滞留期限等措施抑制资本流入或鼓励资本流出。

如印度 2010 年 9 月 24 日将境外投资者对政府债券和企业债券的投资额度分别上调至 100 亿美元和 200 亿美元。印度尼西亚央行加强对银行外汇净头寸的限制。韩国收紧银行外汇衍生品头寸上限，限制海外借款，要求外汇贷款用于境外，加强银行外汇流动性管理。菲律宾央行要求银行不得在即期外汇交易市场买出借入外汇，允许企业预付，放宽外汇交易额度和鼓励外汇流出菲律宾，提高居民购买外汇额度。

（3）将税收作为重要的宏观审慎监管手段。

国际上，各种形式的托宾税已经从临时性的资本管制措施，逐渐演变成为一个常规的宏观审慎管理安排。巴西在2010年10月4日，将境外投资者在巴西收益投资的金融交易税率从2%上调至4%，10月8日将上述税率进一步上调至6%，同时将外汇衍生品交易税率由0.3%上调至6%。泰国对外国投资者征收15%的税收。韩国央行准备对外国投资者购买政府债券征税。

（4）宏观审慎监管与资本管制呈现出重叠趋势。

国际主流思潮对资本流动管制采取了更加同情的态度。对放开资本账户管制的新兴经济体而言，即使采取了更加灵活的汇率制度，单独运用货币政策应对国际资本流动冲击，效果微乎其微，所以仍然倾向审慎监管手段。从表3-2可以看出，无论是发达国家还是新兴市场国家，无论他们是采用浮动汇率制度还是固定汇率制度或者其他资本管理管理制度，资本要求、贷款价值比例要求、收入负债比例和储备金要求等宏观审慎监管措施被普遍使用。

表3-2　　宏观审慎监管措施的应用

	发达国家和地区			新兴市场国家和地区		
	浮动汇率制	固定汇率制	其他管理制度	浮动汇率制	固定汇率制	其他管理制度
资本要求	爱沙尼亚、以色列、韩国	爱尔兰、西班牙	—	阿根廷、巴西、墨西哥、印度、中国台湾、土耳其	保加利亚	中国、马来西亚、克罗地亚
贷款价值比率限制	加拿大、挪威、韩国、瑞典	中国香港特别行政区、荷兰	新加坡	印度、中国台湾、匈牙利、罗马尼亚、土耳其	保加利亚、拉脱维亚	中国、马来西亚
收入负债比限制	加拿大、韩国、挪威	中国香港特别行政区	—	中国台湾、波兰、罗马尼亚、匈牙利、塞尔维亚	—	—

续表

	发达国家和地区			新兴市场国家和地区		
	浮动汇率制	固定汇率制	其他管理制度	浮动汇率制	固定汇率制	其他管理制度
储备金率要求	韩国	—	—	阿根廷、巴西、智利、哥伦比亚、秘鲁、乌拉圭、印度、印度尼西亚、罗马尼亚、塞尔维亚	保加利亚	中国、克罗地亚、俄罗斯

资料来源：IMF, *The Interaction of Monetary and Macroprudential Policies: Background Paper*, December 27, 2012, P. 19.

（5）宏观审慎监管从注重资本流入风险，转为开始重视资本流出风险。

在2008年金融危机发生之前，国际货币基金组织关注资本流入风险多于资本流出风险；2008年金融危机后，随着美国货币宽松带来的美元跨境溢出和经济复苏通胀抬头，国际货币基金组织多次提醒新兴市场国家资本流出的风险变得更加重要（见表3－3）。

表3－3　国际货币基金组织建议的资本流入流出管理框架对比

对比要素	资本流入	资本流出
前提条件	当货币币值由于多种原因被低估时，应当允许货币升值	资本流出管理首先考虑使用宏观经济政策和金融政策
其他政策搭配	当发生通胀威胁时，购买外汇储备（如还有空间）	使用宏观审慎监管政策，用于提高金融、企业和个人部门提高资本流出和货币贬值的风险抵御能力
实施时点	在货币政策已经放松且财政政策无法收紧的情况下，如果汇率没有低估、储备已经超过正常水平、经济出现过热，使用资本流动管理政策	已经在危机中或者临近危机
优先原则	币种歧视性宏观审慎监管政策优先于居民歧视性资本流动管理政策	币种歧视性宏观审慎监管政策优先于居民歧视性资本流动管理政策

续表

对比要素	资本流入	资本流出
临时性	资本流动管理是用于抑制临时性或者周期性资本流动的，不是用于管理经济周期	当紧急情况解除，应考虑移除资本流出管理政策
国别环境	考虑使用国的环境，如行政管控能力和监管能力、资本账户开放程度等	考虑使用国的环境，如行政管控能力和监管能力、资本账户开放程度等。通常税收手段是有效的

资料来源：IMF：*Liberalizing Capital Flows and Managing Outflows*, March 13, 2012, available at http：//www. imf. org/external/np/pp/eng/2012/031312. pdf; IMF, *Recent Experiences in Managing Capital Inflows：Cross – Cutting Themes and Possible Policy Framework*, February 14, 2011, available at http：//www. imf. org/external/np/pp/eng/2011/021411a. pdf.

（6）一国金融禀赋和历史对宏观审慎监管机构和工具选择影响至深。

一国的经济规模、历史、政治和机构架构，都会影响到是否赋予该国中央银行监管银行体系权力的问题。欧兹肯和安瑟尔也提出，一国债权结构在其宏观审慎监管工具还是货币政策工具的选择上起着决定性作用。对于外债占相当规模的新兴市场国家来说，宏观审慎监管工具尤其有效。①

二、中国货币危机的法律根源

宏观审慎监管需要前瞻性，政策视野应该比货币政策更广，因为系统性风险的累积需要时间积淀。要分析中国特殊的货币风险的形成机制，有必要从历史中发现人民币被动超发的制度根源。了解新中国成立以来货币制度演进史，是设计中国基于货币稳定的宏观审慎监管框架的基础。由于涉及内容繁杂，本节对外汇演进制度做一初步梳理，并结合出口退税、干预冲销、外汇储备等制度的共同作用，阐明人民币被动超发的根本原因。

① F. Gulcin Ozkan & D. Filiz Unsal, *On the Use of Monetary and Macroprudential Policies for Small Open Economies*, IMF Working Paper, WP/14/112, June 2014, P. 22.

（一）新中国成立以来的货币法制史

我国的外汇管理制度变革可以说是以 1994 年和 2005 年为两个重要的分水岭。在 1994 年之前，国家对外贸和外汇实行统一经营，外汇收支实行指令性计划管理。所有外汇收入必须售卖给国家；对外不举借外债、不接受来华投资；人民币汇率仅作为核算工具；如需要用汇，则实行计划分配。1994 年外汇体制改革后，我国外汇管理体制沿着逐步缩小指令性计划、不断培育和增强市场机制在配置外汇资源中的基础性作用的方向转变。新中国成立以来的外汇管理体制改革大致经历五个重要阶段（见图 3－1）：

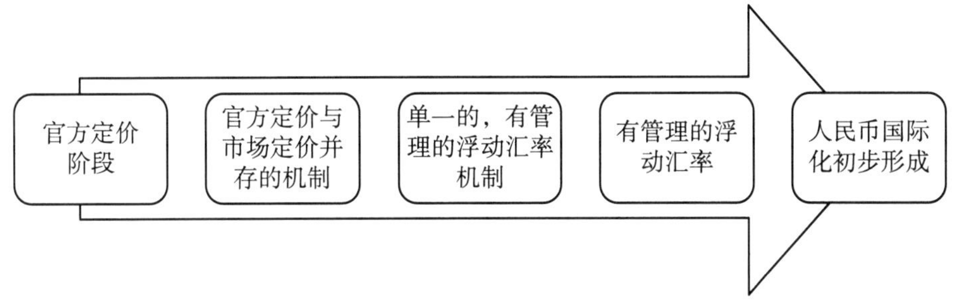

图 3－1　外汇管理体制的演变[①]

第一阶段（1949～1978 年）：新中国成立后到 1952 年，人民币采用浮动汇率制度，从 1953～1978 年，人民币与美金挂钩，汇率保持在 1 美元兑换 2.46 元人民币的水平。这时汇率对贸易和国际收支的调节作用微乎其微，本质上成为国家预算的一种会计工具。[②]

第二阶段（1979～1993 年）：外汇管理体制改革起步阶段。这一阶段以增强企业外汇自主权、实行汇率双轨制为特征。出口企业开始拥有一定的外汇自主权。为调动出口企业创汇的积极性，从 1979 年开始实行“外汇留成”，适当留给创汇的地方和企业一定比例的外汇，并允许持有留成外汇的单位把多余的外汇额度转让给缺汇的单位，该阶段我国实行的是官方汇率与调剂市场汇率并存双重汇率制度。

第三阶段（1994～2000 年）：建立银行结售汇制度。此阶段的重要改革措施是汇率双轨制的并轨。1994 年初，国家对外汇体制进行了重大改革，取消了外

① 孙国峰：《第一排：中国金融改革的近距离思考》，中国经济出版社 2012 年版，第 10 页。
② 刘光灿、孙鲁军、管涛：《中国外汇体制与人民币自由兑换》，中国财政经济出版社 1997 年版。

汇留成制度，形成了企业强制结售汇、银行间外汇头寸管理和中央银行生成干预相结合的汇率生成机制，实行以市场供求为基础的、单一的、有管理的浮动汇率制度，建立统一规范的外汇市场。银行结售汇制度和全国统一的外汇市场是这一阶段外汇制度的两大特征。强制性的结售汇制度为我国的货币危机埋下伏笔，也是造成今天人民币国际化战略的重要背景。强制结售汇制度下，中央银行被迫成为外币的购买者，人民币的发行也和外汇市场休戚相关。此外，在这个阶段，我国也基本实现人民币经常项目可兑换。[①]

第四阶段（2001～2008年）：以市场调节为主的外汇管理体制进一步完善。第一，增加了外汇交易品种。2002年市场已有美元、港币、日元和欧元的即期交易，实行竞价交易模式。第二，形成了钉住汇率制。2005年7月21日，我国恢复有管理的浮动汇率制度，开始实行以市场供求为基础、参考一篮子货币进行调节、有管理的浮动汇率制度。人民币汇率不再钉住单一美元，形成更富弹性的人民币汇率机制。由于国际收支持续巨额双顺差，造成外汇市场供大于求，央行为了维持钉住美元的固定汇率，不得不通过冲销干预等方式抑制人民币的升值趋势。第三，取消了强制结售汇制度。在2008年新修订的《外汇管理条例》确立了均衡监管思路，并在行政法规层面明确取消了强制结售汇制度。[②]

第五阶段（2008年至今）：初步形成市场化监管理念和人民币国际化。首先，形成更富弹性的人民币汇率机制，引入外汇衍生品交易。2011年2月14日，为进一步丰富外汇市场交易品种，为企业和银行提供更多的汇率避险保值工具，国家外汇管理局发布《关于人民币对外汇期权交易有关问题的通知》，批准中国外汇交易中心在银行间外汇市场组织开展人民币对外汇期权交易。[③] 2011年10月17日，美国最大商品交易所运营商芝加哥商业交易所上市新的美元对人民币期货。

其次，初步建立基于宏观审慎的外汇管理框架。针对2008年之后跨境资本对新兴市场国家的冲击，我国建立了跨境资本流动监测报告制度，并在外商直接投资、证券投资、间接投融资领域初步形成有中国特色的宏观审慎监管体系（见表3－4）。

① “外汇管理”，http：//www.gov.cn/test/2012－04/10/content_2110113.htm.
② 同上引。
③ 同上引。

表 3-4　　当前我国对跨境资本流动主要管理措施

投资领域		限制手段	主管机构
外商直接投资	流入限制	有限核准和普遍备案相结合；自贸区实行负面清单	商务主管部门、发改委、外汇管理部门
	流出限制	有关交易需经商务主管部门批准，外国投资者清算撤资或转股所得资金经外汇管理部门核准	商务主管部门、外汇管理部门
境外直接投资	流出限制	登记备案制	商务主管部门、外汇管理部门
证券投资	流入限制	合格境外机构投资者额度管理	证监会、国家外管局
	流出限制	合格境内机构投资者额度管理	银监会、保监会、证监会和国家外管局
银行间债券市场	流入限制	备案制	中国人民银行
	流出限制	境外企业在银行间债券市场发行人民币债务融资工具	中国人民银行、外汇管理部门及交易所
境外放款	流出限制	登记核准	外汇管理部门
境外借款	流入限制	内资企业需要审批，外资企业备案，或适用全口径跨境融资宏观审慎管理的备案制	中国人民银行、外汇管理部门
境外发债	流入限制	备案登记	发改委

资料来源：作者整理。

最后，确立了人民币国际化的国家战略。我国人民币国际化的正式启动时间是 2009 年，是中央政府为了应对 2008 年全球金融危机引发的全球需求疲弱、国内出口乏力、发达国家资本回撤而提出的强势货币战略。[①] 货币国际化意味着货币的三项基本职能支付结算、流通手段和价值储藏对非居民的扩展。人民币国际化战略更多体现在我国中央政府通过系列举措谋求更大程度的资本账户开放。这些措施包括：修改外汇管理相关法律、QFII/RQFII 额度扩容、资本市场互联互通制度、试点大陆居民 QDII2 制度、减少对跨境融资等方面的限制、升级和推广自贸区的开放试验、减少对外汇市场的干预及扩大汇率浮动区间等。2014 年以来所颁布的各类法规更多注重完善人民币“国际储备货币”特性和价值储藏功能（见表 3-5 和图 3-2），显现出人民币资本项下的开放加速趋势，人民币的使用

① 中国人民银行：《人民币国际化报告（2015 年）》，http：//upload. xh08. cn/2015/0611/1434018340443. pdf.

从跨境贸易结算领域扩展到跨境投融资领域。[①] 这主要体现在：

表3-5　　中国近年来推进人民币国际化战略的主要举措

时间	拓展的功能	措施	所颁布的法规或具体操作
2009年7月	支付结算	跨境贸易人民币结算试点	2009年7月1日，中国人民银行等5部委共同制定了《跨境贸易人民币结算试点管理办法》。跨境贸易人民币结算首批试点在上海等5城市启动。2011年8月试点扩大至全国。
2010年2月	支付结算 价值储藏	人民币跨境流动监管原则	《香港人民币业务的监管原则及操作安排的诠释》。
2010年5月	价值储藏	首次允许境外金融机构发行点心债并允许资金回流大陆	三菱东京日联银行（中国）在经中国人民银行批准后于作为外资银行中国子公在银行间债券市场发行10亿元金融债。
2008年至今	支付结算	扩大货币互换范围，互换范围从亚洲扩展到欧洲和拉美	截至2015年5月末，中国人民银行与32个国家和地区的中央银行或货币当局签署了双边本币互换协议，协议总规模约3.1万亿元人民币。
2011年1月和10月	价值储藏	跨境直投	中国人民银行先后公布《境外直接投资人民币结算试点管理办法》和《外商直接投资人民币结算业务管理办法》，规定获准的境内企业可以人民币进行境外直接投资，境外的企业和个人也可按规定使用人民币来华开展直接投资。
2011年12月	价值储藏 流通手段	RQFII制度	证监会、央行、外管局联合发布《基金管理公司、证券公司人民币合格境外机构投资者境内证券投资试点办法》，允许境外人民币回流境内资本市场。
2012年9月	支付结算	促进资本项目开放	国务院《金融业发展和改革“十二五”规划》。

① 人民币目前在结算领域的使用主要包括：一是在中国港澳台地区及新加坡等离岸中心的人民币结算；二是边境贸易结算；三是各类人民币借记卡和信用卡在境外的支付；四是中国央行与各国央行的货币互换。

续表

时间	拓展的功能	措施	所颁布的法规或具体操作
2013 年 1 月	价值储藏	跨境人民币贷款试点	《前海跨境人民币贷款管理暂行办法》。
2013 年 12 月	价值储藏	区内机构可从境外融入本外币资金	《关于金融支持中国（上海）自由贸易试验区建设的意见》，完善全口径外债的宏观审慎管理制度。
2014 年 2 月	流通手段 价值储藏	自贸区内的集团跨境双向人民币资金池	《中国人民银行上海总部关于支持中国（上海）自由贸易实验区扩大人民币跨境使用的通知》。
2014 年 6 月	价值储藏	沪港通	《沪港股票市场交易互联互通机制试点若干规定》。
2014 年 11 月	流通手段 价值储藏	全国跨境资金池	《中国人民银行关于跨国企业集团开展跨境人民币资金集中运营业务有关事宜的通知》。
2014 年 11 月	价值储藏	允许境外非金融机构在境内发行熊猫债	《关于境外机构在境内发行人民币债务融资工具跨境人民币结算有关事宜的通知》。2014 年，德国戴姆勒在我国银行间市场首发企业人民币债券。
2014 年 11 月	价值储藏	RQDII 制度	《关于人民币合格境内机构投资者境外证券投资有关事项的通知》，合格境内机构投资者可以人民币投资境外证券市场。
2015 年 12 月 1 日	流通手段 价值储藏	人民币加入特别提款权	—
2015 年 8 月	价值储藏	购汇范围拓展到投资领域	《中国人民银行关于拓宽人民币购售业务范围的通知》，将人民币购售业务范围拓展到直接投资项下，交易品种包括即期、远期和掉期交易等。
2015 年 12 月	价值储藏	创建人民币汇率指数	—

资料来源：根据中国人民银行网站资料整理。

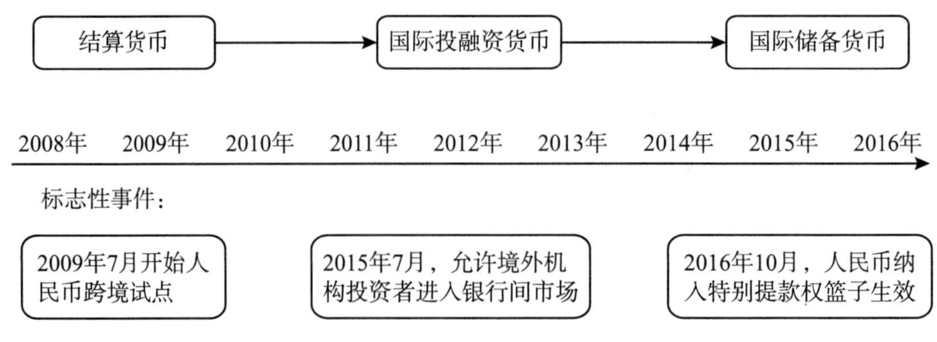

图 3－2　人民币国际化的功能演进路径

（1）境外机构参与境内货币市场交易，放宽交易品种。

允许境外央行、国际金融组织、主权财富基金等相关境外机构投资者机构进入中国银行间市场；相关境外机构投资者可在银行间市场开展债券现券、债券回购、债券借贷、债券远期，以及利率互换、远期利率协议等其他经中国人民银行许可的交易，并可自主决定投资规模。① 人民币作为投资品的特征逐步显现。

（2）进一步扩容跨境双向人民币资金池业务，增加金融资本流动性。

跨境双向人民币资金池业务最早开始于上海自贸区，后试点区域进一步扩大到前海、昆山、苏州工业园区和天津生态城等，② 并最终扩展至全国。跨境双向人民币资金池业务使得境外的资金能够与贸易背景相分离，无贸易背景的境外人民币资金也可合法合规地通过跨国企业进入境内，为金融资本的流动性提供了很大的便利。

（3）启动人民币计价的离岸资本市场，加强离岸、在岸资本市场的联动。

人民币国际化如果要向纵深发展，除了需要通过“一带一路”建设与人民币资本输出等手段扩大人民币在实业领域的使用空间之外，在我国当前人民币资本项下尚未完全放开的约束条件下，还需要一个发达的、以人民币计价的离岸资本市场，为境外人民币金融产品提供流动性，减少对在岸资本市场的冲击。为此，近年来，无论境内的熊猫债市场，还是香港的点心债市场，在规模和发行数量上都有不小的突破。根据香港金融管理局的最新统计数据，截至 2014 年末在香港

① 2015 年 11 月 25 日，首批境外央行类机构在中国外汇交易中心完成备案，正式进入中国银行间外汇市场，此举措有利于稳步推动中国外汇市场对外开放。这些境外央行类机构包括：澳大利亚储备银行、匈牙利国家银行、国际复兴开发银行、国际开发协会、世界银行信托基金和新加坡政府投资公司，涵盖了境外央行（货币当局）和其他官方储备管理机构、国际金融组织、主权财富基金三种机构类别。http://news.xinhuanet.com/fortune/2015－11/25/c_1117262299.htm.

② 2014 年 11 月 4 日，中国人民银行发布《关于跨国企业集团开展跨境人民币资金集中运营业务有关事宜的通知》，这意味着先前在江苏昆山、上海自贸区试点的跨境双向人民币资金池业务正式拓展至全国。

发行的人民币债券达1 970亿元人民币，比2013年上升69%，到2014年底未偿还人民币债券余额增加23%，达到3 810亿元人民币。[①] 人民币初步具备国际投资货币和国际储备货币的雏形。

（4）国家外汇管理局开始采用国际货币基金组织新的标准编制中国的国际收支平衡表。

国家外汇管理局从2015年第一季度开始实施《国际收支和国际投资头寸手册》。新版本的变化主要包括对部分交易和资产细分项目、对部分项目归属以及对记账方法的一些调整。2016年初，中国正式加入国际货币基金组织的协调证券投资调查和国际银行业统计。数据口径的衔接在宽泛的意义上有利于扩大人民币的国际使用。

通过以上举措，我们可以看出，人民币国际化是对管制项目与管制程度的多维度交叉放松：第一，资本市场各项交易逐步获得许可。第二，资本项目的各项交易更加自由，如允许国内投资者更大程度参与国外资本市场、对海外投资者进一步开放国内资本市场。第三，除了投资层面的开放外，融资层面的开放也是重要的举措，使资金可以双向流动。第四，在统计口径上与国际标准接轨。这种人民币的可投资性能的多维度交叉放松，推升了人民币的资产化特征。

人民币的资产化特征，即人民币日益表现出与其他可投资资产（如股票、债券等）共性特征，可以体现为资产的收益性、安全性和流动性特征。资金的流入和流出，对某经济体产生冲击一般是通过购买股票、基金、股票、债券等方式附着在有价证券上，通过资产价格的涨跌差价获利。人民币国际化带来的离岸市场蓬勃发展、人民币衍生品的创设和外汇市场高杠杆投机，也使得人民币本身成为一种可交易品种，具备可交易资产的特性。人民币资产化的收益性、流动性和安全性成为中国吸引跨境资本流动的直接原因。

（二）中国货币存在问题的制度原因

单纯看中国货币的法律史，我们很难发现其中的问题。但如果我们结合中国的冲销干预、出口退税和外汇储备的投资看，就会发现人民币“堰塞湖”形成的原因。

① 香港金融管理局：《香港金融管理局2014年年报》，http：//www.hkma.gov.hk/chi/publications-and-research/annual-report/2014.shtml.

1. 出口退税

1994 年，增值税和消费税退税制度与我国外汇体制改革同时出台。1993 年 12 月《中华人民共和国增值税暂行条例》第 2 条规定，纳税人出口货物，税率为零；但国务院另有规定的除外。1993 年 12 月《消费税暂行条例》第 11 条规定，对纳税人出口的应税消费品，免征消费税，国务院另有规定的除外。出口退税制度扭曲了国内和国际分配结构，相当于以全民福利补贴出口行业，更为重要的是，这种补贴与中国的强制结售汇制度相结合，形成大量外汇占款。如果不能够完全冲销干预，就构成了人民币发行的刚性增加机制。

2. 冲销干预

冲销干预政策指为使国内金融政策不受外汇干预的影响而进行的央行干预调整。日本通过发行政府短期债券从民间吸收资金的方式，干预外汇市场，这种短期债券被称为“为券”，属于冲销干预。① 2003 年 4 月，中国央行开始发行央行票据来冲销外汇流入。到 2006 年，未到期央票余额占央行外汇资产的比例保持快速上升，最高曾达到 1/3 左右的水平。虽然新发行央票直到 2008 年一直在增长，但随着到期央票的增加，新发行央票已不足以支付到期央票的本金和利息，显现出央行票据冲销的高成本特征。2011 年之后央行不再发行央票（2013 年除外），未到期央票余额占央行总负债的比例已下降至 5% 以下。冲销干预的不完全是导致央行被动货币供给②。

3. 外汇储备投资

截至 2014 年 12 月，中国外汇储备达到 38 430. 18 万亿美元。③ 由于外汇储备对安全性和流动性的要求很高，所能够投资的范围极其有限，大多购买发达国家的国债。

4. 被动超发货币

1997 年，为应对上一轮美元升值所形成的压力，我国中央政府设计了“紧盯美元”的政策。该政策表面看是一种汇率政策，实质上是一种货币政策，因为

---

① ［日］小林正宏、中林伸一著，王磊译：《从货币读懂世界格局》，东方出版社 2013 年版，第 39 页。

② 王维安、陶海飞：《我国外汇干预机制有效性探讨》，载于《浙江大学学报》2005 年第 1 期，第 135 ~ 142 页。

③ 国家外汇管理局网站，http：//www. safe. gov. cn.

该政策的核心是强制结售汇制度。在这套制度里，企业和个人基本持有头寸的能力被限制到最小，对市场价格几乎没有话语权；商业银行作为“二传手”，也是价格的被动接受者，央行成为银行间市场最大的接盘者。该制度将中央银行作为外汇市场的对手方。但这种权益性货币制度安排有很强的局限性：为购汇而增加的人民币投放造成流动性过剩，催生房地产泡沫，劳动力成本上升，显示出货币政策的很强的局限性。

以上几种制度结合在一起，“强制结售汇”导致人民币的汇率依赖于银行间外汇市场的调节，实际上把定价权交给了银行间外汇市场，人民币汇率的涨跌在很大程度上取决于外汇盈余的增减。“出口退税”政策导致“世界工厂”形成，外汇供应增加，央行只能被动发行人民币承接这部分外汇，人民币的发行和外汇市场紧紧绑在了一起；非完全的“冲销干预”使得国内流动性过剩和地产泡沫膨胀，人民币对内贬值，使得中央政府不得不容忍地方政府以“土币”吸收流动性；央行对外汇市场的主动干预，造成中国成为是世界外汇储备第一大国。外汇储备投资使我国的大量外汇储备流入欧美国债市场，纵容了美国的过度消费和对新兴市场国家的套利投资，使美国本身就成为“借短贷长”“低吸高抛”的全球最大“投资银行”。这种结构失衡到了一定程度，稍有风吹草动，就会引发“突发停顿”。东道国很有可能引发危机。中国2013年6月的“钱荒”事件就可以看作是资本流动逆转对东道国的一次压力测试。

有问题的中国货币投放方式，带来的中国特色的“特里芬两难”（见图3-3），引来套利资本，成为了人民币国际化背景下系统性风险的根源。中国特色的“特里芬两难”用来形容当下中国央行将面对中国式政策选择困境：如果

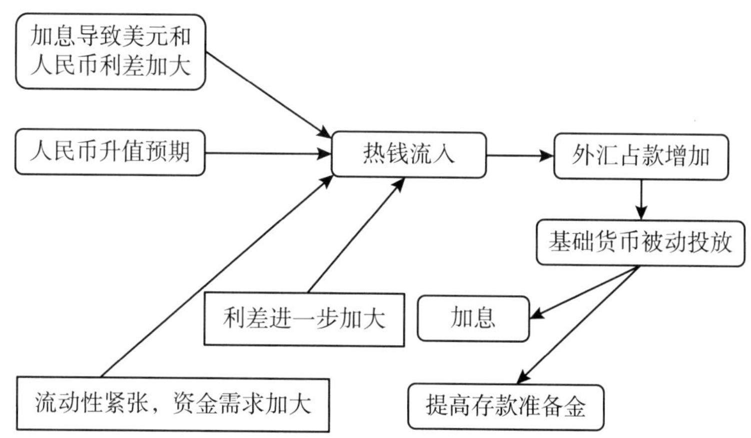

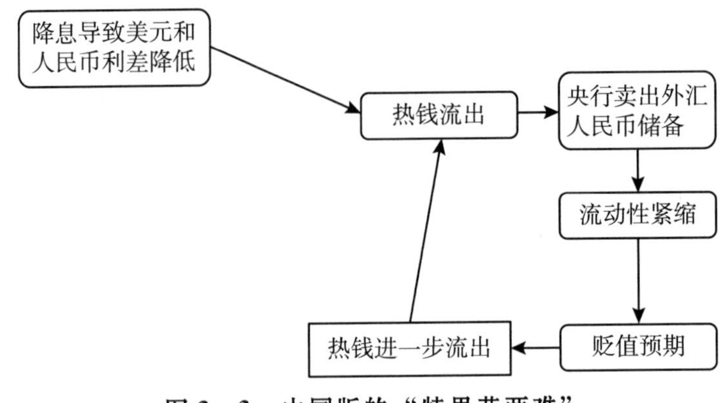

图 3-3　中国版的“特里芬两难”

资料来源：作者整理。

人民币汇率继续跟随美元升值，有可能进一步损害本国出口竞争力；如果对美元贬值，则可能触发前期境内美元套利交易的平盘，资金大量外流，从而引发货币危机。①

5. 资本套利

除了国际资本流入的普遍性特征、中国不完全开放的市场特征外，还造成中国的套利资本有以下特征。第一，企业通过经常项目的资产负债套利。中国外汇流入以经常项目和外资直接投资渠道为主，经常项目和外资直接投资外汇流入占全部外汇流入的90%左右。国际资本常常需要借助经常项下的货物贸易、服务贸易、经常转移等合法渠道进入，表现为企业出于节约财务成本的目的而变相套利，如出口预收和进口延迟付款，通过外汇贷款和企业间贸易信贷来代替购汇、办理远期结汇等。第二，跨国公司通过集团内部资金流动套利。2014 年 4 月 25 日，国家外汇管理局发布了《跨国公司外汇资金集中运营管理规定（试行）》通知，在跨国公司集团内部，某种程度上实现了经常项目和资本项目统一集中管理。跨国公司集团可以设立一个境内总账户与国际总账户，在监管部门给予的额度范围内可以实现集团内部资金的跨境放款与自由流动。企业办理经常项目收结汇、购付汇手续、外汇资金进出只需向外管局报告总额，不再申报单笔结汇。从此，跨国公司可以集中管理境内外成员企业外汇资金，开展资金集中收付汇，轧差净额计算。企业的国际账户与国内账户仍然受外债额度和对外放款额度限制。这项规定是在资本项下可兑换体制和机制的创新，但也给了跨国公司利用内部转移定价转移利润以可乘之机。第三，跨国公司可能利用跨境资金池转移利润。根

① 杨健：《人民币汇率升值与人民币贬值的两难选择》，载于《战略与决策研究》2010 年第 3 期。

据《中国人民银行关于金融支持中国（上海）自由贸易试验区建设的意见》，区内企业可开展集团内双向人民币资金池业务，为其境内外关联企业提供经常项下集中收付业务。这给集团企业带来的积极意义在于在双向跨境人民币资金池内，集团层面可以根据需要自由调配资金。企业境外账户的人民币资金可以直接划入，外汇资金也可在境外兑换后划入。央行对跨国企业集团跨境双向人民币资金池业务实行的是上限管理模式。由于我国当前尚无法做到对跨国公司集中管理的外汇资金进行全程监测，因此只能依靠企业和合作银行报送报表的方式来了解，跨国公司很容易利用跨境资金池转移利润，或者进行资本套利。第四，自贸区内金融产品或金融衍生品的资本套利与监管套利。目前在自贸区内设立的资产管理公司发行的各类金融产品适用国家的资产管理法规，没有严格的汇率风险对冲强制要求。2014 年上海总部发布的《关于支持中国（上海）自由贸易试验区扩大人民币跨境适用的通知》（下用《通知》简称），该《通知》明确了区内非银行金融机构和企业可以从境外借用人民币资金的上限，可以看作是一项适用自贸区内的宏观审慎量化工具。图 3－4 是一个自贸区通过一种契约型基金——基金公司发行基金专项资产管理计划实现跨境资本套利的案例。与基金相比，区内的金融场外衍生品更是用来规避管制的理想工具，因为货币或者利率收益的互换产品可以仅就收益部分进行交换，而不必真正地跨境移动资金。监管者只能够检测与管理本国衍生品市场而很难影响离岸市场。

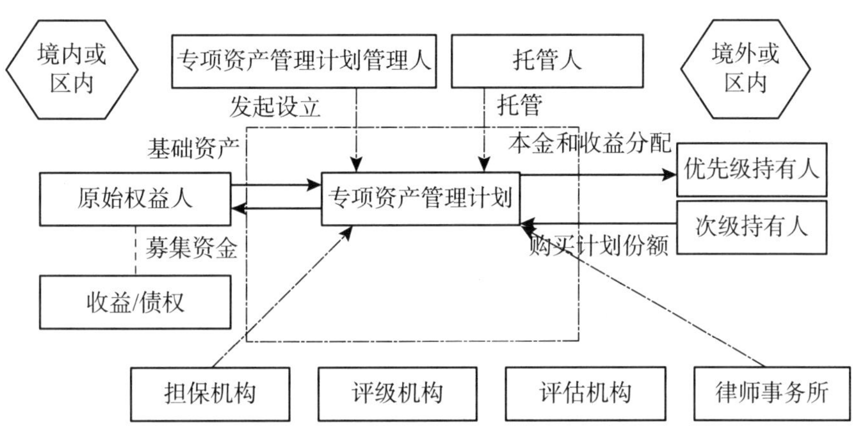

图 3－4　中国上海自贸区一个跨境套利产品结构

资料来源：作者整理。

三、应对人民币国际化的宏观审慎监管

在金融全球化和资本高度流动的今天，我国所面临的“三元悖论”中的不可能三角（the Impossible Trinity），已经演变成不可能的两条边（在独立的货币政策和资本自由流动之间做出选择），甚至是不可能的一点，即不可能有完全独立的货币政策。在人民币国际化的背景下，如果人民币继续与美元挂钩，传统的维持货币稳定的工具很难继续发挥作用。

调节利率是货币政策的主要工具。通过调节利率挽留套利资本，实际上是放弃了货币政策的独立性来维护汇率的稳定与资本的完全流动性。当发生资本外逃、国际收支状况迅速恶化，危机国家被迫提高本国利率，期待外资重新流入以维持汇率稳定。然而，这种方法存在着很大弊病。资本撤离造成了国民经济和出口产业的增长放缓，而在此时通过提高利率挽留外资，紧缩的货币政策会进一步打击本来就面临破产的出口企业，引发失业率增加。维持汇率的稳定是以牺牲经济稳定和增长为代价的。经历过多次货币危机的新兴市场国家，对通过利率调节缓解货币危机的实质作用产生强烈质疑。众所周知，所谓“华盛顿共识”就是以高利率，减少财政支出，提高税收等，通过紧缩的财政政策和货币政策应对危机。这样极端紧缩的财政政策与货币政策在 1994 年的墨西哥和 1997 年的东南亚国家的实施效果是，危机进一步加深，货币危机转化为经济危机，甚至引发政治危机。不仅经济陷入衰退，甚至直接威胁到国家政治社会环境的稳定。例如，印度尼西亚因危机动荡而发生政治动乱。①

汇率是货币之间的相对比价，是货币对外价值的表现形式。利用汇率调节解决货币危机，实际上是以牺牲稳定的汇率代价来达到货币政策的独立性与资本的完全流动性。引发货币危机的一个关键因素常常是由于对本国汇率的高估，因此理论界有学者主张通过主动贬值本国汇率来回避危机。由于浮动汇率给国际贸易和投资带来很大的不确定性，从而影响外向型经济，大多数新兴市场国家实行相对稳定的钉住汇率制度，来维持进口商的稳定预期。而这样做的同时，给汇率的高估留下了隐患。②

有些学者主张通过利用汇率调节将汇率贬值到真实反映经济现实的水平，其

---

① 参见《由克鲁格曼“三元悖论”谈发展中国家应对金融化危机的政策取向》，http：//www. china-b. com/lwzx/zjjr/lwzx_345267. html.

② 同上引。

理由是汇率的主动贬值可以促进经济结构的调整，主要体现在以下三个方面：一是主动贬值可以改善进出口收支。一国贬值通过降低本国产品的价格，诱发国外居民增加对本国产品的需求，本国居民减少对外国产品的需求，从而有利于一国增加出口，减少进口。二是能够改善服务贸易收支。贬值可以吸引外国消费者增加旅游留学等项目，对经常账户中旅游和其他劳务的收支状况，也会起改善的作用。三是影响国际资本流动。足够的贬值会消除投资者对发生危机国货币贬值的预期，从而止住外资抽逃的颓势，防止信用继续紧缩。由此可见，及时贬汇是可以帮助解决金融危机的。

不同经济发展程度的国家在金融危机发生时利用汇率调节的效果不同，被称为“汇率调节的双重标准”。当发达国家发生金融危机的时候实施汇率调节的效果比较好，汇率浮动幅度较小，有利于摆脱危机。例如，1990 年，处于比较严重经济衰退的英国以较高的汇率基础进入欧洲货币体系的汇率机制。而前些年发生的欧债危机采取欧元贬值的做法，也对欧洲经济企稳大有帮助。而新兴市场国家发生金融危机的时候，实行自由浮动汇率的效果相对较差，使危机国家不能从贬值中获得利益，例如在 1997 年金融危机中接连遭殃的泰国、印度尼西亚、马来西亚、巴西及 1994 年的墨西哥，都是因贬值引发资本进一步外逃的失败案例。究其原因，发达国家经过较长的工业化过程，经济实力雄厚，经济结构较为合理，经济制度较为完善，经济整体对危机冲击的抵抗力较强；而新兴市场国家，由于更多精力放于促进经济的快速增长，使得经济发展中结构扭曲隐患。正是由于这些隐患，促进了经济泡沫的膨胀，增加了新兴市场国家经济的不稳定，当国家在危机发生时采用汇率贬值治理危机时，引发了公众信心危机，难免会引起汇率的巨大波动，从而对现有脆弱的经济体系构成更大的冲击。[①]

在危机的严重冲击下，当提高利率与贬低汇率均无效的情况下，唯一的选择是实行资本管制，直接强制消除恶化国家经济形势的根源，实际上是政府以牺牲资本的流动性和民众的全球资产配置自由权来维护汇率的稳定性和货币政策的独立性，一旦实行，常常易招致市场反对声音。但在国家经济体系彻底崩溃之前，实行短期资本管制，可以抑制市场狂热情绪，为平息市场政策争取时间。危机时刻的短期资本管制有时反而有利于减轻危机的恶化、保护国家利益。2016 年初发生在中国资本外流导致人民币市场急剧波动，日本中央银行行长就建议中国采取短期的资本管制措施。

综上所述，当一国由于信心危机、汇率高估等原因发生资本外逃的时候，从

① 参见《由克鲁格曼“三元悖论”谈发展中国家应对金融化危机的政策取向》，http://www.china-b.com/lwzx/zjjr/lwzx_345267.html.

总体来看，提高利率并非是有效的解决途径，而采取汇率主动贬值，也不是一项妥善的解决措施，而资本管制更是没有办法情况下的权宜之计。我们认为，随着人民币国际化进程的加速，人民币也应逐渐主动脱节美元。在此前提下，消除中国货币危机的潜在风险应采用基于货币稳定的宏观审慎监管措施。我们从中国人民银行的资产负债表入手，通过宏观审慎监管措施对中央银行资产负债表进行结构调整，实现货币稳定。

（一）中国人民银行的资产负债表

早在2008年全球金融危机全面爆发之前，有些新兴市场国家已经开始去美元化。例如，俄罗斯、伊朗、委内瑞拉在出口石油时，已经开始要求用欧元或卢布结算，其中伊朗已经宣布全面停止使用美元进行石油交易。危机爆发后，要求终结美元垄断地位的呼声更是不绝于耳。无论是亚欧会议、20国集团峰会还是APEC领导人非正式会议，均强调要建立新的国际货币体系。但截至目前，美元作为全球基准货币的地位仍然无人撼动，欧元、日元还是被日益寄予厚望的人民币，都不足以承担取代美元成为世界货币的实力。更为可行的选择，恐怕还是在国际货币基金组织的框架内进行改革，以客观反映各主要货币之实际地位的特别提款权为基础的、更为多元化的储备体系和汇率安排，代替目前美元一币独大的局面。

通过对央行资产负债表解读，我们能够从会计学角度看到货币政策与宏观审慎监管政策之间的区别与联系，为“人民币去美元化”的改革路径设计提供了经济成本最小化的可能路径。此外，各国央行的信用是依靠法律授权而非自身的资产提供信用保障，法律改造成本应是改革路径设计的另外一个核心考量因素。

在中国人民银行2015年1月的资产负债表中，资产包括国外资产、外汇、货币黄金、其他国外资产、对政府债权、对其他存款性公司债权、对其他金融性公司债权、对非金融性部门债权和其他资产。负债包括储备货币、货币发行、其他存款性公司存款、不计入储备货币的金融性公司存款、发行债券、国外负债、政府存款、自由资金和其他负债。不同货币投放方式对央行资产负债表的影响不同（见表3-6）。

向财政部门借出款项或允许其透支。财政部门通过财政支出、财政投资、转移支付等方式将这部分基础资产投入生产、流通和消费领域。向财政部门借出款项在资产负债表上体现为对资产方“政府债权”的增加和负债方“政府存款”的增加。在这部分款项使用时，体现为负债方的调整：“政府存款”的减少和“储备货币（其他存款性金融公司存款）”增加。

表3－6　　不同货币投放方式引起央行资产负债表的变动

货币投放方式	资产负债表变化		备注
	资产	负债	
向财政部门借出款项	对政府债权↑	政府存款↑	
允许财政透支	对政府债权↑	储备货币（其他存款性金融公司存款）↑	法律禁止
货币当局买入外汇资产	国外资产↑	储备货币（其他存款性金融公司存款）↑	
再贷款或再贴现	对其他存款性公司债权↑	储备货币（其他存款性公司存款）↑	
公开市场买卖	对政府债权↑	储备货币（其他存款性公司存款）或不计入储备货币的金融性公司存款↑	

资料来源：作者整理。

财政部门透支。由于没有资金的逐渐提取和使用过程，财政部门透支直接体现为资产方“政府债权”的增加和负债方“储备货币（其他存款性金融公司存款）”增加。《中国人民银行法》第29条和第30条规定，中国人民银行不得对政府财政透支，不得直接认购、包销国债和其他政府债券。中国人民银行不得向地方政府、各级政府部门提供贷款，不得向非银行金融机构以及其他单位和个人提供贷款，但国务院决定中国人民银行可以向特定的非银行金融机构提供贷款的除外。这些规定杜绝了财政部门直接向银行透支的做法，关闭了政府主动超发货币之门。1994年汇率政策改革，特别是加入WTO后外汇顺差增加，央行改为（有主动也有被动）外汇占款的形式发行货币。

以再贷款或再贴现方式向商业银行贷款。我国在1994年之前的货币发放多是采用再贷款的方式。体现在央行资产负债表上，表现为资产方“对其他存款性公司债权”增加和负债项下“储备货币（其他存款性公司存款）”的增加。

买入外汇资产。这部分基础货币经由商业银行的信贷投放后，派生出大量的支票存款和现金货币。在央行资产负债表中表现为“国外资产（外汇储备）”增加和负债项下“储备货币（其他存款性公司存款）”的增加。这也是我国当前基础货币的主要投放方式。

公开市场操作。中央银行的公开市场业务以金融机构为交易对手方，这里的金融机构包含投资银行等非银行金融机构，商业银行只是市场的一部分参与者。买卖的标的是国债或其他有价证券，在央行资产负债表中表现为资产项下“对政府债权”的增减及负债项下“储备货币（其他存款性公司存款）”或不计入储备货币的金融性公司存款的增减。

公开市场操作代表了货币政策实施的市场渠道，是中央银行通过在债券等公开市场的交易来改变央行的负债。市场渠道具有灵活、高效、便于实施的优势。发达国家货币操作的趋势是尽量简化央行资产负债表。通过资本市场实施货币政策操作将逐步取代现有的信贷渠道成为主流模式。

中国人民银行各种货币投放方式造成了其资产负债表无限扩大的可能性。对于普通的工商企业来说，其资产规模的增加受制于其资金来源规模的限制，其资产总量不可能无限扩大。即使对于商业银行来说，虽然其有货币创造的功能，在信用货币时代可以先有资产而后有负债，[①] 但也要受到资本充足率等监管指标的制约。中央银行却是例外，货币当局的资产总量有无限扩大的可能，其资产总量的扩大过程即是基础货币的投放过程。中国人民银行资产负债表无限扩大的可能性还体现在其杠杆率可以无限扩大。由于没有资本充足率等监管指标的制约，中央银行的资本比例超低，如中国人民银行 2015 年 1 月的自有资金只有 219.75 亿元，仅占总资产的 0.06%。[②]

（二）维护货币稳定的宏观审慎监管

基于货币稳定的宏观审慎监管在不影响资产负债表的规模，对中国人民银行的资产负债表进行结构调整，它是对货币政策的补充而非替代。货币政策是中央银行对自身资产负债表扩张和收缩，而基于货币稳定的宏观审慎监管手段更多的是对央行资产负债表结构的调整。例如，人民币发行的去美元化是一个纠偏机制，人民币作为一国主权货币，本应该与本国的债务或者资产价值相联系，所以说去美元化是本国资产取代美元资产的人民币价值的回归过程。这个调节手段具备宏观审慎监管特征，而非人民币发行制度，属于宏观审慎监管范畴。人民币发行的去美元化就是在不改变央行资产负债表规模的情况下，调整央行在资产上的分配，降低央行在国外资产上的配置，增加对政府债权或对其他存款性公司债权的持有，但不改变整个资产负债表的规模。这与美国量化宽松政策和欧洲的中长期再融资操作有着本质上的区别，后两者由于扩大了央行的资产负债表，属于货币政策的范畴。

---

① 孙国峰：《第一排：中国金融改革的近距离思考》，中国经济出版社 2012 年版，第 10 页。

② 中国人民银行网站，http://www.pbc.gov.cn/diaochatongjisi/resource/cms/2016/01/2016012017254976912.pdf.

由于过去10多年间央行对外汇市场的大规模干预，外汇资产占其总资产的90%以上，央行资产负债表因背负过多的外汇资产而受到拖累，一定程度上限制了基础货币投放的灵活性，这使得重组央行资产负债表成为必要。通过比较基础货币与外汇（美元）脱钩后，与商业银行重建再贷款货币制度，和通过公开市场操作购买中央政府债券之间的利弊，我们发现，这两条道路都面临现实约束条件。为此，我们提出了第三条道路，即通过宏观审慎监管实现对央行资产负债表的结构调整，从而保障货币稳定，防止因人民币国际化可能发生的系统性风险。

1. 重建货币投放机制

2014年中国人民银行创设了短期流动性调节工具、中期借贷便利和抵押补充贷款、常备贷款便利等再贷款工具，俗称“四大金刚”，向金融机构提供流动性。相对来说，再贷款有两方面的优势：一方面，再贷款不受证券抵押限制，投放相对灵活，且没有数量限制。另一方面，再贷款可实现定向、定价、定量投放，有利于实现特定领域定向支持。在20世纪90年代，央行再贷款曾经是基础货币投放的一个重要工具，后由于行政色彩浓厚、偿还率低，受到日益市场化的金融体系的批评而较少启用。考虑到央行的最后贷款人角色，再贷款应该或多或少作为一项应急机制。当银行从市场融资遇到困难时（如在发生危机的情况下），它们可以向央行求助，但在一般情况下应鼓励它们首先诉诸银行间市场。这也是中国利率市场化改革的重要组成部分。

2. 通过公开市场操作买卖债券

一国金融禀赋直接影响中央银行货币政策的操作方式、传导途径和效果。在以银行体系为主的金融体系中，主要依靠银行信贷的收放来传导货币政策目标，通过存款准备金率、再贷款和再贴现率、存贷款利率和利差、贷款规模额度控制等手段，影响商业银行的贷款行为，进而影响微观经济实体的融资规模，调控宏观经济运行。在金融市场比较发达的金融体系中，中央银行一般更侧重通过公开市场操作影响金融市场的资金价格和资产供求，进而影响金融机构、企业和个人的资产负债结构，通过微观经济主体的资金调控和预期调整，达到相应的货币政策目标。要充分发挥公开市场操作的主动性优点，客观上要求有发达的债券市场作为支撑。债券市场分为短期债券市场和中长期债券市场，短期债券市场是货币市场的重要组成元素，中长期债券市场是资本市场的主要品种。货币政策的公开市场操作主要是在短期债券市场进行，而短期债券市场与中长期债券市场在价格（利率）形成机制、筹资者和投资者群体等方面又是密不可分的，中央银行可以通过债券市场的公开操作，通过债券市场各参与者，将货币政策意图传导到实体经济。

1996年中国人民银行启动公开市场业务操作，公开市场操作的最大优点是央行掌握了主动性，能够随时根据金融市场的变化，进行经常性、连续性及试探性的操作，还可以进行逆向操作，灵活调节货币供给量。但是作为一个大国，如果没有一个与大国地位相称的、成熟的、可调控的本币债券市场，那么，其货币政策、本币的稳定以至于在世界上的经济地位及抗击世界金融风险的能力都是没有基础的。[①] 购买国内债券可能会被一些市场评论人士称为中国版“量化宽松”，但这确实不失为中国重组公共部门资产负债表、降低现有债务财政负担的明智选择。目前央行持有的本国政府债券规模仅为1.53万亿元，仅占其总资产的不到5%，这一比例对于现代中央银行来说太小（金融危机之前，美联储持有的85%资产是美国国债）。另外一个不足是中国国债市场品种匮乏。目前中国公开市场操作业务的抵押品只有国债、央行票据和政策性金融债三种。国债期限大多以3~5年债券为主，流动性不强。与其他国家相比（澳大利亚有31种，加拿大有20种，英国有17种）品种过于单一。目前美联储对合格抵押品的使用属于第三类情况，即明确规定公开市场操作的抵押品品种为国债、政府机构担保债券和抵押支持证券，但对于其他常规性操作工具（主要为贴现窗口）而言，美联储仅进一步扩大了合格抵押品资产池，但对其使用未有过多限制。[②]

3. 购买人民币挂钩的证券化资产

除了通过商业银行再贷款和通过公开市场买卖国债之外，人民币脱钩美元建立自身信用还有第三条道路，就是发展中国的资产证券化市场，中国人民银行直接购买证券化资产，以此为人民币的发行储备，掌握独立的货币主权。中国人民银行直接购买证券化资产，是一种基于货币稳定的宏观审慎监管手段，不会引起央行资产负债表扩张和收缩，对央行资产负债表的冲击最小。中国人民银行直接购买证券化资产，对应的基础资产尤其是各级政府的土地储备和基建权利等，体现在央行资产负债表上，是资产方“政府债权”的增加和负债方“政府存款”的增加。在这部分款项使用时，体现为负债方的调整：“政府存款”的减少和“储备货币（其他存款性金融公司存款）”增加。发行人民币证券化资产可以为我国公开市场操作增加新的交易品种。鉴于我国公开市场操作中合格抵押品的单

① 中央国债登记结算有限责任公司债券研究会：《债券市场前沿问题研究》，中国市场出版社2007年版，第6页。

② 次贷危机爆发前，美联储公开市场操作的主要抵押品品种为短期国债。危机爆发后，虽然美联储逐步将联邦基金利率维持在零附近，但仍不能解决市场流动性紧缺和房地产系统性风险爆发的问题，因此美联储继而将操作品种扩大至国债、政府机构担保债券和抵押支持证券。

一性，在交易所市场发行证券化资产，并允许央行通过吞吐该类证券调节基础货币，可以有效弥补国债市场容量有限的矛盾。目前中国人民银行所持资产中仅有4.5%为国债，而金融危机前美联储有85%以上是政府债券。

资产证券化对应基础资产的法律属性，对央行货币创造能力具有天然的约束力。资产证券化是一个利用资本市场进行外部直接融资的过程，其与传统证券化，也就是我们所熟悉的股票、债券的最大区别在于后者是以整个融资主体（企业或政府）的信用为基础进行融资，而前者仅是以企业持有部分资产为基础进行融资。可以进行资产证券化融资的基础资产需满足一定的法律和经济条件，资产池的构建也需要规模效应。也就是说，"证券化"的是"基础资产"。另外，"基础资产"又必须"证券化"，即具有标准化的证券形式且可流通，而非简单的凭借资产融资，能够有效防范"一女多嫁"和过度杠杆化。最后，由于资产证券化涉及主体多、结构复杂，基础资产存在资产剥离不清晰，产权主体不明确等法律风险，央行可采取"穿透原则"，直接关注到资产抵押证券对应的基础资产的质量，提前设计资产抵押证券对应基础资产价格评估的方法和对现金流的折扣要求，以保障基础货币对应的基础资产价值的真实性。

4. 基于货币稳定的长期结构调整工具

在应对资本流入过程中，我国一方面需要加强了对外汇的管理，防止投机性外汇资金流入，如设立短期外债指标、银行结售汇头寸管理、限制企业远期结汇、人民币购售业务额度管理等；另一方面，更需要重视通过央行资产负债表结构调整的方式，例如，实现人民币与美元脱钩、调整法定存款准备金率、加大央行票据发行力度等手段，冻结由于投机性外汇流入带来的人民币流动性，减少异常资金流入对中国宏观经济的整体性冲击。除了以上的调整工具外，宏观审慎监管的长期结构调整工具还可以包括：外汇平准基金制度、通过政策性银行的结构调整工具、通过商业银行的结构调整工具等。

外汇平准基金制度。外汇平准基金制度是当今许多国家用来干预外汇市场的储备基金，一般由黄金、外汇和本国货币构成，起源于1932年的英国。外汇平准基金制度基本内容是由政府拨给一定的本币和外币资金设立外汇平准基金账户，一般由财政部持有，存放于中央银行。通过外汇平准基金直接入市，并不影响中央银行的资产负债状况，商业银行在中央银行的资产也不发生变化。可见，外汇平准基金账户避免了中央银行发行货币来增加外汇储备的被动局面，因此，外汇平准基金模式可以有效切断外汇储备与基础货币供给之间的直接联动关系。体现在央行的资产负债表上，外汇平准基金的划拨只是央行资产项目的互换，表现为资产方"国外资产（外汇储备）"的减少和对资产方"对政府债权"的增加，不会引起资产负债表的收缩，因此也是一项理想的改变对外债权结构的宏观审慎监管工具。

政策性银行结构调整工具。我国央行可以外汇储备委托贷款债转股形式向国开行和进出口银行等政策性银行分别注资的方式，来优化央行资产负债表，通过政策性银行灵活运用外储。截至2013年底，国开行总股本3 100亿元，分别为财政部（50.2%）、汇金公司（47.6%）和社保基金理事会（2.2%）持有。进出口银行是直属国务院领导的、政府全资拥有的国家银行。在过去数年，外管局向政策银行提供了大量外汇储备委托贷款，如果将部分存量外汇储备委托贷款转为股权投资，将使中国人民银行成为相关政策银行的重要股东。由于外管局不具备贷前审查、贷后管理等商业银行的风控能力，依托专业化的委托业务银行可以更好地实现对外汇储备贷款的风险管理，而这是外汇储备使用的重要标准。为此，外管局还于2012年成立专门的外汇储备委托贷款办公室，负责创新外汇储备运用工作。外管局将之前发放给国开行和进出口银行等政策性银行的存量外汇储备委托贷款债转股，央行不需为此增发货币，只是转换了持有的资产形式，但此举将有深远的宏观审慎监管意义：

第一，注资与货币政策无直接关系。实施债转股注资时，我们可能会看到货币当局外汇资产下降，同时对政府债权增加。这只是资产形式的转换，并不扩大央行资产负债表。

第二，此举使政策银行可以继续扩大海外经营和投资，为“一带一路”战略的实施提供重要支持。债转股消除了相关政策银行的外汇还款压力，相应外汇资金可以在境外再投资。这也是为什么被转股的是外汇储备委托贷款而不是人民币贷款。

第三，补充资本、降低杠杆率也使得相关银行可以进一步增加境内贷款和投资。在经济下行压力下，政策银行的信贷和投资可以为经济增长提供重要支撑。

商业银行结构调整工具。中国将资本出入的管理纳入宏观审慎管理的框架，除了传统的加强监管、检查和限制等手段外，还应当重视开发通过商业银行资产负债管理实现应对资本流动的工具。例如，对金融机构提出外币资金储备要求等。

5. 加强对跨境衍生品的监管

通过衍生品市场规避管制的方法，往往具有隐蔽性特征（在该市场上投资者可以自行组建和合成金融工具），例如由两个看跌期权与两个看涨期权组成“盒子期权”就能够轻易组合成一个对东道国市场的投资，而监管当局则分别将这些期权作为普通金融产品对待，不会对其征收金融交易税或者资本利得税。巴西央行很早就发现了金融衍生品的监管套利特征，并将合成型固定收益衍生品交易纳入到与直接固定收益投资完全相同的监管框架中去。2011 年，巴西对所有衍生品交易征收 2% 的交易税。我国在设计宏观审慎监管工具时，可以参考巴西央行的做法。

（三）中国宏观审慎监管体制

全球金融危机后，国际社会纷纷建立了宏观审慎监管机构，专门负责金融系统性风险。美国依据《多德—弗兰克法案》，在财政部下设立了独立的金融稳定监督委员会，由 10 名投票委员和 5 名非投票委员组成。10 名投票委员分别是：财政部部长，任委员会主席；美联储主席；货币监理处主席；金融消费者保护局主席；美国证监会主席；存款保险机构主席；商品期货交易委员会主席；联邦住房金融局主席；国民信贷管理局主席；一位由总统任命的保险专家。无投票权但有建议职能的 5 人包括金融研究办公室主席；联邦保险办公室主席；来自州保险监管机构的代表；来自州银行监管机构的代表；来自州证券监管机构的代表。法律明确授予该委员会识别金融风险和当出现了威胁金融稳定的风险时做出应对的权力。金融稳定监督委员会可以：在国内金融服务的政策制定、规则制定、检查、报告要求、强制执行方面促进成员监管机构之间的监管协调；促进信息共享、收集与分析成员监管机构所存的数据信息，即使是来源于某单个机构；确定非银行金融公司的统一监管；确定系统性金融市场工具、系统性支付、清算或结算活动的强化监管；建议对大公司以及大部分关联企业执行更严格的标准；在决定分拆对金融稳定性有重大威胁的机构中起关键作用。2013 年 4 月 1 日，英国政府根据 2012 年公布的《金融服务法》设立一个新的独立的金融政策委员会，作为英格兰银行董事会下属委员会。除了监督通过识别并评估系统性风险以监督英国金融系统稳定外，金融政策委员会拥有两个主要权力：为金融行为局和审慎监管局所需要的宏观审慎措施提供指导；就英格兰银行对金融机构的财务援助，以及英格兰银行有关支付结算系统和票据交换所功能的实际操作提供建议。2010 年 11 月 16 日，欧盟有关创设欧洲系统性风险委员会的立法生效。[①] 欧洲系统性风险委员会负责欧盟金融系统的宏观审慎监管，用以防止或者减少危及欧盟金融稳定的系统性金融风险。为达到这一目的，欧洲系统性风险委员会有权：决定和（或）收集、分析所有相关以及必要信息；识别并区分系统性风险；对这些系统

① Regulation (EU) No. 1092/2010 of the European Parliament and of the Council of 24/11/2010 on European Union Macro-prudential Oversight of the Financial System and Establishing a European Systemic Risk Board; Council Regulation (EU) No. 1096/2010 of 17/11/2010 Conferring Specific Tasks upon the European Central Bank Concerning the Functioning of the European Systemic Risk Board.

性风险被认为十分严重时发出警告，为应对已识别风险提供补救措施的建议，当欧洲系统性风险委员会决定启动紧急措施时向欧洲理事会提出秘密警示；监督这些警告和建议的后续行为；与欧洲金融监管体系的其他机构密切合作，尤其是与欧洲有关金融监管机构的合作，制定一系列共同的定性指标和定量指标来识别衡量系统性风险。

在中国，究竟有何机构承担宏观审慎监管并无明确的法律规定，尽管《中国人民银行法》规定人民银行承担维护金融稳定的职责，但这并不意味着只有人民银行才可以行使宏观审慎监管职责。所以，中国人民银行与银监会都声称具有并且在事实上也在履行各自的宏观审慎监管职责。在对宏观审慎监管的认识上，各监管机构由于工作范围的局限及路径依赖等因素，还缺乏形成全局性共识。

中国人民银行在宏观审慎监管实践上，重点放在建立逆周期信贷调控机制和强化系统重要性金融机构的宏观审慎监管措施上。具体包括①：(1) 建立金融体系稳健性分析监测、评估制度和系统稳健性监测评估指标体系；(2) 把货币信贷和流动性管理的总量调节与构建宏观审慎政策框架结合起来，实施差别准备金动态调整；(3) 强化了系统重要性金融机构、市场和工具的监管制度；(4) 推出存款保险制度；(5) 加强中国人民银行和金融监管部门之间的统筹协调，加强金融稳定信息共享等；(6) 提高对资产证券化、衍生品交易等业务产品的资本要求；(7) 要求对开展代客远期售汇业务的金融机构（含财务公司）征收风险准备金。

银监会侧重在宏观审慎与微观审慎监管的结合，主要包括以下措施②：(1) 高度重视银行业系统性风险，监管工作重心向国有商业银行和农村信用社等具有系统性、全局性影响的机构倾斜；(2) 高度重视宏观经济状况、产业调整政策和房地产、股市等资产价格的变化；(3) 加强银行风险早期预警系统建设，加强与有关国际组织的联系及与财政部的协调，完善系统性风险的早期预警体系建设；(4) 开展压力测试。发布《商业银行压力测试指引》，针对一些过热行业和高风险领域的信贷风险进行压力测试；(5) 注重防范和有效隔离风险跨境和跨市场传递，主要针对房地产和证券两大市场；(6) 注重加强与宏观经济部门的合作与信息共享；(7) 建立动态管理信用风险拨备，将拨备覆盖率逐步从100%提高到130%再到150%，实现“以丰补歉”，提高风险抵御能力；(8) 建立动态资本补充机制，提高资本的质量；(9) 严格控制集中度风险；(10) 引入动态调整贷款价值比率；(11) 建立银行高管限薪制度，并与资本充足率挂钩。

---

① 周小川：《建立更加完善的金融宏观审慎政策框架——访中国人民银行行长周小川》，载于《中国金融》2011年第1期。

② 《中国银行业监督管理委员会2013年报》，http://www.cbrc.gov.cn。

除了中国人民银行和银监会外，我国外汇管理局作为外汇管理机构，对汇率风险的宏观审慎监管也起着举足轻重的作用。2013 年 5 月 5 日，国家外汇管理局发布汇发 20 号文，加强对外汇资金流入的管理。主要政策措施包括：一是加强银行结售汇综合头寸限额管理。除政策性银行外，其外汇贷存比（即境内外汇贷款余额/境内外汇存款余额）与银行结售汇综合头寸下限挂钩，贷存比高的银行需增持外汇头寸。二是加强对进出口企业货物贸易外汇收支的分类管理。对于资金流与货物流严重不匹配或流入量较大的企业，经甄别后纳入 B、C 类企业，并对其转口贸易项下外汇收支实施严格监管。三是督促银行严格执行外汇管理规定。要求银行加强业务指导，保持贸易融资合理增长。四是加大核查检查与处罚力度。后三项措施均为传统的外汇管理手段，而第一项措施则具有较强的宏观审慎管理色彩。[①] 首先，不直接干预银行业务，利用价格传导机制影响贷款成本，类似托宾税。银行可以选择减少外汇贷款、增加外汇存款、增持外汇头寸等方式满足政策要求。增持外汇头寸产生的成本，可通过调增利率转嫁给外汇贷款人。其次，作为临时性措施，具有逆周期调节效果。当外汇流入压力加大时下限自动上升，反之下降，不撞线的影响予以豁免。整个政策设计，与现行结售汇综合头寸正负区间管理并不冲突。最后，管理关口从结售汇环节前移到收付汇环节，有利于提高监管效率。

可以说，我国的宏观审慎监管建设尚处于制度引入和学习阶段。我国正在引入包括逆周期监管和系统重要性机构监管在内的国际公认的传统宏观审慎监管工具箱。目前基于控制银行信贷扩张的宏观审慎监管已经具备一些常用工具，虽然这些工具基本是从微观审慎监管工具转化而来，如按揭成数上限、资本要求、准备金要求和前瞻性拨备等。如同前面所述，基于货币稳定的宏观审慎监管工具也建立了一些常备工具。但是，应该看到金融危机并未给我国宏观审慎监管改革带来紧迫感。迄今为止，《中国人民银行法》和《银行业监督管理法》都未进入修改议程。

2013 年 8 月 15 日，国务院同意建立由央行牵头，银监会、证监会、保监会共同参加的金融监管部际联席会议制度。金融监管部际联席会议制度主要任务包括货币政策与金融监管政策之间的协调；金融监管政策、法律法规之间的协调；维护金融稳定和防范化解区域性系统性金融风险的协调；交叉性金融产品、跨市场金融创新的协调；金融信息共享和金融业综合统计体系的协调。值得一提的是，金融监管部际联席会议制度并不会改变现存的金融监管体系，也不会取代现

① 管涛：《尝试宏观审慎管理：汇发 20 号文解读》，http：//www. cf40. org. cn/plus/view. php？aid = 233。

有的监管部门。但是，金融监管部际联席会议制度的可持续性值得怀疑，因为它的建立更多是以行政命令为基础而不是以法律为基础。金融监管部际联席会议制度更像是一个国务院下属的联合论坛，因为它不是一个独立的机构。金融监管部际联席会议制度只能发布劝导性文件，譬如谅解备忘录和联合声明。它没有充分的权力去协调监管部门之间的监管从而解决系统性风险、填补监管套利的漏洞。在金融监管部际联席会议制度下的协调可能是高成本、低效率和无效的，尤其是当监管部门之间还存在着职责分配不清和界限模糊的问题时更是如此。

相比之下，银监会更加注重监管工具箱的建设。这与宏观审慎监管工具大多是微观审慎监管工具调整和改造有关。银监会更新了包括资本充足率、杠杆率、动态拨备、流动性比率四大审慎监管工具。外管局更为关注跨境资金流动监测。在监管工具上，应对冲击的临时性管理措施较多，列入法规的正式工具较少。从基于货币稳定的宏观审慎监管的实施案例来看，无论是监管指标体系、监管工具或尺度把握，都未有效纳入法律规范，临时性随意性较强。这似乎违背了国际货币基金组织的另一项建议——要求“经常不断地加强体制框架”——这意味着宏观审慎监管规则应该是各国的永久工具箱里的一部分，并以反周期的方式来使用。

究竟是否由中央银行承担宏观审慎监管职责，有不同的观点。货币政策、金融监管运行职能，是否由中央银行统一行使，还是由各个机构分别执行，目前没有形成一致的认识。国际清算银行全球金融体系委员会对全球的调查结果显示，44%的国家考虑或者正在设立一个金融稳定委员会之类的协调机构来推行宏观审慎监管。① 我们认为，我国当前的宏观审慎监管“条块化特征”就是因为央行多从金融稳定角度强调宏观审慎监管，而银监会则更强调对系统重要性银行的监管和监管工具的改造，如果没有一个以系统稳定为目标的主体，宏观审慎监管框架将继续停留在“各自为战”状态，因此，成立一个专门委员会是可以探讨的做法。为此，我们建议不妨打破主流宏观审慎监管理论将宏观审慎监管职责内嵌于央行内部甚至提出叠加于金融稳定局职能之中的传统套路，考虑设置一个国务院下属的一个专门委员会——宏观审慎监管委员会来专职协调宏观审慎监管。

建立宏观审慎监管委员会有法可依。《中国人民银行法》第九条规定：“国务院建立金融监督管理协调机制，具体办法由国务院规定”。可见，我国法规已经为宏观审慎监管单独机构设置预留了空间。该委员会的职责是制定宏观审慎政策，组织和协调宏观审慎监管日常工作，直接对国务院负责。金融监管当局及各

① FSB, IMF & BIS, *Macroprudential Policy Tools and Frameworks*, Update to G20 Finance Ministers and Central Bank Governors, 14 February 2011.

相关部门仍然在各自职责范围内执行宏观审慎监管政策。央行负责宏观审慎相关监测、数据收集和研究，并负责向宏观审慎政策委员会定期、临时提交宏观审慎监管报告和政策建议。金融监管当局及有关部门在各自职责范围内委员会提供涉及各行业与宏观审慎监管工作有关的必要信息。

宏观审慎监管委员会应得到法律充分授权，有权从“一行三会”、财政部及各部委下属部门（如央行下属的金融稳定局和外汇管理局及各分支机构）、商业机构（例如有系统重要性的金融机构）和各市场（包括债券市场、货币市场等重要的金融市场）收集和获取信息的权利，并享有就宏观审慎监管问题提出建议的权力和自主作出决策的权力。

欧美宏观审慎监管机构有着不同的功能。但是它们之间的共通之处是收集、分析数据信息，就系统性风险发出警告、指导和建议，以及协调监管机构和具有维护金融稳定的其他部门之间关系的功能。美国金融稳定监督委员会则走得更远：它有权决定分拆对金融稳定有重大威胁的机构。我们认为，我国宏观审慎监管委员会要基于规则实施监管或者依据事态的进展情况对政策干预的时机和频率进行相机抉择，取决于其是否能够获得充分的信息。由于宏观审慎监管的功能主要包括评估和分析系统性风险，提出宏观审慎政策建议并推进实施，为更高层面的金融稳定政策提供咨询，指出金融创新所引发的系统性风险及监管漏洞，这些职能的前提是获得信息的权利。宏观审慎监管委员会可以就相关宏观审慎监管问题向中央银行和有关机构提出建议权至少应包括但不限于：建议央行改变货币政策，以控制系统性风险；建议财政部改变财政政策，例如降低财政赤字比率（财政赤字与 GDP 的比率），以防范由于财政赤字货币化带来的货币危机；建议微观审慎监管当局采取行动，如增加对金融机构的资本金要求、增加保证金缴纳、降低整体杠杆率等；在发生重大金融系统性风险时，可以建议国务院临时启动国家金融安全紧急状态，采取非常规措施，例如临时资本管制、外币资产上缴等临时流动性控制手段，应对重大国家金融安全事件。

第四章

国际金融中心金融机构发展的法律保障

截至2014年底，在上海的银行、证券公司、保险公司等持牌金融机构有1 213家，其中证券公司22家，占全国123家的17.9%；基金公司45家，占全国95家的47.37%；期货公司28家，占全国151家的18.5%；法人保险机构50家，原保险保费收入累计986.75亿元，比上年增长20.13%；各类外资银行营业性机构212家，包括22家外资法人银行、70家各类外资银行分行，外资银行资产规模从2001年加入世贸组织时的1 962亿元人民币发展至2014年末的1.32万亿元人民币。2014年，全年上海货币市场成交额262.1万元，同比增长35.3%；银行间债券市场累计成交40.8万亿元，同比下降2.2%；上海证券交易所债券托管量2.29万亿元，股票市场总市值24.40万亿元；上海黄金交易所黄金成交量为1.85吨，比上年增长59.17%，成交金额为4.59万亿元，比上年增长42.81%；上海商品期货市场总成交金额为63.24万亿元，股指期货共成交2.17亿手，总成交金额为163.14万亿元；利率衍生品成交4万亿元，外汇衍生品成交4.7万亿元。[①]

根据国家发改委《“十二五”时期上海国际金融中心建设规划》，上海要努力建设成为我国重要的金融机构总部和功能性金融机构集聚地，大力吸引外资金融机构将区域性乃至全球性总部设在上海；要丰富金融市场产品和工具，到2015年，上海金融市场（不含外汇市场）交易额达到1 000万亿元左右，其中，债券托管余额进入全球前3位，黄金市场现货交易量保持全球第1位，金融衍生产品

① 《国际金融中心发展报告》编写组：《国际金融中心发展报告（2015年）》，中国金融出版社2015年版，第18~29页。

交易量进入全球前5位，保险市场原保费规模达1 400亿元左右，银行卡跨行交易额达25万亿元左右。从表4-1可以看出，在沪国内外金融机构数量增长缓慢，上海作为国内和国际重要金融机构总部的目标较难实现。尽管债券托管余额、黄金市场现货交易量、银行卡跨行交易额目标已完成，但金融衍生品交易量、保险市场原保费收入等与完成的目标差距较大。金融机构发展和金融产品交易量等存在的问题，在很大程度上受到了相关法律、法规和监管制度的制约。显然，不改变我国监管机构长期形成的对机构准入和产品准入严格监管的思维定式和行为惯性以及作为其反映的立法和监管规则，上海将仍然缺乏作为有全球影响力的国际金融中心所必备的金融机构总部数量和产品交易数量。

表4-1　　上海金融机构和金融产品交易数量

机构和产品	2010年	2011年	2012年	2013年	2014年
证券公司数（家）	16	17	20	20	22
基金公司数（家）				44	45
期货公司数（家）				28	28
保险公司数（家）		120	128	131	138
外资法人银行/分行（家）	21/64	21/64	22/64	22/75	22/70
原保险保费收入（亿元）		753.11	820.64	821.43	986.75
货币市场交易（亿元）	115.5	132.9	188.4	193.7	262.1
股票市值（万亿元）	17.9	14.84	15.87	15.12	24.40
黄金交易量（万吨）	0.61	0.74	6.35	1.12	1.85

资料来源：《国际金融中心发展报告》编写组：《国际金融中心发展报告（2015年）》，中国金融出版社2015年版，第18～24页和作者根据上海统计年鉴整理。

本章中，我们首先对上海金融机构发展的法治环境作实证研究。该项研究是依据我们和上海金融办对上海金融机构和金融从业人员的问卷调查，分析上海金融机构发展的立法环境、司法环境、执法环境和法律服务环境。随后的三节我们将讨论我国金融机构准入和产品准入、金融控股公司准入、系统重要性金融机构的认定和监管的法律环境及其存在的问题。

一、上海金融机构经营法治环境的实证研究

为了解上海金融机构对其自身经营发展所面临的法治环境的总体评价，我们

与上海市金融服务办公室共同成立了“上海金融机构经营法治环境调查研究”小组，于2012年5~6月在上海市进行了专项的金融机构经营法治环境调查。调查的重点包括上海金融机构经营的立法环境、司法环境、执法环境和法律服务环境。

调查问卷分为金融机构卷（以下简称机构卷）和金融机构从业人员个人卷（以下简称个人卷）两个类型：机构卷以上海地区金融机构为调查对象，由参加调查的金融机构根据该机构实际情况和金融机构对制度建设与执行情况的判断回答问题。机构卷由98个题目组成，其中客观题76个，题型均为选择题，包括单项选择和多项选择；主观题23个，题型为简答题；个人卷以上海地区金融机构从业人员为调查对象，由参加调查的人员根据自身的实际情况和其对制度建设与执行情况的判断回答问题。个人卷由30个题目组成，其中客观题25个，题型均为选择题，包括单项选择和多项选择；主观题23个，题型为简答题。

我们向上海市42家金融机构、小额贷款公司和400金融从业人员发放了调查问卷，共回收有效问卷388份，其中机构问卷42份、个人问卷356份。我们在对调查问卷进行整理后，将有效数据输入专门制作的问卷统计软件中，进行数据处理并得出统计结果。

（一）上海金融机构经营立法环境

法律法规的稳定性、一致性和全面性决定了金融机构经营立法环境的优良，本调查对上海金融机构经营的法律法规的稳定性、一致性和全面性进行了问卷调查。

1. 法律法规的稳定性

参加调查的金融机构中95%认为其经营环境中的法律法规不会经常变动，只有5%的金融机构认为法律是经常变化的。因为法律法规变动给金融机构经营带来的不便程度指数为3.7,[①] 属较低水平。当法律变动时，67%的金融机构会随着法律法规的变动及时调整，其余33%的机构表示还会按习惯性方式来处理事情。

2. 法律法规的一致性

参加调查的金融机构中32%表示遇到过金融法律法规冲突的情况，这种状况带给机构的不利影响情况如图4-1所示：

① 以下所有程度指数，从0~10表示由程度最低到程度最高。

	效率低	成本高	风险加大	部分问题无法解决	其他
法律缺失影响	61.0	7.7	23.1	7.7	0.5

图 4－1　法律法规冲突的影响

图 4－1 显示，金融机构经营的法律法规冲突导致的主要后果是阻碍了金融机构经营的效率，同时也加大了金融机构的经营风险，一定程度上也导致了金融机构经营成本的增加和有关事项无法依法解决。

在经营过程中发生法律法规冲突时，金融机构选择的首要解决方法如图 4－2 所示：

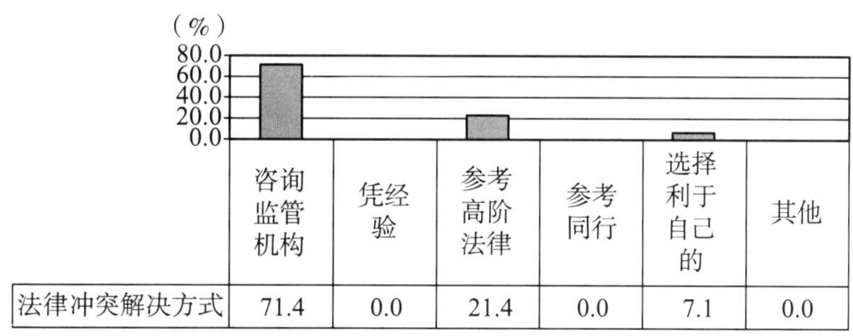

	咨询监管机构	凭经验	参考高阶法律	参考同行	选择利于自己的	其他
法律冲突解决方式	71.4	0.0	21.4	0.0	7.1	0.0

图 4－2　法律冲突解决方式

图 4－2 显示，金融机构在经营过程中如果遇到法律规范相互冲突的情况，咨询监管机构是他们首要选择解决方法，参考高位阶的法律法规也是常用的解决办法，还有 7.1% 的机构选择按照对自己经营有利的法律法规处理。

3. 法律法规的全面性

尽管目前有关上海市金融机构经营的法律法规已经比较全面，但是由于金融创新产品市场的不断壮大和金融机构经营的业务环境日益复杂，相关的法律法规仍然需要进一步的制定和完善。参加调查的金融机构从业人员认为亟须制定和完善的法律法规情况如图 4－3 所示：

目前，上海金融机构对立法环境的满意程度指数为 7.3。虽然上海金融机构立法环境存在着部分法律法规的冲突或缺失，给金融机构经营带来不利影响，但是我们看到上海的立法环境正在不断改进。

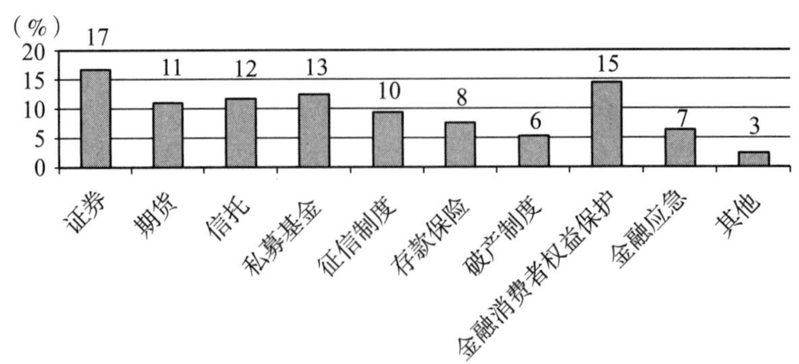

图 4-3　亟须制定和完善的法律法规

(二) 上海金融机构经营执法环境

金融机构在机构准入和创新业务准入方面都要受到监管机构的监管，这两方面的金融监管是本次调查的重点。

1. 金融机构设立和创新业务的审批

对于以行政审批手段限制金融机构的设立和营业网点的增加，67%的金融机构表示支持，33%的金融机构表示反对。这个结果很可能是受访者均为市场准入者，如果受访者包括意欲进入金融市场者，反对准入限制的人会更多。有价值的结果是我们对机构准入审批存在的问题的调查，这些问题主要为准入门槛高、审批程序复杂、周期长等方面。如图 4-4 所示：

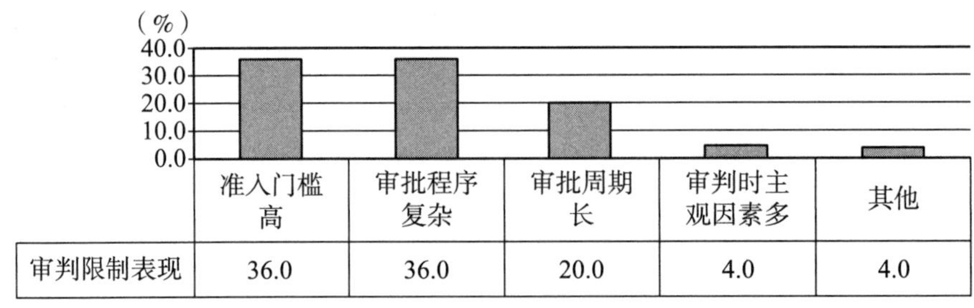

	准入门槛高	审批程序复杂	审批周期长	审判时主观因素多	其他
审判限制表现	36.0	36.0	20.0	4.0	4.0

图 4-4　机构准入审批存在的问题

图 4-4 显示，行政审批程序复杂、审批周期长一直是我国行政管理的一大特点也是较难解决的问题。行政过多地管制不仅损害金融机构个体的利益还有损整个地区社会的资源配置效率，导致资源浪费。

调查结果显示，98%的金融机构支持金融创新业务，只有2%的金融机构出于金融安全的考虑反对金融创新业务。与此相对照，金融机构认为监管机构对业务创新进行予以限制的程度为6.8，表明限制程度较大。监管机构对于业务创新的限制主要表现在：对金融机构开办新型业务品种的门槛稍高；审批程序复杂、限制条件较多；审批环节较多、时间较长、创新产品推出速度较慢。金融机构普遍认为在金融机构业务创新审批方面监管太多，管制较严，金融机构自主权较少。

2. 金融机构经营面临的监管环境

问卷针对监管机构制定的监管规定是否存在不透明的情况以及不透明的程度如何，是否存在监管重复、监管冲突、监管空白的情形，金融机构对目前的分业监管模式的态度进行了调查。尽管参与调查的金融机构只有5%认为目前监管机构制定的监管规定不透明，但是不透明的程度达到了4.3，处于中等水平。参与调查的金融机构中有26%认为监管机构存在监管重复现象，17%的金融机构指出监管重复导致了监管冲突，只有5%的金融机构认为目前对金融机构的监管还存在一定的空白。

在分业监管的问题上，金融机构的态度有很大的不同。其中，82%的金融机构支持分业监管，18%的金融机构持反对态度。支持分业监管的主要理由是：目前金融行业混业经营尚不十分发达；分业监管有利于监管机构了解和掌握本行业的特点与需求制定有针对性的监管措施，保障监管的专业性；对分析识别行业风险更专业、有效率。而反对者认为，监管主体之间缺乏有效的沟通渠道，信息共享程度低；行政审批时，往往会涉及到多个部门，程序烦琐，需各部门多次协商解决问题；在银行与证券、基金公司合作时，会出现监管要求的不同，无法协同合作的情形存在，若由同一监管机构监管，则监管要求就会趋同则不会出现上述情况；混业经营是全球发展趋势、分业监管遏制创新。还有金融机构提出，在未成立混业经营监管部门，未出台混业经营政策法规前必须按分业监管模式做。但是，这一工作必须往前探索、试点，可以进一步完善各监管机关之间的协调机制。

（三）上海金融机构经营司法环境

金融中心作为金融活动最集中的地区，金融纠纷也相应聚集，合理有效的纠纷解决机制，金融审判的专业性、独立性、公正性，金融纠纷解决的效率，金融纠纷解决的成本，既是金融机构健康发展的重要因素，也是建设国际金融中心的重要条件。因此，关于金融机构经营司法环境状况的调查就以上述几个方面为重点进行。

1. 金融纠纷解决机制

参与调查的金融机构在遇到纠纷时选择解决问题首选方式依次为诉讼、调解和仲裁，如图 4 – 5 所示。

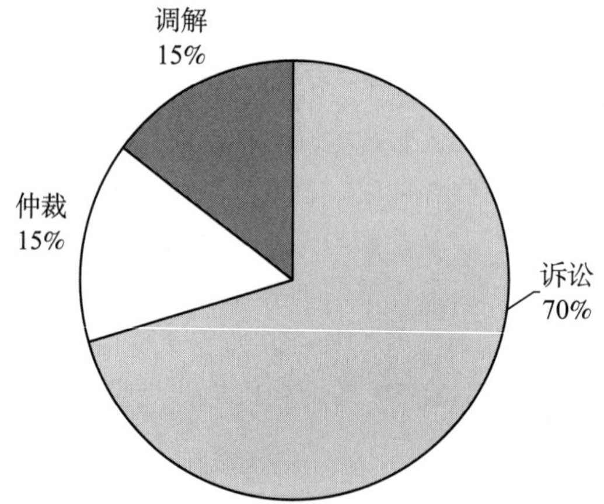

图 4 – 5　解决金融纠纷首选方式

参与调查的金融机构中 70% 首选的解决方式是诉讼，个中原因包括熟悉诉讼渠道（占 67%）和强制执行方便（33%）。还有 15% 参与调查的金融机构首选的解决方式为调解，其中认为调解灵活占 90%，成本最低占 10%。另外 14% 的金融机构首选仲裁作为解决金融纠纷的方式，其中 92% 认为仲裁采用一裁终局简便快捷，8% 的受访者认为仲裁能够得到强制执行。

2. 金融纠纷解决机制成本分析

调查结果显示，通过诉讼途径解决纠纷的成本约占实际获得赔偿或挽回损失的 30%；通过调解途径解决纠纷的成本约占实际获得赔偿或挽回损失的 26%；通过仲裁途径解决纠纷的成本约占实际获得赔偿或挽回损失的 22%。同时，参与调查的金融机构认为权利救济或者纠纷解决的成本程度指数为 5.3，显示成本偏高，造成这种结果的原因如图 4 – 6 所示：

图 4 – 6 显示，通过法律途径解决纠纷时律师的法律服务费用构成成本很大的一部分。

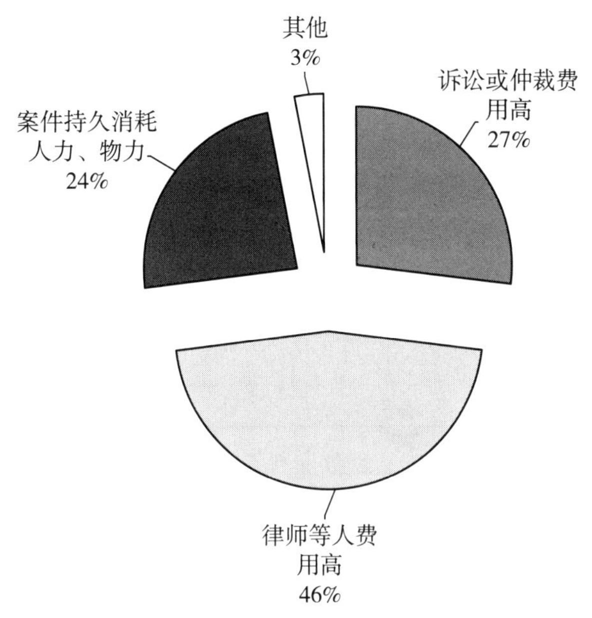

图 4 -6　成本高的原因

3. 金融审判的专业性、独立性和公正性

调查结果显示，参与调查的金融机构中 71% 认为目前上海法院在金融审判中具备足够的专业性，29% 认为上海法院在金融审判中的专业性不足，需要通过以下途径予以加强，如图 4 -7 所示：

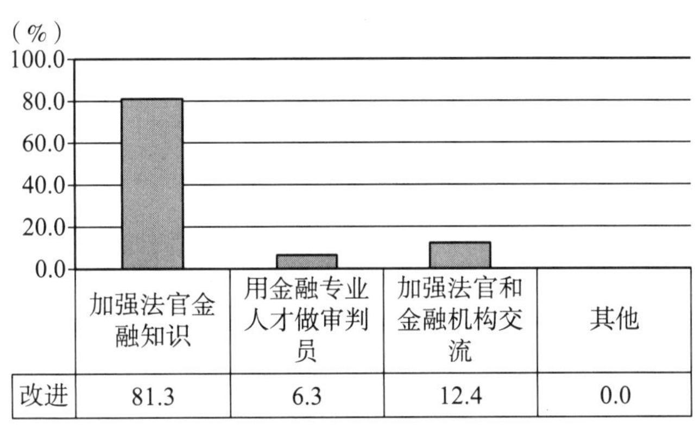

	加强法官金融知识	用金融专业人才做审判员	加强法官和金融机构交流	其他
改进	81.3	6.3	12.4	0.0

图 4 -7　加强审判专业性的途径

参与调查的金融机构 80% 认为目前上海法院在进行金融案件审判时具有独立性，同时，上海法院在审判金融案件时的独立程度指数为 7.5。影响金融审判独立性的主要原因有两点：一是法院传统审判机制（向上级请示），占比为

55%；二是审判受到地方或部门保护主义的干扰，占比为45%。

参与调查的金融机构认为金融审判的公正程度指数为8.1，出现不公正的原因由主到次依次为地方保护主义、司法腐败和法官个人处理案件素质，如图4-8所示：

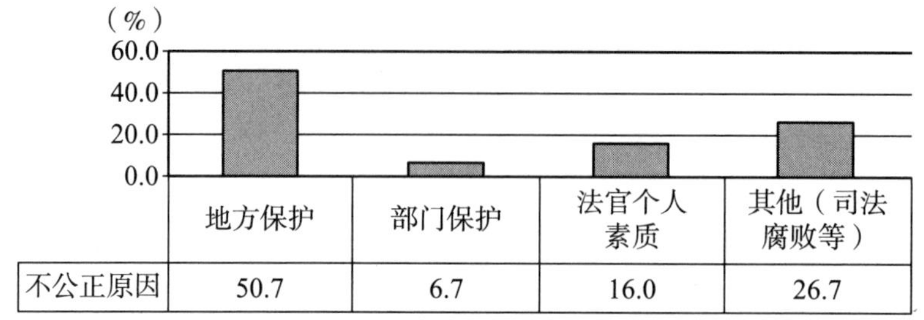

图4-8　金融审判不公正的原因

另外，由于金融纠纷法律关系的复杂性，在金融案件审判过程中屡屡出现的同案不同判的现象。在参与调查的金融机构中只有33%的机构认为不同地区法院对同质案件的审判标准是相同的，而高达67%的机构认为法院的审判标准并不相同。关于造成同案不同判的原因，72%的参与调查的金融机构认为在于地方保护主义，不同法院审判水平不同和其他原因，各占14%的比例。如图4-9是参与调查的金融机构提出的解决同案不同判问题的途径。

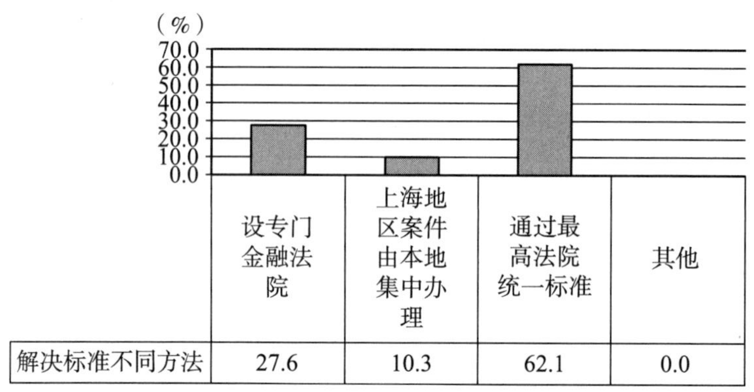

图4-9　解决同案不同判问题的途径

4. 金融纠纷的执行

通过诉讼或仲裁结案的金融案件执行程度指数为7.2。造成“执行难”的原因如图4-10所示：

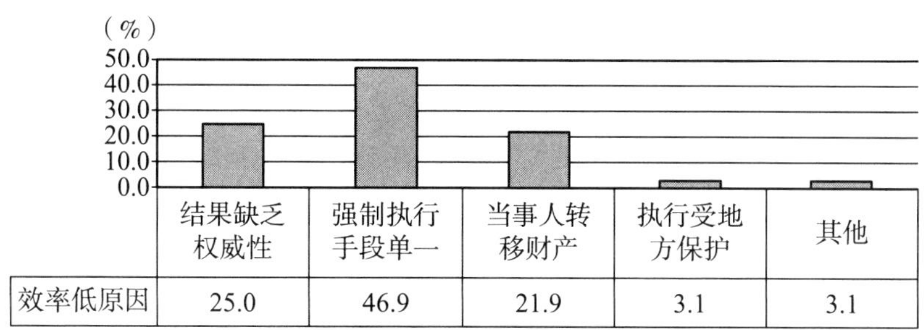

图 4 - 10　执行难的原因

（四）上海金融法律服务状况

调查结果显示：目前 79% 的金融机构对上海律师事务所提供金融法律服务感到满意，总体的满意度指数度为 7.8。法律服务不足之处如图 4 - 11 所示：

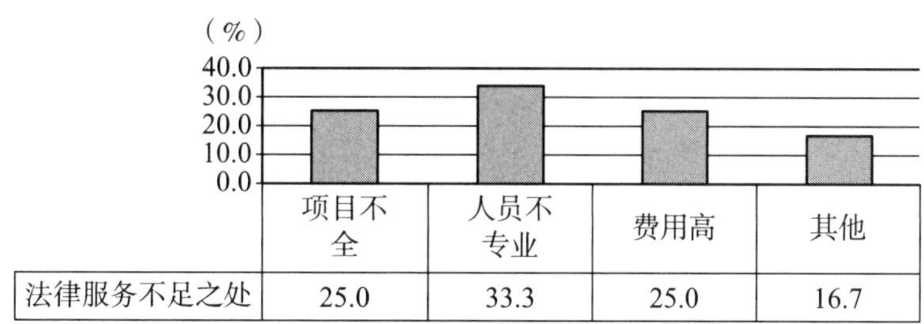

图 4 - 11　法律服务不足之处

金融行业具有一定的特殊性，该行业法律法规细节繁多，项目繁多，很多方面涉及经济学和金融市场方面知识。因此，金融行业更需要具有经济和金融学科背景的复合型法律工作人员。整体上看上海金融行业法律服务不足之处在于缺乏金融法律方向人才。截至 2010 年，全市执业律师中，具有金融学历背景的只有 778 人，占全部律师的 5.8%；在金融律师服务上具有专长的律师事务所和律师分别有 68 家和 1 144 名，分别占比 6% 和 8.5%。因此，加强金融专业法律服务律师的培养和培训，提高金融法律服务的质量是改善上海金融法律服务状况的重要手段。

除此以外，81% 的金融机构认为应该设立专门的部门为金融机构经营提供较为完备的金融法律法规、监管信息汇编和法律咨询服务。40% 的金融机构认为应由金融机构内部的职能部门承担上述职能，30% 的金融机构认为应由政府职能部门承担，还有 30% 的金融机构认为应由行业自律组织承担。

二、金融业的机构准入和业务准入

国际金融中心的发展历史和金融实证研究已经证明了金融机构和金融业务的发展与法治保障存在着相互作用的关系。优良的法治环境可以吸引和培育具有国际竞争力和行业影响力的金融机构，并不断增强金融机构创新金融产品和服务的能力。如何促进金融机构尤其是外资金融机构进入国际金融中心并健康发展，在很大程度取决于一国的金融机构准入和业务准入的法律规定。正如在第一章我们阐述的那样，放松监管金融机构准入和业务准入的法律规定一直伴随着国际金融中心的发展。尽管美国1933年《格拉斯—斯蒂格尔法》禁止混业经营，但监管机构不断放松金融机构业务管制，致使1999年废除分业经营前，金融业已经高度混业。20世纪80年代，美国监管机构允许在纽约的本国银行和外国银行设立的不受准备金要求和利息支付约束的“国际银行设施”加快了美国金融机构国际业务的发展。新加坡政府秉承一向的开放政策，通过税收优惠等政策，放松了外国金融机构的准入。伦敦和东京分别在80～90年代发生的“金融大爆炸”就是金融机构设立和金融业务开办的自由化。正如本章第一节的调研所显示，上海在有关金融机构准入的审批、创新业务的审批以及金融控股公司的设立存在的问题在一定程度上制约了上海国际金融机构的集聚和业务发展。

金融机构及其业务准入监管的出发点是在金融机构及其业务准入和金融机构稳健运行之间达成一种平衡。尽管金融机构及其业务准入监管并不能保证金融机构在准入后一定能稳健运行，但严格的金融机构及其业务准入能够减少不稳健的机构和人员进入金融业，同时可以增加金融机构特许令的价值，促使金融机构管理人员更加谨慎管理金融机构，以保住来之不易的机构特许令。但是，一方面，出于金融机构稳健运行的目的而采取严格的金融机构及其业务准入监管有可能设置不必要的准入壁垒，遏制金融业的竞争。另一方面，降低准入门槛可以增强金融业的竞争，但过多的金融机构有可能降低金融机构特许令的价值，使金融机构认为金融机构特许令不再物以稀为贵，从而会采取过度的风险活动，给金融业带来更多的不稳定因素。各国金融立法总是尽可能在金融机构与业务准入监管和金融机构稳健运行之间达成一种平衡，从而既能不降低金融机构特许令的价值，使金融机构管理人员为保持特许令而稳健运行，同时又能使更多合格的人员和机构进入金融业，促进金融业的竞争。

（一）金融机构准入

在当今各国，任何人申请设立金融机构都要符合法律或监管机构规定的准入条件。[①] 无论何种金融机构，其准入条件可以划分成客观性条件和裁量性条件，几乎所有国家关于金融机构准入的条件都包括这两类条件。巴塞尔委员会《银行有效监管核心原则》（以下简称《核心原则》）规定了银行准入条件至少要包括银行及其所在集团的所有权和治理结构（包括董事和高级管理层的任职条件）、战略和运行计划、内部控制、风险管理和财务状况（包括资本金）四个方面的内容。[②] 国际证券监管委员会组织《证券监管目标和原则》提出市场中介机构（包括证券公司）的准入标准包括最低的初始资本、申请人的恰当的知识、资源、技能和职业道德水平（即所谓的“适格性”）。[③] 国际保险监管机构协会《保险核心原则评估方法》提出了保险公司准入标准包括成员（董事会成员、高级管理人员、审计师和精算师、重要股东）的适格性、资本、内部控制和风险管理制度、经营计划。[④]

1. 客观性条件

客观性条件是指法律规定的有关准入的刚性条件。通常而言，最低初始资本金是许多国家规定的金融机构准入条件之一，也是巴塞尔委员会、国际证券监管委员会组织和国际保险监管机构协会在评估一国是否遵守各自发布的有关监管核心原则的必要标准之一。就银行设立而言，各国对银行初始资本金的规定有高有低，如 2006 年 6 月 14 日修订的《欧盟信贷机构设立及其业务经营指令》规定设立信贷机构至少要有 500 万欧元的初始资本金。[⑤] 据此，欧洲很多国家设立银行的最低初始资本金为 500 万欧元，如瑞典、德国、英国、法国、挪威等。一些亚洲国家则规定了较高的初始资本金，如日本为 20 亿日元，韩国为 1 000 亿韩元，我国香港地区为 1.5 亿港币，我国全国性商业银行为 10 亿元人民币，城市商业银行为 1 亿元人民币，农村商业银行为 5 000 万元人民币。美国法律对国民银行的初始资本金没有明确的规定，只是要求申请人必须具有充足的初始资本支持其

① 本小节部分内容来自周仲飞：《银行法研究》，上海财经大学出版社 2010 年版，第三章第一节。

② 巴塞尔委员会：《核心原则》（2012 年 9 月），原则三。

③ 国际证券监管委员会组织：《证券监管目标和原则》（2003 年 5 月），第 12.3 节。

④ 国际保险监管机构协会：《保险核心原则评估方法》（2003 年 10 月），第 6.2（b）节。

⑤ 《欧盟信贷机构设立及其业务经营指令》第 9（1）条。

计划的业务规模和类型。[①] 与其一贯主张的风险监管理念相适应，美国货币监理署未对申请设立国民银行的最低初始资本作出刚性规定，而是依据国民银行的风险状况评价银行的资本充足性。[②] 对于州银行，各州的法律通常也没有统一的初始资本金的规定。即使在同一州，处于不同地区的银行，初始资本金也不尽相同，例如在亚拉巴马州，如果所设银行处于较小的市场，银行的初始资本金最低为400 万美元；如果处于较大市场（如在伯明翰地区），初始资本金至少为1 000 万美元。[③]

根据《中华人民共和国证券法》的规定，设立证券公司必须经国务院证券监督管理机构审查批准。《中华人民共和国证券法》第 125 条和第 127 条规定，证券公司经营证券经纪、证券投资咨询以及与证券交易、证券投资活动有关的财务顾问业务的，注册资本最低限额为人民币 5 000 万元；经营证券承销与保荐、证券自营、证券资产管理或其他证券业务中的业务之一的，注册资本最低限额为人民币 1 亿元；经营证券承销与保荐、证券自营、证券资产管理或其他证券业务中的 2 项以上的，注册资本最低限额为人民币 5 亿元。证券公司的注册资本应当是实缴资本。关于设立保险公司注册资本最低限额，《中华人民共和国保险法》第 69 条规定："设立保险公司，其注册资本的最低限额为人民币 2 亿元。保险公司的注册资本必须为实缴货币资本。"

除了资本金要求外，其他客观性条件包括制定银行章程，有发起人、董事、高级管理人员，有营业场所和注册地等。如美国货币监理署根据《国民银行法》，规定申请设立国民银行除了资本金实收到位外，还必须向货币监理署提交章程和设立协议，至少有 5 位董事，必须向货币监理署提交社区再投资计划。[④]《欧盟信贷机构设立及其业务经营指令》规定设立信贷机构除了符合最低初始资本金要求外，还必须符合下列条件：（1）至少有 2 人管理信贷机构业务；[⑤]（2）具有法人身份且根据国内法有注册地的信贷机构必须将其总行和注册地设立在同一成员国，其他信贷机构的总行必须设立在签发授权的成员国和它实际开展业务的成员国；[⑥]（3）向监管当局提交有关持有信贷机构适格股权的股东和管理人员的身份

---

① 《国民银行法》第五十一条曾规定设立在人口小于 6 000 人的地区的银行，资本金至少不低于 5 万美金，设立在人口超过 5 万人的城市的银行，资本金至少不低于 20 万美金。该条规定于 2000 年被废除。

② See OCC, *Comptroller's Licensing Manual*: *Charters*, 2007, pp. 18 - 19. 货币监理署希望新设银行在设立后三年内资本能够保持在十分充足（well capitalized）的水平或者之上。资本十分充足是指资本杠杆比例不低于 5%，总资本充足率不低于 10%，核心资本充足率不低于 6%，三者必须同时满足。

③ State Banking Department of State of Alabama, *General Information*: *Alabama State-chartered Bank Formation.*

④ See 12 C. F. R. §5. 20（e）.

⑤ 《欧盟信贷机构设立及其业务经营指令》第 11（1）条。

⑥ 《欧盟信贷机构设立及其业务经营指令》第 11（2）条。

资料、[1] 运行计划和组织结构图以备审核。[2]

我国《商业银行法》第 12 条规定，设立商业银行应当具备的条件，包括有符合规定的章程、有适格的董事和高级管理人员、有健全的组织机构和管理制度、有符合要求的营业场所、安全防范措施和与业务有关的其他设施。银监会《中资商业银行行政许可事项实施办法》还要求设立中资商业银行必须具备符合条件的发起人，例如境内金融机构作为发起人，其须满足的刚性条件为最近 3 个会计年度连续盈利，最近 2 年无严重违法违规行为和因内部管理问题导致的重大案件；境外金融机构作为发起人，其需满足的刚性条件包括最近 1 年年末总资产原则上不少于 100 亿美元，银监会认可的国际评级机构最近 2 年对其长期信用评级为良好，最近 2 个会计年度连续盈利，商业银行资本充足率应当达到其注册地银行业资本充足率平均水平且不低于 10.5%，非银行金融机构资本总额不低于加权风险资产总额的 10%；境内非金融机构作为发起人，须满足的刚性条件包括具有法人资格，最近 3 个会计年度连续盈利，年终分配后，净资产达到全部资产的 30%（合并会计报表口径），权益性投资余额原则上不超过本企业净资产的 50%（合并会计报表口径）。[3]

对于证券公司和保险公司的设立，我国法律也规定了与银行设立类似的客观性条件，如《证券法》第 124 条规定，设立证券公司必须有公司章程，主要股东最近 3 年无重大违法违规记录，净资产不低于人民币 2 亿元，董事、监事、高级管理人员具备任职资格，从业人员具有证券从业资格，有合格的经营场所和业务设施。《保险法》第 68 条规定了设立保险公司的客观性条件包括主要股东最近 3 年内无重大违法违规记录，净资产不低于人民币 2 亿元，有公司章程，有符合要求的营业场所和与经营业务有关的其他设施。

2. 裁量性条件

裁量性条件就是指那些需要经过审批机构依据其自由裁量权，确定申请人是否符合申请标准的主观性条件。符合了设立申请的客观性条件，并不意味着金融机构设立可以获得批准，比如说申请人有了章程、有了董事、高级管理人员、有了业务计划等，并不自然就获得金融机构执照，审批机关还要对章程是否符合规定、董事和高级管理人员是否适格、业务计划是否可行做出判断。只有审批机构

---

① 《欧盟信贷机构设立及其业务经营指令》第 12 条。适格股权（qualifying holding）是指直接或间接持有信贷机构 10% 或以上的资本，或拥有 10% 或以上的表决权，或任何对该信贷机构的管理有重大影响的持股。《欧盟信贷机构设立及其业务经营指令》第 4（11）条。

② 《欧盟信贷机构设立及其业务经营指令》第 7 条。

③ 《中资商业银行行政许可事项实施办法》第 9、10、12 条。

经过主观性评价，认为这些客观性条件符合了要求，才能同意设立申请。通常而言，这些裁量性条件包括安全、透明的金融机构组织结构、适格的股东、董事和高级管理人员以及可行的业务计划。

美国货币监理署在审核银行设立申请时，考虑拟设银行是否具有熟悉银行法律的组建人，是否有称职的管理层和董事，是否有足够支持其业务的充足资本（美国立法关于初始资本的规定更多是一种裁量性的条件），是否可能获得盈利，是否能安全稳健地运行。除此之外，货币监理署还会考虑其他因素，如拟设银行是否对存款保险基金产生风险，银行权力是否和存款保险公司法和国民银行法的宗旨相一致；[①] 拟设银行提出的社区再投资计划是否可行。[②] 瑞典《银行业务法》第 9 章第 3 节规定，如果符合下列条件，申请人的章程可以获得批准并获得银行执照：（1）业务计划被认为符合银行稳健运行的要求；（2）股东将不会妨碍银行业务的正常开展，但在其他方面对银行管理层能够产生重大影响；（3）董事有足够的远见和经验管理银行。我国《商业银行法》第 12 条有关设立条件中的董事、高级管理人员具备任职专业知识和工作经验、组织机构和管理制度健全、营业场所和安全措施符合要求都是属于裁量性条件，取决于审批机关的主观判断。我国《银行法》还进一步规定，设立银行要符合其他审慎性条件，[③] 这些审慎性条件主要涉及裁量性条件。例如，《中资商业银行行政许可事项实施办法》第七条规定的设立中资商业银行应该符合的审慎性条件多为裁量性条件，包括具有良好的公司治理结构、具有健全的风险管理体系、具有科学有效的人力资源管理制度、具备有效的资本约束机制、有助于化解现有金融机构风险。

证券公司和保险公司的设立同样也必须具备这些裁量性条件。如我国《证券法》第 124 条要求主要股东具有持续盈利能力，信誉良好，有完善的风险管理与内部控制制度。《保险法》第 68 条规定主要股东具有持续盈利能力，信誉良好，有具备任职专业知识和业务工作经验的董事、监事和高级管理人员，有健全的组织机构和管理制度等。

上海国际金融中心尚无形成国际国内金融机构聚集效应，一个重要原因在于我国有关金融机构设立的制度供给存在着问题。监管机构传统的监管思维定式就是严格限制金融机构的准入，而这种严格准入的思维定式反映在具体的监管实践就是通过适用金融机构准入的裁量性条件限制金融机构准入。对于申请人而言，满足金融机构设立的客观性条件，包括符合像我国如此高的初始资本金要求，并

---

① See12 C. F. R. § 5. 20 (f) (2).

② 货币监理署可以依据拟设银行提出的社区再投资计划拒绝或有条件批准银行的设立申请。See12 C. F. R. § 25. 29 (b).

③《商业银行法》第 12 条第 2 款。

非难事，难以满足的或者说是否满足存在变数的是那些裁量性条件，因为是否满足裁量性条件基本取决于审批机关的自由裁量。① 我们建议，应该改变我国金融立法传统的限制金融机构准入的指导思想，放宽金融机构准入，这就要求在立法上对监管机构的审批裁量权作出一定的限制。

当然，对审批裁量权作出一定的限制，并不是剥夺监管机构的裁量权。任何国家对金融机构准入的审批，监管机构都有一定的裁量权，因而在我国金融立法有关金融机构准入的裁量性条件仍有存在的必要性。但问题是我国金融立法有关金融机构准入条件中都有一个兜底条款，即“应当符合其他审慎性条件”或者监管机构“规定的其他条件”。这就赋予了监管机构过大的审批自由裁量权。在银行审批中，监管机关的审批自由裁量权还体现在对准入的审慎性条件的不正确解释和随意解释。审慎性条件已经被银行立法者视为一个大口袋，所有的监管要求都可以装到这个大口袋。虽然目前对审慎性条件并无统一认可的界定，但是它的目的是维护金融系统稳定、保护存款人的利益。以此目的，审慎性条件一般包括资本充足率、风险集中度、流动性、呆账准备金等，像《中资商业银行行政许可事项实施办法》把“具有科学有效的人力资源管理制度”等作为审慎性条件实为牵强。又如 2006 年 11 月银监会颁布的《外资银行管理条例实施细则》第三条对《外资银行管理条例》关于外资银行准入应当符合的其他审慎性条件和其他情形下的审慎性条件作了统一的解释，包括：（1）具有良好的行业声誉和社会形象；（2）具有良好的持续经营业绩，资产质量良好；（3）管理层具有良好的专业素质和管理能力；（4）具有健全的风险管理体系，能够有效控制关联交易风险；（5）具有健全的内部控制制度和有效的管理信息系统；（6）按照审慎会计原则编制财务会计报告，且会计师事务所对申请前 3 年的财务会计报告持无保留意见；（7）无重大违法违规记录；（8）具备有效的资本约束与资本补充机制；（9）具有健全的公司治理结构。且不说这些条件中多数不属于审慎性条件，而且其中的内容与银监会 2006 年 1 月颁布的《外资金融机构行政许可事项实施办法》第九条对准入应符合的审慎性条件所作的解释有诸多不同，上述第（3）、（4）、

---

① 每个国家在金融机构准入方面都有审批的自由裁量权，而且这种自由裁量权在不同时期、不同监管机构之间存在着较大的差异。例如，美国在南北战争和 20 世纪初，货币监理署对裁量性条件的解释非常宽松，几乎所有符合最低法定要求的申请人都能获得银行执照。而在 1907 年经济危机后，货币监理署从紧控制其审批的自由裁量权，即使符合了法定要求的设立申请，也未必能够获得货币监理署的同意。Jonathan R. Macey，Geoffrey P. Miller & Richard Scott Carnell，*Banking Law and Regulation*，3rd edition，CITIC Publishing House，2003，P. 99. 在英国，申请人是否符合了准入条件（threshold conditions）取决于审慎监管局的裁量，即使申请人符合准入条件，但审慎监管局认为如果其同意银行设立申请，消费者的利益会受到不利影响（adversely affected），而如果拒绝申请则有益于消费者利益，金融监管署可以不予批准申请。［英］《金融服务与市场法》第 44（3）节。

(5) 和 (8) 项内容均为新加内容，而且把后者所列举的“符合法律法规对金融业投资人的其他相关要求”排除在外。时隔不到 10 个月，银监会就对审慎性要求作出了不同的解释，既然制定规则都能够如此随意，在实务中银监会如何把握解释尺度恐怕也无定数了。

我们认为，金融机构准入中的裁量性条件已经给予了监管机构足够的审批自由裁量权，立法实无必要在准入条件中再加上兜底条款。而且，有必要通过准入条件的立法用语对监管机构的审批裁量权做出一定的限制。如美国《国民银行法》规定，如果申请人符合了法定要求，货币监理署将向申请人颁发银行执照(the Comptroller *shall give*... a certificate)。① 而我国《商业银行法》第十二条只是规定，“设立商业银行，应当具备下列条件……”，并未硬性规定申请人具备了条件，银监会就应当批准其设立申请。

对金融机构严格准入的监管思维定式还体现在对外资金融机构的严格准入上，即使在上海自贸区，外资金融机构准入也受到严格限制。2015 年 4 月 8 日，国务院办公厅发布《自由贸易试验区外商投资准入特别管理措施（负面清单）的通知》，对外资金融机构的准入延续了原来的限制措施。如外商独资银行股东、中外合资银行外方股东应为金融机构，且外方唯一或者控股/主要股东应为商业银行；投资金融租赁公司的应为金融机构或融资租赁公司；消费金融公司的主要出资人应为金融机构；境外投资者入股中资商业银行等银行业金融机构受单一股东和合计持股比例限制；期货公司属于限制类，须由中方控股；证券公司属于限制类，外资比例不超过 49%；单个境外投资者持有（包括直接持有和间接控制）上市内资证券公司股份的比例不超过 20%；全部境外投资者持有（包括直接持有和间接控制）上市内资证券公司股份的比例不超过 25%；证券投资基金管理公司属于限制类，外资比例不超过 49%；保险公司属于限制类(寿险公司外资比例不超过 50%)，境内保险公司合计持有保险资产管理公司的股份不低于 75% 等。

这些限制措施对金融机构在上海国际金融中心的集聚显然起到了阻碍作用。以外资银行为例，上海新设外资银行法人机构和分行增速缓慢，甚至 2014 年外国分行数量与 2013 年相比还减少了 5 个。其中的一个原因是金融立法属于中央事权，所有机构准入限制措施由中央监管机构决定，而中央考虑的是政策在全国的统一适用，不可能会专门为上海建立国际金融中心的特别需要制定专门的规定。试想诸如外资金融机构外资的持股比例超过中央规定的 1% 都要由中央监管

① Jonathan R. Macey, Geoffrey P. Miller & Richard Scott Carnell, *Banking Law and Regulation*, 3rd edition, CITIC Publishing House, 2003, P. 99.

机构决定，上海却无法根据国际金融中心金融机构发展需要有自主权，外资金融机构怎能向上海聚集？另一个原因是我国对外资金融机构设立的严格规定。以外资银行设立为例，《外资银行管理条例》第10条和第11条规定，拟设外商独资银行的外方唯一或者控股股东和拟设中外合资银行的外方唯一或者主要股东须为商业银行。首先，如何界定“商业银行”本身就是一个复杂的问题，是以我国的标准还是母国的标准？如果以母国标准，很多国家并无商业银行的立法定义。像德国、瑞士等国的全能银行，既从事所谓的“商业银行业务”，也从事投资银行业务，他们可以成为我国独资银行或合资银行的唯一股东或控股/主要股东，即使其商业银行业务只占其整个业务量极小一部分。其次，把外资独资银行和合资银行的唯一股东或者控股/主要股东限定在商业银行，极大地减少了在我国可以设立外国独资银行和合资银行的股东数量，而且我国对设立内资银行也无唯一股东或者主要/控股股东必须是商业银行的限制。这就是为何最近几年上海独资、中外合资银行和分行数量几无增加的原因（分行数量未能增加的原因在于对于分行人民币业务的限制）。为此，我们建议，外资金融机构外资比例、股东资格可以作为地方立法事权，由上海市人大作出规定。

（二）金融机构业务准入

国际金融中心发展的历史就是一部金融业务创新的历史，或者说在不违背法律的情况下规避金融业务监管的历史。大凡国际金融中心都要经历对业务放松、监管、再放松、再监管，然后再一次循环，当然每次的循环都不是简单地重复过去的放松和监管，在多数情形下每次循环都产生了更高级的金融业务创新，从而促进了金融中心的进一步发展。可以说，对金融机构业务准入一味采取严格监管的做法，甚至对金融业务创新采取压制的做法，是无法建成国际金融中心的。

对金融机构业务范围进行各国比较似乎是一项力不从心的工作，本小节侧重于对各国是否允许银行混业经营作一比较分析。实际上所谓的“混业”本身就是一个不准确的表述，因为现在银行业务和其他金融服务的界限已经变得越来越模糊，在某个国家属于银行业务的活动，在另一个国家可能属于证券业务的活动，从而使银行混业经营的国别比较变得不准确。尽管如此，银行混业经营大致可以分为银行是否可以从事证券业务、保险业务、房地产业务和股权投资。这里要注意的是“银行是否可以从事”包括银行直接从事这些业务和通过设立金融控股公司或子公司的方式从事这些业务。[①]

---

① 本小节部分内容来自周仲飞：《银行法研究》，上海财经大学出版社2010年版，第三章第一节。

巴斯教授等人从1999~2011年对180多个国家和地区银行从事证券、保险、房地产业务进行了四次调查，并从未限制、允许、限制和禁止四个方面对银行混业的监管限制程度进行了划分，表4-2是巴斯教授等人第四次的调查结果。[①]"未限制"是指银行可以直接从事某类业务中的所有活动；就股权投资而言，是指银行可以拥有非金融企业100%的股权。"允许"是指银行可以从事某类业务中的所有活动，但所有的活动或其中某些活动必须由银行的子公司进行；就股权投资而言，是指银行虽可以拥有非金融企业100%的股权，但根据银行本身的资本金，其在非金融企业的股权受到限制。"限制"是指银行本身或其子公司只能从某类业务中的部分活动；就股权投资而言，是指银行只能持有非金融企业部分股权。"禁止"是指无论是银行本身还是其子公司都不得从事上述四类业务中的任何活动。

表4-2　　　　银行跨业经营统计（国家和地区数）

	未限制	允许	限制	禁止
证券	62	39	14	9
保险	7	68	30	19
房地产	19	29	34	42
银行投资非金融机构	15	24	47	38
非金融机构投资银行	16	67	40	1

巴斯教授等人的调查基本上反映了当今世界多数国家和地区立法对银行从事混业经营的态度和做法。从各国和地区的立法看，限制最少的是银行从事证券业务，调查显示禁止从事的国家和地区只有9个；而限制最多的是银行从事房地产投资，有42个国家和地区作出了禁止规定；19个国家和地区禁止银行从事保险业务。如将限制类的国家和地区考虑在内，各国和地区立法对银行投资非金融机构基本上是一种否定的取向，调查显示限制类和禁止类的国家和地区相加为85个，占调查国家和地区总数的69%。相比而言，非金融机构投资银行的限制相对宽松，只有1个国家和地区禁止、40个国家和地区限制非金融机构投资银行。

表4-2并未说明某个特定国家和地区立法对银行从事证券、保险、房地产每类业务以及每类业务中的具体活动是如何规定的，结合巴斯教授和本书作者周仲飞教授共同参与的2002年亚洲开发银行为中国人民银行提供的技术援助项目《银行法和银行监管》（TA：PRC 3890）的研究成果和巴斯教授等人在2006年的

---

① James R. Barth, Gerard Caprio Jr& Ross Levine, *Bank Regulation and Supervision in* 180 *Countries from* 1999 *to* 2011, *Journal of Financial Economic Policy*, Vol. 5 No. 2, 2013, P. 129.

调查，我们编制了表4-3，[①] 说明某些国家和地区的银行可以从事三类业务中哪些具体的活动，以及从事这些活动的方式（限制程度涉及的是银行从事业务的方式，见前面有关对限制程度的定义）。

表4-3　银行从事跨业经营的具体类型

	证券业务类型				保险业务类型			房地产业务类型（不包括贷款抵押业务）			
	承销	交易和经纪	共同基金	限制程度	承保	销售	限制程度	投资	开发	管理	限制程度
澳大利亚	是	是	否	允许	否	是	限制	是	否	否	限制
加拿大	是	是	是	允许	是	是	允许	是	是	是	允许
法国	是	是	否	未限制	否	是	限制	是	否	是	限制
德国	是	是	否	未限制	否	是	限制	是	是	是	未限制
中国香港	是	是	是	未限制	是	是	未限制	是	是	是	未限制
印度	是	是	是	允许	是	是	允许	否	否	否	禁止
意大利	是	是	是	允许	否	是	限制	否	否	否	禁止
日本	是	是	是	允许	是	是	允许	否	否	否	禁止
挪威	是	是	是	允许	是	是	限制	是	是	是	限制
菲律宾	是	是	是	未限制	是	是	允许	是	是	是	允许
俄罗斯	是	是	是	允许	否	否	允许	是	否	是	允许
南非	是	是	否	允许	否	是	限制	是	否	否	限制
韩国	是	否	否	允许	否	是	允许	是	否	否	限制
瑞士	是	是	是	未限制	否	否	禁止	是	是	是	未限制
英国	是	是	是	未限制	是	是	未限制	是	是	是	未限制
美国	是	是	是	允许	是	是	允许	否	否	否	禁止

① 资料来源：International Law Institution, *Banking Laws and Regulations*, *Appendices*: *A Legal Framework*: *Table 6 – Scope of Activities*, *Financial Report*, ADB Funded Technical Assistance: PRC 3890, December 2003, available at http://www.adb.org/Documents/Reports/TA3890/TA3890 – final.pdf; James R. Barth, Competition in the Financial Sector: Challenges for Regulation, 巴斯教授2008年6月13日在上海财经大学法学院的演讲；Gerard Caprio, Ross Eric Levine& James R. Barth, *Bank Regulation and Supervision*: 2007 *Database*, Updated in June 2008, World Bank Finance and Private Sector Research, available at http://siteresources.worldbank.org/INTRES/Resources/469232 – 1107449512766/Banking _ regulation _ Survey _ III _ 061008.xls.

从表4-3可以看出，笼统地说银行可以从事证券、保险、房地产或股权投资业务并不准确：一是允许银行从事某类业务，并不意味着银行可以从事该类业务中的所有活动。二是允许银行可以从事某类业务，并不意味着银行本身可以直接从事，只有那些“未限制”类的国家和地区的立法才允许银行可以直接混业经营，而“允许”类和“限制”类的国家和地区都要求银行通过其子公司或者通过金融控股公司的方式从事混业经营活动。在这个意义上说，我国法律对银行混业经营限制并不像人们想象的那样严格。首先，《商业银行法》第43条规定，商业银行在我国境内不得从事信托投资和证券经营业务，不得向非自用不动产投资或者向非银行金融机构和企业投资，但国家另有规定的除外。“但书”为今后商业银行从事证券、保险、商业等其他领域的业务留下了伏笔。其次，根据《商业银行法》第43条的“但书”，银行可以通过设立子公司的形式从事证券、保险、房地产、股权投资等业务。目前，我国商业银行已经获准投资保险公司，也被允许设立基金管理公司，由基金管理公司从事证券业务。最后，我国立法从来没有禁止或者限制通过金融控股公司进行混业经营，银行可以通过变更其公司形式成立金融控股公司，由该金融控股公司下的银行、证券公司、保险公司等从事各自法律许可的业务。

立法者和政策制定者对银行混业经营进行限制主要是出于对银行安全稳健运行的考虑，通常认为如果允许银行从事其他非银行业务会增加银行的风险程度，越是允许银行从事非银行业务，银行就越变得复杂，对其监管就越困难。如果允许银行从事证券业务、保险业务、股权投资，不但这些市场的风险会传递到银行，造成银行的不稳定，而且会产生利益冲突。具体而言，银行为了保持与其客户的关系，又可能会承销客户发行的劣质证券，或者过度贷款给买保单或者认购证券的客户，或者提供贷款给自己投资的企业。而房地产市场的非流动性和易受宏观经济影响的敏感性对银行的安全也会形成潜在的威胁，所以许多国家立法对银行从事房地产业务有各种形式的限制。但是，这些观点也遭到许多人的反对，他们认为银行混业经营本身就可以分散银行的风险，通过混业经营而增加银行的竞争力是抵御银行风险、保障银行安全稳健运行最有效的方法。银行开发的创新产品虽有增加风险的一面，但往往也起到风险对冲、规避风险的目的。对银行业务的较少限制会增加银行特许令的价值，从而增强银行审慎运行的动机。巴斯教授等人的研究还发现对银行业务的监管限制与银行发生危机可能性的增加有正相关的关系，而限制银行业务与银行稳定有负相关的关系。①

① See James R. Barth, Gerard Caprio, Jr. & Ross Levine, *Rethinking Bank Regulation: Till Angels Govern*, Cambridge University Press, 2006, P. 216.

与银行法的许多问题一样，学者们对银行混业经营与银行稳健安全运行的关系仍是莫衷一是。笔者以为，如果银行立法非要等到学术界对此问题辨出个所以然才表明其态度，似乎为时已晚。目前，我们无法辨清银行混业经营是增加了风险还是分散了风险（美国20世纪30年代初的经济危机是否与银行从事无节制的证券业务有关存在着截然不同的观点）；无法预设一旦银行混业经营，银行管理人员是否就会变成坏人，违背审慎原则把银行的资源投向其利益相关人；无法判断银行的创新业务究竟是一项被禁止的混业服务还是属于传统银行业务的范畴。但是，如果我们意识到在全球化的今天，他国银行携带着混业经营的规模经济优势进入我国，我国银行将在竞争中处于不利地位，那么，政策制定者仍然固守分业经营是否明智？实际上，我们的注意力不应纠缠在混业经营是是非非上，而应集中在如何提高银行混业经营的风险管理能力，如此，银行法允许银行从事其他行业的活动又何妨！

有必要研究一下金融危机后西方主要国家所进行的银行业务隔离改革。全球金融危机期间，大量金融机构包括银行从事高风险业务造成了巨额损失，一方面损害了存款人和其他消费者的利益，另一方面形成了系统性风险，迫使政府不得不用纳税人的钱予以救助。为此，国际社会提出了要把金融机构尤其是银行与高风险业务相隔离的设想并付诸实施，从而有了美国的《多德—弗兰克法》的“沃尔克规则”、英国《2013年金融服务（银行改革）法》的“被隔离实体”（ring-fenced bodies）、欧盟的“利卡南建议”（Liikanen proposal）和法国、德国所采取的类似措施。①

美国“沃尔克规则”禁止两类业务：一是银行不得从事自营交易，即银行不得以自己的名义买卖证券；二是银行不得持有对冲基金和私人股权基金的权益。“沃尔克规则”出台的原因很简单，就是这两类活动属于高风险业务，也非存款类机构的核心业务，同时也是为了防止银行从事证券业务所存在的无法解决的利益冲突问题。为了能够切实做到存款业务和高风险业务相分离，仅仅把存款业务和高风险业务分割在一个银行集团的不同成员机构是不够的。“沃尔克规则”除了适用于存款机构外，还适用于控制存款机构的公司、被视为银行控股公司的公司，以及这些机构和公司的任何附属公司或子公司。② 也就是说银行控股公司及其子公司、附属机构都要遵守“沃尔克规则”。尽管“沃尔克规则”看上去非常严厉，但其禁止的业务范围并不很广，除了自营业务和投资对冲基金、私人股权

---

① 本节中对相关措施的介绍，See Matthias Lehmann，*Volcker Rule*，*Ring – Fencing or Separation of Bank Activities*：*Comparison of Structural Reform Acts Around the World*，LSE Law，Society and Economy Working Papers 25/2014，2014，pp. 6 – 14.

② 12 U. S. C. §1851（h）（1）.

基金外的活动并不在禁止之列，比如，银行仍然被允许投资美国国债、承销证券和做市、从事风险对冲、代客买卖证券、投资小企业或者出于公共福利投资等业务。

法国和德国也采用了类似美国“沃尔克规则”的做法，禁止存款机构自营证券业务和投资对冲基金和其他杠杆投资基金。但它们与美国的做法也存在着较大不同，它们允许存款机构设立独立的子公司从事这两类被禁止的业务，但该独立的子公司必须是专门从事风险业务，不得接受向零售客户吸收存款或者提供支付服务。其基本理念就是存款人的资产必须与高风险活动可能产生的损失相隔绝，同时又能保障银行集团能够从事那些有利可图的业务活动。与“沃尔克规则”另一个不同是，法国和德国的措施是适用于具有系统重要性的银行，也就是说并不是所有的存款类机构都被禁止自营证券业务和投资对冲基金和其他杠杆投资基金。

英国对风险业务隔离采取另一种路径。英国《2013 年金融服务（银行改革）法》规定只有被隔离的实体（ring-fenced body）才可以吸收存款，它不得从事某些被排除的业务（excluded activities），即《2013 年金融服务（银行改革）法》提到的作为本人从事投资业务。与“沃尔克规则”不同，英国法律并不禁止被隔离的实体成为某个可以从事被排除业务的集团的一个机构，只要它充分独立于该集团，无论是决策还是资源分配。即使集团的其他成员已经破产，该被隔离的实体仍然能经营自己的业务，不受其他成员破产的影响。根据英国的方法，银行集团将被分拆成零售银行机构（被隔离的实体）和批发/投资银行机构，被隔离的零售银行机构禁止与其他实体有任何的风险暴露，如不得持有后者的股份。

2014 年 1 月，欧盟出台了欧盟信贷机构组织结构改革条例的建议稿（Proposal for a Regulation on Structural Measures Improving the Resillience of the EU Credit Institutions，COM（2014）0043），其核心内容来自欧盟高级别专家小组针对欧盟银行结构提出的改革建议，即“利卡南建议”。该建议稿的核心内容是禁止存款机构从事自营交易和投资另类投资基金，当然，自营交易的限制也有例外，如自营交易主权债券是被允许的。该建议适用的存款机构只限于具有系统重要性机构，不但适用于存款机构本身，而且适用于它们的母公司和子公司。从这一点看，该建议类似于“沃尔克规则”，比法国和德国更加严格。做市业务、资产证券化、复杂衍生品交易和其他交易类业务，除非被豁免，否则都要转移到其他交易性实体中去，这些公司必须在法律、经济和经营上独立于存款公司。交易性实体不得持有存款公司的资本或投票权，也不得成为存款公司的子公司。相反，在一个银行集团有两个独立的分集团，一个是从事核心银行业务，另一个是从事交易类业务。就交易性实体而言，欧盟建议稿作出了与英国法类似的规定。如母公司被要求必须保证交易性公司的破产不得影响存款机构，存款类机构对于集团内部的风险暴露要受到限制，存款机构和交易性公司必须彼此独立和不得混用。

金融危机后国际社会出台的有关业务隔离的措施并不是新鲜事物，美国《格拉斯—斯蒂格尔法》即是其历史原型，但已经不是简单的重复。美国“沃尔克规则”并没有把存款机构分割为一个独立的机构，而是禁止存款机构从事某些高风险活动，但仍允许存款机构从事多数投资银行业务。英国、法国、德国和欧盟更多是采用“狭窄银行”（narrow banking）方法，将零售银行业务限定在一个独立的存款机构，特别是英国的措施，尤其重视对零售存款安全的保护。但是，我们必须清醒地认识到西方国家对银行业务隔离的各种改革，并不是对金融机构混业经营的限制，而是在保持混业经营大方向不变的前提下，如何更加保障存款机构或者说零售存款人存款的安全。其采取的方法就是在金融控股公司的架构下，使存款机构在经济、管理、业务上能够与金融控股公司下的其他高风险机构相隔离，同时限制或者禁止存款机构直接从事高风险业务。所以，我们认为，上海要成为具有国际竞争力的国际金融中心，金融机构以金融控股公司形式从事混业经营势在必行。

三、金融控股公司的市场准入监管

《商业银行法》第 43 条规定，商业银行在我国境内不得从事信托投资和证券经营业务，不得向非自用不动产投资或者向非银行金融机构和企业投资，但国家另有规定的除外。《保险法》第 106 条规定，保险公司的资金运用限于下列形式：银行存款；买卖债券、股票、证券投资基金份额等有价证券；投资不动产；国务院规定的其他资金运用形式。《证券法》第 6 条规定，证券业和银行业、信托业、保险业实行分业经营、分业管理，证券公司与银行、信托、保险业务机构分别设立。从这些金融法律看，我国立法从来没有禁止或者限制通过金融控股公司进行混业经营，银行、证券公司和保险公司可以通过变更其公司形式成立金融控股公司，由该金融控股公司下的银行、证券公司、保险公司等从事各自法律许可的业务。事实上，我国也已经产生了众多的金融控股公司，但问题在于我国有关金融控股公司准入和监管方面的法律规范几乎阙如。2015 年 10 月，中国人民银行等有关部门发布了《进一步推进中国（上海）自由贸易试验区金融开放创新试点加快上海国际金融中心建设方案》，提出在防范风险前提下，研究探索开展金融业综合经营，探索设立金融控股公司。这就要求我国建立金融控股公司准入和监管的法律制度已迫在眉睫。

（一）金融控股公司的准入监管

所谓的“机构准入监管”是指何种机构可以被许可设立金融控股公司、这些机构要符合何种法定条件，以及控股母公司与子公司的关系。各国的法律对金融控股公司机构准入方式、准入具体条件的规定均存在着很大的差异。

金融控股公司的定义是机构准入的最基本内容，只有符合定义的实体才可称得上为金融控股公司，并通过监管当局进一步的准入审查后，进入金融市场开展业务。巴塞尔委员会与欧盟委员会对金融控股公司或者金融集团（financial conglomerate）的定义极为相似，巴塞尔联合论坛的文件中，“多元化经营的金融集团”是指金融业在集团业务中占主导地位，所属的受监管实体至少明显地从事两种以上的银行、证券、保险业务，同时每类业务的资本要求不同。[①] 欧盟对金融集团的定义为，满足指令规定的条件的企业集团（group）。其中“企业集团”是指由母国公司、子公司、母公司或其子公司持有股权的实体、和彼此之间有某种法定联系的企业构成。[②] 而这里的“持有股权”（participation）是指（1）《欧共体理事会78/660/EEC第4号指令》所指的在其他企业拥有股权（无论是否以证书表示），从而通过与其他企业建立稳定的联系，为企业的活动提供资助；（2）直接或非直接拥有一个企业20%或以上的表决权或资本。其中“满足指令规定的条件”主要是指，金融集团中必须存在被监管实体，必须包含保险企业、金融业务量以及跨行经营的规模必须达到一定的标准。据此，欧盟的金融集团可以概括为：在信贷机构（即银行）、证券、保险业中从事跨业经营，且包含保险业以及被监管实体的，通过持有股权而组成的企业集团。欧盟还进一步规定了这些要点的具体认定标准：

第一，该企业集团中至少有一个保险公司和至少有一个银行或投资服务公司。可见，必须包含保险业为欧盟金融企业集团的必要条件，这也是欧盟金融企业集团制度中的独特之处。完全由银行或投资公司组成的集团以及单纯的保险集团，用已有的指令予以并表监管即可。而《2002年欧盟金融集团监管指令》要求“包含保险企业”的规定，无疑将金融企业集团从一般的金融集团中区分出来。

第二，在符合了上面这一条件后，要进一步考察在企业集团中欧盟的被监管

---

① Joint Forum on Financial Conglomerates, *Supervision of Financial Conglomerates*, February 1999, P. 10.

② 欧盟《2002年欧盟金融集团监管指令》第2（12）条。本指令即为对金融集团中的信贷机构、保险机构和投资公司的补充监管指令。

实体是否处于主导地位，或者该企业集团的子公司中至少一个是被监管实体。如果被监管实体处于该企业集团的主导地位，它要么是金融部门实体①的母公司、在金融部门实体中持有股权的实体或者与金融部门实体有某种法定联系。② 如果没有被监管实体处于企业集团的主导地位，那么，该企业集团的活动主要发生在金融部门，这便是所谓的“金融性”标准。衡量金融性，欧盟规定了40%的标准，即企业集团中被监管实体和非被监管金融实体资产负债表总量与整个企业集团的资产负债表总量之比超过40%。如果低于40%，就被认为是非金融集团，或者说一般的企业集团。

第三，无论被监管实体是否处于企业集团的主导地位，企业集团要成为金融集团还必须满足“跨部门”标准，即在保险业和银行业（包括投资服务业）必须具有重要影响的业务。根据指令的界定，所谓“重要影响”是指对于每个金融部门而言，该金融部门的资产负债表总量与企业集团中所有金融部门实体的资产负债表总量的平均比率，以及该金融部门的清偿力要求与企业集团中所有金融部门实体的清偿力的平均比率应该超过10%。这条标准是为了区分同质性金融集团和异质性金融集团，《2002年欧盟金融集团监管指令》可适用于后者，而前者则可以适用欧盟原有的部门指令。

欧盟认定金融集团的标准考虑了比例和实质性原则，其目的是一方面将欧盟对金融集团的补充监管限制在那些从事金融业务的集团，另一方面是将补充监管限制在大型集团，因为保险资产中有10%属于银行资产应该是一个非常大的集团了。但是，欧盟对金融集团的认定规则是采用固定数量的方法，而不是以风险为基础的认定方法，这就可能导致一些由较少被监管实体构成的非常小的金融集团受到欧盟的补充监管，而那些非常大的复杂金融集团可能不能被认定为金融集团而受到补充监管，这就是为何有些系统重要性金融机构没有受到补充监管的原因。2011年11月，欧盟修改了金融集团指令，区分了集团内最小的金融部门业务资产负债表总量超过60亿欧元和低于60亿欧元的情形。对于超过60亿欧元的，仍按原来指令的规定应被认定为是金融集团；对于集团规模到达指令第3条第2段规定的相关金融业务标准，但集团内最小的金融部门业务资产负债表总量没有超过60亿欧元的，该集团可以不被认为是金融。

美国对于金融控股公司的定义与欧盟、巴塞尔委员会存在一定的差异。欧盟

① 根据《2002年欧盟金融集团监管指令》的规定，金融部门实体的范围要比被监管实体广。被监管实体仅指信贷机构、保险公司或投资公司；而金融部门实体则包括被监管实体、金融机构、再保险机构、保险控股公司、混合金融控股公司。

② “法定联系”是指《欧共体理事会83/349指令》第12（1）条规定的联系，即（1）两个或两个以上的企业按照合同或公司章程受到统一管理的；（2）两个或两个以上的企业的行政机构、管理机构或监督机构大部分由相同的人组成。

确定一个集团是否是金融集团主要看集团内是否有被监管实体，以及在金融部门的业务量。美国《金融服务现代化法》并没有明确规定"金融控股公司"的定义，而是在1956年《银行控股公司法》第4条的基础上进行补充修订，规定银行控股公司可以依法选择转换成为金融控股公司，同时对金融控股公司的经营范围做了细致详尽的规定。在美国，银行控股公司在满足下列条件的即可申请转换为金融控股公司：（1）存款机构子公司资本充足；（2）存款机构子公司经营管理优良；（3）向美国联储理事会提出了明确的希望成为金融控股公司的申请，以持有、保留或开展在《金融服务现代化法》颁布之前所禁止银行控股公司持有、保留的公司股份及开展的业务，且申请应附有该银行控股公司满足第（1）条、第（2）条的证明。① 同时，为了引导中低收入地区的地方银行发放更多的抵押贷款和小企业贷款，满足社区信贷需要，立法者还在法律中规定了社区再投资的要求。具体来说：

第一，该银行控股公司存款机构子公司"资本充足"应当达到一定的标准：即总资本与风险加权资产比率须达到10%以上，核心资本与风险加权资产的比率达到6%以上，核心资本与总资产杠杆比率达到5%以上。联邦存款保险公司曾根据1991年《联邦存款保险公司改进法》的有关规定，将银行资本充足水平划分为5个等级，即：资本相当充足、资本充足、资本不充足、资本相当不充足和资本严重不充足，并给出每个等级的明确定义。②《金融服务现代化法》对成立金融控股公司所要求的资本充足程度，就是要达到《联邦存款保险法》所规定的最高一级——"资本相当充足"，也即达到前述之三项之比例要求。③

第二，银行控股公司的所有存款机构子公司必须"管理良好"。"管理良好"主要考察它的安全性和健全性，根据"统一金融机构评级系统"，在最近对存款机构的检查或后来的检测中，获得综合评级1级或2级（或相当的评级系统的同等级别），相关的检查中必须达到最高2个档次的级别（共5个档次），对管理的评价需达到满意以上的标准。对于未被检查的存款机构，由联邦银行监管机构对其管理资源的存在及使用进行认定。④

第三，银行控股公司向美联储提出明确希望成为金融控股公司的申请，并已经向联储理事会提交了"一份声明"以及"一份证明"：（1）"一份声明"，用于声明该公司选择从事在1999年《金融服务现代化法》生效前所不允许银行控股公司从事的业务（即一个金融控股公司从事业务活动），或收购和持有一家不

① Bank Holding Company Act, Sec. 2 (p).

② 12 U. S. C. 1831o (b) (1).

③ 12 C. F. R. 325. 103 (b) (1).

④ Financial Modernization Act of 1999, Sec. 121 (a) (2); 12 U. S. C. 24A (g) (6).

允许银行控股公司收购的公司的股票。（2）“一份证明”，用于证明该公司提供的满足前面提及“资本充足、管理良好”这两个条件的合格证明文件。

第四，在“社区再投资”要求方面，在银行控股公司申请转换成为金融控股公司过程中，如果美联储查明在最近一次对该银行控股公司的所有参加存款保险的存款子公司的检查中，发现此类子公司中有未达到“社区信用评级的满意记录”的，并且美联储在该控股公司注册日满30日以前通知该控股公司的，银行控股公司根据1956年《银行控股公司法》第4条要求选择成为金融控股公司的行为无效。[①] 而在银行控股公司申请转换成为金融控股公司成功之后，如果金融控股公司的任何参加存款保险的存款机构的子公司或者参加存款保险的存款机构或其参加存款保险的存款联营者，在按照1977年《社区再投资法》进行的最近一次检查中，其评级低于“达到社区信贷合格要求的标准”，有关的联邦存款银行监管机构将会禁止金融控股公司和所有参加存款保险的存款机构从事与金融控股公司有关的活动，法律另有规定的除外。[②]

可见，美国的金融控股公司的组织形态源于“银行控股公司”。所谓银行控股公司，是指“对任何银行具有控制权，或对于依据该法业已成立或即将成立的银行控股公司具有控制权的公司”。[③] 法律在认定金融控股公司时使用了统一的概念，即“控制”，银行控股公司也就是“任何控制银行的公司或对银行控股公司或将成为银行控股公司的公司予以控制的公司”。[④] 与美国相似，中国台湾地区对金融控股公司的定义同样强调“控制性持股”，但台湾地区并不要求金融控股公司一定是从银行控股公司转换而来。根据台湾地区的有关规定，“金融控股公司”是指“对一银行、保险公司或证券商有控制性持股，并依本法设立的公司。”[⑤]“控制性持股”是指“持有一银行、保险公司或证券商已发行有表决权股份总数或资本总额超过25%，或直接、间接选任或指派一银行、保险公司或证券商过半数之董事。”[⑥]

---

① Financial Modernization Act of 1999, Sec. 103 (b); 12 U. S. C. 2903 (1).

② Financial Modernization Act of 1999, Sec. 103 (a); 12 U. S. C. 1843 (1) (2).

③ Bank Holding Company Act of 1956. Sec. 2 (a) (1).

④ 根据美国《银行控股公司法》，下列情况属于一家公司控制了银行或公司：（1）该公司直接或间接，经由一人或多数人拥有、控制或可行使一个银行或公司具有表决权证券的25%或以上；或（2）该公司以任何方式控制一个银行或公司的大多数董事或受托人（Trustees）；或（3）美联储认定该公司对一家银行或公司的管理或决策具有直接或间接影响力。但是基于信托关系而控制股份，从而拥有或控制该银行投票权的；或仅在一定时期内持有，以供日后销售的；或给予债务担保或还债等关系，而取得股份之所有权或控制权者，从取得股份之日起算尚在两年内的；或公司的组成是以寻求代表投票权为唯一目的的，该公司不被认为是银行控股公司。

⑤ 中国台湾地区所谓的“金融控股公司法”第四条第1项第二款。

⑥ 中国台湾地区所谓的“金融控股公司法”第四条第1项第一款。

1997年日本修改《禁止垄断法》，对金融控股公司实施解禁，并在同年12月通过了《由控股公司解禁所产生的有关金融诸法整备之法律》（以下简称《整备法》），《整备法》根据控股公司的下属子公司是否包含银行、证券公司、保险公司，将金融控股公司分为银行控股公司、证券控股公司、保险控股公司，并分别作出了定义和规定。但是日本金融当局到目前也没有一部统一的法律对金融控股公司进行监管，对银行控股公司的监管散见于《银行法》《公司法》《禁止垄断法》《整备法》等诸法中。《禁止垄断法》定义了“控股公司”为子公司股票的取得价格的合计金额占该公司总资产额的比率超过50%的公司。同时，该法对控股公司的市场准入采用了禁止性的规定，三种类型的公司不得成立金融控股公司：（1）公司集团的规模大，并且在一定数量的主要事业领域分别拥有不同的大规模公司；（2）大规模的金融公司和从事金融或与金融密切相关业务的公司；（3）在相互间有关联性的一定数量（金融类为三家以上）的主要事业领域分别拥有不同的、在各事业领域所占销售份额在10%以上的公司。①

由此可见，美国与中国台湾地区对金融控股公司的定义强调的是“控制性持股”，并且都规定了25%的控制性持股比例。而欧盟强调是否有被监管实体，以及在金融部门的业务量，且对“持有股权”比例的要求较低——直接或非直接拥有一个企业20%或以上的表决权或资本。另外，欧盟要求在企业集团中至少有一个保险公司和至少有一个银行或投资服务公司，即在包含保险企业基础上的跨行业经营。日本也与欧盟的规定相似，侧重在于金融控股公司中是否包含了银行、证券公司或者保险公司。而美国的金融控股公司甚至并不要求必须从事两种以上金融业务的才可以称为金融控股公司。也就是说，美国的金融控股公司可以是同质的，而欧盟在《2002年欧盟金融集团监管指令》中定义的金融集团必然是异质的金融集团。此外，欧盟金融集团中的主导机构可以是非金融机构（工商企业），如一家钢铁企业收购了银行，只要该集团金融部门的资产负债表总量与整个企业集团的资产负债表总量之比超过40%，并且满足其他必要条件，就可以称为金融集团；而美国的金融控股公司由非金融机构主导几乎是不可想象的。

金融控股公司内部的银行要求符合资本充足的规定是金融控股公司设立的必备要件。巴塞尔协议在资本充足率问题上也为各国做出了示范性的规定，这就是为何各国都要求金融控股公司各行业的实体都符合法定的资本要求，并制定防止资本在金融控股公司内部重复计算的方法。虽然美国、中国台湾地区对金融控股公司市场准入的审查要件毫无例外的包括“资本充足率”的审查，但在具体衡量

① 谢平等：《金融控股公司的发展和监管》，中信出版社2004年版，第29页。

标准上有所差异。美国要求银行控股公司存款机构子公司达到资本相当充足，即总资本与风险加权资产比率须达到10%以上，核心资本与风险加权资产的比率达到6%以上，核心资本与总资产杠杆比率达到5%以上。中国台湾地区没有在所谓的“金融控股公司法”中具体规定资本充足率的比率，但在“财政部”的有关规定中要求预转换为金融控股公司的金融机构的资本适足性应符合各业别主管机关现行规定，并且金融机构让与全部营业及主要资产负债，不得有损于存款人、被保险人、投资人或者其他债权人的权益。此外，许多国家均要求金融控股公司管理状况良好，在美国“管理良好”有自身的评级系统，金融控股公司在这评级系统中应达到最高的级别；而我国台湾地区要求的“财务业务之健全性及经营管理之能力”主要以具有社会公信力的会计师所出具的审查报告，以及该金融机构近年来是否有违规来考察。

与金融控股公司准入密切相关的是金融控股公司的设立模式。金融控股公司模式可以分为纯粹金融控股公司和混合金融控股公司（又称事业型金融控股公司）。纯粹金融控股公司的母公司作为投资管理公司，不经营任何具体金融业务，通过控股银行、证券、保险子公司等开展跨行业经营，母公司的作用在于公司整体的战略决策和发展规划。混合金融控股公司是，作为母公司的金融机构或者非金融机构，不但自己从事金融业务或者非金融业务，而且通过持股的金融机构或者非金融机构从事跨业经营。欧洲大陆尤其是德国是混合金融控股公司模式的代表，金融机构母公司甚至非金融机构及其直接投资的子公司，共同提供银行、证券及保险等综合性金融服务和非金融业服务。纯粹金融控股公司模式以美国为典型，如图4-12所示。

金融控股公司的设立方式可以分为“将已存公司转换为金融控股公司”以及“新设设立金融控股”两种方式。“营业让与”就属于将已存公司转换为金融控股公司的模式，即先选择一家目标金融机构，将自身的全部营业（资产负债）转让给目标金融机构，主体金融机构则“脱壳”转变为金融控股公司，其他目标金融机构成为其子公司。实践中还可以是已存的公司设立一家子公司，该子公司将作为控股公司的子公司，然后已存公司将自己业务让与该子公司，并同时转变为控股公司的模式。而“三角合并”、股权转换方式则属于新设控股公司的方式。如中国台湾地区所谓的“金融控股公司法”规定了符合条件的现有金融机构如何转换设立金融控股公司的两种方式：营业让与和股份转换。前者通过资产负债的一并出售，以此作为对价取得新发行金融控股公司的全部股票，由原金融机

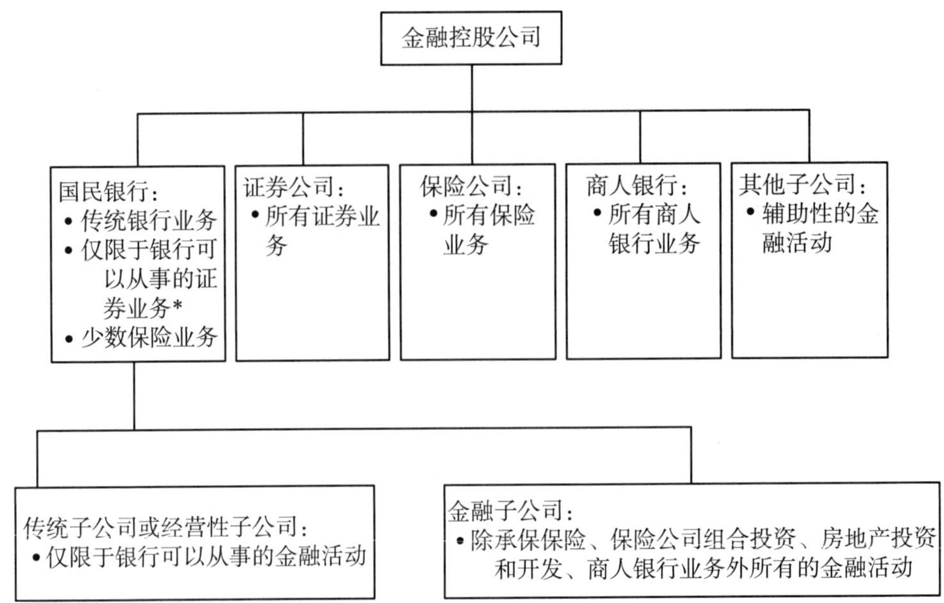

图 4－12 美国金融控股公司架构

构升格成为金融控股公司，接受资产负债的公司成为金融控股公司的子公司。后者是通过持有原金融机构股东将所持原金融机构的股票与金融控股公司所发行的股票互换，使原金融机构股东转换为金融控股公司股东。这两种转换方式各有特色，但都为现有金融机构如何向金融控股公司顺利转换过渡提供了较为可行的操作方法。日本在《为设立银行控股公司有关银行合并手续特例之法律》中（以下简称《特例法》）规定了银行控股公司三角合并的设立方式。“三角合并设立”的具体过程可以概括为：（1）既存银行（在合并中消亡的银行）以 100% 子公司形式设立银行控股公司（只适用于《特例法》）；（2）该银行控股公司再以 100% 子公司形式设立存续的金融机构；（3）存续的金融机构与即将消亡的金融机构（既存银行）进行吸收合并；（4）合并后股东的股票以“实物投资”的形式交付给银行控股公司；（5）在合并中消亡的银行的股东接受银行控股公司的新股比例送配，成为该银行控股公司的股东。[①]

金融控股公司是由一组有控制或者影响关系的法律实体组成。金融控股公司内部是否应该包括非金融机构或者监管程度较为宽松的金融机构？从全球金融危机看，这些非金融机构和监管较少的金融机构往往是金融控股公司风险的来源，置整个金融控股公司于困境之中。从立法的趋势看，禁止金融控股公司设立这些机构是不现实的，因为允许银行、保险公司和证券公司投资非金融机构在所难免

① 参见安志达：《金融控股公司——法律、制度与实务》，机械工业出版社 2002 年版，第 151 页。

（我国也将如此）；金融控股公司子公司设立在不同国家和地区，因为不同国家和地区的监管法律不同，也会造成有的机构不受监管或者监管较少的情况；而且随着金融控股公司金融子公司的资产证券化和结构化产品的发展，金融控股公司内部必然会成立非金融子公司和监管较少的金融子公司。金融集团内的各个被监管的金融机构需要获得审批机构的授权，如果在集团中有上百的法律实体合并在一个集团中，其中既有需要授权的金融机构，又有不需授权的非金融机构，那么对单个机构的授权不太可能会从集团整体的层面予以考虑，这就是为何欧盟要对金融集团进行补充监管。但金融危机证明欧盟对金融集团的补充监管规则在监管金融集团所面临的风险中缺乏有效性，尤其是监管金融集团来自集团内部非监管实体的风险更是如此。问题的关键不在于把这些子公司排除在金融控股公司之外，而是如何在对整个金融控股公司的监管中，加强对这些子公司的监管（因为在机构监管或者功能监管的体制下，这些机构往往游离在监管体制之外），如金融控股公司内部的并表监管、金融控股公司内部交易控制、金融控股公司会计并表等，以减少利用这些机构进行监管套利，防止它们成为金融控股公司风险的来源。

金融控股公司准入监管的另一个重要内容是金融控股公司人员的准入条件。与其他金融机构准入监管一样，对金融控股公司高管设置准入门槛目的在于使金融控股公司的监管机构恰当地评估是否高管审慎而稳健地管理着金融控股公司及其子公司，是否金融控股公司的主要股东（尤其是非被监管机构的股东）是控股公司及其子公司的不稳定因素的来源。

巴塞尔金融集团联合论坛（以下简称巴塞尔联合论坛）发表的“工作岗位任用原则文件”提出了审查银行、证券、保险公司最高管理层的品格与能力原则。对董事、经理以及主要股东能力和资格的审查可以称为“人员的市场准入”审查，它是金融机构市场准入监管的一部分，是被监管机构保证自身稳健发展的前提。该原则文件中关于“人员的市场准入”部分包括以下几部分内容：

第一，资格考察的对象主要为经理、董事、主要股东、有重大影响的其他个人。金融集团的组织和管理机构比较复杂，除经理、董事、大股东以外的其他个人也可能对被监管机构产生重大的影响，如金融集团中未受监管机构的经理、董事通常是被监管企业的上游机构的领导人，能够在多方面对被监管机构的经营发展产生影响。

第二，资格审查的内容主要为工作能力的测试、品格测试，以及其他资格测试要求。管理人员、董事人员的具体任用标准与对主要股东的要求是不同的。对经理、股东的称职测试具体包括：犯罪记录、财务状况、与个人债务有关的民事行为、被专业机构拒绝录取或退回经历、被相近行业的监管部门予以处罚的记录，以及从前有问题的从业经历。正式的资格测试、过去的经验和记录都是监管部门所要考虑的因素。衡量主要股东是否称职的标准包括其商业信誉和财务状况，以及其所有权身份是否会对被监管机构造成不利影响。

第三，资格审查的尺度应灵活处理。资格审查可以根据审查对象对于被监管实体的影响力和他在公司内的位置灵活决定。将人员和职务相挂钩，对于某一职务不胜任的同一个人在其他责任岗位上，或其他机构的类似岗位上可能是适合的，同样过去能够胜任的人换一个位置便不一定能够担当。虽然过去的记录是监管部门参考的因素之一，但也不能过分拘泥于历史。此外，应建立信息有效传递的机制，审查过程中，可能涉及的有关监管部门之间可以进行协商。

中国台湾地区的所谓的“金融控股公司法”在定义了金融控股公司的基础上，进一步规定了金融控股公司市场准入的条件、方式和程序，并在相关的金融控股公司子法规中，细化金融控股公司市场准入监管的审查要点。根据这些规定，中国台湾地区的金融控股公司只能采取股份有限公司的形式，最低实收资本额为200亿元新台币。当同一人或同一关系人对银行、保险公司或证券商有控制性持股者，除政府持股及为处理问题金融机构之需要并经主管机关核准者外，应向主管机关申请许可设立金融控股公司。① 此外，未形成事实跨业经营，也即未同时持有银行、证券或保险两个业别以上股份或资本额的，或者虽然存在控制性持股和跨业经营，但所控制之金融资产总额未达一定金额以上者，可以自由选择是否设立金融控股公司从事经营。

中国台湾地区于2001年10月31日发布了所谓的“金融控股公司发起人负责人范围及其应具备资格条件准则”，该准则所称的“负责人”指金融控股公司的董事、监察人、总经理、副总经理、协理、经理或与其责任相当之人。担任发起人或负责人的不得有下列情事：无行为能力或限制行为能力人；曾因触犯刑法而受有期徒刑处罚者；违反有关金融法律而受刑者；受破产宣告，尚未复权者；曾担任法人破产时的负责人，破产终结尚未逾5年，或调解未履行者；或有其他事实证明其丧失个人信誉，或从事了不诚信不正当的活动等。金融控股公司的发起人不得兼为其他金融控股公司的发起人，除非该金融控股公司已由金融机构转换设立，其发起人为原金融机构股东。② 对金融控股公司总经理市场准入的监管，监管机构主要需考察其应具备的领导和有效经营金融控股公司的能力，要求符合

① 根据中国台湾地区所谓的“金融控股公司法”第4条的解释，“同一人”指是同一自然人或同一法人；“同一关系人”是指本人、配偶、二亲等以内之血亲及以本人或配偶为负责人之企业。

② 中国台湾地区所谓的“金融控股公司发起人负责人范围及其应具备资格条件准则”（2001年10月31日），第3条。

下列条件之一：[①]（1）拥有在金融机构或金融控股公司中工作经验9年以上，并曾担任总公司（总行）经理或同等职务5年以上，成绩优良者。（2）担任金融行政或管理工作经验9年以上，并曾担任3年以上荐任9职等以上或同等职务，成绩优良者。（3）有其他事实足以证明其具备主管领导能力及金融专业知识，可健全有效经营金融控股公司业务者。同样金融控股公司的副总经理、协理、经理也应具备领导及有效经营金融控股公司的能力，具体的资格条件与经理相同，只是工作经验的年数要求较短。

日本金融厅在审批金融控股公司时，考虑的事项包括：（1）良好的收支预测；（2）申请者及其子公司并表时自有资金的充足度；（3）人事组成、银行的经营管理能力，即申请者的管理人员具有公正、正确经营管理银行的知识和经验，且社会信用良好。

我国台湾地区金融控股公司的有关规定与巴塞尔委员会发布的“工作岗位任用原则文件”都对金融机构的人员准入有较为详尽的规定。台湾地区对从业人员的考核，分别针对“同一人或同一关系人申请持有同一金融控股公司有表决权股份总数超过10%者”“金融控股公司的发起人”“金融控股公司的负责人”；而巴塞尔委员会分别针对大股东、管理人员、有重大影响的其他个人设定不同的测试标准。具体审查的内容主要为工作能力的测试、品格测试以及其他资格测试要求，要求被考察对象没有犯罪记录、没有因个人管理不善而导致企业经营破产的记录，并且公正、正直，富有经营管理金融机构的知识和经验，且自身财务状况和社会信用良好，并有其他事实足以证明其具有主管领导能力及金融专业知识，可健全有效地经营金融控股公司。

（二）我国金融控股公司的准入条件

尽管在实践中我国已经出现了各种类型（纯粹型和经营型）的金融控股公司，但还没有一部法律对金融控股公司的准入予以规范。作为金融控股公司稳健运行的第一道防线，准入监管的缺失无疑会增强金融领域的无序，2004年德龙系的崩溃就是一个有力的佐证。所以，如果我国金融控股公司法无法在近期出台，有关当局应该在明确金融控股公司审批机关的前提下，以部门规章的形式确立金融控股公司市场准入条件。借鉴前面对国际上相关立法的介绍，我们认为我国金融控股公司市场准入的条件也应从机构准入、业务准入和人员准入三个方面

① 中国台湾地区所谓的“金融控股公司发起人负责人范围及其应具备资格条件准则”（2001年10月31日），第4条。

予以考虑。

金融控股公司的机构准入包括设立方式、金融控股公司中子公司的性质、金融控股公司中的金融机构应该符合的条件。从我国台湾地区的有关规定看，那些持有银行、证券和保险公司两个业别以上股份，且拥有控制性持股的金融机构的资产规模达到法定限额的自然人或法人，必须提出申请设立金融控股公司。其理由是这些自然人和法人对金融市场会产生重大影响，必须纳入金融控股公司规范之内，以监管金融控股公司的方法对它们进行监管。在我国台湾地区有关规定中，自愿发起设立是指对不符合强制发起设立条件的申请人，可以自主决定是否申请设立金融控股公司。在美国，符合条件的银行控股公司可以向美联储提出设立金融控股公司的申请，所以美国金融控股公司的设立也可归入为自愿申请设立的范畴。

在金融控股公司内部，可以设立何种性质的子公司，是金融控股公司机构准入的另一个内容。在金融控股公司中可以设立金融性子公司各国的法律没有二致，但对于是否可以设立工商业子公司，各国法律有不同的规定。欧洲大陆尤其是德国允许银行在工商企业中持股具有悠久的传统，因而，在金融集团中设立工商业子公司也成为自然。而在美国，一直保持着银行业与工商业相分离的传统，即使 1999 年《金融服务现代化法》也没有消除这个传统。对于可以设立何种性质的金融性子公司，欧盟要求这些金融性子公司至少有一个是保险公司和另外一个是银行或投资服务公司，这是因为在欧洲大陆银行和证券业被认为是同一行业，所以为了符合金融集团的跨业性，金融集团必须至少包含一个保险公司。基于相同的道理，中国台湾地区、巴塞尔金融集团联合论坛则要求金融控股公司至少要下设两个子公司，分别从事银行业、证券业和保险业中的 2 个行业。①

从各国的立法看，只有符合法定准入条件的金融机构才能作为金融控股公司的子公司。如美国要求金融控股公司中的存款机构的资本充足率达到相当充足（well capitalized）水平，CAMELS 评级要达到 1 级或 2 级。中国台湾地区所谓的“金融控股公司法”对此也有像类似的规定。

在借鉴上述不同立法经验指导我国的立法实践时，我们第一要明确哪些机构可以申请成立我国金融控股公司。我们认为，第一，无论是采用新设发起的形式还是股份转换的形式，至少在试行金融控股公司的初期只有金融机构才可以申请成立金融控股公司。这是因为金融机构的脆弱性以及这种脆弱性所导致金融机构

① 理论上，我国台湾地区的有关规定以转换设立方式建立的金融控股公司，如参与转换的金融机构只有一家的话，转换后，金融控股公司只拥有一家子公司。但在实践上，主管机关规定必须有跨业事实，才符合设立金融控股公司的条件，所以除少数金融控股公司在设立时只有一个子公司外，多数均为跨业性的金融控股公司。

的失败对社会经济活动能够产生巨大的负面影响，而非金融机构对金融控股公司的参与无疑会增强金融机构的脆弱性。

第二，从控股母公司和子公司的关系看，我们认为，在设计我国的金融控股公司结构时，控股母公司至少要拥有经营银行业、证券业、保险业或其他金融业两个以上行业的子公司，仅拥有单一金融行业子公司的控股公司，我们认为不应纳入金融控股公司的范畴，因为从监管角度讲，拥有单一金融行业子公司的控股公司可以由该行业的监管机构按照该行业的金融法律实施并表监管；而对于拥有两个行业子公司的控股公司，在目前分业监管体制下，没有任何一家监管机构可以诉诸任何法律予以监管，因而，新制定的金融控股公司法应该将这类金融控股公司作为规范对象，由法律授权的监管机构予以监管。同时，为了杜绝金融控股公司中金融机构尤其是银行与其他工商企业的内部交易（这种交易往往是风险的策源地），我们认为金融控股公司不得设立从事工商业活动的子公司。

第三，我们认为，应该规定金融控股公司中的金融性子公司必须符合有关稳健安全运行的较高标准。当金融性子公司统属于同一母公司下，它们更容易发生内部关联交易、内部风险集中、利益冲突、风险传递，因而，稳健安全的金融性子公司的准入是保证整个金融控股公司稳健安全运行的前提。我们建议，对金融控股公司中金融机构的资本充足率（银行和证券公司的资本充足率、保险公司的清偿力比率）、流动性、内部控制等方面的要求都要高于各个行业法律所规定的最低标准。例如在资本要求方面，中国金融控股公司在市场准入时，金融控股公司中各业别金融子公司达到该行业监管机关现行规定的资本要求，保证金融控股公司的出现不会有碍每一单独的监管部门监管目标的实现。审批机构应要求金融控股公司提供未来计算资本充足率的方法，并经审批机构部门认可。确定资本充足率的基本原则和计算方法的核心目的在于防止集团内部自有资金的重复计算。所谓自有资金重复计算是指同一笔自有资金同时被用于满足母公司和子公司甚至子公司的子公司的资本充足率要求，从而导致被监管实体过高的杠杆效应。金融控股公司在准入时的资本要求应与金融控股公司预计的整体风险相适应，并考虑所有子公司的剩余资本在多大程度上可以根据需要在各子公司之间转移。

正如前面所述，金融控股公司可分为纯粹型金融控股公司和经营型金融控股公司。在纯粹型金融控股公司结构下，控股母公司的业务在于对下属子公司的股权投资和管理，并不直接从事金融业务，具体的金融业务由下属的子公司经营。而经营型金融控股公司的母公司不但从事对下属子公司的股权投资和管理，还直接从事具体的金融业务。纯粹型金融控股公司和经营型金融控股公司都是混业经营的组织形式，就纯粹型金融控股公司而言，从外部（整体）看，它是混业经营的，但从内部看，它是分业经营的，因为其各自的子公司分别从事着银行业、证券业和保险业；经营型金融控股公司由于其控股母公司直接从事金融业务，情况就稍加复杂，比如，其控股母公司本身就可能是全能银行，而在该母公司下，不同的子公司又分别从事银行业、证券业和保险业。

在审批金融控股公司时，审批机关特别要关注金融控股公司的组织结构和管理结构。审批机构要充分评估金融控股公司的所有权结构，包括重要股东的品德行为，确保其组织结构和管理结构与控股公司的整体战略和风险组合相适应，防止其组织结构可能阻碍对金融控股公司的有效监管。尤其是当金融控股公司又是一个大集团的一部分时，监管机构应该要求金融控股公司母公司的董事会和管理层要建立恰当的治理安排，防止风险从其他非监管的机构传递到金融控股公司。防止风险传递的一个重要措施就是在金融控股公司内部建立银行子公司与证券子公司、保险子公司之间的“防火墙”。防火墙，是为了防止金融机构跨业经营所可能产生的利益冲突的一种制度设计。由于金融控股公司利益主体多元化，特别是银行和证券部门之间极有可能产生利益冲突，如银行贷款给客户用于购买本银行的股份；利用与客户的存贷款业务推销证券部门承销的证券等。防火墙包括法人防火墙和业务防火墙。所谓的法人防火墙，是指在金融控股公司中，银行业务、证券业务、保险业务等金融业务仍然有独立的实体进行。业务防火墙，是指在银行与经营证券业务、保险业务的关联公司之间设立防止利益冲突弊害的隔离措施。在既经营实业又从事金融业务的多元化金融控股公司中，一般实业公司与金融业之间要建立防火墙，金融业中的银行子公司与其他业务子公司之间也要建立防火墙。

我国金融控股公司应该采用何种形式的业务准入，应该与我国金融立法的传统、金融监管水平、金融机构风险管理能力等相吻合。从立法的承继性看，未来的金融控股公司法可以现行的金融立法作为立法基础，以纯粹型金融控股公司作为我国金融控股公司业务准入的组织形式。就金融控股公司子公司的业务准入而言，尽管人们对单一金融机构直接跨业经营的风险有不同的认识（有人认为20世纪20年代末美国金融危机的原因并不是美国银行的银证混业），但从国外的实践看，单一金融机构可以直接从事银行、证券和保险业务及其他金融服务加剧了金融机构业务的复杂程度，增大了金融机构的风险，对监管机构和金融机构提出了更高的监管和管理要求。鉴于目前我国金融机构的风险管理、内部控制制度尚处于起步阶段，金融监管水平还不能完全适应复杂的金融业务活动，我们认为，金融控股公司中的各个金融子公司只能从事本行业的业务，不得跨业经营。同时，监管机构要密切注意兼跨两个以上金融行业而又不为任何单一金融行业的法律所禁止的创新性金融业务，防止因监管空白而产生的风险。

保障金融控股公司的安全运作、防范金融风险、提高市场竞争力，不但要有完善的制度保障，同时也离不开其经营管理者和重要股东的优良品质和丰富的经营管理经验。从股东资格和高官人员资格的角度来考察市场准入，各国对此都作出了本质上大体相同的规定。

我们认为，我国金融控股公司人员准入应该分为重要股东的准入和高级管理人员的准入。金融控股公司重要股东的范围应该包括对金融控股公司拥有控制股权（如持有10%以上的股权）的股东和虽未拥有控制股权但有实质影响力的股东；考察的内容应该包括这些股东的行业信誉、经济实力，以及需要时时对金融控股公司提供进一步财务支持的能力。审批机构尤其要考察重要股东的股权结构和组织结构是否可能影响拟设立的金融控股公司稳健运行，是否可能影响监管机构对金融控股公司的有效监管，而金融控股公司是否会成为这些股东的自有金库。

对于金融控股公司高级管理人员任职资格的考察内容包括对诚实、品行和信誉的考察和对任职能力的考察。对诚实、品行和信誉的考察内容包括但不仅限于犯罪记录，尤其是有关金融犯罪、欺诈性犯罪的记录，经济纠纷尤其是关于金融业务、投资方面的纠纷的记录，被监管机构尤其是金融监管机构处罚的记录，申请设立经济实体被拒绝的记录或者被经济实体解雇的记录，被取消董事或高级管理人员资格的记录，被吊销营业执照的记录，从前所任职的企业的破产、清算的记录以及与对该企业破产、清算的责任，在从前的交易活动或从业经历中证明其诚实、可信、遵守法律和监管机构各种要求的记录。对高级管理人员任职能力的考察包括但不限于，任职人员是否符合监管机关有关任职条件的规定，如在金融机构任职年限、有关资格和学位学历的取得、在其他金融机构从业记录等。

我国审批金融控股公司准入时，应符合金融控股公司满足内部控制要求：第一，明确管理高层在内部控制上的责任。具体到公司董事会应对建立一个有效的内部控制系统负有最终责任。做到定期批准审查公司的整体战略；了解可能遭遇的整体风险，并对这些风险进行识别、度量；明确公司内部的职责划分，建立一个职权明晰的组织结构；保证管理高层有调控公司内部控制制度的权力和能力。第二，金融控股公司应建立对业务活动的风险进行监测的系统。这个系统应能够对公司的业务进行实时监控，对业务的风险状态进行分析和评估，发现高风险的业务，及时报告管理高层予以度量、控制。金融控股公司可以完善健全其内部审计部门，提高内审人员素质、使他们熟悉公司的业务活动、了解公司的管理信息系统，发现问题能够提出恰当的建议。使内部审计真正发挥作用。第三，建立明确的岗位任职制度，职权划分清晰。首先，要明确各高层管理人员的权力，对一项业务的从始至终进行分权。同时做到权责挂钩，有多少权力就要承担多大责任。其次，业务人员的岗位也要明晰，利害相关的职责应当进行分离。决不允许一人身兼数职，避免其相互核对、相互牵制、防止舞弊。金融企业中的一项业务不能完全掌握在一个人或一个部门手中，应分为若干环节，由不同岗位、不同部门的人分管。第四，建立快速有效的信息传递系统。金融控股公司的业务量大，信息量也很多，金融控股公司的信息传递系统，应该能够保证有关财务、经营状况的综合性信息能够及时传递到公司的决策层手中，同时必要的信息也要能够安全可靠地在金融控股公司各个部门之间传递，保证公司整体战略目标的实现。

四、系统重要性金融机构的监管

对于金融控股公司的监管历来已久，但对于系统重要性金融机构的监管则是 2008 年雷曼兄弟公司的倒闭才引起国际社会的高度重视。雷曼倒闭案一方面反映了对大型金融机构倒闭可能产生的系统性风险的认识不足，以及事先采取的监管预防措施包括对其认定和具体监管手段的缺失；另一方面反映了政府使用纳税人的钱去救助这些大型机构所产生的道德风险，以及可能引起民众对政府的不满从而造成社会不稳定。出于这两个背景，20 国集团峰会正式要求对系统重要性金融机构进行更加严格的监管，并将其列为国际金融监管改革的重点解决项目，相关国际金融监管组织和国家也陆续出台了系统重要性金融机构的监管法律。

国际金融中心离不开大型金融机构的聚集，尤其是那些具有系统重要性金融机构的聚集。但是，从我国目前的金融立法看，有关系统重要性金融机构的认定和监管措施付诸阙如，部分监管措施还停留在监管机构（主要是银监会）制定的规章。这些规章因为立法阶位过低在适用上往往和高阶位的现行法律相冲突，这就要求我们在对接国际金融监管相关标准的基础上，尽快建立我国系统重要性金融机构监管法律框架。

（一）系统重要性金融机构的认定

作为有效监管的前提和基础，准确地认定系统重要性金融机构才能明确监管边界。对系统重要性金融机构的认定过程，也是研究一个金融机构为什么具有系统重要性的过程，了解系统重要性的性质和产生的原因，是建立相关政策、法规的基础。

在 2007 ~2008 年金融危机之后，金融稳定理事会、国际货币基金组织、巴塞尔委员会曾经在主要国家对于“你是如何定义金融部门的系统重要性的?”做过调查，被调查国家都没有一个法律上关于系统重要性的定义，并且许多被调查国家也没有正式的程序或者机构来评估金融机构的系统相关性。① 因此，在系统重要性金融机构认定方面的法律几乎是空白。但在实践中，如果一个机构、市场或者金融工具出现问题或者倒闭造成普遍的灾难，或者引发风险的传递，就称其具有系统重要性。② 金融稳定理事会、国际货币基金组织和巴塞尔委员会发布的《评估系统重要性金融机构、市场和工具的指引》（以下简称《评估指引》）中第一次明确对于系统重要性给出了定义，“由于对全体或者部分金融系统的破坏而造成的金融服务的中断，这种金融服务的中断对实体经济带来严重的负面影响”。“金融服务的中断或者损害”是指暂时无法获得某些金融服务或者得到这些金融服务的成本陡然升高。系统重要性必须是对实体经济具有溢出效应，没有对实体经济的影响，就不能称为系统性。

《评估指引》依据其对“系统重要性”的概念，对系统重要性金融机构进行了描述，该意见稿在定义系统重要性时强调系统重要性与负外部性紧密相关。每个金融机构都是从自身的风险收益角度出发，而非从整个金融体系角度出发来承担风险的。当所有的机构都对此习以为常时，有些机构做出行为将对其外部的金融系统乃至实体经济带来严重破坏。这些机构将被认为是有系统重要性的机构。金融稳定理事会依据《评估指引》对系统重要性金融机构进行了定义：在金融市场中承担了关键功能，其倒闭可能给金融体系造成损害，并对实体经济产生严重负面影响的金融机构。③

2013 年巴塞尔委员会发布了《全球系统重要性银行：更新后的评估方法和额外损失吸收能力要求》（以下简称《评估方法和额外损失吸收要求》）。在《评估方法和额外损失吸收要求》中，巴塞尔委员会选取的指标是为了反映银行的规模、关联性、所提供的服务或金融市场基础设施特征以及全球（跨经济体）业务的活跃程度和复杂性。④ 它对系统重要性的认定与《评估指引》是一致的，认为全球重要性衡量的关键是一家银行倒闭后对全球金融系统以及跨境实体经济的影响。

巴塞尔委员会从全球活跃程度、规模、关联度、可替代性和复杂性五个方面对银行的系统重要性进行测量。

巴塞尔委员会运用基于指标的测量方法，给予上述五个方面的系统重要性相

---

① See FSB, IMF, BIS, *Guidance to Assess the Systemic Importance of Financial Institutions, Markets and Instruments: Initial Considerations—Background Paper*, November 2009, pp. 9 - 10.

② See id. P. 5.

③ FSB, *Reducing the Moral Hazard Posed by Systemically Important Financial Institutions—FSB Recommendation and Time Lines*, 20 October 2010, P. 1.

④ 本小节的指标说明引自巴塞尔委员会在 2013 年发布的《全球系统重要性银行：更新后的评估方法和额外损失吸收能力要求》。

同的权重，即20%。除了规模类外，巴塞尔委员会又在各类别之下选取了多个指标，如果一个类别之下有两个指标，那么它们的权重分别为10%；如果一个类别之下有三个指标，那么它们的权重分别为6.67%（也就是20/3）。

对于一个单一银行来说，某项指标的分数是由单一银行的数量除以给定样本中所有银行的总数，然后在每个类别中对这个分数进行其加权，最后的总分数是将所有类别经过加权的分数相加。

巴塞尔委员会最终确定的全球系统重要性银行评估指标及其权重如表4-4所示：

表4-4　　　　全球系统重要性银行评估指标

指标类别及其权重	具体指标	权重
1. 全球活跃程度（20%）	跨境债权	10%
	跨境负债	10%
2. 规模（20%）	表内外总资产（杠杆率指标的分母）	20%
3. 关联度（20%）	金融机构间资产	6.7%
	金融机构间负债	6.7%
	批发融资比率	6.7%
4. 可替代性（20%）	托管资产	6.7%
	通过支付系统结算的支付额	6.7%
	债务和股权市场中承销交易的排名	6.7%
5. 复杂性（20%）	场外衍生产品名义本金	6.7%
	Level 3 资产	6.7%
	交易账户和可供出售账户总值	6.7%

全球活跃程度目的是度量银行在母国之外的活跃程度，包含跨境债权和跨境负债两个具体指标。巴塞尔委员会认为银行发生困难或者失败时对国际的影响是与其跨净资产和负债份额相关的，在全球范围内所占的份额比例越高，对它的协商处置就越困难，而且由于其失败所导致的溢出效应的范围也可能更大。

规模影响是指单个机构对整个体系运行的重要性会随着该机构提供的金融服务的数量增加而增加。巴塞尔委员会认为，规模大所占市场份额重，使银行的业务很难被替代，并且大型银行的倒闭所引发的市场信心危机很可能会更加严重，这些都导致了大型银行的失败会给金融体系乃至经济体系带来严重的负面影响。

关联度主要是指机构之间的联系，通过机构间直接和间接的联系，系统风险会增加，所以单个机构的失败或者故障会对系统产生反作用力，导致累计金融服务数量的减少。巴塞尔委员会认为鉴于网络型的合同义务，单一银行的危机很可能会引发其他银行的危机。这一指标类别下包括金融机构间资产、金融机构间负债、批发融资比率三项具体指标。

可替代性也被称为互补性，是在机构或者市场失败的情况下其他金融机构能够提供同类金融服务的程度。当在发生市场失败事件时，其他机构提供系统或者类似金融服务越困难，该机构就越重要；失败银行的客户寻找替代金融服务时所花费的成本越高，也说明该机构越重要。例如单一银行在特定的业务中所承担的角色越重要或者被认为是基本市场基础设施的提供者，如支付系统，那么它的失败就会对市场产生严重的损害：基本金融服务产生空缺，市场流通渠道受阻。它的具体指标包含：托管资产、通过支付系统结算的支付额、债务和股权市场中承销交易的排名。在评估中可替代性指标设有上限，当可替代性指标得分超过一定上限，系统重要性程度虽然增加，但不改变总分。

复杂性是指银行的业务、结构和运营的复杂性。一家银行倒闭时的系统性影响被认为与其整体复杂性呈正相关，当一家银行越复杂，处置所需要的成本和时间就越多。此项指标类别下包含三个具体指标，场外衍生产品名义本金，Level 3 资产，交易账户和可供出售账户总值。

上述指标是一种定量评估方法，但其无法涵盖一个银行或者金融机构是否具有系统重要性的所有方面，所以应该辅之以监管机构的定性判断。巴塞尔委员会 2011 年版本的全球系统重要性银行认定方案列明了监管机构定性判断的几个方面，包括跨境活跃程度、规模、可替代性/金融机构基础设施、复杂性。但是在之后的修订版本中没有再列明这些监管判断指标，而是选择放在每年的报告样本和报告指南中进行说明。[①]

由于已经被主要经济体承认，巴塞尔委员会的认定标准已经成为认定系统重要性金融机构的重要方法，但系统重要性金融机构的认定方法仍存在问题。

首先，指标权重确定的任意性。巴塞尔委员会将指标权重确定为均等的 20%，并且没有对此选择做出合理的说明。全球活跃程度、规模、关联度、可替代性、复杂性，是否在确定系统重要性时具有同等重要的地位并没有理论和实践上的支持。传统上规模被认为是界定系统重要性的主要指标，以美国为例，法律直接认定资产超过 500 亿美元的银行及银行控股公司具有系统重要性。规模本身很重要，当机构间互相联系时就变得更重要。规模的重要性还有赖于商业模型和

---

① BCBS, *Reporting Template and Reporting Instructions*, November 12, 2014.

集团结构，当机构很复杂时，规模就变得更加有系统重要性意义。[①] 有研究用控股子公司的数目作为对大型复杂金融机构的替代，[②] 复杂性通常与一个金融机构的公司结构相关，也可用资产负债表中的资产予以说明，资产组成越复杂，金融机构的复杂程度越高。对于可处置性的评估而言，复杂性是一个绝对关键的指标，当一个金融机构倒闭时，必须将那些具有系统重要性的业务与其他部分进行分离，维持系统重要性功能的运行。

针对全球系统重要性金融机构而言，全球活跃程度更加能够体现出其监管的难度，全球系统重要性金融机构监管是要降低金融机构的全球系统重要性，必然涉及不同法域之间的协作，法律之间的协调又涉及主权问题；不同法域在处置体系方面会有很大的不同并且很可能是冲突的。跨境处置直接影响一国的经济利益，当一个国际金融机构倒闭并没有责任分担协议时，使其整体有序退出就非常困难。

暂不论用全球活跃程度、规模、关联度、可替代性、复杂性五个指标对系统重要性金融机构进行界定是否准确，从前面的简单论述就可看出 5 个指标之间的关系不应该仅仅是平均权重如此简单。采用简单的评估方法并不等同于使用过于简单化的指标。这样不仅无法准确地评估金融机构的系统重要性，也无法激励金融机构降低自身的系统重要性。因为评估分数与系统重要性的关联不准确，金融机构就缺乏动力降低系统重要性。

其次，道德风险问题。即使认定方法很完美，没有结果偏差，在认定之后公布系统重要性金融机构名单的方法还会产生道德风险。由金融稳定理事会公开认定一系列金融机构具有系统重要性，并对其实施附加的资本要求，可能会增加道德风险，并且破坏市场的竞争秩序。一方面，因为金融机构被认定为具有系统重要性，就意味着监管机构认为目标金融机构如果倒闭很可能对市场带来系统性风险，政府无法容忍这样的金融机构倒闭，在其危机时会实施救助，金融机构并不会为自己的冒险行为埋单。这种潜在的政府担保，会激发金融机构的冒险行为，而不是激励金融机构降低自己的风险。监管措施的制定和实施效果应当是降低金融机构和市场对政府担保的预期。另一方面，由于监管部门对系统重要性金融机构实施了更加严格的监管，使市场和投资者对这类金融机构更加具有信心，由于这类金融机构被要求持有更高的资本金，信用评级机构的评级也会更高，致使投资者或者存款人更加偏好于这种类型的金融机构，监管机构的认定使这些金融机

---

① FSB, IMF & BIS, *Guidance to Assess the Systemic Importance of Financial Institutions, Markets and Instruments: Initial Considerations*, October 2009, P. 9.

② Morris Goldstein & Nicolas Véron, *Too Big to Fail: The Transatlantic Debate*, Peterson Institute for International Economics Working Paper, January 2011, P. 19.

构的融资成本降低，不仅可能损害市场的公平竞争，还可能会反向增加金融机构的系统重要性。

最后，认定结果偏差的问题。一方面认定方法不完善必然会导致认定结果具有偏差。系统重要性金融机构认定过窄则会遗漏应该受到监管的机构，没有将所有的具有系统重要性的金融机构纳入监管范围，那么监管机构就不可能准确评估和监测系统性风险，直接削弱了监管效果，金融安全就会受到影响。如果认定范围过宽，将不具有系统重要性的金融机构纳入监管范围，则必定会带来金融效率的减损。因为系统重要性金融机构受到了更加严格的监管，额外的监管要求必然造成经营成本的上升，降低金融效率，影响市场的持续发展和活跃程度。金融安全与金融效率是此消彼长的关系。系统重要性金融机构认定必须与其本身的风险水平相一致，认定结果产生偏差，无法矫正监管力度，金融安全与金融效率就无法获得平衡。

我国银监会在 2014 年发布了《商业银行全球系统重要性评估指标披露指引》，其中规定“全球系统重要性是指商业银行由于在全球金融体系中居于重要地位、承担关键功能，其破产、倒闭可能会对全球金融体系和经济活动造成损害的程度。全球系统重要性评估指标是指巴塞尔委员会用于评估商业银行全球系统重要性的指标。”我国以部门规章的形式承认了巴塞尔委员会的认定方法。但是，考虑到巴塞尔委员会在认定系统重要性金融机构存在的缺陷，我们认为我国应从以下两个方面改进对系统重要性金融机构的认定。

第一，定量方法的创新。为了弥补指标计量法的缺陷，巴塞尔委员会加入了定量和定性相结合的监管判断的方法，肯定监管机构的主观判断在认定中的重要性，但是这并不能解决指标计量法本身的缺陷。金融危机的经验说明，风险的来源大多是不同的，风险状态呈现多样性和动态性，系统重要性金融机构的认定必须考虑金融网络中的各个因素，衡量它们的相关性。因此，我们建议运用网络分析法作为验证方法，原因有二：（1）网络分析法在金融危机之前就已经在监管实践中应用过，多国央行运用网络分析的方法分析倒闭对系统造成影响的机构，具有监管实践的基础；（2）网络分析法是一种“自上而下”的方法，它假设是在发生系统性风险的条件下，衡量一家金融机构对系统性风险的贡献。网络分析法可以帮助监管机构从另一个角度衡量金融机构的系统性风险，有利于监管机构准确掌握整个系统的风险状态。

第二，认定框架的动态调整。系统重要性金融机构认定框架需要保持动态性。市场是动态的，金融机构经营行为与周围的经济金融环境密切相关，而金融机构组织架构和业务活动的变化直接影响它的系统重要性，因此系统重要性金融机构认定应该是一个动态的评估过程。系统重要性金融机构认定名单的动态调整，在一定程度上有利于减少发布名单可能带来的道德风险。每年重新公布一次名单，激励金融机构改变组织结构或者业务活动来降低自己的系统重要性。

对系统重要性金融机构进行认定，法律上表现是一种确认行为。认定之后将会对被认定的金融机构施加更加严格的监管措施，也就是会限制被确认主体的某些权利。对于系统重要性金融机构所涉权利的限制，则更需要法律予以规范，规章是无法限制公司法或者其他高阶位法律赋予的系统重要性金融机构的权利。显然，我国应以法律的形式对系统重要性金融机构的认定和监管作出规定。

（二）系统重要性金融机构的特殊监管措施

金融稳定理事会、巴塞尔委员会要求系统重要性金融机构必须满足额外的资本监管要求，以提高其吸收损失的能力，这是系统重要性金融机构审慎监管的一项重要措施。但是鉴于资本监管固有的局限性，资本监管无法有效解决系统重要性金融机构的系统性风险问题，需要一种更加直接的结构化监管措施，可以有效弥补资本监管的不足。结构化监管措施目前没有形成统一的国际标准，但是在英、美两国已经开始实施。

1. 额外资本监管措施

20 国集团在 2010 年的首尔峰会中批准了金融稳定理事会《降低系统重要性金融机构道德风险——金融稳定理事会的建议及时间安排》，据此，巴塞尔委员会于 2011 年制定了《全球系统重要性银行：评估方法及额外损失吸收要求》，提出了对全球系统重要性银行额外吸收损失能力的具体要求，并且制定了过渡期的实施安排。额外吸收损失要求在 2016 年 1 月 1 日～2018 年 12 月 31 日实施，从 2019 年 1 月 1 日起全面生效。

与此同时，作为对金融危机的政策回应，英、美等主要发达国家也积极研究银行的资本监管要求，并且几乎全部认为巴塞尔委员会的要求并不能够实现对银行的有效监管，纷纷计划或者已经实施了更加严格的资本要求。

巴塞尔委员会对全球系统重要性银行实施额外损失吸收能力的要求是基于持续运营的目的，希望能够提高全球系统重要性银行的风险抵御能力，降低其失败的可能性；同时持有较为充足的自有资本，在其失败时可以减少对金融体系的影响，其损失可以主要由银行的股东、债权人承担，减少公共财政和纳税人的支出。

额外吸收损失能力要求指的是在巴塞尔协议Ⅲ的资本充足率监管的基础上，依据对系统重要性银行分组的结果，要求被认定的全球系统重要性银行应分别满足1% ~3.5%的额外资本要求。额外资本要求是资本缓冲，并不是对最低资本要求的提高。它与逆周期资本缓冲不同，是设定在最低资本要求和逆周期资本缓冲之上的资本要求。1% ~3.5%的要求是巴塞尔委员会设定的最低标准，一国监管者可以在此基础上设定更高的额外资本要求。全球系统重要性银行必须用核心一级资本来满足额外资本要求。根据巴塞尔协议Ⅲ的要求，核心一级资本是银行资本构成中质量最高的部分，在银行持续经营的情况下具有充分的损失吸收能力。

美国2010年通过《多德—弗兰克法》，要求所有的美国银行控股公司、存贷机构控股公司和系统重要性非银行金融机构适用之前仅适用于美国受到存款保险基金保护机构的杠杆率要求和风险资本要求。[①] 该法要求联邦银行业监管机构负责制定最低杠杆比率和最低资本要求，而这两项最低要求不能低于之前已经适用的杠杆资本要求和风险资本要求。这两项已经适用的要求是指由《联邦存款保险法》规定的适用于参加联邦存款保险的存款机构的最低要求。并且，只有在巴塞尔协议Ⅲ的最低资本要求和最低杠杆率要求比美国的要求严格的时候，美国的银行才能适用巴塞尔委员会的规定。

2011年英国独立银行业委员会在其研究报告中建议，与巴塞尔协议Ⅲ相比，具有系统性重要的大银行和从事零售银行业务的机构应该被施加更为严格的监管标准。英国财政部基本采纳了独立银行业委员会的方案，并纳入到此后出台的金融法律和监管机构制定实施规则中。英国审慎监管局要求系统重要性金融机构设立风险缓冲资本要求，这是在巴塞尔协议Ⅲ的资本要求之上的额外要求。如果隔离银行的风险加权资产占英国GDP的3%以下，则最低一级核心资本率要求为7%，加上3.5%的额外风险缓冲资本（主要指带有损失吸收功能的自救债，例如长期无抵押债券等），总资本率至少要达到14%。而对风险加权资产占英国GDP超过3%的大型隔离银行以及系统重要性金融机构，总资本率要达到17%。[②] 英国建议将资本要求同本国的GDP值联系起来也是吸取本次金融危机的教训。本次金融危机中以冰岛、爱尔兰等为代表的欧洲国家承受了巨大的损失，充分显现出“大而不倒”金融机构可能会给本国财政带来无法承受的负担，全球系统重要性金融机构的规模相对本国经济规模的比重是需要重视的一个方面。

2. 结构化监管措施

所谓的结构化监管措施是指在对系统重要性金融机构施加额外资本要求之

① See Dodd - Frank Act, Section 171.

② 孟辰、汪建熙：《英国金融监管改革的最新进展及对中国的启示》，载于《金融监管研究》2012年第10期，第82页。

外，对其实施综合性的监管措施，如对系统重要性金融机构施加更高的流动性要求，提高其在压力情境下的流动性水平；在上一节提到的业务隔离包括美国的“沃尔克规则”和英国的“隔离零售银行规则”，目的是降低系统重要性金融机构的风险程度；有些国家限制系统重要性金融机构的业务规模，防止“大而不倒”；美国、欧盟、英国普遍采用要求系统重要性金融机构制定“恢复与处置计划”，以便在该机构出现问题时能够恢复经营或者有序处置等。

全球系统重要性银行的资本监管理念是对其施加与系统重要性相适应的资本要求，一方面是增加可持续吸收损失的能力，减少倒闭可能性；另一方面是增加全球系统重要性银行的运营成本，抑制它们无限增大。但是，依据现有的资本要求能否实现上述目标是不可过分乐观的。

额外资本要求究竟能够吸收多大损失实际上很难确定。银行的特点就是利用存款人的存款而不是自己的资本金从事业务，它本来就是高杠杆机构。资本充足率在10%或者以上的银行往往被认为是稳健安全的银行，但与其他一般工商企业相比它仍然是以较低的资本在运行。资本充足率监管隐含的一个内容就是银行资本水平越高，越可以从事高风险的活动；经验性的证据也证明高资本充足率导致了风险的增加。然而，银行因为资本充足率高而被允许从事高风险活动所产生的损失可能要远大于其增加的资本。进而言之，银行资本充足率无论定得多高——除非资本与资产的比率是100%——都存在这样一种情况：银行损失如此之巨，按照资本充足率公式计算出来的资本不足以弥补损失。例如，在20世纪80年代发展中国家的债务危机中，西方国家的银行对一些发展中国家的贷款成倍于银行自身的资本金；当这些发展中国家拒绝偿还贷款时，虽然这些银行的资本充足率高于监管机构要求的2倍甚至3倍，但仍然无济于事，无法阻止自己的倒闭。英国巴林银行资本充足率完全符合银行监管机构的要求，但这并不能使它吸收里森所造成的高于银行自身资本金3倍的损失。亚洲金融危机时期，韩国、泰国、印度尼西亚的银行资本充足率均在8%以上，但它们仍然无法抵御宏观经济发生的震荡。在部分准备金制度下，银行的性质决定了银行不可能有足够的资本吸收巨额损失，因此从某种意义上讲，资本充足率这个术语本身就有误导的嫌疑。因为相对于未来潜在的损失而言，银行资本永远不可能充足。① 因此，即使有额外附加资本要求，全球系统重要性银行也无法全部吸收因自身倒闭而可能造成的损失，必然还是会造成巨额的社会成本。

我们认为，对系统重要性金融机构的监管应该采取包括额外资本要求在内的结构化监管措施。资本监管工具的内生缺陷是无法通过自我完善完全弥补，必须

① 周仲飞：《资本充足率：一个被神化了的银行法制度》，载于《法商研究》2009年第3期。

依靠与其他监管措施的配合。比如，对于金融机构混业经营，如同我们在前一节建议的那样，应该采取子公司的形式，不允许任何一个机构直接可以从事混业经营，尤其是零售银行业，应该被单独隔离，不再经营高风险的业务。我国应该尽快立法，规定系统重要性金融机构的“恢复与处置计划”，赋予监管机构最终修改、批准系统重要性金融机构的恢复计划和处置计划的权力，以及对未能实施计划的机构处罚的权力。

第五章

问题国际金融机构的跨境处置

国际金融中心的功能之一是国际金融机构的聚集。国际金融中心能否吸引国际金融机构设立机构一个重要的前提是国际金融中心能否提供符合国际惯例的问题，及国际金融机构有序处置的制度安排。国际金融机构的跨境性决定了对其处置涉及东道国、母国、第三国等国的法律协调，其法律框架远比境内金融机构处置的法律框架复杂。主要表现在：第一，国际金融机构在不同的国家经营，不同实体的业务受到不同国家法律的管辖，会导致法律适用的不确定性，例如母国和东道国之间关于存款人和投资者保护的立法、衍生品净额结算条款、抵销条款等存在大量法律冲突，使得跨境金融机构失败时，其不同法律实体的相同法律问题会面临相互冲突的情况。第二，在国际金融机构发生问题时，不同国家的监管动机的不同，阻碍了全球一致的处置方案的形成。在国际金融机构发生问题时，不同国家的当局对所辖实体都有国内法律的强制规定，各国当局从最有利于本国利益的角度出发，保护本国金融市场和本国债权人的利益，采取资产隔离措施等，不利于全球一致的处置方案形成。第三，国际金融机构因其复杂性，而不能被有序清算。而且它们与全球金融体系的其他机构存在业务上的联系，因而其失败通常会对全球金融体系以及实体经济产生潜在溢出效应。①

在全球范围内达成处置国际金融机构条约在现阶段似乎是不现实的，各国目前通常采用处置协调协议，来协调国际金融机构的跨境处置。我国对国际金融机

① 关于大型综合性金融机构的失败对全球金融体系的挑战的更多分析，请参见：［瑞士］胡普科斯著，季立刚译：《比较视野中的银行破产法律制度》，法律出版社 2006 年版，第 182～185 页。

构跨境处置协调协议的研究相对比较匮乏，也无更多的实践经验。本章将在分析目前各国立法、国际标准和实践有关国际金融机构跨境处置协调存在的缺陷基础上，提出事前的处置协调协议应该作为未来我国国际金融机构跨境处置协调的选择。

一、处置协调方案存在的缺陷

通过对国际金融机构跨境处置历史实践的考察可以发现，已有的国际金融机构跨境处置的协调方案均是在事后讨价还价的基础上进行的，而且在大多数情况下，相关国家难以实现处置的协调。在理论上，碎片化和缺乏确定性的处置协调有很多危害，第一，削弱全球的金融稳定。各个国内处置当局不协调的处置行动，会破坏国际金融机构整体的特许权价值，导致国际金融机构不同法律实体风险的传染。例如，当一国当局为了保持问题国际金融机构位于东道国分行的关键服务功能的连续性，而对其采取购买和承接交易操作时，对该分行拥有管辖权的母国有可能不愿意转移必要的资产和负债以支持东道国的处置措施，从而导致东道国的努力归于无效。第二，目前碎片化的处置框架会产生严重的逆向选择问题，即相关国家当局可能会对出现问题的所辖国际金融机构实体利用公共资金进行救助。这是因为，如果一国所辖国际金融机构实体失败了，不仅会损害国际金融机构整体的特许权价值，更重要的是，会降低本国金融体系对全球潜在私人投资者的吸引力。[①] 富通银行和雷曼等案例中各国不协调的处置实践产生的危害，充分证明了目前国际社会需要一套协调的国际金融机构跨境处置制度安排。目前，国际社会为建立国际金融机构跨境处置协调安排做出了很多的努力，本节将对目前国际金融机构跨境处置协调已有的各种建议和实践存在的缺陷进行分析，以提出一个能够平衡法律确定性与灵活性的国际金融机构跨境处置协调方案。

（一）国际条约的主权成本过高

国际金融协会在2012年6月发布的一份报告中，明确的批评金融稳定理事会在2011年提出的金融机构处置体制国际标准“缺乏雄心”，主张国际社会应该

① See IMF, *Resolution of Cross - Border Banks - A Proposed Framework for Enhanced Coordination*, 2010, P. 12.

制定国际金融机构跨境处置的国际条约，确保全球金融体系的安全。[①] 国际金融协会主张通过国际条约的方式协调各国处置问题国际金融机构的行动，其优势在于能够提高国际金融机构跨境协调的法律确定性。传统的国际经济条约一般以具体的“规则”直接规定各缔约国的权利义务，并具有国际法上的强制效力。例如，《世贸组织协定》对成员方制定了比较严格的国际贸易自由化纪律，并建立了强制性的争端解决机制。[②] 在理论上，国际条约作为国际金融机构跨境处置的协调方式所具有的最大优势在于国际条约的效力等级较高，基于“条约必须信守”的原则，缔约国若违反条约规定，会受到相应的制裁。[③] 因此，条约将会使国际金融机构跨境处置变得有法律确定性。基于这样的理由，许多研究组织和学者都赞同国际金融协会的观点，主张订立国际条约来调整国际金融机构跨境处置协调问题。

我们并不否认在区域层面，相关国家可以在条约的框架下建立一个有约束力的国际金融机构处置协调框架，欧盟层面的处置立法即是一个很好的例子。欧盟层面金融机构处置立法的法律基础是《欧盟条约》第 114 条，即为了保证欧盟内部市场金融服务一体化的发展，欧盟层面有权立法。欧盟国际金融机构处置立法有两个限制条件，其一是辅助性原则，欧盟条约第 5 条第 3 款规定欧盟层面立法的空间是，当成员国无法实现某一特定目标，而这些目标对于维持欧盟一体化又极为重要时，就需要欧盟层面的立法。欧盟层面的立法主要是起到协调成员国法律的作用。其二是比例原则，即联盟层面行动的内容和形式不应超越实现条约目标之必要。国际金融机构（特别是系统重要性金融机构）的失败对欧盟内部市场的冲击极大，这是欧盟承诺需要建立金融机构处置特殊规则和程序的基础。但是欧盟层面的处置立法不能与欧盟基本权利宪章冲突。[④] 尽管如此，在国家间政治、经济和法律传统差异极大的全球层面，以国际条约作为跨境处置协调的方案，依然存在很多难以克服的障碍，包括：

第一，若一国履行条约的义务将对本国金融体系产生严重不利影响时，则该国也会背离条约义务。诚然，“条约必须遵守”原则应该作为国际条约效力的来源。然而，这一原则却并非天然有效。假设存在一项关于银行跨境处置的国际条

---

① 各国对采用国际条约作为处置协调方法的一个担心就是，条约表明缔约国做出了救助问题银行的承诺。国际金融协会不同意这个观点，其所设想的条约是关于一套跨境处置行动的技术性程序问题，而这些程序不会对成员国施加金融承诺，也不会产生支持成本。See IIF, *Making Resolution Robust*, 2012, pp. 2 – 3.

② 徐崇利：《跨政府组织网络与国际经济软法》，载于《环球法律评论》2006 年第 4 期，第 416 页。

③ 条约信守原则是基于《国际法院规约》第 38 条建立的，见苏锴明：《国际法的渊源》，载于《法制与社会》2012 年第 7 期，第 12 页。

④ 2012 年《欧盟信贷机构恢复和处置指令（最终立法建议稿）》第 7 ~ 8 页。

约，那么一国之所以遵守该条约，最大的理由可能是因为一方面一国认为遵守条约对本国是有利的，遵守条约能为本国增进利益；另一方面也可能是对如果不遵守可能会招致报复和其他合作或协调失败的后果。[①] 一国遵守条约另一个原因是出于国际声誉的考虑，一个国家的声誉是一国承担国际政治责任的体现，通常拥有稳定国内政治体制的国家会比较重视本国的国际声誉。美国的戈德·史密斯教授和波斯纳教授在分析声誉对一国遵守条约的影响时提出了两点担忧，其一，学者们有时会夸大违反条约的声誉成本，夸大国家间合作尤其是多边合作的可能性。其二，学者们有时过度依赖一国对于遵守国际法的声誉考虑。[②] 违反国际法的声誉成本以及一国对于遵守国际法的关注程度都是实证问题，几乎很难想象一个国家会仅因为声誉的考虑，而在违背本国利益情况下加入一项国际条约。正如美国学者科恩所评述的，"一种遵守国际法方面的声誉对于实现外交目标而言并非是一个最有利的途径，相反，各国可能从态度强硬、非理性或者不可预测之类的声誉中获益。"[③]

第二，条约对缔约国而言，需要付出的主权成本较高。国际法渊源是国际法研究的一个传统主题，然而，直到最近才有研究者从不同视角讨论主权成本的概念和对国际法渊源的影响。[④] 主权成本在不同的国际法律关系领域具有不同的影响力，在涉及一国安全问题方面，主权成本会很高。对于金融机构处置而言，由于处置关乎一国金融体系的稳定，所以采用条约形式的主权成本同样会很高昂。因此，在金融机构处置领域形成超国家条约的主要考虑，就是如何在主权成本和一国的预期收益之间平衡。[⑤] 假设一个国家缔结了一项问题金融机构处置的国际条约，根据条约的效力，一个国家在对问题金融机构的处置方面，在行动上将受到极大地限制。而问题金融机构处置本身是一项实践性较强，需要处置当局根据个案灵活行动的事务。条约的义务性将限制一国当局的处置行动的灵活度，因而成本较高。

第三，条约作为正式国际法规则的一个后果是使缔约国受到正式法律义务的约束，从而降低缔约国的行动自由度。在这一点上，发达经济体国家与新兴经济体国家因受到义务的限制，而付出的机会成本并不一样，发达经济体国家加入具

---

① ［美］杰克·戈德史密斯、埃里克·波斯纳著，龚宇译：《国际法的局限性》，法律出版社2010年版，第95页。

② 同上，第97页。

③ 石斌：《相互依赖·国际制度·全球治理——罗伯特·基欧汉的世界政治思想》，载于《国际政治研究》2005年第4期。

④ ［英］肯·亚历山大、拉赫尔·杜梅尔、约翰·伊特维尔著，赵彦志译：《金融体系的全球治理》，东北财经大学出版社2010年版，第168页。

⑤ 同上，第169页。

有拘束力的条约付出的成本要比其他国家大得多。罗布特·吉尔平教授等人认为，“国际货币金融法律体系的变动和发展，是金融大国追求自身利益和政策目标的附带产物。金融大国是国际金融体系的主导造法者和实施者”。[①] 这一观点与历史事实基本相符，布雷顿森林体系、巴塞尔委员会、金融稳定理事会等组织的建立即是证明。通过条约的形式调整国际金融机构跨境处置关系将会使金融大国承担更多的国际义务，影响其追求自身利益目标的能力。因而在事实上，可能由于金融大国的反对，而缺乏形成处置协调国际条约的动力。

第四，条约的缔约有着严格的程序和漫长的时间，缔约国通常是在不断地讨价还价的基础上进行妥协，最后形成的条约条款往往是模糊的。条约的解释权和实施权是归属于国家层面的，由于处置是一项事务性和技术性较强的活动，更多的是需要各国当局的个案裁量。一国当局往往会根据成本—收益的考虑，而做出对本国最有利的解释。在事实上，国家之间往往会形成相互冲突但却不违背条约义务的处置行动，这对于实现跨境处置目的而言并无助益。[②] 正是由于条约条款的模糊性以及缔约国偏离条约义务的倾向，才阻碍了国际条约作为国际金融机构跨境处置协调规范的形成。早在 2009 年，欧盟就试图通过正式立法建立欧盟层面的统一处置体制，但是由于涉及到削弱成员国问题金融机构处置权以及支持处置行动的财政主权等问题，成员国之间进行了长时间的讨价还价，最终在 2013 年才同意建立一个欧盟层面的统一处置体制。

（二）处置协调备忘录缺乏法律约束力

在 2010 年 1 月，英国和美国签订的《英美受保存款机构处置合作和信息共享备忘录》（以下简称《英美处置合作备忘录》），这是目前国家间进行跨境银行处置协调比较有代表性的实践。英美两国签订的处置协调备忘录在法律属性上是属于国际金融软法的范畴。以国际金融软法作为协调国际金融机构跨境处置协调的方案，在理论层面，其存在的主要缺陷可以通过国际金融软法悖论理论进行分析。

国际法学者援引正式法法律要素体系的研究方法分析国际软法存在的问题，包括规则的准确性、义务程度、对合规判断的授权以及制裁，这些要素通常被用

---

① 刘慧华：《一个里程碑式的研究——评吉尔平的〈全球政治经济学〉》，载于《美国研究》2004 年第 1 期。

② ［英］肯·亚历山大、拉赫尔·杜梅尔、约翰·伊特维尔著，赵彦志译：《金融体系的全球治理》，东北财经大学出版社 2010 年版，第 165 页。

于评价一国国际义务和承诺的法律范畴和效果。[①] 国际金融软法由于本身法律属性（非约束力）的限制而难以实现规则的确定性和规范目的的兼容。

相对而言，国际金融软法对一国主权成本影响较小，而且使一国有足够的灵活性选择自己的政策和行动。同时，一国也可以获得充分的自由度，来实施最大化本国利益的行动。而且，各国享有国际金融软法最终解释和执行权，将会大大减少来自国内的问责体系的压力。然而，国际软法也有其无法克服的缺陷，国际软法悖论理论很好地解释了国际软法作为一种常见的国际法律现象存在的价值和局限性。详而言之，国际金融软法其本身的性质是非约束的，这就决定了软法文本在承诺和语言上的宽泛和模糊。因为通常即使不存在需要履行的国际法律义务，一国做出的承诺越具体，对承诺者而言就越有约束力，这种约束力可能来自政治责任、声誉等。所以，一国当局为了免于对自己的规则制定和行动的自主权施加不必要之负担，因而就会做出模糊的承诺以及要求处置国际标准尽可能的宽泛。规则的模糊性使各国可以更多地从本国利益出发，解释和履行既有的软法规范。[②] 在国际金融机构跨境处置领域，相关国利益一致的情况仅仅是少数的场合，而大多数情况下各国利益是冲突的，因而，最终各国行动将会偏离软法的目标。回到逻辑原点，因为软法是不具备强制约束力的，因而就不存在正式的制裁安排，对于偏离软法目标的行为也无法实施必要的矫正。国际软法悖论理论的一个很好证明，即是欧盟建立处置协调方案的过程。在金融危机中欧盟范围内出现了富通银行、德克夏银行、冰岛银行等跨境失败案例，欧盟主要国家主张采用不具有约束力的“指导”的形式，协调各国的处置行动。然而由于各国的利益诉求不一致，而且国内处置法律框架存在严重的冲突，欧盟理事会最终放弃了通过软法的方式，作为协调依据，而启动了正式的立法程序，最终在 2012 年 6 月通过了《欧盟信贷机构恢复和处置指令（最终立法建议稿）》，这也意味着未来，欧盟将通过有议会授权的统一处置机制，来协调各国的跨境处置行动。

目前，英美两国还未出现援引《英美处置合作备忘录》进行处置协调的实践，但是通过对其文本的分析，其是否能够以及在多大程度上发挥实际的作用值得怀疑。首先，《英美处置合作备忘录》的第二条明确表明“本备忘录是两国在处置位于两国境内的问题银行时，进行协调、合作和信息共享的意图的陈述”，而且“本备忘录并不创造法律约束力的义务，并不能据此推定产生实质的权利，以及不能超越国内法律”。由此可见，《英美处置合作备忘录》是严格受制于两国的国内处置法律框架的，而且仅仅是“合作意图”的陈述。这也意味着，在实

① ［英］肯·亚历山大、拉赫尔·杜梅尔、约翰·伊特维尔著，赵彦志译：《金融体系的全球治理》，东北财经大学出版社 2010 年版，第 146～150 页。

② 安志达：《金融控股公司——法律、制度与实务》，机械工业出版社 2002 年版，第 151 页。

践过程中，两国可以不遵守该备忘录的条款。其次，《英美处置合作备忘录》的运作机制也存在缺陷。根据备忘录第四条和第五条的规定，英美两国合作处置在两国境内有跨境业务的问题银行，主要依赖的是通知、联络和请求协助的机制。"通知"义务是指在本国改变处置措施，同时可能影响另外国家银行的经营的时候，需要尽最大可能通知对方。"联络"机制主要是指为了便利信息共享，两方各自应该设立一个负责联络的人或小组。"请求协助"是指，在紧急情势下一方请求对方提供关键信息，另一方应尽最大可能提供所请求信息的机制。在我们看来，在跨境银行出现问题时，尤其是在系统性银行危机的情况下，相关国家有很大的激励拒绝提供可能会对本国银行体系产生威胁的信息。最后，《英美处置合作备忘录》对处置工具的协调、处置成本的分担以及跨境银行清算的协调等关键问题均未做出规定，这是英美处置合作备忘录的最大的局限性。

（三）相互承认方法实施难度较大

巴塞尔委员会跨境银行处置小组（Cross-border Bank Resolution Group, CBRG）在2010年3月发布了《跨境银行处置小组报告和建议》报告，该报告被G20领导人认可为跨境银行处置的国际标准。在该报告中，针对跨境银行处置的协调问题，CBRG提出了相互承认方法的建议。① 所谓相互承认的方法，简而言之就是各国在聚合的处置框架和处置工具的基础上，承认外国处置当局对某个失败跨境银行的处置行为的效力。CBRG首先对跨境银行处置的三种方法进行了比较分析。第一种方法是完全统一的普遍主义方法，即要求在跨境银行领域内以国际条约的形式确立全球统一跨境银行处置的规则和程序，并通过一系列的国际协定保障该方法的实施。CBRG认为该方法的主权成本太高，在现阶段并不具有实施的可能；第二种方法是金融机构的去全球化，这是另一个理论上的极端假设，即要求将跨境金融机构的资本、流动性、资产和运营完全隔离在单一法域内，通过完全独立的子公司进行经营。CBRG认为该方法与金融全球化的目标背离，而且该方法并不利于金融机构在全球范围内配置资源和分散风险；第三种方法是一种折中的方法，即各国当局在聚合的处置框架和处置工具的基础上，选择加强处置合作，对其他相关处置当局的危机管理和处置程序进行相互承认。CBRG认为第三种方法是一个现实的选择，该方法要求相关国家修改法律，在明确相互承认的条件和情形的基础上，承认相关其他国家处置当局的处置措施的效力，以实现

① See Basel Committee on Banking Supervision, *Report and Recommendations of the Cross-border Bank Resolution Group*, March 2010, para. 86.

跨境银行处置的协调。[①] 尽管相互承认的方法是一个现实的政策选择，但是我们认为CBRG建议的以相互承认为基础的方法仍然存在诸多的实施困难，主要理由包括以下几点：

第一，各国处置框架法定目标的不同影响了相互承认方法的适用。《跨境银行处置小组报告和建议》建议1规定了国内当局的处置框架应该具有的法定目标，即国内当局应该有合适的工具处置所有类型的问题金融机构，以达到有序处置的目的，实现保持系统重要性金融功能的连续性、实现维持金融稳定、保护金融消费者利益、限制道德风险的目标。值得注意的是，处置框架的目标和一般公司破产程序的目标有着显著的区别，处置框架的目标应该以公共利益为本位，如保持系统重要性金融功能的连续性和金融消费者利益保护等，而一般公司破产程序的目标是债权人利益的最大化。[②] 处置当局在以公共利益为本位的处置框架下显然应该具有比在一般公司（银行）破产程序下拥有的职权更为广泛。

处置目标应该是以法律的形式加以明确规定，这既为处置当局的处置职权的实施提供了法律依据，同时也是对其进行问责的依据。通过对已经建立银行特殊处置体制的几个有代表性的国家处置框架法定目标的考察发现，这些国家的法定处置目标存在差异。目前世界上大多数的国家并没有通过立法建立银行特殊处置体制以及规定法定的处置目标，这些国家通行的做法是将处置目标分散地规定在一般处置程序中。就法定处置目标而言，世界各国的处置框架目标即使是进行最低程度的协调难度也很大，而当另一个国家处置当局的处置措施与本国的法定处置目标相冲突时，一国通常不会对他国的处置措施进行承认和执行。例如，英国的特殊处置体制中包含金融稳定和保护存款人利益的目标，而美国也将金融稳定和保护存款人利益作为提出处置体制的目标。但是在具体的跨境银行处置案例中，当英国和美国同时作为一个跨境银行的处置当局时，可能会出现两个方面的冲突问题，而导致相互承认方法的实施困难。一个方面的问题是，两国可能同时选择存款人利益保护的目标，两国的处置当局会为了最大化存款人的利益，而竞相要求银行提高资本要求以及采取资产保全措施，甚至是产生“抢夺”银行资产的现象，这不仅不利于问题银行的恢复和处置，而且会导致处置冲突。另一个方面的问题是，当两国处置当局选择不同的处置目标时（如英国选择金融稳定，而美国选择存款人利益保护），在不同的目标约束下，迫于监管问责的压力，英国（美国）处置当局可能不会承认美国（英国）处置当局的，与本国处置目标相冲

① See Basel Committee on Banking Supervision, *Report and Recommendations of the Cross-border Bank Resolution Group*, March 2010, para. 59.

② See Basel Committee on Banking Supervision, *Resolution Policies and Frameworks: Progress So Far*, 2011, P. 9.

突的处置措施的效力。

第二，各国跨境银行处置具体法律规定存在差异。相互承认方法的对象是别国的处置程序和处置措施，就已经建立银行特殊处置框架的国家而言，各国在处置程序和处置工具的具体法律规定方面也存在巨大的差异，处置措施法律规定的不同也构成了相互承认方法实施的法律障碍。举例而言，处置措施得到相互承认首先面临的一个法律障碍就是处置程序的触发标准的不同规定，虽然具体的法律术语不同，在实质上各国触发处置程序的标准主要有流动性标准和资产负债表标准两种，[①] 但是世界各国在具体的标准上差异很大，例如，英国新银行业法规定，只有当银行失败或者面临失败危险的时候，处置当局才能采取处置措施。波兰银行法规定在银行出现资产负债表损失或者即将出现资产负债表损失时，处置当局采取处置措施之前，必须要有“重整修复”程序，只有在重整程序失败无法修复银行的资产负债表时，才能进入处置程序。匈牙利银行法规定了一系列细致的处置程序触发标准，既包括定性的标准也包括定量的资本要求标准。巴西、新加坡和美国的法律规定，当银行的业务严重威胁存款人利益时，将触发处置程序，而澳大利亚、比利时和德国的法律则规定当银行的行为严重威胁到本国金融体系稳定时，则处置当局有权进行干预，这些国家处置程序触发标准的不一致阻碍了本国处置措施的域外效力。[②]

第三，母国和东道国利益不一致，阻碍了相互承认方法的实施。相互承认的方法未解决母国和东道国以及东道国和东道国之间的利益冲突，这影响了相互承认方法的实际效果。我们认为相互承认方法在现实中得到有效实施，其前提条件至少应该是母国和东道国之间利益基本一致，只有在利益一致的基础上，一国当局才会承认他国的处置行动。然而在现实中，母国和东道国的利益常常是不一致的，即使是存在长期监管合作关系的国家之间，在出现跨境银行失败的场合，相关处置当局的利益也很难是一致的，例如在富通银行案中，尽管荷兰和比利时监管当局存在长期的监管合作和信息共享机制，但是在处置富通集团时，由于各国的利益不一致，依然存在没有进行协调的单独行动。

值得注意的是，虽然 CBRG 也要求各国当局修改法律，使各国国内的处置框架聚合，为相互承认方法的实施奠定基础，但是在现实中，世界各国处置框架和处置工具聚合的难度太大。首先，目前大多数国家并未建立针对跨境银行的处置框架和处置工具，即使有的国家已经拥有了跨境银行的框架和工具，但是在一些

① 现金流标准是指机构的现金流不能满足到期的负债，而资产负债表标准是指负债超过了资产，这两种方式都是以机构为基础的，均不能反映系统性风险程度。

② See Basel Committee on Banking Supervision, *Resolution Policies and Frameworks: Progress So Far*, 2011, para. 59.

关键的处置工具（如过渡银行）和具体的规定方面存在冲突。其次，不同国家法律制度设计的重点也存在差异，一个国家会因为其所处的历史时期、金融体系的特点等原因而选择不同的金融法律政策，一国很难会选择与本国政策重点偏离的处置框架。[①] 而且，由于现实中存在上文提及的三种情形，所以也会对相互承认方法的实施造成困难。

（四）特定机构的处置合作协议的缺陷

金融稳定理事会在2011年提出的处置体制国际标准中，就国际金融机构跨境处置协调问题，提出了一个“特定机构的跨境合作协议”的建议。详而言之，金融稳定理事会认为，对于全球所有的系统重要性金融机构，无论是在事前计划还是在危机处置阶段，在最低层次上，母国和东道国当局之间应该针对特定金融机构签订处置合作协议。该协议应该遵循以下原则：（1）相关国家通过危机管理小组确定跨境处置合作的目标和程序。[②]（2）明确规定母国处置当局和各相关东道国处置当局在危机前后的处置责任和作用。（3）明确各个国家进行信息共享的法律依据和程序，包括与任何非危机管理小组成员的东道国之间的信息共享安排。（4）建立协调恢复和处置计划制定的程序，跨境金融机构位于各国的法律实体也都应参与到其所在机构恢复和处置计划的制定过程中，以提高其可处置性。[③]（5）相关国家建立协调的程序进行机构可处置性的评估。（6）母国当局和其他东道国当局应事前商定，当特定跨境机构面临重大不利的困境或者在母国当局采取任何重大的危机处置措施时，母国当局应及时通知相关东道国，并与相关东道国进行协商。（7）事前确定处置措施跨境实施的各个细节。（8）跨境机构母国

① See Basel Committee on Banking Supervision, *Resolution Policies and Frameworks: Progress So Far*, 2011, para. 6 – 7.

② 危机管理小组是母国和相关全球系统重要性金融机构涉及的东道国当局（在实践上很少会出现全部东道国均参与危机管理小组的情形）建立的，目标是便利管理和处置由不同法律实体组成的跨国金融集团和金融企业集团的非正式组织。危机管理小组的成员应包括监管当局、中央银行、财政部门和负责存款保险计划的当局，这些当局与跨境机构的处置有重大关系，成员间应与其他国家的有关当局以及该跨境机构对当地有系统性影响的当局紧密合作。危机管理小组的成员应持续性的对全球系统重要性金融机构以机构为基础的跨境处置合作协议以及该协议下的恢复和处置计划的充分性进行评估，并及时向金融稳定理事会报告。

③ 一个系统重要性金融机构的“可处置性”是指处置当局能够以可行的和可信的方式处置该系统重要性金融机构，同时不造成系统性紊乱，确保金融市场核心功能的连续性和避免纳税人的风险暴露。处置的可行性是指，处置当局应具备必要的法律权力和实际能力以确保机构关键经济功能的连续性。处置的可信性是指，这些处置工具的应用本身并不会引起更广泛的金融体系和实体经济令人无法接受的不良后果。See FSB, *Key Attributes of Effective Resolution of Systemically Important Financial Institutions*, October 2011, Annex II, Note 1.

与东道国的主管当局之间，需要定期（至少一年一次）对全球系统重要性金融机构的恢复和处置计划的稳健性进行评估。(9) 特定机构的处置合作协议应该是公开可获得的。

通过对特定机构跨境合作协议基本要素的分析，可以发现，由特定跨境银行的母国和东道国签订处置合作协议的方式，在危机前和危机过程中，为跨境银行的处置提供法律确定性，为安全有序的处置跨境银行提供了一个很好的理念和制度框架。金融稳定理事会提出的特定机构的处置合作协议作为跨境银行处置的合作形式，并没有提出更为进一步的国际协调方法的指引，这导致对于处置措施的什么方面需要协调以及什么场合下当地处置当局可以进行由当地利益出发进行行动而不考虑集体利益的不确定性问题。通过进一步的分析发现，金融稳定理事会建议的特定机构的跨境合作协议还存在一些缺陷，主要包括：

第一，金融稳定理事会所建议的特定机构的跨境合作协议的法律性质并不一定具有法律约束力的。金融稳定理事会主张母国和东道国采用事前承诺的方式签订协议，事前承诺的约束力较弱，尽管在正常时期相关国能够做出较为具体的承诺，在危机情况下，尤其是在本国所作的事前承诺可能不是对本国最有利的情况下相关国家有较强的动机背离事前协议。而我们认为法律约束力是安全有序处置跨境金融机构的关键，是国际社会在未来安全、有序地处置类似雷曼失败等事件的关键保障。

第二，金融稳定理事会主张针对所有的全球系统重要性金融机构建立处置合作协议，在我们看来，由于目前国际社会不存在一个金融集团的跨境处置协调框架，国际层面不存在一个保险公司的监管国际标准，以及金融基础设施处置的协调难度较大等原因，在合理的时间框架内，针对所有全球系统重要性金融机构建立处置合作协议似乎不具有可操作性。[①] 因此，我们建议在目前国际社会首先对全球系统重要性的金融机构建立一个处置合作或协调安排是一个可操作的选择。在全球系统重要性金融机构处置协调协议实施的实践经验，相关国际层面的制度安排逐渐完善（如存款保险国际协调安排的建立），以及全球金融市场对处置合作协议加深理解的基础上，国际社会再循序渐进的建立全球系统重要性金融机构建立处置合作协议，更为合理和可行。

第三，金融稳定理事会所建议的处置合作协议中，缺少处置成本分担等关键

① 金融稳定理事会也承认，目前相关国家对保险公司、证券公司、投资公司以及金融市场基础设施关键市场主体的处置体制发展程度较低，一些国家没有针对上述机构指定行政当局负责处置，在很多情况下这些国家是通过对上述机构进行清算或重整的方式处置问题的。而且，大多数国家监管机构没有处置母公司、失败机构（特别是当金融控股公司或运营的子公司是不受监管的）的权力。另外，很少有国家有在同一辖区内存在不同负责处置当局情况下，指定主导处置当局的协调金融集团处置的框架。See FSB，*Thematic Review on Resolution Regimes Peer Review Report*，April 2013，P. 9.

要素的事前协调，因此其实施的有效性值得怀疑。关于该问题的缺陷，国际金融协会认为“虽然金融稳定理事会建议的危机处理小组是一个很好的措施，但它没有要求各国当局如何进一步合作，没有提出更加详细和更加正式的全球共识。”①

第四，恢复和处置计划存在缺陷。金融稳定理事会处置体制国际标准提出的跨境处置协调的前提条件是，各国以协调的方式建立针对特定机构的恢复和处置计划。首先，金融稳定理事会建议的恢复和处置计划是以国内为基础的，尽管其可以对国际金融机构集团的各个组成部分建立一个事前的处置计划，然而，一方面，即使最全面的恢复和处置计划也不可能在事前涵盖全部的潜在失败场合和需要采取的处置措施。另一方面，恢复和处置计划对国际金融机构本身而言会产生较重的合规成本，因此，引进恢复和处置计划作为一项有法律约束力的处置工具就需要认真考虑，特别是应该考虑避免对小机构产生过重的合规成本。② 其次，各国以国内为基础的恢复和处置计划存在许多缺陷，例如重复、无效率、对跨境金融机构施加不必要的合规成本以及各国相互冲突的要求，可能导致在问题发生时，无法如预期般管理风险。假设一个国际金融机构在 30 个国家经营，在 5 年的时间内可能就需要提起 30 个不同的处置计划，从总体上看，这一制度安排显然是一个失败的和成本较高的制度安排。最后，恢复和处置计划程序目前主要是在国内，由国内当局确定实施各自的处置权力，在现阶段可能是合适的。但是从长期看，恢复和处置计划需要在以全球为基础的集团层面建立。国际金融协会经过调查发现，目前很多国家的处置计划已经很难取得实质性进展，这主要是因为其他国家行动存在不确定性，本国无法实施一个可行的处置计划。③ 因此，金融稳定理事会仍然需要进一步建立集团层面的恢复和处置计划的指引。

二、跨境处置协调协议的法律分析

随着国际金融机构跨境经营的程度加深，在国内层面，由中央立法机关垄断问题国际金融机构处置的立法已经不能满足维护金融安全的诉求；同样，对于问

① See IIF, *Making Resolution Robust*, 2012, Preface, P. 11.

② See Herring, R., *Wind-down Plans as an Alternative to Bailouts: The Cross – Border Challenges*, Chapter 7 in K. Scott, G. Shultz & J. Taylor (eds.), *Ending Government Bailouts as We Know Them*, Hoover Institution Press, Stanford University, Stanford, 2010, pp. 133 – 143.

③ See IIF, Making Resolution Robust, 2012, P. 9.

题国际金融机构的跨境处置，任何单一国家的处置行动都无法满足国际金融机构整体特许权价值最大化和跨境金融稳定的需要，而且任何单一国家处置的决策和执行，都不可避免地对其他国家产生影响。因此，相关国家共同在事前就问题跨境国际金融机构的处置建立一个协调协议就显得很有必要。本节将讨论处置协调协议的法律属性、内容框架和制度设计的法律技术等问题。

（一）跨境处置协调协议的概念和优势

在目前国际社会存在的关于国际金融机构跨境处置协调的所有方案中，我们基本赞同金融稳定理事会提出的处置合作协议的思路，但是需要克服其存在的缺陷。我们认为跨境处置国际金融机构最重要的条件是，各国以协调和可预测的方式进行集体行动。国际金融机构跨境处置协调制度安排的目的应该是最小化国际金融机构无序失败产生的成本，允许所谓“全球大而不倒金融机构”有序的失败，同时保存失败金融机构系统重要性金融服务功能的连续性。为实现这一目的，就需要对国际金融机构相关国当局的权利义务进行“调整”，防止作为理性人的一国当局过分自利的行为，而阻碍对全球金融体系安全最有利的方案的实现。在国际技术领域需要协调的情况较多，如国际时区的划分、国际铁路轨道的设计、无线电波频谱资源的分配等。甚至有些国际技术标准已经具有了强制效力，例如对食品、玩具的质量标准已经是国际贸易的强行规则，出口商若不满足这些标准，将很可能会受到制裁。[①] 就国际金融机构跨境处置而言，很难像国际技术领域的国际标准那样，事前设立明确的、有制裁安排作为保障的实体义务。所谓跨境处置的协调在我们看来有两层含义，第一，协调是为各国当局跨境处置国际金融机构提供一个法律基准（或称有约束力的“最佳实践”）。例如，为了实现跨境处置的目的，在事前相关国就东道国和母国之间的权利义务的安排达成有约束力的协议。第二，协调是为了实现跨境处置的目的，各国当局之间就特定事项涉及的法律规则的妥协。例如，当东道国当局对所辖跨境银行的分行运用购买和承接工具时，对该分行在法律上有管辖权的母国没有义务转移东道国实施购买和承接交易所需要的母国控制的资产、负债和合同等，但是为了确保东道国的金融稳定以及保护跨境银行整体的特许权证价值，母国和东道国可以在事前或者事后达成协调协议，使母国有义务协助东道国实施相关的处置工具。

根据上面的分析，为了提高跨境处置的法律确定性，处置协调制度安排应该

---

① ［美］杰克·戈德史密斯、埃里克·波斯纳著，龚宇译：《国际法的局限性》，法律出版社 2010 年版，第 10 页。

具备一定程度的硬法属性。有学者对在国际层面的规范加入"硬法"属性持怀疑态度，如加州大学伯克利分校的法学教授安德鲁·古兹曼等人认为，在国际层面的法律从软法向硬法的转变需要极其慎重，因为一旦国际层面的法律规范获得了硬法的属性，就会随即产生高额的合规成本和严厉的制裁成本。[①] 我们认为，由于有约束力的处置协调方案可以提高全球金融体系的安全和弹性，收益将大大高于遵守和执行处置协调硬法方案的成本，作为理性人的国家将有可能接受这样的制度安排。我们由此提出一个可操作性的处置协调方案应该是，国际金融机构法律实体（包括子行、分行、办事处等各种形式）的相关国家，签订在金融机构发生问题时如何安全、快速、有序的对其进行处置和清算的有法律约束力的事前处置协调协议。

在理论上，处置协调协议具备以下优势：第一，应该是建立在尊重国家理性人假设上，能够为相关国最小化本国成本和最大化本国收益提供制度空间。第二，在国别金融稳定存在竞争的情况下，能够统一各国参与国际金融机构跨境处置的动机和利益，实现全球金融稳定和保持国际金融机构关键金融服务的连续性。第三，为了实现上述目的，作为国际金融机构跨境处置协调方案的调整规范在规范属性上，应该兼具法律约束力（确定性、可预测性和透明度）和一定程度的灵活性，既保留各国计算本国利益进行讨价还价的空间，也能在具体的国际金融机构失败事件中通过某种强制的义务平衡各国的利益结构。因为处置会对国际金融机构产生如同破产清算类似的法律效果，因此，从投资者、债权人、政府和监管者的角度看，可预测性是处置基本的要求，同时处置的可预测性也是吸引投资的必要条件。跨境处置的可预测性需要在一个合理的程度范围内阐明，在处置中哪些投资工具会受到影响以及影响的顺序是什么。在这个方面，同位阶债权人不应受到不一致的待遇，除非投资者充分认识到哪些债权人将会受到此待遇。对投资者最重要的问题之一，是其在清算之前有自救的风险。[②] 因此，无论是处置当局监管当局还是行政当局应该明确处置行动开始的时间点。例如，金融稳定理事会建议启动的触发点是"不具有生存能力或者有合理理由将不会具有生存能力"，[③] 并强调这一点被各国吸收进法律的重要性。

---

① Andrew T. Guzman & Timothy L. Meyer, *International Soft Law*, *Journal of Legal Analysis*, Vol. 2, 2010, P. 171.

② See IIF, *Making Resolution Robust*, 2012, P. 5.

③ See FSB, *Key Attributes of Effective Resolution of Systemically Important Financial Institutions*, October 2011, para. 3. 1.

（二）跨境处置协调协议的法律属性

国际金融机构跨境处置协调协议顾名思义是指，全球系统重要性金融机构的母国和东道国的处置当局，在本国法律授权的基础上签订的事前协议，在特定全球系统重要性金融机构出现问题时，相关国对其进行有序处置使其恢复到可持续经营状态，或者在其被证明是不具有生存能力的情况下，对其进行有序清算。总体而言，我们认为国际金融机构跨境处置的协调协议的法律属性是“事前有法律约束力的政府间多边行政协议”。[①] 之所以是事前协议，是因为在危机中事前有约束力的承诺和规则，比事后规则更有效。事前有约束力的规则能提供可预测性和法律确定性，能够使相关国家安全、快速、有序的处置问题国际金融机构。除此之外，处置协调协议的法律属性还有以下几点需要说明：

第一，处置协调协议是一个有“法律约束力”的制度安排。在以往的国际金融机构跨境失败的处置实践中，各国往往很难达成处置的“协调”，而且即使达成协调，其协调的制度安排也不具有可复制性，主要的原因是缺少一个有法律约束力的处置协调制度安排。在危机后，各国相继引入了问题金融机构的特殊处置框架，然而其仍然是依据国内法律建立，在效力范围上局限于根据本国法律建立的金融机构。[②] 而且，目前缺乏正式的国际法律，授权一个超国家的机构处置国际金融机构（在可预期的未来也很难产生这样的机构）。[③] 政府和处置当局是有政治国家的属性，因此，没有一个单一的国家有综合的法律权力去处置一个国际金融机构。问题国际金融机构跨境处置中可能出现的债务减记、交叉违约条款的中止等诸多问题均可能涉及不同的国家，因此，只有相关国家在国内法律授权的基础上，在一个达成共识的事前处置协调安排之下，在国内层面运用法律权力处

① 需要指出的是，事前处置协调协议的概念是在周仲飞教授于2001年提出的“监管合作协议”概念的基础上发展起来的，See Zhongfei Zhou, *Chinese Banking Law and Foreign Financial Institutions*, Kluwer Law International, 2001, pp. 77 - 81.

② See IMF, *Resolution of Cross-border Banks - A Proposed Framework for Enhanced Coordination*, 2010, P. 9.

③ 危机后，欧盟的处置框架改革中提供了一种解决方案，即当欧盟各国无法就处置达成有效的协调，或者是欧盟委员会宣布金融市场处于“紧急状态”的情况下，欧洲银行监管局欧洲银行监管局将承当协调的职责，对各国施加强制的处置协调义务，目的是尽快稳定金融市场，防止危机蔓延。当然，欧洲银行监管局的强制协调权力也会受到很多条件的限制，最为重要的一个限制条件是，欧洲银行监管局做出的强制协调决策不与欧盟的财政条款冲突，即不削弱各国的财政主权。See Zdenek Kudrna, *Cross-border Resolution of Failed Banks in the EU: A Search for the Second-best Policies*, Institute for European Integration Research Working Paper No. 08/2010, pp. 26 - 27. 然而，欧盟的这种由超国家机构通过强制协调介入权的方式，提供协调法律确定性的模式，无法作为全球普遍借鉴和可操作的处置协调模式加以应用。

置所辖跨境银行实体，才能产生期望的实际效果。[①] 因而，通过协调各个国家处置框架的方式处置国际金融机构，就成为务实的选择。处置协调协议就是一个平衡国际金融机构跨境处置所需的法律约束力以及处置立法国内属性的折衷方案，其目的就是为了克服问题国际金融机构相关国当局分散处置，对全球金融体系带来的混乱和高昂的成本。

法律约束力是处置协调协议的关键属性，巴塞尔委员会跨境银行处置小组在2010年的报告中主张，未来的跨境处置的协调首要的问题是获得某种程度的法律约束力。瑞士的霍布克斯教授认为“跨境金融机构的处置需要某种程度的法律约束力，然而，由于国际社会不存在一个议会控制体系，这种法律约束力就只能在国内法中产生”。需要注意的是，处置协调协议法律约束力的来源是一国国内的处置法律，同时其实施和制裁也是依赖国内法律体系。具体而言，一国处置当局在本国法律的授权下，与其他国家处置当局签订协议，能够产生国际法上的拘束力，相关国当局有义务遵守事前签订的协议。伦敦大学的拉斯特拉教授也认为，由相关国家当局签订有法律约束力的协调协议，这种方法“在理论上是可行的，能不能被（政策制定者）接受则是另外一个问题”。[②] 处置协调协议在性质上属于特别法，由本国当局和母国当局签订，作为国际金融机构准入条件和持续经营的合规条件。在国内法层面对处置当局施加强制协调义务，其经济成本和主权成本远低于条约，同时也具有国际金融软法所不具有的约束力。此外，在处置协调协议具体条款的设计时，留给相关各国充分讨价还价的空间，使处置协调协议的安排与本国的利益相一致。因此，与其他处置协调方案相比，处置协调协议更具有比较优势。

第二，处置协调协议是一个“政府间行政协议”。国际金融机构跨境处置协调需要一个具备法律确定性、透明度和预测性的制度安排，然而由于国际金融机构跨境处置的事务性和专业性较强，需要处置当局根据不同的个案，判断处置工具的选择和启动的时机，因此，处置协调协议还需要具备“灵活性”。巴塞尔委员会《跨境银行处置小组报告和建议》的撰写人霍布克斯教授和克里明格教授主张跨境银行的处置需要一个替代性的制度安排，该制度安排需要在有约束力的法律工具的基础上建立。[③] 我们赞同巴塞尔委员会跨境银行处置小组的观点，即各国当局需要为跨境处置提供的是一个能够平衡法律约束力和灵活性，法律确定

---

① See IIF, *Making Resolution Robust*, 2012, P. 5.

② See Rosa M. Lastra & Geoffrey Wood, *Bank Insolvency in the Context of Crisis Management*, *in* Rosa M Lastra eds., *Cross Border Bank Insolvency*, Oxford University Press, 2011, para. 1. 72.

③ See Basel Committee on Banking Supervision, *Report and Recommendations of the Cross-border Bank Resolution Group*, March 2010, para. 70.

性、透明度和预测性价值的法律工具，而非一套正式的法律（如国际条约）。在我们看来，巴塞尔委员会所建议的法律工具，其要旨在于平衡处置协调的法律确定性和灵活性，因此通过政府间行政协议的方式是一个可行的选择。[①] 首先，此处“政府”的含义不应是指传统国际法上代表国家缔结国际条约的一元政府，而是指中央政府下属的负责问题国际金融机构处置的政府部门。由一国中央政府下属的政府部门参与国际金融立法活动早已有之，[②] 是符合全球金融治理的发展趋势的。[③] 此外，在各国负责处置的当局可能是中央银行、审慎监管当局、存款保险公司及新设的处置当局，为了便于签订处置协调协议，一国需要明确一个负责的主导处置当局。其次，政府（国内处置当局）有充分的专业知识签订处置协调协议，而且缔约成本较低。在跨境处置领域，要通过一部正式的立法作为调整规范，不仅成本巨大，而且很难被各国所接受，而作为一个法律，需要有普遍适用性，需要有强制力保证实施，国际社会目前无法提供这些要素。最后，在实施处置协调协议的实践中，处置当局能够在自由裁量的基础上，灵活地实施以本国利益最大化为目标的处置措施，同时也能积极与相关国家进行处置协调。需要指出的是，处置当局代表本国与他国签订处置协调协议，需要获得正式立法层面的授权，并且应该严格在本国法律授权和处置法律框架的范围内与他国签订协议。

就相关专业问题，由政府下设的经济管理部门与他国签订合作协议，越来越多成为国际金融领域签订国际性文件的主流方式。举例而言，目前只有少数的国家（以无法律约束力的备忘录形式）建立了国际金融机构跨境处置的双边或多边的政府间协调协议，包括澳大利亚、美国以及欧盟成员国等，而参与签订处置合作备忘录的主体大多是各自国家负责问题金融机构处置的当局。例如，美国的联邦存款保险公司与多个国家的相关当局签订了处置协调谅解备忘录，包括美国联邦存款保险公司与英国英格兰银行之间、美国联邦存款保险公司与中国人民银行

① 关于“行政”概念的分析请参见黄小勇：《“行政”概念疏义》，载于《北京行政学院学报》2001年第5期。

② 然而，在全球化时代，除了全球经济问题不断增加之外，通信和交通技术的发展，为这些经济管理职能部门在跨政府组织网络中的互动提供了便利的条件，并降低了它们之间的交往成本，这些都推动跨政府联系出现了明显的组织化和网络化的发展趋势。参见徐崇利：《跨政府组织网络与国际经济软法》，载于《环球法律评论》2006年第4期，第415页。

③ 徐崇利教授认为对于全球化时代各种纷繁复杂的国际经济法律问题，民族国家如继续仅仅以单一体形式，通过政府间经济组织，采取正规的程式缔结国际经济条约进行国际经济立法，已不足以应对。全球化与传统上由国家“一致对外”的立法模式之间的张力正在冲击着国家内在的统一性和协调性，国家内部的各种机构需要获得一定的自主权力以处理与其职能相对应的对外经济管理事务。此时，需打破“国家”作为单一体之结构，将部分权力“分解”给下属的政府各经济管理职能部门，而这些职能部门“术业有专攻”，可以提高治理的效率和效果。见上引，第414页。

之间。然而需要指出的是，以英美之间签订的处置合作谅解备忘录为例，其主要内容是在事前就金融机构跨境处置的事项进行约定，如共同定义的处置场合和情境、相关的处置计划、当局可获得的处置工具、处置协调所需的信息共享安排等。巴塞尔委员会认为，目前的处置合作备忘录等安排大多是不具备法律效力的，① 而且是一般适用的（即不是特定机构的），② 而且缺少对问题国际金融机构处置的关键要素的协调，如当局之间处置责任的定义和分配、处置成本的分担、处置工具的可获得和实施、信息共享的范围和方式。③ 在这一观点的基础上，我们进一步提出，处置协调协议应该是一个定制的法律工具，也就是说，各国当局应该根据国际金融机构本身的特征和相关国家法律体系的特点，制定以国际金融机构为基础的处置协调协议。

第三，处置协调协议是一个“多边”的政府间协议。金融稳定理事会建议的处置合作协议是一种双边行政协议，然而我们认为通过双边行政协议的方式无法为问题国际金融机构的跨境处置提供充分的保障。在现代国际金融市场条件下，问题国际金融机构的跨境处置已经成为一个全球问题。也就是说，对于一个问题国际金融机构的跨境处置需要不同国家当局协调一致的集体行动，传统意义上简单的母国和东道国双边协调的模式已经不能满足现实发展的需要。处置协调协议作为一个多边协议，能够允许与特定跨境银行处置的利益相关国家有权利参与到协议的规则制定和实施的全过程。相关国家在平等协商的基础上自由的表达利益诉求和进行讨价还价，有利于处置协调协议的合法性以及实施的有效性。同时由于负责签订协议的国内当局受到国内的问责安排的制约，因此能够保障处置协调协议实施的可问责性。④ 欧洲央行系统也认为“为了有效处置全球银行集团，需要与第三方进行国际层面协调的多边安排”。⑤

处置协调协议的多边属性，主要是由其所需要协调的处置当局之间法律关系的复杂性决定的。以冰岛银行案为例，2008 年 10 月 7 日，冰岛金融稳定局决定对 Landsbanki 银行（英国 Icesave 银行的母行）进行接管，政府只承诺所有的国

① 巴塞尔委员会认为“建立处置措施和监管行动跨境承认和执行的框架”是未来的政策重点，然而其建议采用“高级原则”的形式，同样不具有法律约束力。See Basel Committee on Banking Supervision, *Resolution Policies and Frameworks: Progress So Far*, 2011, para. 186.

② 金融稳定理事会针对这个弊端做出了一些改进，建议建立风险管理小组和以机构为基础的处置计划，See FSB, *Key Attributes of Effective Resolution of Systemically Important Financial Institutions*, 2011, pp. 14 - 15.

③ See Basel Committee on Banking Supervision, *Resolution Policies and Frameworks: Progress So Far*, 2011, para. 167.

④ 周仲飞：《全球金融法的诞生》，载于《法学研究》2013 年第 5 期。

⑤ See ESCB, *EC's Public Consultation on the Technical Details of a Possible EU Framework for Bank Recovery and Resolution - ESCB Contribution*, 2011, section 5, para. 6.

内（冰岛）的存款人的钱可得到本国存款保险的保护。这就引发了英国、卢森堡、荷兰和德国等国家的担忧，因为冰岛政府的声明排除了冰岛政府对这些国家存款人的保护责任，因此，各个国家不得不采取单独行动保护本国的存款人利益（如英国政府不得不宣布通过政府担保的形式，担保英国 Icesave 银行英国存款人的存款）。在 2008 年 11 月 16 日，冰岛为获取国际货币基金组织数额是 21 亿美元的贷款，遂与英国和荷兰达成初步协议，冰岛正式承诺对境外存款人的存款保护。冰岛银行案说明，一个跨境银行的失败的影响以及其所需要的处置措施，仅通过双边协调的方式已经不能满足跨境金融稳定的需要。因此，处置协调协议应该由母国主导签订，母国与国际金融机构所涉相关的东道国当局共同建立一个有针对性的协调协议，是一个合理的选择。

第四，处置协调协议应该是量体裁衣式的，即根据每个国际金融机构的特征及其法律实体所在国家的处置法律框架的特征，制定一个有针对性的协调协议。国际金融机构跨境处置协调协议的建立必须要注意的一个基本事实是，国际金融机构之间的组织结构和业务的差异非常巨大，这就是采取一刀切式的处置模式对国际金融机构而言是难以实现的部分原因。总体而言，国际金融机构的组织和流动性管理可以分为集中型和分散型两种模式，对其处置也应有所区别。集中型国际金融机构是在集团层面提供集中的财务、技术和业务结构管理，为全球客户提供金融服务（如德意志银行）。对于集中型的业务，在处置阶段需要在集团层面进行处置。典型的分散型国际金融机构更多的关注零售业务，依靠当地融资（国内的存款）以及受到东道国的监管（如巴黎银行），存款人提供的融资受到当地存款保险计划的保护。集团不同部分之间的交易更多地被看作是独立机构之间的交易。在分散经营的体制下，集团一个实体的失败对其他实体的冲击较小。当国际金融机构是分散经营体制，相关处置当局应该在事前分析集团各个部分的可处置性。

第五，处置协调协议实施的影响评估。由于处置协调协议是为国际金融体系新引入的制度安排，因此我们建议，相关国家在建立和实施一个国际金融机构的处置协调协议之前，首先应该对其进行影响评估，在内容上应该主要考虑三点：(1) 评估国际金融机构跨境处置协调协议是否能够实现处置目标，如果不能，则需识别阻碍其实现目标的因素有哪些。(2) 处置协调协议是否能为全球金融体系带来积极的影响，包括降低潜在的系统性金融机构危机和避免因金融机构危机而产生的经济福利损失；最小化纳税人因公共救助和清偿力支持而产生的成本。(3) 处置协调协议的潜在实施成本是否可以得到很好地吸收。任何制度的实施都是会产生成本的，因此，处置协调协议的实施就需要评估其可能产生的潜在金融稳定收益与其制度实施成本之间的关系，尽可能地降低不必要的实施成本。目前一个比较现实的困难是，各国可能对金融稳定理事会处置体制国际标准有不同的观点，因而可能产生不聚合的国内处置框架，而解决这些问题的成本远比制定处置计划的成本要高。此外，处置协调协议的建立还需要评估协议与相关国家公共政策的兼容问题。例如，目前关于处置成本损失最小化和保存金融机构关键金融功能连续性，哪一个作为优先的政策目标，现在各国之间还存在观点的分歧，而这点对跨境金融稳定至关重要。在建立特定机构的处置协调协议时，各处置当局需要确保就各自的公共政策进行充分的协商。①

第六，未来相关国家国内处置法律框架引入和实施金融稳定理事会提出的跨境合作法律框架要素，将有助于处置协调协议的实现。金融稳定理事会认为，为了便于协调处置大型跨境金融机构，各国应进行国内法律的改革，将处置框架的关键属性吸收进本国的处置框架中。进一步地，法律应赋予本国处置当局权力并鼓励其尽可能地采取行动，以实现与国外处置当局的合作。相关国家就跨境金融机构处置进行合作的法律条件主要包括：（1）本国法律不应规定“当其他国家当局启动国际金融机构法律实体的处置或破产程序，而自动触发国内的官方干预”的规定。也就是说，一个国家应保留是否对所辖国际金融机构实体采取处置措施的自由裁量权，特别是在缺乏有效的国际合作和信息共享的情形下。（2）处置当局应该对所辖国际金融机构的分支机构有处置管辖权；本国当局有法定职权，支持母国当局的处置行动（如母国当局采取将本国所辖国际金融机构分行的财产转移到母国当局设立的过渡金融机构）。但是，东道国采取的支持行动不应损害本国债权人的利益以及与本国的公共秩序相冲突；在母国当局为考虑本国的金融稳定而没有对国际金融机构母行采取及时的处置行动的场合，东道国有启动处置程序的自主权，以维护本国的金融稳定。（3）公平对待境内和境外的债权人。一国法律不应歧视其他国家的债权人，如果一国法律体系中确实存在歧视性的条款，该国应该将歧视性条款公开披露。（4）处置当局在法律上应有与它国当局进行信息共享的能力，以获得国际金融机构整体的信息，支持跨境处置措施的实施。一国法律应对本国当局从外国当局所获得的信息的保密规定。② 此外，金融稳定理事会还建议一国当局有权处置所辖国际金融机构的分支机构；有权处置国际金融机构的非受监管机构，即使其依然有生存能力。金融稳定理事会的这两个建议，同样有助于处置协调协议的建立。

---

① See IIF, *Making Resolution Robust*, 2012, P. 2.

② See FSB, *Key Attributes of Effective Resolution of Systemically Important Financial Institutions*, October 2011, pp. 13 – 14.

（三）跨境处置协调协议的基本要素

前已述及，在危机中事前有约束力的承诺和规则，比事后的临时规则更有效，因为事前有约束力的规则能提供可预测性和法律确定性。然而，从签订处置协调协议的成本收益分析和实施的可操作性角度看，事前有约束力的处置协调规则的范围应该尽量的小。① 为了确保国际金融机构跨境处置协调的有效性和降低签约成本，各相关当局需要就影响国际金融机构跨境处置的关键事项进行事前的约定。在本部分，我们将讨论一个有效的处置协调协议在理论上应该包含的最低程度的内容要素。需要指出的是，在实践层面由于各国处置当局需要在本国法律授权的框架内签订处置协调协议，对于本国基本法律有明确规定的事项，一国处置当局应该有权与其他国家处置当局签订合作协议。在这种情况下，相关当局就需要识别各国法律体系中的潜在法律冲突，建立事前的协调安排。而对于本国法律没有明确规定的事项，基于合法性原则，一国当局原则上没有权力与它国当局签订合作协议。在这种情况下，一国就需要根据金融稳定理事会制定的处置国际标准进行国内法律的改革，以便为处置当局参与处置协调提供充分的法律保障。

根据金融稳定理事会和巴塞尔委员会所提出的跨境银行处置的国际标准，② 我们建议一个有法律约束力的处置协调协议，在最低程度上应该包含以下基本要素：

第一，关键术语的共同定义。包括明确对国际金融机构跨境处置启动标准的“紧急情势”的定义、金融机构清算的定义、债权人（包括存款人）的最低权利和义务、集团内债权的地位、债权请求权的支付位阶、抵销和净额结算、特定金融合约的地位、债权申报和支付的定义等。

第二，处置责任分配。根据金融机构跨境处置历史实践（如富通银行案和德克夏银行案），国际金融机构跨境处置协调能否成功的首要问题是，明确在问题国际金融机构出现问题时，相关国家的当局如何有序的启动和实施处置权力，即确定对国际金融机构全部法律实体所适用的处置程序和负责的处置当局，明确不同的处置当局之间处置责任的分配和处置程序的协调。作为保障条件，需要建立不同处置当局之间的信息共享安排，包括处置协调所需的信息共享的范围和途径，以及信息共享过程中的保密要求等。

---

① See Rosa M. Lastra, *From Bail-out to an Adequate Resolution Framework*, in The Challenges of Cross-border Resolution Round Desk Conference, May 2102.

② See Basel Committee on Banking Supervision, *Report and Recommendations of the Cross-border Bank Resolution Group*, March 2010, para. 71.

第三，处置成本分担。与处置责任分配同等重要且直接相关的一个问题是，明确不同国家对国际金融机构跨境处置支出的分担（不论单个国家的法律框架是采用公共融资、私人融资还是存款保险或者其他政府担保等作为处置融资来源）。

第四，处置工具的协调。处置工具的协调是处置协调协议的核心，处置协调协议的主要内容是确定启动处置程序所依据的具体规则，明确相关当局可获得的处置工具，以及在事前协调相关处置工具的启动条件、适用范围、法律效果等关键条款。

第五，清算的协调。对于问题国际金融机构的剩余实体，相关国需要确保对其及时启动清算程序，以加强市场约束，以便债权人获得及时偿付资金后能够将其重新投入到金融交易中，重新启动市场。

第六，附属条款。主要包括：(1) 确保对进入处置程序的国际金融机构内不同实体事务的管理和监管的协调，包括对需要继续存续的业务的日常经营、融资、金融机构内资产转移等事项，以保障处置协调安排的实际效果。(2) 无论是在处置阶段还是在清算阶段，都需要确保国际金融机构的债权人、存款人、交易对手方、股东的公平待遇，而无论其位于何地。(3) 协调相关国存款保险水平，确保所有存款人的公平待遇和充分的保护。

以上所列的内容要素是影响处置协调有效性的关键因素，因此我们建议凡是签订处置协调协议的国家均需要在最低程度上接受这些要素，然而以上各个要素的具体实现形式需要相关国家在平等协商的基础上具体确定。此外，仍然需要强调的是，对于一个针对特定国际金融机构的处置协调协议，在内容上应该是“定制的”，主要是因为国际金融机构本身的业务的特殊性以及管辖的法律框架的特殊性。详而言之，不同的国际金融机构在不同国家开展的业务及其重要程度是不一致，因此需要采取有针对性的处置措施。而且不同国际金融机构法律实体所在国家的处置法律框架的特征也是区别甚大的，正如胡普科斯教授的观点：“因为有效的跨境银行处置需要依赖国内法律框架，国内框架的特征对跨境处置的本质、速度和有效性有重大的影响。”[①] 基于以上原因，每个国际金融机构的处置

① See Eva Hüpkes, *Rivalry in Resolution: How to Reconcile Local Responsibilities and Global Interests?*, *European Company and Financial Law Review*, Vol. 7, Issue 2, 2010, pp. 216 - 239. 在该书中，作者构想了一个协调的实际步骤以协调国内属性的处置责任和全球金融稳定利益之间的矛盾，包括，第一，国内当局明确位于其辖区内的跨境银行机构的监管和处置责任的分配，确认对该机构负有处置责任的母国或东道国的法律框架是否满足处置机制的最低国际标准。第二，国内当局评估当跨境银行失败时，各自国家的金融稳定框架的有效程度，以此来评估是否债权人能够被平等对待，以及符合最大受偿原则和国民待遇原则；是否关键金融服务功能能够得到保存；是否符合最低成本处置原则和降低道德风险原则等。第三，在以上两步评估的基础上，国内当局再判断是否继续采取措施以（所辖跨境银行实体）降低失败的可能性和冲击程度。如果答案是肯定的，则国内当局可以对所辖跨境银行实体采取额外的审慎监管或结构要求，例如要求更高的资本充足率和流动性要求、要求限制集团内风险暴露等措施。

协调协议都应该是特定的。

此外，为了保障处置协调协议实施的有效性，我们进一步建议相关国家通过处置协调协议建立由母国当局主导的针对特定国际金融机构的处置信息系统。在压力情况下，国际金融机构在多个国家经营的事实，会使信息不对称和信息不透明的情况更为严重，增加了各国处置当局进行协调处置的难度。而且各国单独进行信息搜集的做法，可能出现信息重复搜集的情况，增加各国的处置成本。从某种意义上说，国际金融机构跨境处置协调的关键问题就是国际金融机构信息可获得性问题。金融稳定理事会认为，各国碎片化的信息管理系统，是阻碍对系统重要性金融机构处置跨国合作最主要的阻碍因素。巴塞尔委员会认为在本次金融危机中各国采取的相互冲突的流动性支持措施和监管隔离措施，很大程度上是因为无法获得关于跨境银行本身以及相关其他国家当局问题银行处置措施的信息。[①] 因此，国际金融机构跨境处置信息系统应该包括两个方面的内容，其一是国际金融机构本身的关键信息，其二是相关国家各自的处置法律以及相关的危机管理措施。

首先，国际金融机构有义务定期向处置信息系统提供关键信息，母国当局负责评估国际金融机构所提供的信息是否能够便利对其进行处置。需要提交的信息在内容上主要包括组织结构、主要的法人实体、主要的交易对手方、国际金融机构参与的支付和交易系统、证券结算系统（是否参与中央交易对手方）。具体而言，国际金融机构需要提供的信息应包括：(1) 该金融机构的跨境因素，如主要的跨境交易对手、每个法人实体的存量资产和地理位置等。(2) 国际金融机构的主要法律实体所持有的资产，以及在危机的情况下集团实体之间转让资产的法律及监管的限制。(3) 国际金融机构范围内的应急融资计划。(4) 压力情况下外国当局可能对国际金融机构法律实体施加的运营要求。(5) 国际金融机构参与的主要金融合约，及其净额结算或转让所需要的信息。(6) 国际金融机构有关客户资金保护的安排；(7) 国际金融机构信息支持部门对交易记录保存、数据的完整性等安排。

其次，有关国家当局之间应定期交流各自的处置法律和监管框架等相关方面的信息，以降低因信息不对称而造成的不确定性，主要应包括：(1) 各国的问题金融机构处置法律和政策框架，还需要包括金融机构信息披露和报告要

---

① 巴塞尔委员会认为在危机期间信息共享难以实现的原因主要包括，第一，在危急情况下，监管者有信息获取、处理和分析的困难，从而无法与其他监管机构及时共享信息。第二，母国当局可能不愿意提供完整的信息，他们认为东道国当局态度消极导致风险蔓延，从而提示东道国当局不要采取不基于母国当局国家利益考虑的措施。然而，母国监管者，从东道国当局获得的信息可能会更少，因为东道国当局倾向于采取行动，以保护当地的存款人及债权人的利益。See Basel Committee on Banking Supervision, *Report and Recommendations of the Cross-border Bank Resolution Group*, March 2010, para. 103.

求；金融机构市场竞争的要求，包括本国法律对单家金融机构所占市场份额的限制以及对金融机构资产规模的限制；存款保险计划，包括受保存款的范围和类型，存款保险计划参与金融机构处置的程度等。(2) 提供流动性支持的框架，其中包括由中央银行在正常情况下提供的支持以及在流动性压力下提供支持的条件。(3) 政府提供任何支持的条款和限制，如政府担保和政府直接注资的条件等。(4) 本国当局对所辖国际金融机构实体处置，对该实体参与金融市场基础设施的影响，如支付、结算及交易系统的成员资格是否因违约事件触发导致终止或暂停等。(5) 在国际金融机构实体出现问题时，相关国家当局可能采取的措施，如资产隔离或地方主义的处置措施、存款人及其他债权人的法律地位、金融市场的合约的法律地位等。①

(四) 跨境处置协调协议设计的原则和法律技术

处置协调协议的目的是为国际金融机构跨境处置提供一种有法律确定性的事前协调安排，进而降低对国际金融机构跨境处置的总体成本、保持金融机构关键市场功能的连续性和防止风险的跨境传染。这一目的的实现，需要解决相关国家大量的法律冲突问题和实践上的问题，因此，处置协调协议在制度设计上应该遵循一些特定的原则。处置协调原则的作用在于保证国际金融机构跨境处置协调协议本身及其实施的合法性和成比例性。在理论上，处置协调协议的设计应该受到以下四个原则的约束，即安全原则、快速原则、公平原则和透明度原则。

第一，安全原则。安全原则包含三层含义，首先是处置问题国际金融机构的过程中，应该保持金融机构市场关键功能的连续性，避免市场过度震荡，保证系统稳定；其次，处置工具或处置措施本身不会对问题国际金融机构和整个金融体系产生新的风险；② 最后，处置框架和处置工具的设计应该与本国法律体系相容，保持法律体系的安定性，换言之，在建立处置框架和处置工具的过程中应该充分

---

① See Basel Committee on Banking Supervision, *Report and Recommendations of the Cross-border Bank Resolution Group*, March 2010, pp. 32 - 33.

② 公共选择理论假设政府官员根据自身利益最大化的原则采取行动，政府官员行动的出发点是增进自己的经济利益（如他们的个人福利），认为政府在市场上会对整个经济产生负的外部性，因此主张从现实的角度看待政府行为，在监管理论中与之相近的是斯蒂格尔的监管俘获论。在跨境银行处置领域，由于处置当局通常会在金融稳定的目标下对私人机构进行处置，对私人机构和个人的权利义务产生重大影响，因此有必要在制度设计的时候限制处置当局的权力。

考虑原有法律的规定，避免发生冲突。[①] 具体而言，在跨境处置层面，安全原则是指处置问题国际金融机构的过程中能够有序的处置问题国际金融机构，避免风险的跨境传递。

第二，快速原则。快速原则是指在进行问题国际金融机构的跨境处置时，要求相关国处置当局能够及时地介入干预，防止风险的扩散。本次危机中，由于当局缺乏必要的法律依据而不能对问题机构进行快速处置是危机扩散的重要原因。[②] 快速原则还应包括处置措施的及时退出，以避免道德风险和恢复市场竞争。[③]

第三，公平原则。公平原则是指处置问题国际金融机构时，不应因国际金融机构的母国不同而有区别待遇，以及不得歧视问题国际金融机构处于同等地位的债权人。[④] 公平原则还应考虑全球公平竞争问题，处置协调协议的设计应该保证处置当局对国际金融机构的跨境处置不应对其构成变相的担保或隐性福利，不应对该机构过度保护以至于使其相对其他市场主体获得不正当的竞争优势。

第四，透明度原则。从稳定市场预期的角度看，透明度原则要求处置协调协议对处置工具的触发标准、触发程序和退出安排等是透明和可获得的，使市场参与者能够对相关国家处置问题国际金融机构的行为进行合理的预期。[⑤] 透明度原则并不意味着处置当局的一切处置行为和决定都应该公开，例如，对一些涉及问题国际金融机构的重要信息，在正常情况下应该公开，但是如果公开会对问题国际金融机构产生极大不利影响的，则处置当局可以选择延迟公开。[⑥] 相关国当局需要对信息公开的范围和方式进行协调。

---

① See StijnClaessens, Richard J. Herring, Dirk Schoenmaker & Kimberly A. Summe, *A Safer World Financial System: Improving the Resolution of Systemic Institutions*, Geneva Reports on the World Economy No. 12, 2010, pp. 58 - 61.

② See The Pew Financial Reform Project, *Standards for Rapid Resolution Plans*, 2011. 该报告详尽地阐述了快速处置的必要性，并针对快速处置提出了四个标准，分别是：低风险、低成本的处置目标；快速干预的法律依据以及保持关键市场功能连续性；良好治理的处置程序，加强对处置当局的问责；处置计划的有效性。

③ See Basel Committee on Banking Supervision, *Resolution Policies and Frameworks: Progress So Far*, 2011, P. 18.

④ See European Commission (DG Internal Market and Services), *Technical Details of a Possible EU Framework for Bank Recovery and Resolution*, 2011, P. 21.

⑤ 欧洲央行系统对欧盟新处置框架技术细节的建议稿中，多次强调了透明度原则的重要性，例如欧洲央行系统建议“为了降低触发自救导致的法律的不确定性，如无序的市场行为、折价销售和套利机会等，需要依据法律的透明度原则设计自救的触发标准和程序”，为了提高自救债的市场需求，欧洲央行系统建议“透明的处置程序确保处置当局遵守不变坏原则是确保法律确定性和提高债券吸引力的关键”。See ECB, European Commission, *Public Consultation on Technical Details of a Possible EU Framework for Bank Recovery and Resolution - ESCB Contribution*, 2011, P. 14.

⑥ See Basel Committee on Banking Supervision, *Resolution Policies and Frameworks: Progress So Far*, 2011, para. 79.

以上所述设计原则的主要作用在于为国际金融机构跨境处置协调协议的设计提供一个基本的理论指导框架。而在具体协调安排的制度设计层面，相关国家需要运用不同的法律技术去设计一个可操作的协议，主要包括以下几点：

第一，相互承认和程序协调的方法。相互承认的方法可以作为一项有价值的技术，来保障处置协调协议的设计和实施。这是由于处置协调协议具体制度安排的实现，依赖相关国家在双边、区域或国际层面上，采取进一步措施以承认外国处置程序的效力。巴塞尔委员会也建议，相关当局需要建立便利相互承认各自处置程序的法律框架以及在双边、多边和国际层面建立承认外国处置措施效力的协议。在目前的法律框架下，一国处置措施在其他国家的生效通常需要适当地批准程序，而且很难得到其他国家当局的配合。拉斯特拉教授认为承认外国措施的主要障碍有两点：其一是传统国际私法原则（互惠和公共秩序保留）冲突；其二是国内银行处置措施行政权的本质。例如加拿大金融机构监管办公室明确指出，即使失败金融机构在加拿大有办事处、重大资产或者为加拿大居民和企业提供金融服务，加拿大当局也没有法律上的义务采取行动以配合他国当局的处置行动。外国当局实施处置措施，只有在的得到加拿大相关法院的批准或承认之后，才能在加拿大境内生效。① 又如英国 1986 年《破产法》就规定，如果非欧洲经济区的当局对在英国有分支机构的银行采取了破产管理措施，则英国当局原则上将有协助义务，如协助外国破产管理人获得在英国境内的分支机构的资产。只要该国所采取的破产措施与英国的公共政策不相冲突。② 在这种情况下，相关国家和英国当局如果在事前明确了英国当局公共政策的内容或可操作的判断标准，则会大大提高相互承认的法律确定性和可操作性。因此，相关国家需要在事前明确本国法律、公共政策或其他规范对承认其他国家处置程序效力的阻碍规定。相关国在处置协调协议中，事前明确相互承认的法律依据、条件和效果，将有利于承认外国危机管理和处置程序具体程序的建立。此外，联合国贸发委发布的关于商业公司跨境破产的程序协调方法，同样值得处置协调协议的借鉴。③

第二，最低成本测试。国际金融机构失败和处置的成本是影响处置协调的基本因素，处置协调协议应该是以降低国际金融机构跨境处置的总体成本为目的。在国内层面，由于处置通常会涉及公共资金的运用，最小化处置成本已经是有些国家处置立法的正式法定目标，例如最小成本原则在美国的问题银行处置中已是

---

① See Basel Committee on Banking Supervision, *Resolution Policies and Frameworks: Progress So Far*, 2011, para. 159.

② See Basel Committee on Banking Supervision, *Report and Recommendations of the Cross-border Bank Resolution Group*, March 2010, para. 86.

③ See id. para. 73.

较为成熟的制度。美国在1991年《联邦存款保险公司改进法》中明确规定，联邦存款保险公司有义务选择符合最低成本原则的处置措施，即处置措施的成本应该与银行清算成本进行比较，处置成本不得超过“存款保险额减去清算资产后银行预计所得的全部净额”。为了实施最低成本测试，联邦存款保险公司需要对所有方案进行评估和计算。在跨境处置层面，最小化国际金融机构失败的成本也应该作为政策目标，而处置协调协议也需要考虑这一政策选择。最低成本原则旨在降低公共资金的风险暴露，一个值得考虑的问题是，当实施最低成本原则与金融稳定目标之间发生冲突时，法律应该如何选择？换句话说，最低成本原则的实施可能会阻碍当局采取最有利于金融稳定的处置措施，尤其是在最低成本原则作为处置当局的法定义务，而法律又未明确规定当局广泛金融稳定权的情况下，当局可能会出于合法性的考虑，从而选择问题国际金融机构次优处置措施。为了避免这样的问题，在处置协调协议中，应该规定金融稳定例外条款，为当局选择最优处置措施提供法律依据。

第三，债权人利益不变坏测试。在历史上，金融机构失败（主要是指破产）在全球范围内无法达成有效协调框架的一个重要原因就是，无法公平对待位于不同国家的债权人。能否保证公平对待问题国际金融机构的境内外债权人，也是处置协调协议制定和实施能否成功的标准。在金融危机后，国际金融监管改革的过程中产生了一个新的概念，即债权人不变坏原则。① 所谓债权人利益不变坏原则是指，债权人所获得的收益不应低于一般破产清算程序中获得的补偿。处置程序应该保证债权人的利益不低于普通清算程序中的受偿数额，其主要理由是稳定投资者的预期和保护市场关系。国际金融协会认为不变坏原则的要素应该包括以下几点：（1）对债权人补偿的时间应该是事后的。例如假设处置计划需要在周末完成，那么对于债权人的补偿数额的确定应该是在事后确定；（2）事后的司法审查对于保证债权人补偿数额的公正性极为必要，但是司法审查不应干预处置职权的实施；（3）为了提高公正性，处置当局可以任命独立的估值人，来决定债权人的受偿水平；（4）处置当局运用处置职权可能会产生对某些特定债权的全额补偿，

---

① 不变坏原则起源于美国破产法中的债权人最低恢复权利。美国《破产法典》规定的债权人最低恢复权利的目的是，保障债权人在破产程序中在最低程度上不低于在清算程序中受到的补偿。该规则有长期的实践基础，在2010年被吸收进了《多德—弗兰克法》中。最低恢复权的法律基础是《破产法典》，并且有司法判例的支持。《破产法典》第11章的重整计划下，若某一类别的债权无法得到完全偿付，则会有一个“最大利益测试”，以确保债权人的偿付不低于按照第7章清算程序的数额。《破产法典》同样允许受损害类别债权人的大多数代表该类别的整体，但是对少数派，利用最大利益测试予以保障其利益不受减损。最大利益测试条款对支持重整计划的支持者施加了三个方面的举证负担：（1）证明破产财产的清算价值（独立第三方机构和专家估值）；（2）证明重整计划对每个既定债权人的价值分配不低于清算程序中的预期受偿数额；（3）证明既定债权人的价值分配与清算程序保持一致并且尊重债权人的顺序。为了实现最大利益测试原则，需要债务人进行详尽的信息披露以及需要法官审查和批准。

例如对于超过存款保险计划的存款部分，因为处置当局同时建立了过渡金融机构，因此存款人被转移到过渡金融机构存款（即超过存款保险限额的部分）也会得到足额保障。但是被转移到过渡金融机构的存款人的债权，相对于被保留在原问题国际金融机构的债权而言并不具有优先权。也就是说，处置权实施可能会导致一些不公平的价值分配，但是这并不构成不公平。

实际上，相关国家只有在达成广泛共识的债权人保护标准的条件下，才能承认外国处置当局采取的处置措施的效力。处置协调协议在结果上，应该需要确保问题国际金融机构的所有债权人的利益不变坏。在签订处置协调协议的过程中，各国应该承认不变坏标准，而且应该以该标准作为衡量一国处置措施是否公平的参照物。[①] 在处置协调协议中应用不变坏测试需要注意的是：（1）不变坏测试中的“清算程序”是各个相关国当局所适用的清算程序。在这种情况下，不变坏测试应该激励当局减少使用资产隔离措施，激励处置当局参与到整个国际金融机构的跨境处置程序中。（2）在实践中，一些处置当局可能会将集团层面的债权和子公司层面的债权区别对待，使同类别债权受到不同的偿付，然而这种做法缺乏合理根据，不变坏测试需要保护所有具有相同法律地位的债权。（3）不变坏测试不是一个关于资产应该如何被处理的规则，而是一个债权人应该如何被对待的原则。处置当局应该达成共识，即如果债权人能够得到合理的补偿，则国际金融机构的资产和业务可以被重组和转移。处置协调协议需要在非歧视的基础上公平对位于不同国家的债权人。（4）不变坏测试规则对存款人有特殊的保护，但是非受保存款却不应该获得优先的保护。例如在新西兰，存款人也被允许参与自救债的减记（虽然业界主流并不支持这种安排）。从实体法的角度看，不变坏测试是债权人利益的重要保障规则；从程序法的角度看，不变坏测试规则也为处置措施的跨境可执行性提供基础。然而，相关国家需要就实施不变坏测试规则的一些更为细节的程序和实际的问题进行协商。

此外，处置协调协议的设计还需要尊重各国国内的公共政策。例如，在危机后，各国普遍确立了“保护纳税人不遭受损失，要求股东和一般非担保债权人承担损失”的政策，该政策的目的就是加强市场约束，对金融机构稳健经营施加外部压力和限制道德风险。目前，有些国家已经通过立法的形式确认了股东和债权人承担损失的原则，如美国法律就明确规定股东和一般债权人承担损失的强行规则，[②] 欧盟国家也负有法律上的义务，确保本国的处置法律能够迫使股东和债权人承担损失。[③] 处置协调协议只有尊重和调和国家间的公共政策，才能保证协议

① See IIF, *Making Resolution Robust*, 2012, P. 5.

② ［美］2010 年《华尔街改革和消费者保护法》第 206 条。

③ ［欧盟］2012 年《欧盟信贷机构恢复和处置指令》第 42 条。

的激励相容和实施的可行性。

三、跨境处置协调协议的内容

处置协调协议的签订和实施受到一系列条件的约束，例如协议是在母国和相关东道国在协商谈判基础上形成的，这就意味着协议的签订和实施需要调和具体参与国不同的利益诉求。我们建议，出于可操作性的考虑，在目前处置协调协议原则上应该是由母国和东道国在双边谈判的基础上建立，但是如确有必要，母国和相关东道国在双边协调协议中需要嵌入多边协调条款。这一建议旨在降低谈判的成本，使协议更具可操作性。简举一例，德意志银行的全球外汇现期和远期业务单元，其母国是德国，主要决策地和注册地是美国纽约，95%的业务发生地是英国伦敦，对全球外汇现期和远期业务单元的处置就需要德国、美国和英国当局的多边协调才能完成。然而在长期，我们认为通过多边谈判的方式订立处置协调协议，对于处置协调协议本身的制度安排的形成以及对国际金融机构处置协调的有效性而言，可能是更为可取的。

处置协调协议的有效性，首要的取决于其制度安排的可操作性。在最低程度上，我们认为一个有效的处置协调协议至少应该包括如下关键点：(1) 对于特定国际金融机构的不同法律实体的处置责任的分配；(2) 对特定国际金融机构跨境处置的融资支持安排；(3) 强制业务转移、过渡银行和问题资产隔离工具等处置工具的启动、实施和利益相关人保护的协调；(4) 在公共资源理念下的特定国际金融机构法定自救债的管理、实施和利益相关人保护的制度安排；(5) 对特定国际金融机构整体或关键实体的清算启动条件、范围以及争议资产分配、抵销、债权人支付等关键清算条款的协调；(6) 为支持特定国际金融机构的全球处置，相关国就特定国际金融机构的关键信息共享的安排。需要指出的是，以上六点是在最低程度上需要协调的事项，缺失任何一点都可能会影响跨境处置的有效性。本节将对上述处置协调协议的关键要素提出建议。

(一) 处置责任分配

国际金融机构跨境处置责任的“分配”，并不是一个正式的法律概念，因为国际社会并不存在一个中心造法机构和行政机构对特定国际金融机构的相关国家的处置责任进行法律意义上的分配。理论上，处置责任分配的主要内容是，为了实现跨境金融稳定，各国对所辖国际金融机构实体启动和实施处置措施进行协调。“处置责任分配”这一术语更多的是指不同国家处置当局如何协调各国对国际金融机构的管辖权和相互冲突的处置程序的问题，以避免风险的跨境传递、造成全球金融体系的紊乱以及增加处置问题国际金融机构的总体成本。根据这一定义，处置责任分配问题是处置协调协议首先需要解决的问题。

处置责任分配，需要在最大程度上尊重国内层面法律框架、经济利益与法律确定性之间进行平衡，同时也需要考虑制度安排的成本。对于国际金融机构跨境处置目标的实现以及便利签订处置协调协议而言，并非所有的母国和东道国都要签订处置责任分配协议，我们主张一个务实的制度安排是，在最低程度上母国和关键东道国应该签订处置责任分配协议。金融稳定理事会在其建议的“特定机构的自愿合作安排”中也主张母国和关键东道国应该签订自愿的处置合作安排，而非母国和全部的东道国。[1] 根据金融稳定理事会处置标准实施评估方法的定义，“母国”是指国际金融机构的并表监管者。关键东道国的定义较为复杂，在全球系统重要性金融机构的情况下，全球系统重要性金融机构在当地的机构或业务对全球系统重要性金融机构的全球处置有重大影响的东道国即为关键东道国。[2] 然而金融稳定理事会并未对“重大影响”给出一个可操作的解释框架。我们认为所谓“重大影响”应该用系统重要性作为判断基准。系统重要性本身是一个抽象的概念，具体指的是国际金融机构某个法律实体或者业务对国际金融机构整体特许权价值的影响程度，而“影响程度”也需要建立一个可操作的判断框架。因此，进一步地，我们提出一个可供处置协调协议潜在缔约方参考的方案是，以母国当局作为主导处置当局，以对当地金融体系有系统重要性影响的金融机构关键实体和关键业务具有管辖权的东道国作为次级处置当局的协调模式。具体而言，对全球系统重要性的金融机构，在原则上应该由母国处置当局作为负责的处置当局，该方法可以称为“单入口模式”。只有在全球系统重要性金融机构的实体对当地金融体系的稳定有重要影响的情况下，可以当地处置当局作为次级处置当局，该方法可以称为“多入口模式”。

单入口模式的主要优势是，母国当局能够从保持国际金融机构整体特许权价值的目标出发，采取处置行动，从而有效地降低因处置责任条款冲突，而导致的单边主义处置行动。同时，由于母国处置当局在母公司层面采取处置措施，能够确保众多的子公司和分支机构的稳健，避免其违约造成众多债权人和投资者的利

---

① See FSB, *Key Attributes of Effective Resolution of Systemically Important Financial Institutions*, 2011, P. 21.

② See FSB, bb *Assessment Methodology for the Key Attributes of Effective Resolution Regimes for Financial Institutions* (*Consultative Document*), August 2013, pp. 5 - 6.

益损失，从而避免风险的跨境传染。以德意志银行为例，对德意志银行的处置责任分配的优先选择是，由德国处置当局对德意志银行的母行进行处置，能够避免对全球金融体系的冲击。采用单入口模式的主要理由是，母国和东道国所承担的责任是不对等的，通常母国应该作为国际金融机构处置的主导处置当局。主要原因是，由于国际金融机构在流动性、业务和管理信息系统等方面通常采用的集中管理的模式，而母国当局对国际金融机构的母行实施日常审慎监管，会获得对整个国际金融机构在并表基础上的完整信息。东道国当局不具有这种信息优势，因此无法从国际金融机构整体的角度考虑对所辖实体的处置。由母国当局负责问题国际金融机构的跨境处置，其他东道国当局辅助母国的处置行动，这一方法应该是作为处置责任分配的优先选择。

多入口模式的主要优势是能够最大程度的兼容不同国家处置当局的利益诉求。以德意志银行为例，除了德国当局之外，其他 71 个国家中的关键东道国处置当局可以充分参与到处置过程中，能够使参与国充分表达自己的利益诉求。采用多入口模式是有条件的，只有在国际金融机构实体对当地金融体系具有系统重要性影响的情况下，东道国当局才能获得次级主导处置权。在系统重要性金融机构危机以及国际金融机构多个实体失败的情况下，一般会存在多个次级主导处置当局，在这种情况下，母国需要协调多个次级主导处置当局的行动。而东道国在采取处置行动之前也需要与母国和其他关键东道国协商。尤其是对分散模式国际金融机构的处置，由于其各个部分都可以被单独处置，因此需要建立多个次级主导当局。在存在多个次级主导当局的情况下，主导的东道国需要发挥领导作用，但是应该与母国和其他相关东道国及时沟通。具体包括以下三个方面：（1）当国际金融机构母国处置当局启动了处置程序，其他相关处置当局应该以善意合作的态度进行配合。（2）当国际金融机构东道国对所辖实体启动了一项处置程序，同样需要与母国协商。（3）当针对国际金融机构特定实体的处置程序已经实施，相关其他相关处置当局应该公开陈述其观点和立场，目的是激励该当局进行处置合作。

（二）处置成本分担

处置成本与处置责任分配是一个问题的两个方面，其主要描述了一国当局对问题国际金融机构采取注资、担保、资产购买以及设立过渡金融机构等措施时所需要的资金支持的总量。在国内层面的正式的立法语言中，立法者是用处置融资的概念替代了处置成本的概念。所谓处置融资是指，支持处置当局采取处置措施的资金来源。如欧盟《信贷机构恢复和处置计划指令》规定，为了支持欧盟层面的恢复和处置框架的实施，需要建立一个欧盟融资安排系统。[①] 值得注意的是，金融危机之后，学界和政策制定者普遍反对利用纳税人资金救助问题金融机构，有的国家通过立法明确禁止利用纳税人资金重组和处置问题金融机构，例如美国立法就明确规定，禁止利用纳税人资金支持联邦存款保险公司等当局的有序清算行动。[②] 处置成本分担，是指对于问题国际金融机构的跨境处置，相关国家应该承担的资金支持的份额。由于不同国家对所辖特定国际金融机构实体的处置融资安排，大多是通过正式的法律规定的，因此，对特定问题国际金融机构的跨境处置成本分担的制度安排，从根本上取决于相关国家处置融资条款的协调程度。

对于跨境处置的成本分担而言，最重要的是一国法律体系能够保障对国际金融机构特定实体处置的有法律确定性和可预测性的处置融资来源。在缺乏一个国际金融机构母国和关键东道国之间事前有法律约束力的处置成本分担安排的情况下，大多数国家对所管辖国际金融机构实体采取单独的处置措施情有独钟。巴塞尔委员会认为“在目前阶段，国际社会达成一个较为广泛的处置成本分担安排似乎是不太可行和不具有可执行性，但是在区域层面或者以单一银行为基础，达成一个具体的处置成本分担制度安排，却是可行的。”[③] 一个以单家国际金融机构为基础的处置成本分担安排，不仅可以激励相关当局采取以保持国际金融机构整体特许权价值为目的的合作处置措施，而且也能够使国际金融机构全球范围的利益相关人能够有效地计算所承担的风险。因此，我们建议，相关国家在事前针对一个特定的国际金融机构，为其建立一个“量体裁衣式的”处置成本分担方法，其要点包括以下几点：

第一，针对特定国际金融机构建立处置成本分担安排，应该首先尊重和支持国际金融机构本身的融资安排。处置当局的优先责任就是“协助”问题国际金融机构恢复到可持续经营状态，因此，相关处置当局建立针对特定国际金融机构的处置成本分担安排的首要任务就是识别特定国际金融机构本身的融资安排，并尽最大可能地为国际金融机构本身的融资提供便利。这一安排能够有效地减少因公共资金支持产生的政治争议，而且更有针对性。根据我们观察，目前主要的全球系统重要性银行基本都已按照巴塞尔委员会提出的流动性全球标准建立了流动性框架。然而，每个国际金融机构都有其独特的融资安排体系，以支持自身业务和获得市场对自己的信心。

第二，处置成本分担应该实现激励相容。为了实现激励相容，处置成本的分

---

① ［欧盟］《信贷机构恢复和处置计划指令》第 90 条。

② ［美］《华尔街改革和消费者保护法》第 114 条。

③ See Basel Committee on Banking Supervision, *Report and Recommendations of the Cross-border Bank Resolution Group*, March 2010, para. 66.

担原则上应该与处置责任的分配相一致。也就是说，如果一个当局承担了对相关国际金融机构实体的处置责任，则该当局就应该为处置责任的实施提供融资。在单入口模式下，母国由于是作为整个国际金融机构处置的主导处置当局，则母国法律应该为整个国际金融机构处置的融资提供一个充分的法律保障。在多入口模式下情况较为复杂，这是因为在多入口模式下，往往会出现对实现跨境处置整体目标而言融资不足的问题。作为次级主导当局的东道国，对所辖问题国际金融机构实体的处置，有足够的激励提供融资，而对跨境业务的处置，缺乏足够的激励为其提供处置融资。

第三，我们建议针对国际金融机构的处置成本分担安排，应该是一种在事后具有法律确定性的融资安排。我们支持通过建立事前明确的处置融资协调规则的方式，在事后根据个案分担国际金融机构跨境处置成本。金融稳定理事会所建议的事后临时融资安排，为事后国际金融机构跨境处置成本分担提供了基础。金融稳定理事会建议，为了保持问题国际金融机构关键功能连续性，处置当局需要临时的融资来源以支持有序处置程序。如果处置当局需要通过建立临时融资渠道融资，则该行为应以本国正式法律条款为依据。

第四，协调相关东道国处置融资法律框架的冲突。首先，对于建立了私营部门融资基金的国家，各国应该明确对私人征收的范围，避免出现不公平竞争的问题。其次，存款保险基金在跨境处置成本分担中的协调问题。目前在金融稳定理事会成员国中有 15 个国家的法律允许存款保险基金除了对受保存款人支付外，可以对问题银行处置提供资金支持。[①] 正式的存款保险计划的国际协调安排是跨境银行处置的重要前提条件之一，然而在目前并不存在国际存款保险协调框架的情况下，为了提高跨境银行处置成本分担协议的法律确定性，潜在缔约国就需要在事前协调各国存款保险计划在问题银行处置中的作用条款。前面已述，不同国家的法律对存款保险计划能否作为处置融资来源的规定不同。主要金融市场国家，如美国、英国、荷兰、德国、西班牙等国均允许存款保险基金作为处置融资的来源，但是法律会设立一定的限制条件，以保护存款保险基金。各国法律对存款保险计划参与融资安排的限制主要是数额的限制，然而要求各国修改国内的法律使本国存款保险计划参与融资安排的数额相同，显然是一个成本高昂的设想，不具有可操作性。依我们之见，相关国家在事前明确各国的存款保险计划是否能够参与处置融资，以及在存款保险计划能够参与处置融资安排的情况下，明确不同国家的法律对存款保险计划的参与程度，可能是一个更为可行的方案。也就是

---

① 包括阿根廷、巴西、加拿大、法国、印度尼西亚、意大利、日本、韩国、墨西哥、荷兰、俄罗斯、西班牙、土耳其、英国和美国。

说，相关国需要在事前明确各自存款保险计划参与跨境处置融资的程度，目的是提高透明度。

（三）处置工具的协调

处置工具的协调问题是整个国际金融机构处置协调协议的核心部分。目前各国处置立法不同程度的引入了问题金融机构特殊处置工具，金融稳定理事会在2011年提出的《金融机构处置体制的关键属性》作为处置体制的国际标准有助于各国处置工具立法的相对聚合。然而通过对目前各国已经引入的处置工具法律要素的考察，各国在处置工具的关键要素方面依然存在诸多冲突。[①] 这些冲突对保护金融机构整体特许权价值和跨境金融稳定为目标的处置问题国际金融机构造成了法律障碍，因此处置协调协议需要对此加以协调。金融稳定理事会在处置国际标准中建议了四种关键的处置工具，分别是强制业务转移、过渡机构、问题资产隔离以及自救债。[②]

1. 强制业务转移的协调

根据处置责任分配的类型，处置工具的协调也需要区分情况进行讨论。在对国际金融机构采取单入口模式进行处置的条件下，强制业务转移的协调更多的是体现在母国和东道国的协调上。在单入口模式下，我们主张通过相互承认的法律技术，安排强制业务转移的协调制度。总体而言，为了确保相关国实施强制转移业务工具，转移问题国际金融机构业务的行为在法律上的可执行性以及确保转移后的业务能够被接收方继续经营，母国和关键东道国需要在事前承诺，对可能阻碍强制业务转移工具实施效果的法律和操作层面的因素进行协调，第一，协调相关国家对转移工具实施的程序性要求和条件，包括（1）承认母国将位于东道国分行的资产和负债转移到由母国设立的过渡金融机构或市场健康第三方主体。（2）承认母国转移东道国所辖的国际金融机构子公司的全部或部分的资产或股份，到由母国设立的过渡金融机构或市场健康第三方主体。第二，识别哪些金融

① 金融稳定理事会经过调查发现，尽管处置体制主要是为解决银行问题而建立的，但是目前只有少数国家赋予行政当局针对银行的全面处置权力。例如，很少有国家有法定自救债权力。而且有些处置权力需要经过司法批准或者与失败银行股东批准。而在其他处置行动的场合，行政当局转移资产或负债的行动既不受到满足处置目标的强制约束也不受到处置当局的直接约束。See FSB, *Thematic Review on Resolution Regimes Peer Review Report*, April 2013, P. 9.

② See FSB, *Key Attributes of Effective Resolution of Systemically Important Financial Institutions*, October 2011, pp. 8 – 9.

合约和资产不能被转移，以及识别国际金融机构的哪些资产（如某一资产组合中的资产）不能被单独转移。例如尽管某一国的法律是金融合约的管辖法律，但是该国际金融机构在该国并无物理上的商业存在，则该金融合约是依据哪个国家的法律进行转移，会存在法律不确定性。

多入口模式下的强制业务转移协调的难度较大，而且更为复杂。相关当局针对特定国际金融机构运用任何处置工具，都需要在事前通知其他国家，因为任何针对国际金融机构单独实体的处置行动，都有可能对国际金融机构的整体特许权价值产生负面影响，其中母国需要承担信息协调的责任。在运用强制业务转移工具的情况下，转移体制主体和启动条件的协调主要有以下三种情形：

第一，国际金融机构出现问题的业务高度集中在母行或母国境内，此时需要母国对机构总行经营的业务运用强制业务转移工具。这种情形对特定国际金融机构的特许权价值影响最大，同时对母公司的处置也直接影响了跨境金融稳定。在这种情况下，母国需要在运用强制业务转移工具之前履行通知义务，以使各东道国事前采取措施以降低母国处置行动对本国金融体系的冲击或者由东道国采取措施以协助母国的行动。也就是说，在母国当局运用转移工具的情况下，母国需要履行程序性的通知义务。比如，特定国际金融机构是美银美林，美银美林的其中一条核心业务线是消费和商业银行业务，该业务的特许权网络除了在境外有少数商业存在外，大部分业务分布在美国的32个州和哥伦比亚特区，主要由存款、信用卡服务和商业信贷业务构成。[①] 当美银美林的消费者和商业银行业务失败时，应该主要由美国当局启动转移业务工具，而境外相关当局，如加拿大、墨西哥等国作为辅助当局协助业务的整体转移。美国联邦存款保险公司可以在不经过股东、债权人、监管机构等同意和批准的情况下，实施强制业务转移工具。[②]

按照同样的逻辑，国际金融机构的其他几个母国可以对国际金融机构高度集中于本国境内或者总行的业务运用转移工具。若母国是英国（例如针对渣打银行），英国当局运用转移工具的法律依据是，2009年《银行业法》第15条和第33条规定英格兰银行负责问题银行业务的转移。值得注意的是，英国法律框架引入的业务转移工具在地位上是辅助性质的，通常实施的工具是股份或者财产转移（如财政部对特定失败金融机构实施临时国有化，就需要将其股份转移到财政部）。若母国是荷兰（例如针对荷兰银行），荷兰《金融机构干预法》规定，荷兰央行作为业务转移的主导者，负责启动、准备转移计划等。同时，荷兰央行履行向相关金融机构的通知义务，通知产生的法律效力是，使金融公司的所有人都

① See Bank of America, *US Resolution Plan*, 2013, P. 9.

② ［美］2010年《华尔街改革和消费者保护法》第210条（a）款（1）（G）。

有义务配合荷兰央行准备转移计划。若母国是德国（针对德意志银行），德国新的《银行法》第48条a款规定，德国金融市场监管局拥有不经股东同意转移问题金融机构业务的权力。前面述及，有的国家法律规定转移业务须得法院批准方能生效，在这种情况下，我们建议为了确保处置问题国际金融机构的速度，母国当局应该有权要求问题国际金融机构在集团范围内转移相关业务至相关其他处置当局所辖实体，这种类型的转移应该以商业原则为基础。

第二，若国际金融机构的核心业务线是分散型的，当其失败时，就需要东道国针对特定国际金融机构经营失败核心业务线的相关子公司运用强制业务转移工具，这种情形需要考虑子行对当地金融和经济体系的重要程度。具体而言，若特定国际金融机构主要业务中心地的东道国计划对某机构在本国经营的子公司启动转移工具，则必须与母国就转移工具的细节进行事前协商。这种安排的依据是，若特定子公司是国际金融机构的主要业务中心地，对其运用转移工具通常会严重影响跨境银行母公司乃至整个国际金融机构的生存能力。若子公司所在地的东道国对国际金融机构在本国的子公司计划运用转移业务工具，由于位于当地的子公司对国际金融机构整体的特许权价值相对而言并不具有系统性影响，在这种情况下，对东道国当局施加较强的协调义务可能就不合适，因此，该东道国仅需履行一般通知义务即可。举例而言，巴黎银行的其中一条核心业务线是零售银行业务，巴黎银行的零售业务主要分散在法国、意大利、比利时和卢森堡，另外，在美国、土耳其、波兰和乌克兰等国也有重要影响的业务存在。同时，尽管巴黎银行在法属非洲地区的零售业务的收入占集团总收入的比重不高，但是对当地居民和企业的基本生产和生活的影响是极其重要的。① 假设巴黎银行的零售业务在全球范围内整体失败了，对该业务实施强制业务转移的制度安排就需要协调不同东道国的利益诉求。对巴黎银行零售银行业务的全球处置就需要采用法国当局（银行业委员会）作为主协调当局、主要业务中心地（如意大利、卢森堡等）和对本地经济有重大影响的所在国当局（如乌克兰、法属非洲地区）作为次级主导当局，其他国家当局作为辅助当局的处置模式。

第三，国际金融机构的分公司在法律地位上并不独立，按照通常的法律观念，应该由国际金融机构的母国对其进行处置（包括运用转移工具）。然而，正如我们在前面分析的，将处置权机械的分配给母国可能会造成严重的利益冲突，因而，母国当局就需要与次级处置当局根据个案进行协商，以确定对所辖业务的处置权。对经营失败的国际金融机构核心业务线分公司运用转移工具，我们建议要区分分公司对当地市场的系统重要性程度，对分公司的系统重要性程度的判断

① See BNP Paribas, *US Resolution Plan*, 2013, pp. 1 - 2.

需要各国在处置协调协议缔约过程中确定，并定期审查和修改。首先，若分公司对东道国金融市场有系统重要性，则母国应尊重分公司所在国当局的法律结构和转移工具的具体实施，只有当东道国的法律与本国转移体制法律框架有显著冲突时，才能考虑依据本国法律启动转移工具，母国和东道国需要保持及时的沟通，以避免同时启动转移计划产生的成本和冲突。东道国与母国转移框架有“显著冲突”这一要件的含义较为模糊，需要潜在缔约国在谈判中自行确定。举例而言，韩国法律规定，为了防止银行倒闭，金融服务委员会有权转移与金融交易有关的义务或合同，例如存款或贷款。金融服务委员会将“指定”另一家金融机构接受问题银行的资产、负债或合同。[①] 也就是说，韩国的转移工具中的受让人是经过处置当局确立的，这一做法可能会被视为是“未穷尽市场措施”的行为。对主张受让人应通过竞拍的方式确立的法律体系而言（如西班牙等国的法律就主张采用竞争性的拍卖程序选择受让方），[②] 韩国通过处置当局指定受让方的条款就可能构成“显著冲突”。其次，若分行对东道国金融市场不具有系统重要性影响，则应该由母国当局启动转移工具，但是东道国当局应该协助母国当局实施转移工具，如提供信息、协助转移资产和负债等。

2. 过渡金融机构的协调

过渡金融机构协调的目的是，保护国际金融机构整体的特许权价值、确保国际金融机构实体的失败不造成对全球金融体系的冲击、保持国际金融机构关键金融功能的连续性。我们建议，在跨境层面运用过渡金融机构的协调需要区分两种情况：

第一种情况是国际金融机构面临整体失败的可能性，即对整个金融机构若不进行救助，则其可能会进入破产程序。在这种情况下，我们建议应该由母国当局对问题国际金融机构的母公司建立一个过渡机构，同时强制要求债权人进行债权减记、重组资产、对剩余实体进行清算。这一制度安排能够以最快的速度将问题国际金融机构的关键业务进行转移，避免因破产导致市场的震荡。而且，在母公司层面建立过渡机构，能够避免数量广泛的跨境分支机构的倒闭，避免了跨境债权人的损失，进而避免了风险的跨境传染。比如，对德意志银行适用过渡银行为例，其协调方法应该是，由德国金融监管局发布转移令，由德国金融市场稳定局设立一个过渡银行，承接德意志银行全球范围内与核心业务线有关的资产、负债和合同，而其他东道国当局（如英国、美国、新加坡等）应该确保本国法律体系

---

① ［韩］1996 年《金融业结构改进法》（2010 年修订）第 10 条第 1 款第 8 项。
② ［西］2012 年《信贷机构重组和处置法》第 26 条第 6 款。

对相关业务法律上具有可转移性，同时应该协助德国金融监管局转移相关资产、负债和合同。对于非关键业务应该保留在各个东道国，由东道国当局处置剩余实体，如德意志银行在美国的子公司德意志银行新泽西服务公司在转移关键服务后，就应该由美国联邦存款保险公司来选择处置措施，如判断其应该关闭还是继续存续。

第二种情况是国际金融机构的某个或某几个关键实体发生问题，但是国际金融机构整体并无破产清算的风险。在这种情况下，我们建议应该由对失败实体具有管辖权的东道国分别建立过渡机构，这主要是出于快速处置、防止所辖实体的失败对整个集团的特许权价值产生影响的考虑，因为东道国对于失败关键实体有充分的信息能够更有效率决定哪些资产、负债和合同应该快速的转移到新设立的过渡机构，同时对于问题实体的债权人保护也更有利。问题实体的债权人通常位于东道国的范围内，债权人可以就近快速的获得补偿。例如巴黎银行经营公司和投行业务（该行的核心业务线）的伦敦、布鲁塞尔、纽约、香港所在的实体发生问题，同时在短期内相关当局无法为其找到合适的市场健康第三方实体作为买家，满足了适用过渡银行的法律要件。在这种情况下，有两种协调模式可供选择，第一种模式是由母国当局（法国的银行监管委员会）设立一个过渡银行将各个失败实体与公司和投行业务相关的资产、负债和合同转移到法国处置当局设立的过渡银行，而将非关键业务保留在剩余实体（即失败实体）。对于剩余实体，各个东道国有自主权决定对其关闭清算还是继续经营。第二种模式是由相关东道国作为次级主导当局（在假设的巴黎银行案中，是由英国、比利时、美国和香港当局设立）各自设立过渡银行承接问题实体的关键业务有关的资产、负债和合同，母国作为总的协调人，包括提供银行的各种信息以及协助转移相关业务等。在对跨境银行建立多个并行过渡银行的情况下，相关国家需要在事前协调具有跨境因素的资产、负债和合同的管辖权。举例而言，一项资产同时涉及甲国和乙国，而甲国和乙国同时对所辖跨境银行的实体建立过渡银行，此时该项特定资产应该由甲国控制还是应该由乙国当局控制，存在不确定性。为了提高法律确定性，相关国当局需要就设立多个过渡银行模式下可能存在争议的资产、负债和合同在事前确定管辖权的分配方案。

3. 问题资产隔离的协调

资产隔离工具是指当金融机构的某类资产所处的市场环境恶化，对持有该类问题资产的金融机构采取破产清算的方法可能会导致系统性风险，因此就需要由公共当局设立一个或多个资产管理公司接管问题资产以及与问题资产在法律上不具有可分离性的负债和权利等。[①] 问题资产隔离在适用条件和制度目的等方面与强制业务转移、过渡机构等处置工具差别很大，因此，资产隔离工具在跨境层面实施所需要的协调方法也具有特殊性。对于国际金融机构具有跨境属性的问题资产，我们建议应该由依据母国法律设立的资产管理公司统一处置，各相关东道国应确保国际金融机构母国当局控制和转移相关问题资产不存在法律障碍，以及在实际操作中提供信息和协助资产转移。问题跨境资产由母国设立的资产管理公司主导处置的方法具有可行性有三点主要理由：第一，东道国有充分的激励支持这一协调方法。由母国设立的资产管理公司控制和处置位于本国的国际金融机构实体的问题资产，可以使本国金融体系恢复到安全和稳健状态，同时处置成本由母国承担。东道国当局可以在不付出成本的情况下，获得金融稳定的收益，因此就有激励支持该协调方法。当然，母国需要有保护东道国债权人和股东权利的制度安排。第二，由母国主导实施资产隔离工具有利于保持国际金融机构的特许权价值。母国是国际金融机构的并表监管者，因此对国际金融机构的资产价值有更充分的信息，能够很好地判断应该隔离的资产的范围，减少资产不当转移对国际金融机构特许权价值的损害。第三，由母国统一隔离和管理国际金融机构的不良资产，能够使问题资产的价值最大化。

母国主导的资产隔离工具制度协调安排的要素包括：在处置协调协议的缔约过程中，首先应该确保母国的法律框架提供了充分的资产隔离工具的法律安排。其次，应该确保东道国的法律有充分的资产可转移性的法律基础。最后，尽管问题资产的范围和种类无法在事前进行协调，各国当局需要对问题资产的定义、资产转移的估值以及资产跨境回转移的条件和法律基础进行事前的协调。例如以瑞士银行为例，在瑞士银行处置协调协议的缔结过程中，瑞士当局需要与瑞士银行主要分支机构所在国当局协商，当瑞士银行的主要业务发生问题时，在符合事前约定的条件时，应该由瑞士当局建立资产管理公司接管集团范围内的问题资产。瑞士银行核心业务线的相关东道国当局应该确保本国法律允许相关资产和业务的转移，并协助瑞士当局的资产隔离操作。根据瑞士银行2012年年报，截至2012年12月31日，在瑞士银行的资产负债表中所持有的衍生品工具资产是所有资产中价值最大的会计项目，而在衍生品资产中，利率合约类衍生品的资产价值又是最大的（根据在净额计量基础上的名义价值是56 289亿瑞士法郎）。以瑞士银行持有的场外交易市场利率互换（净额基础上的名义价值是39 335亿瑞士法郎）为例，[②] 假设该利率互换的基础利率发生了不可预期的变化，如利率超出预期的

---

① 2012年《欧盟恢复和处置框架指令》第36条对资产隔离工具的定义。

② See UBS, *US Resolution Plan*, 2013, pp. 16 – 17.

上升或者下降，都可能导致瑞士银行所持有的场外利率互换资产的实际价值大幅变化，结果是可能会导致瑞士银行的整个资产价值大幅缩水，引发监管当局的早期干预行动，如要求提高资本充足率水平。同时，交易对手方此时可能会要求瑞士银行提高担保品的数量和质量。监管者和交易对手方的要求，会进一步的加剧瑞士银行的流动性问题。假设，此时瑞士银行资产负债表中的其他资产质量是良好的，为了避免因利率互换资产的失败引发瑞士银行整个资产价值的缩水以及引发所在金融体系的系统性风险，此时由瑞士银行监管当局接管瑞士银行全球范围内的利率互换资产就是一个合理的选择。由瑞士银行监管当局设立的资产隔离工具，此时就成为了整个利率互换市场总的买家。而在市场恢复正常时，资产隔离工具可以选择将问题资产再出售，重新启动市场。在这一过程中，瑞士银行监管当局需要根据市场环境的变化，及时的与相关东道国当局进行沟通，以确保资产以公允价值转移，并在特定情况下，进行资产的回转移。

（四）自救债制度的协调

在 2009 年 4 月的 G20 伦敦峰会上，二十国领导人确立了“防止纳税人损失，由股东和非担保债权人承担损失”的政策共识。金融稳定理事会在 2011 年发布的《金融机构特殊处置体制关键属性》的报告中，将“确保股东和非担保债权人而非由纳税人承担损失”这一理念作为国际标准提出，要求各国在问题金融机构处置框架的立法中，建立具体的“强制重组问题银行的负债为银行注资”制度安排，即自救安排。①

自救债启动和实施存在两种协调模式，即对国际金融机构母公司层面启动和实施自救的单入口模式和在国际金融机构多个法律实体层面实施自救的多入口模式。详而言之，在原则上应该由母国在与各相关国当局充分协商的基础上，对问题国际金融机构的母公司实施自救，以快速实现对国际金融机构的注资，以避免大范围法律实体关闭造成的市场震荡。只有在东道国当局有充分的证据证明所辖国际金融机构实体的失败对本国有系统重要性影响时，则由相关东道国当局启动和实施自救。母国或东道国启动和实施自救债，需要根据国际金融机构实体需要吸收损失的数量，确定自救债的转换率或者减记的数量，而这一事项更多的是依赖当局之间根据个案进行事实判断，法律无法通常事前确定的方式决定具体的转换率或减记的数量。

第一，单入口模式下在母公司层面实施自救。当国际金融机构的母公司或者

① See FSB, *Key Attributes of Effective Resolution Regimes for Financial Institutions*, 2011, P. 3.

多个跨境法律实体出现问题，可能导致国际金融机构整体面临破产风险的情况下，母国当局应该快速启动和实施自救，以便当局对母公司实施其他处置措施。在具体操作上，相关国当局需要将所辖国际金融机构实体的损失归集到母公司层面，母国当局根据吸收损失所需要的自救债数量，确定需要进行债权减记或者转换成银行股份的数量。母国当局可以在并表基础上，统一使用集团范围内的自救债。由母国当局对国际金融机构母公司层面实施自救，不仅能快速地对国际金融机构进行注资，使问题国际金融机构尽快恢复到可持续经营状态，保持特许权价值，而且能够避免政府对国际金融机构进行救助，使国际金融机构回归到正常的私营部门。我们建议，国际金融机构的相关国家，在事前就母国当局在集团母公司层面启动和实施自救的条件和范围进行协调。

第二，多入口模式下在多个子公司层面实施自救。自救债多入口模式的适用条件是，相关国当局认为所辖国际金融机构实体对本国金融体系有系统重要性影响且无法对单入口协调模式达成一致。多入口模式下并不排除由母国当局实施自救，然后将资金转移到问题子公司吸收损失的可行性。然而在多入口模式下，由于存在多个自救当局，需要协调的问题较为复杂。

首先，在多入口模式下，我们建议应该在问题子公司层面由事前确定的符合条件的东道国当局实施自救，当东道国当局可获得的自救债无法满足注资需要时，母国当局可以启动母公司所持有的超额自救债，母公司将资金转移至出现问题的子公司，用于对其注资。母公司超额自救债的主要功能是补足问题子公司的自救能力，母国和相关东道国在事前需要协调以下几个方面的问题：(1) 应该确保母国的法律允许资金从母公司转移至子公司。(2) 应该确保转移的资金直接用于对问题子公司的注资，东道国当局不能将资金挪作他用，因此就需要一个强制的信息披露机制。(3) 东道国对当地所辖实体采取的处置措施，如启动清算程序可能会阻碍母国当局实施法定自救权的效果，因此，相关国家需要在事前明确当母国启动针对整个国际金融机构的自救程序时，相关国家有协助义务，包括延迟启动清算程序等。

其次，在多入口模式下，多个东道国实施自救的措施需要被相关国家承认，才能保障其效力。法定自救工具是否直接适用于一个法律实体或者集团内多个法律实体，其效力直接取决于相关国法律体系对法定自救权跨境效力的态度。实际上，在现行法律框架下，存在大量的法律障碍，阻碍一国强制债务重组措施具有完全的域外效力。尽管通过冲突法规则、一般礼让原则以及一个国家承认域外程序效力的特定法律框架，可以使相关国家的强制自救程序生效，但是在缺乏事前明确规则的情况下，相关其他东道国倾向于隔离当地所辖国际金融机构的资产，而阻碍本国自救措施的有效性。在理论上有两种基本方法可以提高自救措施跨境承认的可能性。第一种方法是相关国当局通过立法改革承认各自自救权的域外效力。然而这种方式可能会因为损害一国的主权而遭到相关国家的反对。第二种方法是由相关国家的政策制定者确保所辖的国际金融机构发行的债务工具包含（在母国当局对整个集团实施自救情况下）使相关国当局自救措施生效的条款。例如，在这种方法下，可以由母国当局识别哪些东道国的法律可以作为所辖国际金融机构发行自救债的准据法，在东道国法律阻碍承认母国自救措施的效力的情况下，就需要通过合同的方法使母国自救措施生效。该方法需要各国之间进行善意的协商，以达成自愿合作。然而根据定义，该方法只能适用于新发行的债务工具。同样，该方法很难在事前确定哪些债务可以被纳入重组范围。尽管存在诸多实施的困难，采用合同条款的方式可以相对快速的实施自救，在短期内是一个可行的选项。① 同样，金融稳定理事会也建议“在必要的情况下，处置当局可以要求银行在发行的债务工具中，将指定的自救条款嵌入其中，以帮助确保法定自救工具能够应用到在境外发行的债券，并且可以帮助确保当局的法定自救行动具有普遍的可执行性”。

（五）清算的协调

本部分不是为国际金融机构跨境清算提出一般的协调框架。在问题国际金融机构跨境处置框架下的清算协调具有特殊性，例如，由于国际金融机构本身的特殊性以及在危急情况下国际金融机构关闭的传染效应，一国有序清算一个特定国际金融机构实体在客观效果上可能会影响其他国家处置当局处置措施的效力等。因此，本部分研究的主要任务是讨论在跨境处置的场合下，相关国家如何安全有序的清算所辖问题国际金融机构实体，以避免风险的跨境传染和保障债权人公平和快速的获得补偿。

1. 跨境国际金融机构分公司清算管辖权的协调

对于国际金融机构子公司的清算一般是由所在国当局依据东道国法律负责清算。对于国际金融机构分公司的清算主体存在争议，在理论上一般有两种协调模式，一种是以“分离实体原则”为基础的分散模式，即问题国际金融机构的分公司由东道国当局分别清算。另一种是以“单一实体原则”为基础的集中模式，即

---

① 关于这两个方法的分析，see Jianping Zhou, Virginia Rutledge, Wouter Bossu, Marc Dobler, Nadege-Jassaud, & Michael Moore, *From Bail-out to Bail-in: Mandatory Debt Restructuring of Systemic Financial Institutions*, IMF Staff Discussion Note, 24 April, 2012, pp. 14 - 18.

由国际金融机构母国当局主导，清算国际金融机构失败分公司在全球范围内的剩余资产以及进行统一的分配。尽管采用单一实体原则为基础的集中清算模式有很多优势，例如能够确保全球债权人的公平受偿等。从可行性和可操作性的角度看，我们建议对国际金融机构清算协调应该是以“分离实体原则”为基础的分散模式，即对国际金融机构分公司的清算权力应该赋予相关东道国当局。分离实体原则的主要优势是，可以便利债权人申报债权和及时获得支付。这是因为在国际金融机构清算的场合下，如果采用单一实体原则，假设以巴黎银行清算为例，全球的债权人均需要向法国当局申报债权和获得支付。由于巴黎银行的债权人在地理上分布在全球各地，因此申报债权和获得支付极为不便且成本巨大。而如果采用分离实体原则，巴黎银行的债权人则可以就近向东道国清算当局申报债权，可以节省大量的时间和经济成本。以分离实体原则为基础的协调模式，在制度安排上还有以下几点需要说明：首先，国际金融机构清算程序的启动方式多种多样，主要取决于特定国家采用的国际金融机构清算体系的类型。然而，不论采取何种形式的清算启动方式，法律均需要确定一个负责清算程序的清算人。其次，清算协调安排还需要明确各国对清算人权力的相关规定。清算人的基本作用是保存、实现和分配问题国际金融机构的资产，为达到此目的，法律通常还需要同时规定清算人撤销金融机构牌照、控制金融机构资产、作为金融机构唯一的法人代表行使权力和管理金融机构等权力。在金融机构清算的情况下，清算人的工作目标不再是将金融机构视为一个可持续经营状态的实体，但是值得注意的是，尽管金融机构本身已经在法律上被宣布为失败，其部分的特定业务的继续存在对于补偿债权人而言是有益的，此时清算人也应该继续该部分业务的经营。区分需要继续存续的特定业务标准，需要各国法律建立明确的操作指引。最后，母国总体协调。尽管东道国当局负责对所辖问题分公司的清算，为了确保针对国际金融机构所有实体的清算程序的有序和确保国际金融机构全球债权人的公平受偿，母国需要对不同的清算程序进行协调。例如，母国可以要求各东道国报送所辖实体以公允价值计量的财务数据和所辖实体债权人的数量和债权额，以判断全球范围内债权人公平受偿原则是否实现。

2. 争议资产控制权的协调

在分离实体原则的协调模式下，不同国家清算程序规定的资产控制权条款是需要进行协调的。这是因为国际金融机构的资产管辖权并不明确。金融机构资产作为法律创造物，同样其基本所有权或者管辖和创设该资产的法律也是可以确定的。根据这样的逻辑，我们建议一个结构化的资产控制权协调的方法：

第一步，如果相关清算当局对某一特定资产的归属存在争议，则应该由母国当局或者（在母国当局是争议方的情况下）由一个独立的专家小组来判断该资产是否能够与其他资产相分离。有的资产在法律上不能或者不宜与其他资产相分离，如衍生品合约与作为其基础的基础金融合同，金融机构所持有的不动产与附着于不动产之上的担保合同等，可以称这些不能或者不宜分离的资产为资产（投资）组合。如果该资产在法律上是不能或者不宜与其他资产相分离的，则资产组合所涉及的相关清算当局应该协商由一个当局或者几个当局共同处分该资产组合，按比例或者（在无法在区分比例的情况下）协商取得处分该资产组合的收益。在相关当局无法达成协商一致的解决方案的情况下，应该允许母国当局控制、处分和公平分配该争议投资组合，通常母国也需要在于相关国当局协商，以尽量兼顾各方的利益诉求。

第二步，如果争议资产是可以独立分离而不影响其价值的，则应区分该资产是合同型的还是所有权型的。如果争议资产是合同型的，如衍生品合约，清算协调安排应该规定：首先，如果合同中双方约定了合同管辖地，则应该由约定的合同管辖地清算当局控制；其次，如果双方未约定合同管辖地，该合同则应该由创设该合同所依据的法律所在国的清算当局控制。如果争议资产是所有权型的，则该资产应该由拥有该资产正当所有权的实体所在国清算当局控制。

3. 抵销权的协调

国际金融机构的债权人可能会因所属清算程序的抵销权规则的不同，而导致不公平受偿的后果。在我们看来，抵销权协调的基本理念是通过法律技术尽可能地扩大抵销权的可适用性，确保国际金融机构同位阶或同种类的债权人的公平待遇。[①] 根据这一理念，我们建议，在处置协调协议中，潜在缔约方应首先识别各自国家法律体系的抵销权条款，对于不允许抵销的国家的债权人，应通过法律技术保障其公平受偿的权利。

第一，法律选择的方法。抵销权协调的一个重要条件就是，相关国的抵销权应该是有效的或是具有独立性的，即不受处置程序的启动和实施的影响，这一点对清算过程中抵销权的协调至关重要。欧盟在保障抵销权规则的有效性和抵销权

① 在会计领域，相关国际组织已经开展了有效地工作，以协调不同会计标准下抵销规则的不同规定，以便银行能够提供清楚一致的监管报表。在2011年1月，为了解决国际财务报告标准和美国一般公允会计准则的冲突，国际会计准则委员会（IASB）和财务会计标准委员会发布了一项草案，建议了关于抵销应该遵守的新国际标准，新的指引比目前的美国一般公允会计标准和国际财务报告标准要窄。在回应反馈意见的基础上，2011年6月，国际会计准则委员会决定保留目前的模型，并且协调两大标准的披露要求，以使用户能更好的比较两种标准。国际会计准则委员会单独提出了关于适用其抵销标准的指引，以解决实践中存在的分歧。See ISDA, *Netting and Offsetting: Reporting Derivatives under U. S. GAAP and under IFRS*, May 2012, P. 6.

协调方面的法律和实践为处置框架下的抵销权协调提供了很好的参考。欧盟2001年《信贷机构重组和清算指令》作为欧盟范围内信贷机构破产协调的基本框架，其第23条（1）款规定，债权人要求与信贷机构的债权债务抵销的权力，不受重整程序或清算程序的影响。首先，抵销请求权是受管辖信贷机构的法律的约束，而不是受管辖债权人请求权的法律的约束。其次，母国法律决定是否可以援引抵销权规则的条件。在两种情况下需要由母国法律确定抵销权的可适用性，其一是，当管辖信贷机构请求权的法律不允许抵销时；其二是，在采取重整或清算程序之后产生的债权是否适用抵销。基于此，在处置协调协议中，我们建议相关国家赋予母国进行法律选择的权利，以确保债权人的公平受偿。

第二，法院选择的方法，即在不存在法定抵销规则的国家，我们建议应允许抵销权人在事后与问题国际金融机构缔结抵销合同，合同的有效性交由所在国法院进行判断。赋予受影响债权人临时合同请求权方案的基本理念是，将最终决定权交由特定国家的法院，只要该国法院不明确反对，债权人即可获得等同于抵销权的权利。目前在原则上不允许破产抵销的国家，开始逐渐采用允许交易各方采用合同抵销的方法，使交易各方获得了等同于法定抵销的权利。允许受影响债权人与被清算的国际金融机构事后补充合同抵销条款可能会与当地的公共政策相冲突，因此，通过法院审查的方式，是一个可操作且可被接受的方法。该方法在区域性的清算协调立法中已经被采用，欧盟《信贷机构重组与清算指令》第23条第2款规定，只要成员国法律允许，（受不允许抵销规定影响）的债权人有权向银行提出抵销请求，抵销不受重组措施或清算程序的影响。在英国法院处理国际商业信贷银行破产的过程中，英国法院主动调和与他国抵销权冲突，在判例中实际上采用的是一种“负面清单”的方法。

2008年金融危机中，雷曼、富通银行、德克夏银行等大型跨境金融机构失败对全球金融体系带来了严重的冲击，这也昭示了法律、监管等制度安排的失败。探究国际社会迟迟未建立一个有效的跨境金融机构处置制度安排的原因，大体而言有如下几点：其一，国际金融机构跨境经营程度近些年来以超乎想象的速度发展，一个大型国际金融机构不仅本身的组织结构复杂，更为重要的是其业务不仅数量巨大而且极为复杂。雷曼破产之前，在全球范围内有2 985个法律实体，经营着从简单的证券承销到复杂的金融衍生品等范围极广的业务。这也决定了对大型复杂跨境金融机构的处置，需要相关国家在监管、技术、会计等诸多方面的协调，而这种协调成本巨大而且存在大量的法律障碍。其二，一个国家的问题金融机构处置法律框架设计的目的，很大程度上是为处置国内金融机构的失败和最小化国内利益相关人损失。因此，国内的处置框架不能很好地处置严重的跨境金融机构失败问题。其三，作为处置协调前提条件的金融机构清算、存款保险、监管责任、处置责任以及成本分担等跨境协调的制度安排缺失，进一步增大了国际金融跨境处置协调的难度。因此，一个有法律确定性的国际金融机构跨境处置制度安排对全球金融体系的安全，无疑是极为重要的。在本章，我们在讨论跨境金融机构本身的特征以及作为一国处置当局的激励和约束因素的基础上，比较了目前可供选择的制度安排形式，提出了处置协调协议应该作为跨境金融机构处置协调的制度安排。处置协调协议作为一个新的概念，能够很好地平衡法律确定性和处置所需的灵活性，这一概念的发展和实施有以下三点需要说明：

第一，观念或理念层面的突破。很多早期的著述对国际金融机构跨境处置制度安排的讨论重点放在所谓普遍主义的处置方法（即将国际金融机构视为一个不可分割的法律实体，由一国处置当局处置）或地方主义的处置方法（即各个当局对所辖国际金融机构实体分别进行处置）。这两个方法背后的理念是，硬法是实现全球金融稳定的手段，一国公共当局是负责处置的唯一机构。金融稳定是一项全球公共物品，依其定义，我们承认公共当局的干预是必要的，因为市场无法提供这类公用物品。但是我们认为处置事务的全球治理主要应该由公共部门负责，但是却不应该排除私人部门机构和非政府组织的参与。问题国际金融机构特殊处置体制是晚近被引入的制度安排，在实践层面还没有可供借鉴的经验积累，因此，相关国家需要在理念层面形成共识，即处置事务的治理需要国家当局、私人机构和非政府组织的共同参与。提高处置协调协议的参与性，不仅能够提高协议的合法性，而且也有助于协议实施的可行性。

第二，重视国际标准的作用。目前世界各国的处置法律和政策差异很大，处置框架政策重心的差异也会影响金融市场的参与者的预期行为。目前，还有很多国家未建立国内处置框架，这些国家的处置是依据公司法和普通破产法进行的，无法有效应对系统性风险。而且，不同国家处置法律基础设施的差异，导致了对同一国际金融机构的不同法律实体的处置，可能会适用不同处置程序和处置工具，对相同的国际金融机构业务（如相同的金融合约）会采用不同的处置方式等。因此，巴塞尔委员会建议各国应该首先建立一个相对一致的问题银行处置的法律框架，这是国际社会进行跨境银行处置合作和协调的基础。国内当局应该有合适的工具有序处置问题银行，以实现维持金融稳定、最小化系统性风险、保护金融消费者利益、限制道德风险和提高市场效率的目标。[①] 鉴于目前各国处置立法存在重大差异的事实，金融稳定理事会在处置体制国际标准中，建议为了实现“以避免严重系统失败和使纳税人遭受风险的方式处置金融机构，保持关键市场

① See Basel Committee on Banking Supervision, *Report and Recommendations of the Cross-border Bank Resolution Group*, March 2010, para. 74.

功能的连续性，同时在尊重清算过程中支付结构的前提下使股东和一般债权人承担损失”的处置目标，一个有效的处置体制应包含以下关键属性，即（1）具有明确触发机制和启动条件的早期干预程序。(2）能够接管和处置问题国际金融机构的职权，包括终止不必要的合约、继续需要的合约、出卖资产和转移负债以及其他必要的运营和重整金融机构事务的行动。(3）具有保持基本金融功能的处置选项，包括转移资产、负债以及合同到健康的私人部门购买者或者过渡金融机构以及为第三方提供基本商业运营便利的措施。(4）保护公共支出，如果需要使用公共资金，则应符合比例原则，即仅以降低系统性风险对国内金融体系的冲击的目的为限。(5）在处置过程中，有对国际金融机构基本金融服务功能继续经营的融资支持机制，例如存款保险基金或者是其他的替代性融资机制，例如对符合特定标准的金融机构或者对整个金融业进行征收，形成一个独立的金融机构处置基金。(6）有临时融资或者对国际金融机构的负债进行担保的安排。作为防止系统性风险的最后手段，处置当局可以对问题国际金融机构临时国有化。(7）调整公共政策，通过使债权人、股东甚至是交易对手方承担损失的方式来加强市场约束和降低道德风险。处置当局在必要的情况下，可以对其他相关的债权人、交易对手方施加担保义务，以保护资本市场交易。(8）处置当局有权要求失败国际金融机构的高管层对失败负责，并拥有更换管理层和要求其从高管薪酬和个人股权中补偿机构损失的职权。(9）如果国际金融机构的失败不会对系统产生冲击，以及在一个合格的市场健康主体对其收购的情况下，处置当局可以选择将该失败国际金融机构关闭清算。(10）建立一个对受保存款人的立即支付程序。(11）确保国际金融机构对所参与的金融合约的终止、净额结算和担保等权利，以提高国际金融机构的风险缓释水平。(12）处置当局本身应该拥有充分的专业知识和资源，以处置具有复杂交易对手方和债权人的国际金融机构的处置。

金融稳定理事会在2011年提出的处置体制国际标准由于在G20戛纳峰会上被认可为国际标准，因此其影响力大大提高。至少对金融稳定理事会成员国而言，这些国家有压力去实施该国际标准，而压力主要来自于金融稳定理事会的章程以及金融稳定理事会提出的《加强遵守国际标准的监督框架》。金融稳定理事会提出的处置体制国际标准是各国建立相对一致的国内问题银行处置框架的权威指引，[①] 同时也是跨境银行处置协调协议建立和实施的重要依据。欧盟委员会的基本态度是，

---

① 值得注意的是，此处“权威指引”的含义，并非意味着处置体制国家标准为每个成员国精确地预设一个处置法律框架，而是指本国处置法律改革需要将“处置体制国家标准”的关键属性在最低程度上吸收进本国处置法律框架中。由于法律传统、金融体系特点的不同，各成员国处置法律改革在范围、处置当局和处置权力方面，不可避免地会表现出的很大的差异。See FSB, *Thematic Review on Resolution Regimes Peer Review Report*, April 2013, P. 8.

如果非欧盟国家的国内处置体制是在国际标准的指引下建立的，则欧盟及其成员国原则上将承认其处置措施的有效性。[①] 全球金融标准的实施会对一个国家的金融体系甚至金融主权产生重大影响，因此其形成机制和制定过程必须具有合法性以及必须符合全球治理的核心原则。这也意味着无论是程序上还是实质上，国际金融机构的标准制定应该是能够被问责的。这就要求，遵守这些标准的国家或经济体均在某种程度上参与了该标准的制定过程，因此使该标准具有了一定的合法性。[②]

值得注意的是，尽管金融稳定理事会的处置体制国际标准为相关国家建立相对聚合的处置法律框架提供了"蓝本"。广泛的实施处置体制国际标准以及在关键问题上达成共识将会确保处置合作的有效性。但是国内处置体制的聚合，其自身并不会自动形成跨境合作的结果。各国政府和处置当局需要认识到，处置对利益相关方的权利义务分配都有重大影响，因此，一国需确保跨境处置是可预测的，这需要国内处置当局之间进行一定程度的合作。[③] 母国处置当局负有平衡跨境处置目标和各国法律冲突的责任，但是在实践中，母国的这种协调职责却很难实施。在未来，金融稳定理事会需要建立更为有约束力的国际标准实施监督框架，以监督各国实施国际标准的进程和一致性。

第三，激励市场力量参与到跨境处置治理中。处置事务的全球治理，需要利益相关方参与共治。处置协调协议从规则形成到规则实施，都需要充分考虑参与其中的各国处置当局和国际金融机构的动机和利益诉求。现在欧盟以及国际标准制定机构的立法基本都十分重视与利益相关人协商。因此，处置协调协议的建立和实施需要充分激励市场力量的参与。

一个激励相容的处置协调协议需要激励国际金融机构股东、投资者和交易对手方与处置当局合作。例如，从金融机构投资者的角度看（养老金、保险和其他机构投资者），问题国际金融机构处置需要法律确定性、透明度和可预测性。处置程序如果缺乏透明度，将会导致对投资者的预期产生不稳定以及产生国际金融机构融资的风险溢价。处置程序如果缺乏可预测性，将会导致风险定价的不确定性。考虑到投资者对金融市场的作用，金融机构投资者对处置程序以及处置协调法律确定性、透明度和可预测性的需要，需要引起全球金融市场政策制定者的重视。危机后全球金融市场改革政策辩论的一个焦点问题是处置程序的相关信息在多大程度上进行披露，才能平衡处置的需要和投资者的需要。处置信息披露是关

---

① See EU, *An EU Framework for Crisis Management in the Financial Sector*, October 2010, para. 4. 2.

② ［英］肯・亚历山大、拉赫尔・杜梅尔、约翰・伊特维尔著，赵彦志译：《金融体系的全球治理》，东北财经大学出版社 2010 年版，第 35 页。

③ See IIF, *Making Resolution Robust*, 2012, P. 14.

系到委托代理和道德风险的关键，因为一旦处置当局无法获得问题国际金融机构的相关信息，问题国际金融机构的股东则有可能采取过分自利的行为，而使处置当局采取的处置措施趋向无效率。处置协调协议需要激励问题国际金融机构的管理层和股东提供满足跨境处置的信息，而不是通过命令的方式。投资者最关心的一个基本问题是，处置当局是如何形成这样一个处置计划以及实施一项处置措施的依据和影响。因此，处置协调协议需要以一种建设性阐明的方式，以稳定投资者的预期。从投资者的角度看，在处置程序中投资者遭受损失是正常的，但是使投资者遭受损失应该遵循公平和非歧视原则。而且，处置程序应该将最大化投资者可获得的资产以及将投资者保护作为处置的核心目标，目的是吸引长期投资者。

第六章

国际金融中心金融市场基础设施法律制度

国际金融中心必须具备完善的金融市场，使各类金融产品得以有效交易，而完善的金融市场需要有金融市场基础设施予以支撑。金融市场基础设施建设，不仅仅涉及技术问题，更需要法律规则的保障。法律有助于维护金融市场基础设施运行的稳定性和有效性，降低交易成本和实现规模经济，明确交易、清算、结算过程中的参与者的权利义务关系。本章充分吸收发达国家金融市场基础设施相关规则与现行国际标准，对金融市场基础设施的法律基础与监管机构、监管要求以及危机处理等方面涉及的法律问题进行分析，切实提出我国金融市场基础设施规则的改进建议。

一、金融市场基础设施的规则基础

本节首先研究了金融市场基础设施的定义及其分类，然后在明确金融市场基础设施范畴的基础上，对我国金融市场基础建设相关的法律制度进行分析。

（一）如何理解金融市场基础设施

对于金融市场基础设施，当前国际规则中最为权威的定义来源于支付结算系统委员会（Committee on Payment and Settlement Systems，以下简称 CPSS）和国际证监会组织（International Organization of Securities Commissions，以下简称IOSCO）技术委员会共同制定的《金融市场基础设施原则》。该文件认为，“金融市场基础设施”是指参与机构（包括系统运行机构）之间的多边系统，用于处理支付、证券、衍生品或其他金融交易的清算、结算或记录支付。金融市场基础设施通常为所有参与者建立一套共同的规则和程序、技术性基础设施及与所承担风险相适应的特别风险管理框架。各金融市场基础设施可以是盈利或非盈利的，也可以由中央银行或民间部门运行，可以是金融机构协会、非银行清算公司以及专业化的银行组织。[①]

美国学者鲁本·李认为金融市场基础设施机构如交易所、中央对手方、中央证券存管机构等分类模糊且相互矛盾，他提出了确定一个机构是否是金融市场基础设施的八个重要因素：（1）从广义上而言，能提供基本的设备、设施、基础、框架、装置、系统或服务来支持或构造某种形式的金融结构、系统或活动的形式；（2）用以支持商业、经济活动和发展，或通过操作系统能促使其他活动更为便利；（3）可以提供网络联系，一般由联结市场参与者的物质结构，以及使用这一结构的相关商业安排和规则组成；（4）体现一定经济规模；（5）可能需要大量的、长期的、稳定的、沉淀的投资；（6）可能产生自然垄断；（7）可以提供有益的公共品和公共服务；（8）可以是政府的形式或公共经济部门参与。[②] 鲁本·李提出在判断某一机构是否是金融市场基础设施，还需注意以下方面：（1）以上所提及的诸多重要因素是相互紧密联系的；（2）拥有其中一个重要因素或特质，并不能必然决定该机构是金融市场基础设施；（3）如果没有上述的任一因素，则肯定不是金融市场基础设施；（4）术语“基础设施”因不同缘由而被使用在不同方面；（5）基础设施的关键在于它的重要性，例如属于必要的设施、经济运行的条件，且会对政治、社会等各方面产生重要影响；（6）机构是否会归类金融市场基础设施可能会发生变化；（7）如果机构承担很多功能，那么很难区分这个机构是否为基础设施。[③] 鲁本·李同时指出，金融市场中“基础设施”术语被广泛使用在交易所、中央对手方、中央证券存管机构等作为交易、清算、结算服务或支付系统的提供方。[④] 把握以上重要的判断因素，更有助于深化理解金融市场基础设施的内涵与外延，也便于实际构建规则时具有现实的针对性和可操作性。

---

① See Committee on Payment and Settlement System & Technical Committee of the International Organization of Securities Commissions, *Principles for Financial Market Infrastructures*, April 2012, P. 7.

② See Ruben Lee, *Running the World's Markets: The Governance of Financial Infrastructure*, Princeton University Press, 2011, P. 10.

③ See id. P. 12.

④ See id.

机构被认定为金融市场基础设施的重要衡量标准是具有市场权力。[①] 英国公平交易办公室认为有五种重要的因素来决定市场权力的发生。一是竞争者的存在，在关联市场中已存在竞争者并划分了市场份额；二是潜在竞争，它决定了新经济实体进入市场的准入门槛；三是购买权的存在，买方可以向金融资源供给者购买到相应的资源使用地位；四是经济规律，在评估市场产业部门的市场权力中，经济规律是更紧密的因素；五是公司行为与一些金融现象的发生是相互联系的。[②] 金融市场基础设施的市场权力还要考虑一系列问题，如准公共产品的定位、权利或权力的边界、网络外部性、经济规模、转换成本、法律限制、自律和市场实践等。[③]

金融市场基础设施的定义界定应立足在两个方面，一是存在多边系统；二是主要功能在于处理承担上市、交易、信息发布的作用和包括清算、结算的各种事后服务。[④] 其特征有：（1）提供的产品与服务在某种程度上是必不可少的；（2）具有网络关系、经济规模、沉淀成本；（3）存在自然垄断。[⑤]

金融市场基础设施的信用本质是集政府信用、市场信用、技术保障信用三者为一体。金融市场基础设施的建设，若仅仅被认为是一项技术保障信用，则会偏离了该金融设施所体现的资金融通的信用本质。金融市场基础设施的建设，一则需要政府推动，表现为政府监管立法、行政执法等；二则需要市场信用，表现在尊重市场的经济发展规律，通过对市场经济发展规律的掌握来建设金融市场基础设施；三则需要提供技术保障信用，在技术上进行安全有效的金融市场基础设施建设。因此，金融市场基础设施建设，既需要考虑市场的因素，纳入金融的容量广度，也需要政府出台相应的契合金融市场的体系规则。

金融市场基础设施的分类可依据单个基础设施的功能来划分，如上市、交易、信息发布、交易事后程序（包括清算、结算等主要程序）等。[⑥] 而现实中金融市场基础设施具有一些综合性特征，比如交易所就存在了诸多功能，有自身核心功能的支付系统，也有些具有中央对手方功能。中央证券存管机构、中央对手方在符合法律规定也可以履行交易数据库的功能。因此一般而言，金融市场基础设施的研究和实务涉及比较具体的组织形式，如 CPSS 和 IOSCO 技术委员会共同制定的《金融市场基础设施原则》中，提及的需纳入国际标准重点监管的五类主

---

① See Ruben Lee, *Running the World's Markets: The Governance of Financial Infrastructure*, Princeton University Press, 2011, P. 40.

② See id. P. 42.

③ See id. P. 81.

④ See id. P. 26.

⑤ See id. pp. 13 – 21.

⑥ See id. P. 26.

要金融市场基础设施有支付系统、中央证券存管机构、证券结算系统、中央对手方和交易数据库。①

一是支付系统，指参与者之间用以资金转账的一套工具、程序和规则，包括参与者和运营机构。支付系统通常以参与者和运营者之间的协议为基础，使用商定的运行基础设施实现资金转账。② 支付系统一般根据数额大小分为小额批量支付系统和大额支付系统。在我国，支付系统已经形成以人民银行现代支付系统为核心，银行业金融机构行内支付系统为基础，同城票据清算系统、全国支票影像交换系统、银行卡跨行支付系统、互联网支付、人民币跨境支付系统等为重要组成部分的支付清算结算网络。人民银行建设与运行的大额支付系统与小额批量支付系统的功能、效率达到国际领先，新成立的人民币跨境支付系统也积极与国际接轨。③

二是中央证券存管与证券结算系统。中央证券存管是指提供证券账户、集中保管服务和资产服务。中央证券存管机构可以以实物或无纸化形式持有证券。④ 中央证券存管机构与托管银行的区别在于：第一，中央证券存管机构可能会影响到证券转换的最终所有权改变，而托管银行则不会；第二，中央证券存管机构的运行与托管银行的结算相关活动可能会发生系统性风险的方式和等级不同；第三，中央证券存管机构往往会形成垄断，而托管银行之间更多的是竞争关系；第四，托管银行无权进行以结算为目的的内部买卖交易。⑤ 证券结算系统，指通过预先设定的多边规则，使得证券通过账簿登记系统进行转让和结算。该系统允许证券单独移转或付款后完成证券转让。⑥ 债券市场领域，我国于1996年成立了中央国债登记结算有限责任公司（以下简称中债登），承担国债等的中央证券存管，并于次年为银行间债券市场提供所有种类债券交易的托管清算结算服务。2001年中国证券登记结算公司（以下简称中证登）成立，成为境内证券交易所提供证券托管结算服务的唯一后台系统。2009年银行间市场清算所股份有限责任公司（以下简称上海清算所）成立，推动了银行间市场集中清算。股票市场领域，2011年中证登成立，为交易所交易的证券交易提供集中登记，存管和结算服务。

---

① See Committee on Payment and Settlement System & Technical Committee of the International Organization of Securities Commissions, *Principles for Financial Market Infrastructures*, April 2012, pp. 7 – 9.

② See id. P. 8.

③ 《我国金融市场基础设施的五大板块》，http：//www. mt. sohu. com/20170124/n479478806. shtml。

④ See Committee on Payment and Settlement System & Technical Committee of the International Organization of Securities Commissions, *Principles for Financial Market Infrastructures*, April 2012, P. 8.

⑤ See Ruben Lee, *Running the World's Markets*: *The Governance of Financial Infrastructure*, Princeton University Press, 2011, pp. 25 – 26.

⑥ See Committee on Payment and Settlement System & Technical Committee of the International Organization of Securities Commissions, *Principles for Financial Market Infrastructures*, April 2012, P. 8.

我国目前形成中债登、中证登、上海清算所三家中央证券存管系统，同时也是证券结算机构。[①]

三是中央对手方，指在一个或多个金融市场中介入交易合同对手方，成为每个买方的卖方、每个卖方的买方，并据此确保履行所有敞口合约。[②] 2008 年金融危机前，中证登在交易所债券质押式回购充当中央对手方，郑州商品交易所、大连商品交易所、上海期货交易所、中国金融期货交易所在相应期货交易中充当中央对手方。危机后，上海清算所成立，初步建立本外币、多产品、跨市场的中央对手方清算业务系统，在债券、外汇、汇率、航运衍生品和利率互换等产品领域建立集中清算机制。[③]

四是交易数据库，主要用以集中保存交易数据电子记录的单位。[④] 目前交易数据库在场外金融衍生品市场，通过数据的集中搜集、存储和传递，为监管部门和公共服务功能提供交易透明度，降低交易风险，稳定金融稳定。[⑤] 2016 年 6 月支付与金融市场基础设施委员会和 IOSCO 理事会《金融市场基础设施原则第一阶段评估（第三次更新）》报告显示中国外汇交易中心作为类交易数据库（TR - like Entity）。[⑥] 中国外汇交易中心与中证机构间报价系统股份有限公司被金融稳定理事会《场外衍生品市场改革第十次进展情况报告》中被认为是类交易数据库。[⑦]

根据支付与金融市场基础设施委员会与 IOSCO 委员会 2015 年 11 月发布的《监管当局职责履行的评估和审查》，我国存在 6 家中央对手方机构，3 家中央证券存管/证券结算系统，一家系统重要性支付系统。6 家中央对手方机构分别是上海清算所、上海期货交易所、郑州商品交易所、大连商品交易所、中国金融期货交易所、中证登。3 家中央证券存管/证券结算系统分别是上海清算所、中债登、中证登。1 家系统重要性支付系统为大额支付系统。[⑧]

---

① 《我国金融市场基础设施的五大板块》，http：//www. mt. sohu. com/20170124/n479478806. shtml。

② See Committee on Payment and Settlement System & Technical Committee of the International Organization of Securities Commissions, *Principles for Financial Market Infrastructures*, April 2012, P. 9.

③ 《我国金融市场基础设施的五大板块》，http：//www. mt. sohu. com/20170124/n479478806. shtml。

④ See Committee on Payment and Settlement System & Technical Committee of the International Organization of Securities Commissions, *Principles for Financial Market Infrastructures*, April 2012, P. 9.

⑤ See id.

⑥ See Committee on Payment and Market Infrastructures & Board of the International Organization of Securities Commissions, *Implementation Monitoring of PFMIs: Third Update to Level 1 Assessment Report*, June 2016, P. 12.

⑦ See FSB, *OTC Derivatives Market Reforms: Tenth Progress Report on Implementation*, November 2015, P. 18.

⑧ See Committee on Payment and Market Infrastructures & Board of the International Organization of Securities Commissions, *Assessment and Review of Application of Responsibilities for Authorities*, November 2015, P. 69.

人民币跨境支付系统于 2015 年 10 月上线。作为人民币支付系统的组成部分，人民币跨境支付系统功能是处理人民币跨境支付业务，多为跨境美元交易清算，满足全球各主要时区人民币业务发展的需要。人民币跨境支付系统区别且独立于原来的中国现代化支付系统[①]（以下简称 CNA 支付系统），为境内银行业金融机构和金融市场参与者提供跨行人民币资金清算业务，是境内跨行人民币资金转账的主渠道，实时处理国内大额资金划拨。大额支付系统同时也为人民币跨境支付系统提供最终资金清算。我国清算支付系统中人民币跨境支付系统和大额支付系统，在功能模式上类似于美国的同业支付清算所（Clearirg House Interbank Payments System，以下简称 CHIPS）和联邦储备系统转账网络（Federal Reserve Wire Wetwork，以下简称 Fedwire）。从功能上而言，大额支付系统对应的是美国美联储转移大额付款的系统 Fedwire。Fedwire 主要用于境内美元支付，也部分承担境外美元支付的功能。[②] 人民币跨境支付系统改变了以往传统人民币清算的清算行模式、代理行模式、"境内非居民账户"模式三种模式。[③] 资本项目开放后，人民币跨境支付系统将承担境外人民币的主要回流机制的"通道"和离岸人民币存款的定价基础。[④] 目前，跨境银行间支付清算（上海）有限责任公司于 2015 年 9 月 8 日运营。[⑤] 从现行发布规则文件中来看，系统（一期）采用实时全额结算方式来处理客户汇款和金融机构汇款两类业务；各直接参与者"一点接入"，集中清算业务。[⑥]

国际金融中心金融市场基础设施应具有全球化、设施化、标准化等特点。全球化，是指基础设施建设要放眼于全球金融市场；设施化，是指基础设施建设立足于自身设施的安全、效率；标准化，是指基础设施建设很多方面采用标准化的

---

① 中国现代化支付系统，主要由大额支付系统和小额批量支付系统组成。

② 《人民币跨境支付系统将取代清算行》，http://www.finance.ifeng.com/a/20140710/12692031_0.shtml。

③ 以往传统人民币清算以清算行模式、代理行模式、"境内非居民账户"模式三种模式为主：（1）在清算行模式下，港、澳清算行直接接入大额支付系统，其他清算行则通过总行或母行接入大额支付系统，所有的清算行以大额支付系统为依托来完成跨境人民币清算服务；（2）在代理行模式下，境内代理行直接接入大额支付系统，境外参加行可以在境内代理行开立清算账户（即人民币同业往来账户），经过环球同业银行金融电讯协会（Society for Wordwide Interbank Financial Telecommunication，以下简称 SWIFT）系统跨境传递清算信息指令。境外参加行经境内代理银行，通过大额支付系统展开人民币业务的最终结算。（3）"境内非居民账户"模式是，为境外机构开立人民币银行结算账户，直接通过境内银行内的支付系统或中国现代化支付系统进行资金的跨境清算、结算。参见黄峰、陈学彬：《中美本币跨境支付系统模式比较研究》，载于《国际金融》2016 年第 8 期。

④ 马骏：《亟需建立新跨境人民币支付系统》，载于《新财经》2012 年第 6 期。

⑤ 《一文读懂人民币跨境支付系统 14 个要点》，http://www.money.163.com/15/1008/09/B5D5NFQC00252G50.html。

⑥ 《人民跨境支付系统（一期）问答》，载于《债券》2015 年第 10 期。

方式。而这些趋势变化的应对，会对现行法律问题的解决提供一些新思路。

金融市场基础设施作为金融市场发展的基础设施，彼此之间会发生一定的联系，有时是几家金融市场基础设施共同为某一专门金融业务服务，有时是不同金融市场基础设施功能集特定机构于一身。例如我国证券结算系统是围绕债券市场、股票市场、期货市场三种不同类型的市场而建立。① 中债登，是证券结算系统，也是中央证券存管机构。该公司的簿记系统与中国外汇交易中心运营的银行间交易系统相连接，资金结算可通过中央银行大额支付系统进行。② 中证登是中央对手方、证券结算系统，它同时也是所有在上海证券交易所和深圳证券交易所的金融工具的中央证券存管机构。上海清算所既是中央对手方，也是中央证券存管机构。

《金融市场基础设施原则》原则20（金融市场基础设施的连接）规定了"与一个或多个金融市场基础设施建立连接的金融市场基础设施应识别、监测和管理与连接相关的风险"。③ 而该原则的内容要点也指出"建立多个连接的金融市场基础设施应确保一个连接的风险不影响其他连接和相连接的金融市场基础设施的稳健运行。"④ 同时"化解溢出效应需要使用有效的风险管理措施，包括额外的金融资源或协调相连接的金融市场基础设施的风险管理框架。"⑤

首先在连接安排建立前后，要识别连接的相关风险。金融市场基础设施的连接，在某些情况下会导致一定程度的风险递增。"风险的类型和程度会因金融市场基础设施的设计和复杂性、金融市场基础设施之间关系的性质不同而不同。"⑥ 例如中央证券存管向证券结算系统转移证券服务，连接一般仅会带来运行风险和托管风险。中央对手方对另一个中央对手方提供清算服务，还会带来额外的信用风险和流动性风险。中央对手方连接运行中央证券存管，以便证券交付和保证金结算，若带来额外风险，则中央证券存管应管理这些风险。⑦

其次在发生连接后，机构要管理法律风险、运行风险、财务风险等风险。运营机构在金融市场基础设施连接过程中要发挥对以上各类风险的管理。在跨管辖

① See International Monetary Fund and The World Bank, *People's Republic of China: Detailed Assessment Report: CPSS – IOSCO Recommendations for Settlement Systems and Central Counterparties*, March 2012, P. 10.

② See id. P. 5.

③ See Committee on Payment and Settlement System & Technical Committee of the International Organization of Securities Commissions, *Principles for Financial Market Infrastructures*, April 2012, pp. 109 – 110.

④ See id. P. 110.

⑤ See id.

⑥ See id.

⑦ See id.

区情况下，连接协议的条款应明确法律选择以管理连接的各方面，以避免不确定性。① 例如我国中证登深圳分公司与新加坡中央证券存管公司建立连接。新加坡中央存管公司在中证登深圳分公司开设账户，将其投资的证券转移到该账户，并相应借记投资者在新加坡中央存管或其参与人的证券账户。中证登对此安排做了评估，认为过程的风险是可控，且对方的财务风险和运营风险是不会传导到中证登。② 中债登与其他中央证券存管机构（香港金管局运营的债务工具中央结算系统、卢森堡明讯银行）都建立了单向连接，并做了一定的风险分析与评估。但目前我国仍欠缺一个全面的、标准的流程对这种跨境连接的风险进行分析，因此有必要今后中债登、中证登、证券交易所和市场监管者共同合作建立一个标准化的框架以用来评估这种连接带来的风险。③ 同时管理运行风险与财务风险也很重要，以避免连接所带来的额外风险。

最后要处理好“中央证券存管—中央证券存管”连接、“间接中央证券存管—中央证券存管”连接、“中央对手方—中央对手方”连接等管理的特殊性以及对交易数据库的一些考虑。不同金融市场基础设施之间的连接，会引发运营机构管理的特殊性。比如在中央证券存管之间的任何授信应由高质量的抵押品完全覆盖并设置限额。④ 投资者的中央证券存管只有做到连接安排对参与者高水平保护时，才能与发行人的中央证券存管建立连接。⑤ 投资者的中央证券存管通过中介介入发行人中央证券存管时，投资者中央证券存管要度量、检测和管理通过中介而产生的附加风险。⑥ 中央对手方的同行之间连接，不受普通参与者规则限制，但要面临当前和潜在的未来风险。中央对手方的参与者连接，受普通参与者规则限制，需要参与者中央对手方化解和管理连接所产生的风险与自身核心的清算、结算而产生的风险。⑦ 交易数据库应评估与连接相关的额外运行风险，确保信息技术及相关资源的可扩展性和可靠性，避免因连接设计不当而产生额外风险。⑧

---

① See Committee on Payment and Settlement System & Technical Committee of the International Organization of Securities Commissions, *Principles for Financial Market Infrastructures*, April 2012, pp. 110.

② See International Monetary Fund and The World Bank, *People's Republic of China: Detailed Assessment Report: CPSS – IOSCO Recommendations for Settlement Systems and Central Counterparties*, March 2012, P. 44.

③ See id. P. 31.

④ Committee on Payment and Settlement System & Technical Committee of the International Organization of Securities Commissions, *Principles for Financial Market Infrastructures*, April 2012, P. 109.

⑤ See id. P. 111.

⑥ See id. P. 112.

⑦ See id. pp. 112 – 113.

⑧ See id. P. 115.

（二）规则基础

2012年《金融市场基础设施原则》中原则1（法律基础）规定“在所有相关司法管辖内，就其活动的每个实质方面而言，金融市场基础设施应当具有稳健、清晰、透明，且可执行的法律基础”。[①] 我国在国际金融中心金融市场基础设施建设中应积极汲取国际先进经验，比如各国已成型的金融市场基础设施的法律规则、国际监管标准、国际法等。在经验的借鉴过程中，也应结合我国现有法律规则体系与文化土壤进行合理吸收，促进本国金融市场基础设施法律制度完善。

1. 现行立法

我国现行有关金融市场基础设施的金融法律法规主要由基本法律、行政法规、规章之外的监管部门规范文件、自律规则等部分构成，具体包括：

第一，全国人大及全国人大常委会颁布的基本法律，如《合同法》《担保法》《破产法》《民法通则》《消费者权益保护法》等一般性法律，该类法律对金融市场基础设施业务的针对性不强，但仍发挥着非常重要的作用，例如《合同法》和《担保法》的基本规定适用于金融交易主体之间的民事权利义务；《证券法》《中国人民银行法》《商业银行法》《银行业监督管理法》《票据法》《电子签名法》《反洗钱法》等金融专门法律，虽不是针对金融市场基础设施的专门法律，但也涉及支付、清算、结算的重要方面。我国人民币交易支付规则体系，主要是建立在以《中国人民银行法》为主导而形成的一系列规则体系，《中国人民银行法》确定了人民银行负责支付清算系统。在证券交易基础设施规则方面，主要是建立了以《证券法》为主导而形成的一系列不同层次的规则体系。《证券法》确定了涉及证券结算系统/中央证券存管、中央对手方等的证券交易清算、结算。其中，《证券法》第一百六十一条提出应当采取措施保证业务的正常进行，如“具有必备的服务设备和完善的数据安全保护措施”“建立完善的业务、财务和安全防范等管理制度”“建立完善的风险管理系统”等。《中国人民银行法》和《证券法》赋予了监管机构对银行间债券市场基础设施的监督管理。

第二，国务院颁布的金融行政法规层级的规则，包括《外汇管理条例》《期货交易管理条例》《金融违法行为处罚办法》《个人存款账户实名制规定》《人民

---

① See Committee on Payment and Settlement System & Technical Committee of the International Organization of Securities Commissions, *Principles for Financial Market Infrastructures*, April 2012, P. 21.

币管理条例》《现金管理暂行条例》等。目前尚未有专门针对金融市场基础设施的国务院金融行政法规。在期货交易基础设施规则方面，主要建立了以《期货交易管理条例》为主导而形成的一系列不同层次的规则体系。《期货交易管理条例》第八条规定了"期货交易所可以实行会员分级结算制度"，第10条规定了期货交易所"组织并监督交易、结算和交割"的职责，第11条规定了期货交易所应当按照国家规定建立、健全各种风险管理制度等。

第三，规范金融市场基础设施的规则更多是国务院各部委颁布的金融行政规章。如在人民币交易结算方面，我国已经制定了《支付结算办法》及实施细则、《人民币银行结算账户管理办法》《国内信用证结算办法（修订稿）》《人民币跨境支付系统业务暂行规则》等。在互联网支付方面，制定了《非银行支付机构网络支付业务管理办法》。证券、期货交易结算方面，我国制定了《证券登记结算管理办法》《证券结算风险基金管理办法》《期货交易所管理办法》等。银行间债券市场结算方面，已制定了《全国银行间债券市场债券交易管理办法》《银行间债券市场债券登记托管结算管理办法》等。这类规范，很多是专门涉及金融市场基础设施支付、清算、结算的专门规章。

《证券登记结算管理办法》主要建立了结算参与人制度，对参与人的门槛准入进行了规定，建立了结算参与人风险评估体系，规定了结算参与人一旦出现了持续的违约，则设定了如限制、暂停、终止等结算业务等惩戒措施。《证券结算风险基金管理办法》第二条明确了设立证券结算风险基金，其目的是"用于垫付或者弥补因违约交收、技术故障、操作失误、不可抗力造成的证券登记结算机构的损失而设立的专项基金"。设立的结算风险基金，由所有参与交付的会员前置性强制缴纳部分资金，用以防范一旦结算出现问题时即时用风险基金进行抵偿。这样可避免因单笔的交付风险而对整个结算系统产生多米诺骨牌效应影响。《全国银行间债券市场债券交易管理办法》第26条、第27条、第28条、第29条、第30条、第31条、第32条、第33条对债券托管、结算流程及方式做了详细的规定。《银行间债券市场债券登记托管结算管理办法》对该市场整个债券登记、托管、结算都做了较为详细的规定，并分"债券登记托管结算机构""债券账户""债券登记""债券托管""债券结算"等专章规范。

第四，由中国人民银行、证监会等发布的规章之外的规范性文件。相关的人民币支付规则包括《中国人民银行办公厅关于印发〈大额支付系统业务处理办法（试行）〉〈大额支付业务处理手续（试行）〉及〈大额支付系统运行管理办法（试行）〉的通知》《支付清算系统危机处置预案》《中国人民银行关于手机支付业务发展的指导意见》等。相关证券、期货类的结算、清算文件包括《证券期货业信息系统审计指南》《资本市场交易结算系统核心技术指标》《关于进一步加强商品期货实物交割监管工作的通知》《关于开展期货交易市场账户规范工作的决定》等。该规范性效力文件，不是部门规章，却在现实中发挥着重要作用。该类文件具有市场灵活性，但也欠缺一定的稳定性。

除此之外，金融市场基础设施的自律规则也在实践中发挥非常重要的作用。自律规则主要是机构和行业实行自我约束的规则。例如经中国人民银行批复，人民币跨境支付系统运营机构已发布的《人民币跨境支付系统参与者服务协议》《人民币跨境支付系统业务操作指引》，及后续发布的《人民币跨境支付系统运行规则》《人民币跨境支付系统技术规范》等。在证券交易方面，如上海证券交易所于2016年1月1日实施的《上海证券交易所交易规则》对交易市场、证券买卖、其他交易事项、交易信息、交易行为监督、交易纠纷、交易费用、纪律处分等进行了具体规定等。

以上金融法律法规或规则构成了我国金融市场基础设施的规则基础。根据国际标准和他国先进规则经验来看，我国现行规则仍有发展空间：

首先，金融市场基础设施的规则位阶低，欠缺体系性。我们没有专门的支付、清算、结算的法律或法律篇章，而在美国，有《电子资金划拨法》《纽约州统一商法典》4-A篇、《多德—弗兰克法》第3章（《支付、清算和结算监管法》）等。我国调整支付、清算和结算的专门规则绝大多数都是部门规章以下规则，临时性的通知从数量和重要性上都占很大的比重。低位阶层次的规则存在不稳定、调整范围小、约束力弱等缺陷，在规则体系中过多存在，不利于支付、清算、结算系统长远发展和国际化建设。例如调整有关人民币支付业务的主要法律，仅《中国人民银行法》《商业银行法》等法律有个别规定，且是非专门属于针对支付业务的法律。而涉及专门支付系统的一些规则多用于阶段性调整，欠缺一定体系性。例如，2015年10月8日人民银行出台的《人民币跨境支付系统业务暂行规则》（以下简称《暂行规则》）第29条明确人民币跨境支付系统以实时全额结算方式处理支付业务。但据央行发布的对人民币跨境支付系统建设政策定位，一期采取实时全额结算方式，为跨境贸易、跨境投融资、跨境个人汇款和其他跨境人民币业务提供清算、结算服务；二期会采取实用节约流动性的混合结算方式，提高人民币跨境和离岸资金的清算、结算效率。[①] 而《暂行规则》未提及二期建设要发生的变化。若进入人民币跨境支付系统二期，此规则能否适用，即成了问题。是该条款不予适用？还是整个规则文件处于无效状态？这都会破坏规则的稳定性。无论是法律位阶的规范，还是部门规章和行政法规位阶的规范，均

---

① 《一文读懂人民币跨境支付系统14个要点》，http://www.money.163.com/15/1008/09/B5D5NFQC00252G50.html。

应该在一次时期内给予金融投资者乃至公众一个较为稳定的印象（除紧急应对危机的时刻，可以作为适当的变通）。朝令夕改，或前阶段的金融市场基础设施的建设总体框架与后一阶段的实践格格不入，会影响国外金融投资者对我国金融市场基础设施的信心和运行能力的质疑。相对照，美国 CHIPS 受到了专门法律的规范。例如：（1）《美国电子资金划拨法》《纽约州统一商法典》4 - A 篇、《多德—弗兰克法》第三章（《支付、清算和结算监管法》）专门法律的调整；（2）CHIPS 系统参与者的参与发送和接受信息、资金划拨的权利和义务，受《纽约州统一商法典》第 4 - A 篇的约束；（3）支付信息无论是否涉及资金转账汇款都受到《美国电子资金划拨法》的约束；[①]（4）所有的 CHIPS 系统参与者必须是美国储蓄机构或国外银行的美国分行或机构，如它们倒闭，在一定程度上适用联邦破产法。[②]又如，我国证券的结算、清算业务虽然在《证券法》有个别条文提及，但主要是以《证券登记结算管理办法》《证券结算风险基金管理办法》等部门规章以下文件为主。另外期货交易领域我国没有专门的《期货法》，仅有行政法规《期货交易管理条例》和部门规章以下文件，还存在地方政府以地方政府规章和效力性文件对属地商品期货交易市场管理中出现维护地方利益的倾向。

其次，"轧差"的法律问题。轧差（国际上又称净额结算），是指安排两个或多个参与者进行债务抵销，由此减少一系列交易结算所需支付或交割的数量和资金。国际金融中心金融市场基础设施，应当具有更完善的轧差规则，以确保更好的执行力和增强效率。轧差设计得到法律规则的确认，意味着其在金融市场基础设施和参与者破产中能被强制执行，同时也避免了各国法律规则在此适用的冲突。2012 年《金融市场基础设施原则》原则 1（法律基础）注释内容专门对"轧差安排"做了要求，"轧差安排应取得法律的明确认可和支持，并在金融市场基础设施和违约参与者破产时具有强制执行力。若没有此类法律依据，轧差后的债务可能会在司法或行政破产中受到质疑"。[③]

但是，关于净额结算，我国《证券法》第 167 条对证券交易净额结算作了规定，部门规章也有较多规定，但对破产领域的净额结算未有相关规定。中国人民银行《小额支付系统业务处理办法》第四章规定了"轧差和资金清算"，《中国现代化支付系统运行管理办法（试行）》和《大额支付系统业务处理办法》规定了轧差。《证券登记结算管理办法》第 78 条"附则"对证券、期货结算领域的

① See The Clearing House, *CHIPS Rules and Administrative Procedures*, February 15, 2016, pp. 4 - 5.

② See The Clearing House, "*CHIPS*" *Self - Assessment of Compliance with Standards for Systemically Important Payment Systems*, January 2016, P. 11.

③ See Committee on Payment and Settlement System & Technical Committee of the International Organization of Securities Commissions, *Principles for Financial Market Infrastructures*, April 2012, P. 24.

"多边净额结算"做了解释。但是这些规范文件的效力，远远低于《企业破产法》等法律，因而轧差在实践中适用效力尚不明确。《合同法》中的合同相对性原则又与轧差效力存在一定程度的冲突。而在美国各州支付、清算、结算范围，均采用《统一商法典》4A 条款，承认了净额结算的效力。美国《统一商法典》条款规定在资金转账系统制度允许范围内可以抵销发送人往返交易余额以及系统中其他成员所欠债务的总额度。[①] 因此，我国应当在法律规则层面明确肯定金融市场基础设施轧差的法律效力。一则便于解决纠纷，二则促进结算效率，三则也利于对接国际规则。

最后，"结算最终性"的法律问题。结算最终性是 2012 年《金融市场基础设施原则》的重要原则，原则 1（法律基础）注释内容中明确"金融市场基础设施应具备清晰的法律基础来界定金融市场基础设施中结算最终性的发生时点"。[②] 原则 8（结算最终性）规定"金融市场基础设施应当至迟于生效日日终提供清晰和确定的结算最终性"。[③] 金融市场基础设施接受的支付、转让指令或者其他义务在到期日都应该具有结算终结性，即按照基础合同不可撤销和无条件转让资产或者金融工具，或者免除金融市场基础设施及其参与者的义务。结算最终性的意义在于，将结算的最终日推迟至下一个营业日会对金融市场基础设施的参与者和其他利益相关方带来信用和流动性压力，可能成为系统风险的来源。[④] 我国对企业破产时支付交易信息有效性的具体时间点并未规定，结算中也不存在任何"零点法则"的豁免条款。实时全额结算系统产生的效力并不能对抗法院对无效支付的裁判。因此在国际评估中也面临了此类问题。根据国际货币基金组织和世界银行于 2012 年发布的《关于〈关于证券结算系统的建议〉和〈关于中央对手方的建议〉执行情况的详细评估报告》中对上海期货交易所的合格中央对手方的评估中，就认为涉及中央对手方清算中交易的可执行、结算最终性等一系列重要概念都是上海期货交易所的规则和规范，而非成文法。[⑤] 美国《联邦破产法典》和其他国家的"零点规则"就有可能与结算的最终性相冲突。"零点规则"就是在破产机构在被宣布破产之日午夜以后所从事的交易按法律规定均自动无效，这个规

---

① 美国《统一商法典》4A－403（b）节规定，"多边义务的资金转移系统规则允许的范围内，可以抵销发送人对该系统其他成员的往返交易余额"；4A－403（c）节规定，"两个银行互相传输托付单，一个银行传输的所有指令，应欠的全部金额应当与其他银行传输的所有指令应欠的总金额抵销"。

② See Committee on Payment and Settlement System & Technical Committee of the International Organization of Securities Commissions, *Principles for Financial Market Infrastructures*, April 2012, P. 23.

③ See id. P. 64.

④ See id.

⑤ See International Monetary Fund and The World Bank, *People's Republic of China: Detailed Assessment Report: CPSS－IOSCO Recommendations for Settlement Systems and Central Counterparties*, March 2012, P. 60.

则有可能使已经结算的交易被推翻成为无效，与结算终结性相冲突。当然，若欺诈性地转让或非法向某个债权人优惠偿付债务，交易是无效的，且可以要求受让人返还支付的标的，但不影响结算最终性的效力。

因此我们为构建金融市场基础设施的“稳健、清晰、透明且可执行的法律基础”,[①] 还需要从以下方面作出完善：

第一，提升规则的法律位阶与注重规则体系性。涉及重大、基础性的支付、清算、结算系统规则应采取法律形式直接整合形成《支付、清算、结算法》或单设为法律中某一篇章。此举既能统筹部门规章以下规则，也能明确支付、清算、结算系统各方责任，同时明确监管部门的监管职责。我们要从注重支付、清算、结算系统规则体系的整体性出发，形成前、后制度持续稳定的规则体系。彼此之间除了要符合上位法与下位法、普通法与特别法、新法与旧法之间的关系，还应当注意政策的持续性与稳定性。在期货交易规则领域，应尽快出台《期货法》，作为调整期货交易的基本法律，以避免与其他部委出台的部门规则或通知文件、地方政府规章之间相冲突。期货交易基础设施有不同于一般金融机构的特点，对其监管措施、问题处置、破产清算等有不同于一般金融机构的规则，应该要制定其自身特有规则。另外，有必要修订《中国人民银行法》，明确规定中央银行作为最后贷款人对遭遇流动性危机的金融市场基础设施等系统性重要金融机构提供流动性援助，该援助只限于金融市场基础设施自身，而不包括金融市场基础设施的清算会员，以防止道德风险。法律同时应明确规定识别系统重要性的金融机构的标准作为配套机制，以便确定哪些金融基础设施可以纳入到系统重要性金融机构。

第二，对于结算最终性和轧差安排，我们建议参照结合《金融市场基础设施原则》与欧盟1998年通过的《支付和证券结算最终性法》的规定，以法律形式明确以下内容：(1) 对过户指令和净额轧差的保护。规定一旦参与者进入支付清算系统，即使处于破产清算程序时，过户和净额清算也必须执行法律强制性；(2) 否定和废除“零点法则”。考虑维护系统稳定，采取结算最终性条款，规定清算宣告只对宣告之后发生的交易有效力，而不能导致宣告之前发生的交易被撤销的效力，甚至可以规定延缓偿付在清算宣告的第二天发生效力;[②] (3) 将担保物排除在破产清算程序之外。这可确保即使参与者进入破产程序，结算系统也能继续完成交收。

---

① See Committee on Payment and Settlement System & Technical Committee of the International Organization of Securities Commissions, *Principles for Financial Market Infrastructures*, April 2012, P. 21.

② 周仲飞：《银行法研究》，上海财经大学出版社 2010 年版，第 392 页。

2. 监管机构

在我国现有一行三会的监管体制下，各监管当局或多或少涉及对金融市场基础设施的监管。根据支付与金融市场基础设施委员会和IOSCO委员会在2015年11月发布的《监管当局职责履行的评估和审查》报告，中国人民银行和中国证监会是主要负责我国金融市场基础设施监管的机构。[①]《中国人民银行法》第四条规定了中国人民银行有“发行人民币，管理人民币流通；监督管理银行间同业拆借市场和银行间债券市场；实施外汇管理，监督管理银行间外汇市场；维护支付、清算系统的正常运行。”第27条规定“中国人民银行应当组织或协助组织银行业金融机构相互之间的清算系统，协调银行业金融机构相互之间的清算事项，提供清算服务。具体办法由中国人民银行制定。中国人民银行会同国务院银行监督管理机构制定支付结算规则。”第32条赋予中国人民银行对金融机构及其他单位、个人“执行有关清算管理规定的行为”进行检查监督的权力。中国证监会根据《证券法》《期货交易管理条例》等相关立法以及全国人大的授权，对证券和期货市场中的中央对手方、中央证券存管/证券结算系统实施监督和管理。《证券法》第179条赋予中国证监会“依法对证券的发行、上市、交易、登记、存管、结算，进行监督管理”，以及依法对“证券服务机构、证券交易所、证券登记结算机构的证券业务活动，进行监督管理”等职权。《期货交易管理条例》第五条规定“国务院期货监督管理机构对期货市场实行集中统一的监督管理”。第四十七条规定国务院期货监督管理机构依法履行“对品种的上市、交易、结算、交割等期货交易及其相关活动，进行监督”等职责。

在监管机构与金融市场设施的关系上，要处理好监管机构与金融市场基础设施运营机构的关系。具体而言，正确处理人民银行与支付系统运营机构之间的关系、证监会与中央证券存管/证券结算系统以及中央对手方运营机构的关系，明确支付、结算、清算系统业务的相关程序、地位隶属与权责分配。对于系统重要性的支付、结算、清算系统，应当要体现其公共性以及与人民银行、证监会之间的监管关系，正确处理支付、清算、结算系统的公共性与机构私权的关系。

在这当中，央行与支付系统系统运营机构的关系略显复杂。一般而言，支付系统的运行责任（包括大额支付运行机制），是中央银行在清算、结算和支付系统中所负有另一的重要作用。[②] 大额支付系统是一国支付清算体系的主动脉，因

① See Committee on Payment and Market Infrastructures & Board of the International Organization of Securities Commissions, *Assessment and Review of Application of Responsibilities for Authorities*, November 2015, P. 69.

② ［美］布鲁斯·萨莫斯编，励跃等译：《支付系统——设计、管理和监督》，中国金融出版社和国际贸易基金组织1996年版，第152页。

此很多国家央行拥有并自行运行大额支付系统，如美联储运行 Fedwire 系统，日本银行运行日本银行金融网络系统，瑞士国民银行运行瑞士跨行清算系统，澳大利亚储备银行运行储备银行信息与转账系统，中国人民银行运行大额支付系统等。[①] 这些大额支付系统都是在各国国家支付清算体系中居核心地位。

当然，除了央行拥有和运行的系统重要性支付系统，还有以美国 CHIPS、加拿大 LVTS 为代表私有系统和以英国 CHAPS[②] 为代表的联营系统。我国人民币跨境支付系统的运营机构是跨境银行间支付清算（上海）有限责任公司。它作为经人民银行批准设立的该系统运营机构，法律性质为公司制企业法人，接受人民银行的监督和指导。《人民币跨境支付系统业务暂行规则》第三条规定人民币跨境支付系统“运营机构是经中国人民银行批准，在中华人民共和国境内依法设立的清算机构。运营机构接受中国人民银行的监督管理”。[③] 从条文看，人民币跨境支付系统运营机构是一家经央行批准的公司法人，与中央银行关系参照于美国 CHIPS 运营机构独立于美联储的模式，但仍有不同。2015 年 6 月 8 日，中国人民银行办公厅批复同意中国人民银行清算总中心出资成立人民币跨境支付系统（一期）有限责任公司，从出资情况来看，运营机构并非完全营利目的的市场主体。该运营机构处于垄断地位且完全基于公权授予市场地位，但法律未能认定其非营利身份。同时该机构的出资人与监督人均为中国人民银行，且又作为公司制法人，因此在运营机构市场化运营方面会引发部分争议。[④] 对比美国 CHIPS 系统运营机构私营公司 PaymentsCo 公司，其商业模式是基于系统成员和系统参与者对系统的使用，公司及其成员并不期望从该业务中获得可观的利润。[⑤] PaymentsCo 公司在运营 CHIPS 过程中体现了非营利的要求。因此，我国应当完善人民币跨境支付系统相关规则，如《人民币跨境支付系统业务暂行规则》第三条规定运营机构是“由中国人民银行支付结算中心出资设立的清算机构”，应有必要明确其无营利要求。另外，无论支付、清算、结算系统是由中央银行还是由私营部门拥有和管理，都特别需要有效的、负责任的和透明的治理安排，归根到底是为了达成系统的、系统参与者的以及社会大众的利益目标。[⑥]

---

① 贺培：《经济与金融体系中的支付系统》，中国财政经济出版社 2001 年版，第 164 页、第 174 页。

② 英国的支付系统虽采取公司化经营模式，但主要银行在英格兰银行开立结算账户，最终清算仍由英格兰银行来完成，同时英格兰银行也对支付系统监管承担部分责任。参见李安琪：《英国清算支付体系发展历程与未来发展》，载于《中国市场》2015 年第 40 期。

③ 《人民币跨境支付系统业务暂行规则》第 3 条。

④ 罗钢青、李海林：《完善跨境支付系统》，载于《中国金融》2016 年第 3 期。

⑤ See The Clearing House, “*CHIPS*” *Self-Assessment of Compliance with Standards for Systemically Important Payment Systems*, January 2016, pp. 18-19.

⑥ 苏宁：《支付体系发展指南——十国集团中央银行支付结算体系委员会编写》，中国金融出版社 2007 年版，第 13 页。

二、金融市场基础设施的监管要求

金融市场基础设施面临着各种风险，这些风险来自于金融市场基础设施的参与者、金融市场基础设施内部管理、金融市场基础设施的业务等。金融市场基础设施的倒闭通常会产生比一般金融机构倒闭更大的外溢性，对金融市场基础设施从准入到日常风险监管就成为必然。

（一）金融市场基础设施机构的门槛准入

金融市场基础设施参与者准入门槛，即谁有资格进入系统进行支付、清算、结算等业务。2012 年《金融市场基础设施原则》原则 18、原则 19、原则 20 对使用支付系统、中央证券存管机构、证券结算系统、中央对手方、交易数据库等各类金融市场基础设施提出了一些原则性的准入门槛要求，要求金融市场基础设施应该允许其服务能够被公平和公开的使用，金融市场基础设施通过制定合理的风险控制要求能够控制其参与者所面临的风险，确保其参与者具有运行能力、财务资源、法定权力和专业风险管理能力等以预防给金融基础设施和其他参与者带来的风险。[①]

第一，准入门槛的设计原则。《金融市场基础设施原则》原则 18（准入与参与要求）规定“金融市场基础设施原则应该具有客观的、基于风险的、公开披露的参与标准，支持公平和公开的准入”。[②] 由于特定市场一般往往只有一个或少数金融市场基础设施，因此获准参与可能会显著影响市场参与者之间的竞争平衡状况，尤其是限制获得的服务会使得没有获准服务的市场参与者（及其客户）、其他金融市场基础设施（如接入中央证券存管的中央对手方）和服务提供者处于不利地位。[③] 我国目前的准入门槛主要是依靠金融市场基础设施运营机构在法律前提下自身设计自律规则来完成。这也符合国际上各国通行做法。

我国金融市场基础设施的准入门槛设计应注意以下原则：其一，依据金融市场基础设施的种类和风险管理能力来确定哪些参与者可以使用金融市场基础设施

① See Committee on Payment and Settlement System & Technical Committee of the International Organization of Securities Commissions, *Principles for Financial Market Infrastructures*, April 2012, P. 101.

② See id.

③ See id. pp. 101 - 102.

的服务；其二，对于审核资格机构的权力应通过法律规则约束，避免权力使用不当导致效率与公平价值受损；其三，监管部门对参与者的变换应进行监督，做到有进有出，进出合理。准入门槛原则设计目的是形成一个公平公正的规则运作方式来保证设施的开放性、安全性和效率性。中国人民银行出台的《银行业金融机构加入、退出支付系统管理办法》目的之一在于监督参与者始终符合准入规定，同时强制一些信誉不良的参与者退出支付系统。中国人民银行发布的《人民币跨境支付系统业务暂行规则》在“参与者管理”中规定了直接参与者、间接参与者的具体条件。运营机构自律规则《人民币跨境支付系统业务操作指引》规定了系统直接参与者和间接参与者加入、退出、变更的具体流程。

第二，分级参与安排。当一些机构（间接参与者）需依赖于其他机构（直接参与者）提供的服务，使用金融市场基础设施的集中支付、清算、结算或交易记录便利时，就产生了分级参与安排。如在本币跨境支付系统中就存在直接参与者与间接参与者，证券结算系统也存在分级结算等。《金融市场基础设施原则》原则 19（分级参与安排）规定了“金融市场基础设施应识别、检测和管理由分级参与安排产生的实质性风险”。[①]

不同级别的参与者面临法律上的权利、义务有所差别，因此，在金融市场基础设施构建的规则上，对不同参与者的权利和义务有不同要求。其一，公开、透明、公正地制定某个金融市场基础设施系统统一的参与规则；其二，完善不同级别参与者身份间的转化规则，便利身份变更渠道；其三，分级参与安排的风险，应当由监管部门定期认定，并形成制度化。如我国人民币跨境支付系统详细的分级参与安排规定在《人民币跨境支付系统业务暂行规则》之中，包括直接参与者和间接参与者的“申请条件”“账户管理”“业务处理”“结算机制”“应急处置”等方面；而中央证券存管/证券结算系统详细的分级参与安排则由自律规则《中国证券登记结算有限责任公司结算参与人管理工作指引》等予以规定，明确中证登根据机构类型的差异及结算方式不同对结算参与人提出不同管理要求，即对结算参与人分类管理。中央对手方上海清算所的《银行间市场清算所股份有限公司清算会员管理办法》规定了分级参与安排，划分综合清算会员、普通清算会员、特殊清算会员，并规定了不同申请条件和不同权益。

第三，会员制与公司制组织形式对门槛准入的影响。我国金融市场基础设施的组织形式主要以会员制与公司制为主。关于两者的详细比较见下面“金融市场基础设施的治理”中的内容。鉴于参与者的准入会提升其自身的竞争优势，会导

① See Committee on Payment and Settlement System & Technical Committee of the International Organization of Securities Commissions, *Principles for Financial Market Infrastructures*, April 2012, P. 105.

致市场地位的不公平，因此公平和公开的准入非常重要。正如后面提到的，公司制的决策机制更迅速，国外金融市场基础设施（主要是交易所）之间的跨国并购等因素导致公司制的组织模式更受欢迎。在会员制中，新进入的参与者会对先进入的会员造成既得权益的冲击，故而原有会员会提高准入门槛，不利于后进入者的公平准入。我国当前新建的金融市场基础设施，大部分都采用公司制的方式，比如跨境银行间支付清算（上海）有限责任公司、上海清算所、中金所等。

（二）金融市场基础设施的内部治理

2012 年《金融市场基础设施原则》原则 2（治理）规定“金融市场基础设施应具备清晰、透明的治理安排，以促进其安全、高效，支持最大范围内金融体系的稳定、其他相关公共利益以及相关利害人的目标。”[①]

我国目前金融市场基础设施治理结构形式多样，例如有直接由中国人民银行建设与运营的大额支付系统；有会员制如上海期货交易所、大连商品交易所、郑州商品交易所、上海证券交易所、深圳证券交易所等；有公司制如上海清算所、中金所、中证登、中债登、跨境银行间支付清算（上海）有限责任公司等。公司制与会员制的主要区别有：（1）责任承担，会员制承担无限责任，公司制承担有限责任；（2）股东身份，会员制会员即股东，公司制股东不局限于会员；（3）决策机制，会员制一员一票，公司制是一股一票；（4）决策效率，公司制比会员制高；（5）筹资渠道。会员制是内部积累，发行债券，发行优先股。而公司制除此之外，还可以发行普通股、增发配股；（6）代理成本。会员制代理成本是会员与会员之间，会员与金融市场基础设施之间。公司制代理成本是所有者与经营者之间；（7）对环境变化的反应，公司制比会员制反应更迅速。[②] 国外很多大型的金融市场基础设施均是以公司制形式存在，如美国、英国大部分金融市场基础设施都采取这种模式。[③] 我国现行实施会员制的上海期货交易所、大连商品交易所、郑州商品交易所、上海证券交易所、深圳证券交易所等可以尝试公司制改革。世界证券交易所联合会曾在 2000 年做过调查，答复的会员中 45% 已实行公司制，

① See Committee on Payment and Settlement System & Technical Committee of the International Organization of Securities Commissions, *Principles for Financial Market Infrastructures*, April 2012, P. 26.

② 王凤海：《会员制与公司制期货交易所治理结构比较研究》，载于《财经问题研究》2005 年第 10 期。

③ See Committee on Payment and Market Infrastructures & Board of the International Organization of Securities Commissions, *Assessment and Review of Application of Responsibilities for Authorities*, November 2015, P. 204, P. 197.

16%已获得会员同意进行公司制改革，39%已形成了公司制的建议。[①]

实践中大多数的金融市场基础设施多为非营利的。根据2006年9月世界交易所的调查资料显示：（1）交易所：在所调查的交易所中，40%为私营公司，27.8%为多边控制，15.6%为政府控制。所有政府控制和多边控制的交易所都属于非营利机构；（2）清算机构：在所调查的清算机构中，37.9%由交易所控制，40.2%为客户控制，政府控制不到13.8%。政府控制和客户控制的清算机构绝大多数为非营利机构，交易所控制的清算机构一般是介于无营利和营利之间；（3）结算机构：在所调查的结算机构中，客户控制的结算机构占45.1%，交易所控制的占28.1%，中央证券存管机构控制的占11.0%，政府控制的占15.9%。[②] 即使采用公司的形式，但仍主要为公共目的，而非追求完全盈利指标。正如2012年《金融市场基础设施原则》报告中提到“仅靠市场力量不一定完全达到安全高效的公共政策目标”。[③] 同时金融市场基础设施把控着支付、清算、结算等金融交易中必不可少的关键环节，且“规模经济、市场准入等因素可能限制竞争并使得金融市场基础设施具有先天或后天的市场支配地位”，[④] 因此对绝大多数金融市场基础设施（尤其是系统重要性金融市场基础设施）无营利法律定位具有一定的正当性的。我国金融市场基础设施如中证登在其官网把自己定位为“不以营利为目的的企业法人”。因此，即使金融市场基础设施作为公司，也可以不以营利为目的的，服务金融市场。

美国同类型公司CHIPS运营机构PaymentsCo公司以机构管理双轨制、权益分配的公共性以及私营公司非营利化等制度来保障公共利益与利害相关人的利益。PaymentsCo公司由董事会、监事会双轨领导监督，[⑤] 两者权利义务由美国《公司法》与自律规则来明确，权力相互制衡。CHIPS系统业务委员会组建了各种分委员会，处理系统操作等各样问题，提出一些如服务或业务的改进建议、风险管理和其他问题等建议。[⑥] 公司的商业模式是基于系统成员和系统参与者对系

---

① 巢克俭：《海外证券交易所公司制改革的现状及对我国的借鉴》，载于《云南财贸学院学报》2004年第1期。

② See Ruben Lee, *Running the World's Markets: The Governance of Financial Infrastructure*, Princeton University Press, 2011, pp. 164 – 166.

③ See Committee on Payment and Settlement System & Technical Committee of the International Organization of Securities Commissions, *Principles for Financial Market Infrastructures*, April 2012, P. 11.

④ See id.

⑤ 董事会负责公司的业务财务发展的监督和战略规划拟定。每一个A级成员有权向监事会和董事会推荐一名代表。AA级成员也可向董事会推荐一名代表。每一个A级或AA级的成员都是支付系统的参与者，可以任命一名在支付系统具有专业知识的人员作为高级管理人员。See The Clearing House, "*CHIPS*" *Self – Assessment of Compliance with Standards for Systemically Important Payment Systems*, January 2016, pp. 18 – 20.

⑥ See id. pp. 19 – 20.

统的使用。公司及其成员并不期望从该业务中获得可观利润。公司 A 级成员之间获利相等，AA 级成员之间获利相等。AA 级成员的利益等于 A 级成员所享受利益的 1/4。公司的组织成员是纽约清算协会，拥有 PaymentsCo 公司普通成员利益的 1% 和优先会员利益。[①] PaymentsCo 公司在治理过程体现了公共性质和非营利的色彩。CHIPS 系统是由美元跨境批量支付业务中占重要地位的银行等系统参与者拥有，治理结构也类似合作性质。作为新建的公司，我国人民币跨境支付系统运营机构在治理结构中可适当参考 PaymentsCo 公司做法，比如出台专门法律和自律规则来对董事会成员或决策的公共利益目的作出规定，中国人民银行具有对董事会重要成员的任免权，高级管理人员应具有系统专业知识，组建各种分委员会处理专门问题，协调公司的利润分配等，以维护公共利益以及参与者利益。

上海期货交易所作为会员制的金融市场基础设施，会员通过会员大会或理事会对交易所的决策产生影响。例如理事会有权审议和批准总经理提出的交易所年度发展规划和年度工作计划，有权审议和批准根据交易规则制定的细则和办法；会员大会有权审定期货交易所的章程、交易规则及其修改草案，有权审议和批准交易所的财务预案和决算报告等。[②] 上海期货交易所的治理结构是按照《期货交易所管理条例》和《期货交易所管理办法》建立的。会员大会是交易所的最高权力机构，由理事会召集，通过每年召开一次。理事会是会员大会的常设机构，对会员大会负责。理事会下设 9 个专门委员会作为顾问机构协助理事会工作并向理事会负责。理事会由 15 名理事组成，包括 9 名会员理事和 6 名非会员理事。理事会设理事长 1 人、副理事长 1 ~ 2 人。理事长、副理事长的任免，由中国证监会提名，理事会通过。理事长不得兼任总经理。理事会会议至少每半年召开一次。[③] 中国证监会对理事长、副理事长的提名，也充分体现了监管当局对机构公共利益以及决策公共性的把握，避免在机构运营过程中的重大决策私利化。在国际货币基金组织、世界银行对《关于中国遵守〈证券结算系统和中央对手方建议〉详细评估报告》中认为上海期货交易所大致遵守了国际标准。[④]

根据我国国际货币基金组织、世界银行对我国金融市场基础设施评估，我国金融市场基础设施的治理结构基本符合《金融市场基础设施原则》关于原则 2

---

① 董事会负责公司的业务财务发展的监督和战略规划拟定。每一个 A 级成员有权向监事会和董事会推荐一名代表。AA 级成员也可向董事会推荐一名代表。每一个 A 级或 AA 级的成员都是支付系统的参与者，可以任命一名在支付系统具有专业知识的人员作为高级管理人员。See The Clearing House, "*CHIPS*" *Self - Assessment of Compliance with Standards for Systemically Important Payment Systems*, January 2016, pp. 18 - 19.

② See International Monetary Fund and The World Bank, *People's Republic of China: Detailed Assessment Report: CPSS - IOSCO Recommendations for Settlement Systems and Central Counterparties*, March 2012, P. 53.

③ See id. P. 60.

④ See id. P. 54.

（治理）内容规定的要点，具体而言：（1）优先考虑安全和效率、明确金融稳定和其他相关公共利益。我国监管当局以任命人员、重大事项审核、机构章程的确定等均体现在这一点；（2）应有有据可查的治理安排，提供明确的责任和问责机制，并向公众披露。我国金融市场基础设施大多均已成文规则来体现这一治理安排；（3）董事会成员（或同职人员）的作用、职责以及行使职责程序应予以明确，董事会定期对整体和成员履职情况进行评审。我国也大体符合该治理安排的事项；（4）董事会应有合适的成员，应具有适合的技能和激励以履行多项职责。在我国重要金融市场基础设施中，机构的董事会成员都具有从事金融行业管理的经验；（5）管理层作用和职责明确，拥有合适经验、多项技能以及履行运行和风险管理职责必需的职业操守。对于这部分内容，我国除了一些法律和部门规章有规定，大多是以金融市场基础设施的自律规则规定的；（6）董事会应建立明确、可查的风险管理框架，包括风险容忍政策、为风险决策分配责任和问责制、解决危机和突发事件决策制定的问题。我国在这方面也有相关的规则文件，保证董事会对风险管理框架的实施职责；（7）董事会应确保金融市场基础设施的设计、规则、整体战略和重大决策适当反映直接、间接参与者以及其他利害人的合法利益。重大决策向利害人和公众披露。

（三）金融市场基础设施的风险管理

《金融市场基础设施原则》原则3（全面风险管理框架）规定金融市场基础设施“应该具有稳健的风险管理框架，全面管理法律风险、信用风险、流动性风险、运行风险和其他风险”。原则4（信用风险）、原则5（抵押品）、原则6（保证金）、原则7（流动性风险）主要涉及对金融市场基础设施的信用风险和流动性风险的管理；原则13（参与者违约规则与程序）、原则14（分离与转移）主要涉及违约风险的管理；原则15（一般业务风险）、原则16（托管风险和投资风险）、原则17（运行风险）主要涉及对一般业务风险和运行风险的管理等。原则11（中央证券存管）、原则12（价值交换结算系统）对中央证券存管和价值交换结算系统做了专门的风险管理。

对照以上的国际标准的核心要点，我们对我国现行金融市场基础设施风险管理中存在的问题及解决对策作了如下梳理：

第一，中央证券存管/证券结算系统中“货银对付”问题与解决。证券交易应以货银对付制度进行交收，也是中央证券存管机构存在的基本原则。货银对付交收，指买方想要取得证券必须已经付款，而卖方要收到资金必须已经交付证券。该模式将交易双方和结算机构的信用风险降至最低。如果不实现货银对付则可能会因个别参与人违约交收，导致中央证券存管机构承担垫资担保，若垫款超过“清算交割保证金”则会引起连锁反应导致整个证券结算系统瘫痪，引发证券市场乃至整个金融系统风险。因此，国际标准要求中央证券存管/证券结算系统应当通过证券转账和资金转账的连接实现货银对付，以消除本金风险。《金融市场基础设施原则》原则 4（信用风险）、原则 12（价值交换结算系统）以及“附件 D：支付系统、证券结算系统和中央对手方设计摘要”等都提到证券结算系统要适用货银对付机制，以避免证券结算系统或其参与者面临的本金风险。[①] 我国的现行法律框架支持在证券结算中采用货银对付的方式。我国《证券法》第 167 条规定：“证券登记结算机构为证券交易提供净额结算服务时，应当要求结算参与人按照货银对付的原则，足额交付证券和资金，并提供交收担保。在交收完成之前，任何人都不得动用用于交收的证券、资金和担保物。结算参与人未按时履行交付义务的，证券登记结算机构有权按照业务规则处理前款所述财产”。中国证监会 2009 年《证券登记结算管理办法》第 45 条规定“证券登记结算机构采用多边净额结算方式的，应当根据业务规则作为结算参与人的共同对手方，按照货银对付的原则，以结算参与人为结算单位办理清算交收”。我国货银对付机制应从以下方面完善：

首先，我国中债登的结算系统的“货银对付”的比例不够，应该提升直接参与人比例至 95% 以上。中债登的结算系统与中国人民银行大额支付系统相连，大部分场外交易于交易当天以货银对付方式结算。一旦交易确认了，证券和资金将分别在中债登和大额支付系统的簿记系统上同时转账，对于没有在中国人民银行开设账户的结算参与人如非银行机构等，中债登将担任资金结算代理人。除货银对付外，中债登还提供纯券过户、见券付款、见款付券等三个结算方式。[②] 2009 年中债登以货银对付结算的金额达到结算总金融的 82.4%，货银对付参与者占比达 73%。但根据国标标准“中央证券存管通过证券转账和资金转账连接实现货银对付，以消除本金风险”的规定符合“完全遵守”直接参与人比例，应至少达到是 95% 以上，“大致遵守”则需要达到 90% 以上。[③] 因此，有必要提升中债登直接参与人采取货银对付的比例，以达到国标标准。

其次，我国当前证券结算过程中与国际通用的货银对付尚有不同之处。国际上货银对付主要有三种模式：“钱券同步逐项交收”（模式一）、“证券逐步交收

① See Committee on Payment and Settlement System & Technical Committee of the International Organization of Securities Commissions, *Principles for Financial Market Infrastructures*, April 2012, P. 41, P. 76, P. 152.

② See International Monetary Fund and The World Bank, *People's Republic of China: Detailed Assessment Report: CPSS - IOSCO Recommendations for Settlement Systems and Central Counterparties*, March 2012, P. 25.

③ See id.

而价款净额交收”（模式二）、“钱券同步净额交收”（模式三）。这三种各有自身利弊，笔者根据2012年CPSSS和IOSCO共同发布的《金融市场基础设施原则》文件的附件D“支付系统、证券结算系统和中央对手方设计摘要”,[①] 对三种模式优劣做了比较。模式一“钱券同步逐项交收”的本质特征是同时结算单笔证券转账指令和相关联的资金转账指令。优点在于结算日期间，交易逐笔结算且具有最终性，降低了参与者之间或参与者和证券结算系统证券结算系统之间信用风险和流动性风险。缺点是参与者需补足每笔债务的本金价值，要求参与者拥有更大流动性。对此缺点的解决办法是系统对证券和资金都采取与支付系统中类似流动性节约机制的方法。模式一是最佳的理想模式，因为它彻底防范本金风险且不会引发系统性风险。但模式一对我国来说并不现实，我国证券交收系统与资金交收系统相对独立而模式一要求两系统紧密结合。另外我国证券市场是以中小投资者为主的散户市场，如果逐笔全额结算会大大加大系统数据处理量而我国目前系统处理能力很难胜任。[②]

模式二“证券逐步交收而价款净额交收”的本质特征是证券转账在处理周期中始终在逐笔交易基础上结算，而资金转账在处理周期末尾进行净额结算。优点在于与模式一相比，本模式的系统通过参与者之间资金轧差，因此结算所需流动性较少。该模式与模式一一样禁止透支参与者证券账户，但在一些情况下允许在证券结算系统或参与者的额度内，可以按照风险管理要求为资金账户提供日间透支。缺点是最终结算只能在结算日结束时或结算日内指定时间实现，可能会因最终结算延迟引发风险。缺点应对是需要注意系统最终结算日结束时所带来的风险。模式二在不改变我国现有结算基础，通过改变证券和价款交收时间或建立银行担保机制来实现，成本相对较低。

模式三“钱券同步净额交收”的特征是同时以净额方式结算证券转账和资金转账指令。优点是当仅当处于净借方头寸的所有参与者都有足够证券余额、资金余额时，其净额证券余额、净额资金余额的最终转账才能执行，很大程度上减少了风险的发生。缺点在于某个参与者不能对净额借方头寸进行结算，可能会引发极大的流动性风险，且在此情形下所有涉及该违约参与者的转账都可能会被退回。解决此缺点的措施是可以设立结算交付的风险基金，抵御流动性风险。

我国现行的货银对付证券交收模式是：上海证券交易所和深圳证券交易所的证券结算安排建立在前端证券与资金的可获得性基础之上，否则交易不能达成。证券按投资者分户托管在中证登，而资金则通过第三方存管银行持有，中证登作

---

① See Committee on Payment and Settlement System & Technical Committee of the International Organization of Securities Commissions, *Principles for Financial Market Infrastructures*, April 2012, pp. 152 – 154.

② 徐士敏：《证券市场的风险控制》，上海财经大学出版社2009年版，第158页。

为结算代理人。[①] 所有结算参与人均需在中证登开立证券账户，以存放其投资者的证券及自己的证券（分开存放）。除部分 B 股外（中介人账户的间接持有方式），证券均在中证登投资者账户登记和存管（直接持有方式）。证券交收在交易当天进行，资金交收在 T+1 日进行。[②] 目前我国证券登记结算体系类似于模式二，可描述为“证券结算采用对投资人的逐笔结算登记、资金结算采用对证券公司多边净额结算与银行担保交收结合，实行 T+1 日 9：00 到账的中央结算交收。”[③]

但我国的证券交收货银对付模式与上述国际上通行的三种货银对付模式仍有所不同，目前还存在资金交收、证券交收的时间差较长的情况。其一，投资者与券商之间而言，资金交收先于证券交收，投资者买入股票的次日才可以允许卖出，同时当日卖出股票当日即可买入股票；券商与中证登之间而言，证券 T+0 交收，资金 T+1 交收，证券交收先于资金交收。我国对结算参与人的最低备付要求确保资金是在封闭系统内划转，实际上也有模仿更为国际通行的货银对付模式降低风险的做法。证券交收在交易日结束时完成，即使结算参与人之间的资金交收延迟到 T+1 日，资金在封闭系统内划转内做法也能确保货银对付。[④] 这些做法虽然也得到了世界银行和国际货币基金组织的认可，但评估中也明确了中国证监会和中证登尚未公开中证登清算交收安排的描述，会造成人们认为其没有采用通行的货银对付架构。[⑤] 其二，同时涉及 T+1 交收期限的限制，合格境外机构投资者在参与国内证券结算时，难以与国内对接，易造成托管银行的流动性风险。[⑥] 其三，根据《证券结算系统建议》中一般建议中的“交易确认”，市场直接参与者之间成交之后，应尽快进行交易确认，尽量不迟于交易当日 T+0。市场间接参与者之间应成交后尽快确认，最迟不要超过交易日 T+1。否则，由于缺失健全的担保制度，一旦出现交易违约，只能由中央证券存管机构承担垫资担保。这种垫款若超出“清算交割准备金”，则会引起连锁反应导致整个证券结算系统瘫痪。虽然我国证券结算机构对结算参与人的最低要求是在封闭系统内划转，一定程度上降低了这种风险，但与国际通行做法存在一些区别。另外随着我国未来逐步允许银行破产和放开券商牌照，这种变相的货银对付安排可能会存在

---

① See International Monetary Fund and The World Bank, *People's Republic of China: Detailed Assessment Report: CPSS – IOSCO Recommendations for Settlement Systems and Central Counterparties*, March 2012, pp. 35 – 36.

② See id. P. 14.

③ 谢兵华：《DVP 交收实现途径的探讨》，载于《证券市场导报》2001 年第 10 期。

④ See International Monetary Fund and The World Bank, *People's Republic of China: Detailed Assessment Report: CPSS – IOSCO Recommendations for Settlement Systems and Central Counterparties*, March 2012, P. 36.

⑤ See id. P. 35.

⑥ 周琳杰、王代美：《跨境证券结算的实践及问题》，载于《中国证券期货》2004 年第 10 期。

风险。[①]

因此，我国应对证券与资金交付的交收体制与健全担保制度等方面进行相应完善：思路一，实现证券交易中证券和资金对付的交收机制，长远来看，货银对付模式三“钱券同步净额交收”较符合我国实际国情。我国的大多数交易都是一般性的，交易频繁且单笔交易成交量较小，采取净额交收较好。[②] 净额交收是通过清算，对同一结算参与人在同一交收期内的交易轧差计算得到应收证券和价款的净额。该模式能改变原来证券交易交收的交收期限模式，以缩短交收的时间差，避免信用风险、流动性风险、操作风险。如果要实施模式三，完善证券结算风险基金是完全有必要的。目前，我国对证券结算风险基金的定位采用的是《证券法》第163条、中国证监会2006年《证券结算风险基金管理办法》第二条规定的“指用以垫付或者弥补因违约交收、技术故障、操作失误、不可抗力造成的证券登记结算机构的损失而设立的专项基金”。改进做法是扩大原有的证券结算风险基金的适用范围，在出现较大的流动性问题时通过基金担保机制提供流动性，或者采用开办结算风险的强制保险业务来提供相应担保机制。思路二：如果仍然采用T+1交收期限模式，则需要健全银行担保机制进行风险控制。结算会员不能满足资金交收义务时，清算银行为其垫资以保障结算及时完成，从而使本金风险分散至各个清算银行。[③] 现行的银行担保机制需要更加健全，以避免万一担保缺失而导致本金风险。

第二，中央对手方监管合作。中央对手方风险控制的有效性与其掌握的金融资源的适当性，对其所服务金融市场基础结构至关重要。一旦超过资源的适当性，中央对手方自身复杂性和综合性易形成系统性风险。但目前几乎金融衍生品交易均有中央对手方参与，一个中央对手方也会成为另外一个中央对手方的成员。所以，中央对手方在金融衍生品的发展过程中，越来越复杂，越来越综合，更容易形成了系统重要性的金融市场基础设施，必然也会更需要法律规则更为严格的监管。根据国际货币基金组织和世界银行于2012年发布的《关于〈关于证券结算系统的建议〉和〈关于中央对手方的建议〉执行情况的详细评估报告》对上海期货交易所的评估建议，考虑到中央对手方的风险集中和对金融稳定的潜在影响，人民银行和中国证监会应该建立中央对手方的监管合作框架。[④] 尤其是考虑到证券交易和结算的跨境因素，国内监管机构和境外监管机构也有必要建立

---

① 杨涛：《中国支付清算发展报告（2015年）》，社会科学文献出版社2015年版，第76页。

② 孙明明：《证券结算制度的国际比较与借鉴》，载于《证券市场导报》1997年第10期。

③ 徐士敏：《证券市场的风险控制》，上海财经大学出版社2009年版，第159页。

④ See International Monetary Fund and The World Bank, *People's Republic of China: Detailed Assessment Report: CPSS - IOSCO Recommendations for Settlement Systems and Central Counterparties*, March 2012, P. 60.

监管合作框架。这些监管合作框架应有针对性的监管中央对手方的信用风险、流动性风险、运行风险、一般业务风险。监管合作协议框架可以采取签订中央对手方监管的国际条约和协定，或者采用“评估认可”、“替代合规”等域内司法的域外互认模式，或者适当遵从国际掉期与衍生工具协会、全球中央对手方协会发布的行业标准寻求全球监管一致性，或者与他国签署谅解备忘录以达成合作共识等。

第三，交易数据库的监管。交易数据库通过数据的集中搜集、存储、传递等方式，提高交易信息的透明度，有利于构建稳定、健康的金融衍生品市场。作为新的金融市场基础设施，它在 CPSS 和 IOSCO 技术委员会共同制定的《金融市场基础设施原则》中作为五个主要金融市场基础设施之一。根据 CPSS 和 IOSCO 技术委员会于 2015 年发布《金融市场基础设施原则第一阶段评估（第二次更新)》报告，参与评估国家中，仅有中国和印度尼西亚对交易数据库未有任何的监管措施。[①] 在 2016 年 6 月支付与金融市场基础设施委员会和 IOSCO 理事会发布的《金融市场基础设施原则第一阶段评估（第三次更新)》报告显示，中国人民银行已于 2015 年发布公告，将我国外汇交易中心作为交易数据库的实体，中国人民银行和中国证监会将对其履行监管职责。[②] 但是，我国对交易数据库的监管仍处于起步阶段，尚无明确的监管规则。我们建议在现有监管框架下，中国人民银行和中国证监会要对其专门监管；由国务院颁布行政法规，对外汇交易中心作为交易数据库的提交和整合信息的职责予以规定。美国的交易数据库是由美国商品期货交易委员会和证券交易委员会进行监管，包括对金融衍生品相关产品、机构监督和自身数据库安全、效率的监管。[③] 欧洲证券和市场监管局于 2015 年对交易数据库进行风险暴露评估，认为交易数据库主要风险来源于数据质量与数据获得。[④]

交易数据库目前监管的重点应集中在数据质量、数据渠道、财务风险、信息安全风险等方面。[⑤] 2015 年欧洲证券和市场监管局与交易数据库合作实施了 2014 年 9 月制订的数据质量行动计划，包括协调交易数据库的数据验证，检测交易数据库间对账过程，确保交易数据库网站上提供的总数据的统一。[⑥] 这些他国成熟

① See Committee on Payment and Market Infrastructures & Board of the International Organization of Securities Commissions, *Implementation Monitoring of PFMIs: Second Update to Level 1 Assessment Report*, June 2015, P. 21.

② See id. P. 12.

③ See id. P. 35.

④ See "*ESMA to Focus on Governance, Strategy, Date and Fees in 2016 Supervision*", available at ht-tps: //www. esma. europa. eu.

⑤ See id.

⑥ See id.

做法和经验，值得我国交易数据库监管借鉴，包括：（1）加强数据质量、真实性、统一性。制定或修改技术标准，包括对新数据领域与价值的介绍，以推动整个数据质量提升、真实性保障以及数据标准的体系统一性。（2）对数据来源渠道进行审核和监测，避免数据在传输源头、过程中发生问题。（3）财务风险的防范，评估交易数据库是否有足够资产来承担一般经营损失和提供持续的监测服务。同时将流动性、杠杆和盈利三个衡量财务比率工具的主要因素纳入交易数据库的监管。（4）保障信息安全等方面。对网络稳健性进行分析，实施一系列后续的行为，并开展现场检查机制。①

三、金融市场基础设施的危机处理

金融市场基础设施同其他金融机构一样，因为操作不当或者运营失败，会陷入倒闭境地，特别是网络技术上的错误对金融市场基础设施的影响要远大于对一般金融机构的影响。有必要对监管机构和金融市场基础设施自身处置金融市场基础设施的技术或者运营失败作出制度性安排，从而防止问题金融市场基础设施走向破产。

（一）金融市场基础设施机构的技术危机

金融市场基础设施作为技术实体，一旦遭遇技术危机，如何实施有效安排来恢复其正常运营应遵循规则约束。支付与金融市场基础设施委员会和 IOSCO 理事会 2016 年 6 月 29 日发布《关于金融市场基础设施的网络稳健性指导意见》（以下简称《网络指导意见》），旨在推动国际一致性，提升金融市场基础设施应该对网络攻击的能力。《网络指导意见》包括的内容主要有：（1）网络恢复框架。网络攻击后，迅速安全的运行恢复能力至关重要，董事会和高级管理层应高度重视网络稳健性；（2）网络稳健性，不仅仅包括信息技术的可行性，还应包括人员、流程以及沟通合作机制来有效应对和恢复网络攻击；（3）金融市场基础设施的网络恢复框架与企业运营风险管理框架保持一致性；（4）网络稳健性不能仅仅依靠金融市场基础设施，还要依靠金融市场基础设施整个“生态系统”的集体

---

① See European Securities and Markets Authority, *ESMA's Supervision of Credit Rating Agencies and Trade Repositories*: 2015 *Annual Report and* 2016 *Work Plan*, February 2015, pp. 49 – 52.

努力；（5）遵循国际、国家、行业级标准或建议作为设计网络恢复框架的基准；（6）在网络恢复框架中界定相关人员和参与方的角色和责任，尤其明确在紧急情况和危机中管理网络风险组织的决策责任；（7）金融市场基础设施网络稳健性框架的充分性和持续性应通过独立的合规计划和符合资质的个人的定期评估和严格测试。[①]《金融市场基础设施原则》在原则17（运行风险）中也规定了“业务连续性管理应旨在及时恢复运行和履行金融市场基础设施的义务，包括在出现大范围或重大中断事故时”，[②] 具体包括：（1）建立健全的风险管理框架，框架具备适当的系统、制度、程序和控制措施，以识别、检测和管理运行风险；（2）董事会应清晰规定在应对运行风险中的作用和职责，并审定运营风险管理框架；（3）清晰制定运行可靠性目标，并具有相应的制度实现这些目标；（4）金融市场基础设施自身应具备充足的能力来应对日益剧增的业务压力；（5）应具备全面的物理安全和信息安全制度应对潜在的隐患和威胁；（6）应制订业务连续计划，应对可能导致运行中断的重大风险事件，计划应包括备用站点的使用，并确保重要的信息技术系统在中断两个小时内恢复运行；即使在极端情况下，计划也应确保能在中断日日终完成结算等。[③]

总体而言，我国金融市场基础设施在应对技术危机方面做了较为完善的安排。中国人民银行制定了《现代化支付系统运行管理办法》，为确保大额支付系统、小额支付系统的安全性和运行提供了框架。为避免技术危机，大额支付系统采用了系列安全保障措施，如实行专网专用、双机热备份、通信线路备份、支付信息加密传输、系统节点之间身份验证，还建立异地应急备份系统等。[④] 同时为了考虑信息技术系统的自然周期，我国已经启动了第二代支付系统建设，保持系统安全性和运行可靠性。[⑤] 中国人民银行还发布《支付系统应急处置预案》，明确规定大额支付系统、小额支付系统、影像交换系统、各地同城票据交换系统、各政策性银行、国有商业银行、股份制商业银行、城乡信用社等行内系统等系统处理异常情况的通知程序、相应步骤，以及突发事件危机处置的其他内容。该规定对突发事件的处置适用情况包括：“（1）自然灾害、事故灾难或突发社会安全时间造成的某一节点的崩溃。（2）突发公共卫生事件、社会安全事件造成人力资

① See Committee on Payment and Market Infrastructures & Board of the International Organization of Securities Commissions, *Guidance on Cyber Resilience for Financial Market Infrastructures*, June 2016, pp. 9 – 10.

② See Committee on Payment and Settlement System & Technical Committee of the International Organization of Securities Commissions, *Principles for Financial Market Infrastructures*, April 2012, P. 94.

③ See id. P. 94.

④ 《现代化支付系统运行管理办法》。

⑤ See International Monetary Fund and The World Bank, *People's Republic of China: Detailed Assessment Report: CPSS Core Principles for Systemically Important Payment Systems*, March 2012, pp. 28 – 31.

源的操作限制，严重影响支付清算系统的操作运行。（3）支付清算系统出现故障，恢复时间超过可容忍的时间极限。”[①] 在这些适用情况中，也包括了系统面临的技术危机。该规定要求应急处置方案应包括制定危机预案、完善灾难备份系统、加强应急保障等。[②]

除此之外，我国人民币跨境支付系统专门对危机处置作出一些规定。《人民币跨境支付系统业务暂行规则》专门设置第六章“应急处置”，作为对人民币跨境支付系统出现问题进行应急处置规则。这些应急处置规则包括：运营机构和直接参与者建立健全系统故障处理和突发事件应急机制、系统运行异常和突发事件预警机制等。[③]《人民币跨境支付系统业务操作指引》第七章“应急处理”专门对人民币跨境支付系统遭遇影响正常运行的系统故障、网络通信中断、突发自然灾害等突发事件，如何应急处置做了规定。这些处置规则包括：建立突发事件分类和沟通机制；一般事件应急处理、严重事件应急处理以及应急预案的基本要求。[④] 这些预案能有效处理技术危机，但只对运营机构（公司法人行使）和直接参与者的应急处置作了规定，对监管部门在过程中的作用未明确。

因此，人民币支付系统危机处置规则应明确权利救济和有效实施的监管职权。其一，对于实施危机处置的监管部门的权力要予以法定的授权；其二，法律应明确规定运营机构和直接参与者等市场参与者在危机处置如何配合中央银行或其他相关监管部门；其三，法律应明确规定各个机构主体处理危机时所应负担的法定职责以及处置权力和义务。同时，美国支付系统应对技术危机较为成熟的做法也可为我国借鉴。例如，一旦出现紧急情况，CHIPS 系统要满足《关于加强美国金融体系稳健性的良好做法的机构间报告》要求的能力，即“核心清算组织应具有清算和结算业务的恢复能力，总体目标是在发生中断事件后 2 小时内实现复原和恢复业务”。[⑤] 美国 CHIPS 系统对安全性和运行可靠性做了详尽的规定，尽可能避免系统危机发生，并能确保在宣布危机的 60 分钟内 CHIPS 操作从主数据中心切换到备份数据中心以恢复运行。[⑥] CHIPS 系统有严格的安全保护标准，良好的运行可靠性和保持上线时间百分比超过 99.99% 。应急程序按季度进行测试。系统保持高度的安全性，包括内部的逻辑和物理访问控制、加密、信息发送者的

---

① 《支付系统应急处置预案》。

② 同上引。

③ 《人民币跨境支付系统业务暂行规则》。

④ 《人民币跨境支付系统业务操作指引》。

⑤ See The Clearing House, “*CHIPS*” *Self – Assessment of Compliance Core Principles for Systemically Important Payment Systems*, 2014, P. 39.

⑥ See The Clearing House, “*CHIPS*” *Self – Assessment of Compliance with Standards for Systemically Important Payment Systems*, January 2016, P. 41.

身份验证，并改变保密控制。所有的信息都是采用高级加密标准和256位密钥加密；CHIPS系统的可靠性还取决于其他一些因素，如CHIPS系统应用，环境应用和电子信息网络的可用性。[①] 同时，CHIPS系统也作了以下安排来进行危机处置：(1) 系统集中式计算主机操作两个分别不同的数据中心。其中一个作为主要的处理中心，另一个作为实时、现场、热备份设备。两家数据中心，位于美国不同地区，以减少该地区电力和电信中端对系统造成的影响。每个数据中心，都已经设计了电力供应备份、环境与紧急控制系统、自动切断功能的通信管理环境和网络管理系统、管理识别和报告问题等应急功能。(2) CHIPS系统实施“同一站点恢复”（Same - Site Recovery），采取三写镜像磁盘存储系统，可以连续处理磁盘存储系统部件故障。(3) 采用“非现场恢复”（Off - Site Recovery），将主数据中心处理的所有数据写入备用数据中心磁盘存储系统。一旦主数据中心环境面临运行中断，该系统应用程序可在故障后60分钟内从次选备份数据中心的获得恢复。(4) 明确“参与者责任”，CHIPS系统参与者负责制定各自应急和恢复计划如备份的计算机和运营设施等措施，以确保他们有能力在发生设备故障或其他业务中断的情况下继续进行系统操作。(5) 加强“应变测试”（Contingency Testing），系统每年进行四次强制灾难恢复测试，所有参与者必须积极参与应对。测试包括所有系统参与者，以确保足够的通信设施的测试。业务恢复测试包括主数据中心故障测试、网络恢复和备用数据中心恢复等。[②] 以上数据中心安排、备份环境安排、备用操作安排、参与者责任承担、测试义务安排的规则安排均作为应对系统危机的明细化操作，也是各方应履行的义务。

我国期货、证券交易所及中证登等金融市场基础设施，也非常注重技术危机的恢复与应对。我国期货交易所的风险监控系统与中国期货保证金监控中心相连接，监控中心负责期货市场监测，发现问题立即上报证监会。[③] 我国各交易所均已建立健全应对操作故障的技术标准和处理程序。交易系统上线前须经过多次模拟演练。[④] 中国证监会制定并每年修订的《证券期货业信息系统重大技术故障特别处置预案》规定了应对交易系统中可能导致证券和期货交易所交易暂停的重大技术故障的机制。该预案规定了重大技术故障的分类和识别标准，并规定了处理重大技术故障的程序安排应包括分类管理、紧急情况报告和适当的解决方案。在推出股指期货过程中，中国证监会、中国期货协会和中国金融期货交易所合作升

---

① See The Clearing House, “*CHIPS*” *Self - Assessment of Compliance with Standards for Systemically Important Payment Systems*, January 2016, pp. 41 - 43.

② See id. pp. 43 - 44.

③ 国际货币基金组织、世界银行：《关于中国遵守〈证券监管目标与原则〉详细评估报告》，中国金融出版社2012年版，第67~68页。

④ 同上引，第65页。

级了金融期货交易会员的技术要求，并与中国金融期货交易所实施了联合检查。[①]证券交易所内部和远程备份系统及数据库，还制定了《交易异常情况处理实施细则》，明确了导致交易无法继续进行的三类情况如不可抗力、意外事故和技术故障，并授权证券交易所采取相应措施处理异常情况。中证登拥有一套相对全面的系统运行规范，其中包括规则、交易程序和操作指南，还包括备份数据的管理办法、应对登记结算系统中重大异常情况的应急预案、数据备份和恢复程序以及系统异常情况的报告等。[②] 中证登对应急预案和设施进行演练和评估，每年对备用设施检查 2 次。应急预案能及时准确发现所有交易中断情形。中证登的系统实时接收数据、非实时对数据进行分批处理。遇到交易中断的大多数情况下，中证登能够在 45 分钟内恢复这种运营。系统的程序能保存所有交易数据，确保信息完整。高管层定期评估系统运行的可靠性问题，信息技术系统定期接受外部审计。近年来核心系统也没有出现过任何瘫痪现象。[③]

（二）金融市场基础设施的恢复与处置计划

金融市场基础设施绝大多数都是系统重要性金融机构，也存在着“大而不倒”的问题，如发生倒闭，可能发生系统性风险。这就要求在其倒闭之前尽可能使其恢复正常经营或有序处置。2007 ~ 2008 年金融危机之后，各国特别注重要求系统重要性金融机构包括金融市场基础设施自行制定有效的恢复与处置计划，在经监管部门批准后实施。

1. 恢复与处置计划的主要内容

金融市场基础设施虽然属于金融机构，但又与常规金融机构有很大差别。金融市场的繁荣和发展在很多情况下都依靠金融市场基础设施作为基石来予以保证。换言之，金融市场基础设施更容易成为系统重要性金融机构，其破产会对关联金融市场基础设施造成连锁反应，构成系统性风险；金融市场基础设施的其他参与者受到不利影响，可能影响到实体经济；其倒闭造成业务中断或终结，导致一国经济体不能有效发挥作用。金融市场基础设施会因信用风险、流动性风险和一般商业风险等而威胁到它的生存能力和出现严重的财务状况，包括：（1）金融

① 国际货币基金组织、世界银行：《关于中国遵守〈证券监管目标与原则〉详细评估报告》，中国金融出版社 2012 年版，第 66 页。

② See International Monetary Fund and The World Bank, *People's Republic of China: Detailed Assessment Report: CPSS – IOSCO Recommendations for Settlement Systems and Central Counterparties*, March 2012, P. 30.

③ See id. P. 38.

市场基础设施的支付、清算、结算服务产生的信用风险和流动性风险；(2) 由一个或多个参与者的违约引起的重大信贷损失或流动性不足；(3) 托管银行的失败或一次不佳投资造成金融市场基础设施流动性不足；(4) 操作风险和法律风险导致的财务困境，可能会导致一次性或持续性亏损和流动性不足；(5) 关联金融市场基础设施出现重大问题，会影响到另一金融市场基础设施的连锁反应；(6) 金融市场基础设施的技术问题，引发严重信用风险出现。[①] 这些风险发生的现实性，会危及到金融市场基础设施的生存能力和财务状况，甚至会引发破产。所以，在金融市场基础设施出现问题尚未达到破产时，金融市场基础设施就应该实施自己制订的恢复与处置计划，使其能够恢复正常的经营或者有序处置。

恢复与处置计划最早正式建议出现在 2009 年英国的《特纳报告》中。该报告认为被监管机构自身应该有义务并且具备能力帮助监管机构应对其机构复杂性的问题，其中一个有效的方法就是被监管机构应当制定一份“生前遗嘱”，并且保证它的持续性，这样能够为监管机构提供一份线路图，帮助他们穿过分支机构、担保、资产、负债以及风险的迷雾。[②] 美国 2010 年《多德—弗兰克法》第 165 节也规定了处置计划（又称“生前遗嘱”）。2011 年美联储和联邦存款保险公司联合发布了关于处置计划的最终规则（联邦储备委员会称为 QQ 条例，联邦存款保险公司称为规则第 381 节，也称 DFA 规则）。2012 年联邦存款保险公司还根据《联邦存款保险法》第 11 条和第 13 条规定，发布了适用对象为承保存款机构的处置计划规则《联邦存款保险机构的处置计划要求》（简称 IDI 规则）。作为系统重要性金融机构有序处置制度的一部分，2011 年金融稳定理事会在《金融机构有效处置框架的关键属性》中对恢复与处置计划的基本内容作出了规定，为各国监管立法提供了制度性建议。目前，我国金融监管当局对金融机构恢复与处置计划处于探讨和试水阶段。虽然没有对整体金融行业出台具体政策和指导意见，但已对信托公司和民营银行等先开展了尝试。2014 年我国银监会办公厅的银监办发［2014］99 号文《关于信托公司风险监管的指导意见》要求信托公司结合自身特点制订恢复与处置计划，各信托公司将计划经董事会、股东会批准通过后，再经监管机构审核后报送银监会。计划至少包括：激励性薪酬延付制度、限制分红或红利回拨制度、业务分割与恢复机制、机构处置机制。2015 年国务院办公厅以国办发［2015］49 号文转发的银监会《关于促进民营银行发展指导意见》规定民营银行要有合法可依的恢复与处置计划。

作为系统重要性金融机构，一般的恢复与处置计划基本内容也适用于金融市

---

① See Committee on Payment and Settlement System & Board of the International Organization of Securities Commissions, *The Recovery of Financial Market Infrastructures*, October 2014, P. 5.

② See FSA, *The Turner Review: A Regulatory Response to the Global Banking Crisis*, March 2009, P. 16.

场基础设施。2012 年 CPSS 和 IOSCO 发布的《金融市场基础设施原则》中原则 3（全面风险管理框架）明确“应当考虑金融市场基础设施面临的各种风险，且考虑国内法律法规可能产生的限制，准备好适当的业务恢复计划和有序处置计划”，以持续提供“关键运行”和“关键服务”。[①] 各个金融市场基础设施的恢复计划或处置计划，也倍受各国监管层注意，如 2016 年 G20 杭州峰会的主要议题讨论了中央对手方的恢复计划和可处置性等方面的国际标准。2016 年 12 月欧盟委员会也发布了《有关中央对手方恢复与处置的立法意见》，对欧盟中央对手方的恢复与处置框架进行构建，尤其是对恢复计划和处置计划进行了详细的规定，也对欧盟现有一些规则进行修正。

恢复与处置计划包括两个独立的部分，恢复计划与处置计划。这两项计划在制定时是具有时间序列的特性。恢复计划，适用于金融市场基础设施面临严重危机情况且尚未满足处置条件或无须处置时，目的在于恢复机构的财务实力和生存能力。[②] 处置计划，即在恢复计划不可行或者无效的情况下使用，旨在使用处置权力来保护系统重要性功能，达到公司有序处置且不会给纳税人带来损失的可行性目标。[③]

根据金融稳定理事会的政策建议和英美等国的监管实践，恢复与处置计划制度主要包含以下几项内容：责任主体、核心要素及跨境特殊性。

责任主体。恢复计划的制定、完善和实施主体是金融市场基础设施；处置计划的制定、完善和实施主体是国家有关处置当局和金融市场基础设施。[④] 恢复与处置计划的制定者不仅仅是被处置机构。在一国层面，凡是参与监管、实施整改措施和处置的所有相关部门都应当参与恢复与处置制度的建设与计划的执行；在跨国层面，则涉及多个国家的相关当局，金融稳定理事会于 2014 年 10 月发布的《金融机构有效处置框架的关键属性》报告中曾建议由母国当局牵头与危机管理工作组中的所有金融监管当局一同制定集团层面的处置计划。[⑤]

在恢复计划方面，金融市场基础设施高管层首先承担制定职责，其次要负责进行定期的评估和持续完善，最后还需要在危机时执行恢复计划。为了保证恢复计划的有效性，有关当局必须与高管层建立互动关系，监测恢复计划的制定，评估恢复措施是否有效，确认恢复计划的执行，并且在必要时可以对恢复计划进行

① See Committee on Payment and Settlement System & Technical Committee of the International Organization of Securities Commissions, *Principles for Financial Market Infrastructures*, April 2012, P. 34.

② See FSB, *Key Attributes of Effective Resolution Regimes for Financial Institutions*, October 2014, P. 16.

③ See id. P. 17.

④ See Committee on Payment and Settlement System & Board of the International Organization of Securities Commissions, *Recovery and Resolution of Financial Market Infrastructures - Consultative Report*, July 2012, P. 16.

⑤ See FSB, *Key Attributes of Effective Resolution Regimes for Financial Institutions*, October 2014, P. 17.

强制执行。更为重要的一点是当局必须立足于宏观监管的视角，评价金融市场基础设施执行恢复计划情况时对整个系统可能产生的影响，而这是金融市场基础设施高管层无能为力的。①

在处置计划方面，金融市场基础设施和国家有关当局共同承担制定职责，后者还要负责定期的评估和持续的完善，并在危机时执行处置计划。金融市场基础设施的制定责任主要在于向监管当局提供完善的数据、信息和包括情景分析的报告，并且进行定期的更新。②

核心要素。2014 年 10 月 CPSS 和 IOSCO 委员会发布了报告《金融市场基础设施的恢复》（以下简称《恢复标准》）。该报告主要是针对金融市场基础设施如何尽快从危机中恢复它们的生存能力，避免影响到它们参与者和参与者服务的市场。《恢复标准》报告确定了金融市场基础设施恢复计划的要求，恢复计划应专门由金融市场基础设施董事会正式批准。金融市场基础设施应当建立一个有效的治理框架和投入足够资源来支持恢复计划制订，包括明确董事会、高级管理人员、业务单位的职责。恢复计划要考虑恢复计划可执行性，尤其是要考虑国内或国外法律法规的任何潜在约束。恢复计划的主要内容：（1）总概况，以描述计划的本身及其实施，包括金融市场基础设施关键服务的识别、压力情景和恢复计划实施启动条件以及恢复工具的实质描述；（2）关键服务。金融市场基础设施明确其所提供的关键服务。一般而言，金融市场基础设施的支付、清算、结算或记录功能都被视为“关键”服务。识别关键服务的目的是将恢复计划的重点放在金融市场基础设施如何在极端压力情景下使关键服务继续发挥运营的能力。（3）压力情景。恢复计划应设定金融市场基础设施可能面临的压力情景，包括但不限于如参与者违约引起的信用损失和流动性短缺、大规模的业务亏损和流动性短缺、投资损失和流动性不足。（4）启动标准。金融市场基础设施应明确部分或全部实施恢复计划的定性与定量启动标准。（5）恢复工具。金融市场基础设施应确定合适的恢复工具，表明其需要实施的步骤、时间，以及评估与金融市场基础设施、参与者、关联金融市场基础设施和市场的相关风险。（6）结构性缺陷。恢复计划应该明确那些危及金融市场基础设施的生存能力和财务能力的结构性缺陷并提出相应的改进意见，如修改风险管理框架、更换管理层、修改经营策略、出售业务、与其他金融市场基础设施合并等。（7）与金融市场基础设施间的关联。金融市场基础设施的恢复计划的设计和实施可能会影响另一或多个关联金融市场基础设

---

① See Committee on Payment and Settlement System & Board of the International Organization of Securities Commissions, *The Recovery of Financial Market Infrastructures*, October 2014, P. 11.

② See FSB, *Key Attributes of Effective Resolution Regimes for Financial Institutions*, October 2014, pp. 17 – 18.

施，应予以考虑它们之间的关联性。[①]

《恢复标准》并没有涉及金融市场基础设施处置计划。CPSS 和 IOSCO 预计并将在 2017 年会联合发布《金融市场基础设施的处置》国际标准，以推动金融市场基础设施处置的全球标准的一致性。2012 年 CPSS 和 IOSCO 发布的《金融市场基础设施的恢复与处置咨询报告》认为，金融市场基础设施处置框架的目的是为了保护其关键功能的持续性。金融市场基础设施与商业银行的商业模式、法律结构、资产负债等都不一样，因此在具体处置工具的选择上会有一定差别：（1）自救债工具的适用。一般情况下金融市场基础设施很少像银行、投资公司等机构适用处置计划规定的“自救债”工具。“自救债”工具是确保处置金融机构的成本转移到其股东和债权人身上，以避免普通破产程序带来的破产以及价值的损失，同时将公共资金的风险降至最低。“自救债”工具最适合解决包括大量债券和其他债权人索赔的资产负债结构。而金融市场基础设施很少发行其他金融机构经常发行的次级债券。从金融市场基础设施资产负债表中的股本一栏可以看出，大多数金融市场基础设施都是参与者拥有，更多作为私人所有的市场交易平台来运营。但也有一些金融市场基础设施不同，如中央对手方等确实存在大量的初始保证金、变动保证金以及违约基金，如果根据其损失分配规则，更倾向于对债权“垫头”通过自救债机制处置给予债权人部分中央对手方的股本，而非直接付诸清算。[②]（2）处置机制中成本收回框架的安排。商业银行理解此安排是基于金融中介和交易银行是一种网络，使得银行间的风险敞口可以互相承担，因此实行实现互助的保险计划或事后的损失收回安排。而某些类型的金融市场基础设施，更适合较少的参与者，例如中央对手方的违约损失安排就是此类的事前损失互担机制。[③] 根据系统重要性金融机构处置计划的基本要求，金融市场基础设施处置计划的核心要素包括：（1）执行处置计划的启动条件和法律条款。（2）识别金融市场基础设施的核心业务和关键运营活动。（3）明确可用的融资方式。融资方式的选定要考虑 3 个主要因素。首先，应当模拟危机发生的市场场景来确定可用的融资方式，避免在危机实际发生时同一类型的融资方式都不可用。其次，根据不同的金融市场基础设施来确定可适用的融资方式，比如中央对手方适用自救债等融资方式、支付系统可要求参与者在日终前偿还以避免将当前风险敞口递延至次日等。最后，在某些情况下需要考虑不同融资方式的组合，同时使用多种融资方式来应

① See Committee on Payment and Settlement System & Board of the International Organization of Securities Commissions, *the Recovery of Financial Market Infrastructures*, October 2014, pp. 8 - 11.

② See Committee on Payment and Settlement System & Board of the International Organization of Securities Commissions, *Recovery and Resolution of Financial Market Infrastructures - Consultative Report*, July 2012, P. 13.

③ See id. P. 15.

对风险。(4) 可采取的关键措施及可能对外界带来的影响，并且制定克服处置过程中可能遇到的障碍的计划。(5) 建立内部制度安排，隔离或者有序关闭核心功能。(6) 跨境实施的制度安排。[①]

跨境特殊性。金融市场基础设施的跨境属性使其恢复与处置计划必须体现跨境性。由于各国证券法公司法等方面的差异跨境性的金融市场基础设施的恢复与处置计划要实现各国法律的协调难度很大，相观建议可以适用本书提出的跨境金融机构各方签订跨境处置协议。相关内容详见本书第五章。

2. 恢复与处置计划实施的难点

就恢复与处置计划制度而言，首先面临的问题是成本问题。保持一个可行的恢复与处置计划，对于监管者和金融市场基础设施而言都是非常大的行政负担。金融市场基础设施要定期完成恢复计划和更新情况，以确保监管当局定期可查；金融市场基础设施应向监管当局及时提供制定处置计划所需的特定数据和信息，与监管当局在必要程度内一起审查处置计划。[②] 如果将恢复与处置计划适用的范围扩大，监管者的监管成本将会成倍扩增。而金融市场基础设施不仅要承担恢复计划的制定和更新的职责，还必须为监管者及时提供所需要的信息，配合监管者的行动。在这种情况下，很可能产生的一个问题就是，由于监管资源的有限性和控制成本的目的，监管者和金融市场基础设施实施这些要求时必然会进行权衡成本与收益，从而影响最终的实施效果。美国学者尼宗·帕金认为美国《多德—弗兰克法》规定的生前遗嘱机制成本过高，可能会弊大于利：首先，体现在监管方面，系统重要性金融机构（含系统重要性金融市场基础设施）需要美联储和美国联邦存款保险公司两个监管机构的批准，大大增加这两个机构的费用。每个监管机构都必须向现有人员增加大规模监管的工作任务。其次，两个政府机构与系统重要性金融机构一起合作工作以审查系统重要性金融机构的计划，肯定会造成机构间的延误、混乱和协调问题。再次，除了支付建立适当的信息管理系统的费用外，系统性重要金融机构将不得不花费大量资源保留专业的法律和财务重组人员以及通信顾问等人员。这些专业人员将可能花费几年时间来协助澄清系统性重要金融机构的法律结构，尤其针对用以监管目的和税收套利设计的高度复杂和不寻常的子公司或分支机构的组织结构。最后，即使是保留大量专业人员，系统性重

---

① See FSB, *Key Attributes of Effective Resolution Regimes for Financial Institutions*, October 2014, pp. 48 – 49.

② See Committee on Payment and Settlement System & Board of the International Organization of Securities Commissions, *Recovery and Resolution of Financial Market Infrastructures – Consultative Report*, July 2012, P. 4.

要金融机构能否成功预测和防止下一次危机仍存在疑问。[①] 如果实施生前遗嘱的困境无法得到适当的解决，生前遗嘱的成本不但高昂，而且会增加系统性风险和不稳定性。

恢复与处置计划制度中的根本难点在于危机情景的假设。准确的危机情景的预测，能够使监管者和金融市场基础设施面对现实危机能未雨绸缪，避免危机时的慌乱。但美国学者迈尔萨·巴尔德兰也提出很难预测未来金融市场的危机情景，虽然假设监管模式（regulation by hypothetical）作为风险管理制度的延伸具有一定的可取性。假设监管模式通过压力测试和处置计划来使用假设的未来情景测试公司当前的位置状况。[②] 在美国，美联储使用历史数据来创建这些假设，根据可能的不利情况来测试公司当前的资产负债表场景。[③] 恢复与处置计划的很多部分是基于危机中可能会出现情形的假设，例如在处置时，出售特定的资产或转让负债取决于市场上这些资产或负债的流动性，而产生危机时这些资产或负债是否具有流动性从根本上来说在制订处置计划时是很难准确预测的，就很可能导致事先制订的计划无法发挥预期的效果，甚至在危机开始时就无法实施。详细的恢复和处置计划可能面临危机真实发生时无法执行的问题。情景假设模式本身也存在一些问题，“公司的决策本源上是人的选择，尚无足够的方法来设计模型解释人的选择”。[④]

金融市场基础设施的跨境性增加了处置计划实施的难度。从国际监管历史来看，系统重要性金融机构成功的跨境处置案例几乎没有。由于各国法律差异的原因，金融市场基础设施的处置计划如何协调不同国家的法律冲突、责任分担的确是难题。而处置计划会涉及不同国家的金融安全、经济利益和债权人利益保护，这种情况下的协调牵涉到各种复杂利益。为了保证处置措施的可行性，必严格遵循相关国家的法律规定，需要母国与不同司法管辖区域的东道国进行充分的沟通，研究东道国处置制度涉及的法律规定，保证处置计划的实施程度。借鉴系统重要性金融机构跨境处置措施，金融市场基础设施的跨境处置内容可包括：（1）母国和东道国派代表参加危机管理小组，制订和维持金融市场基础设施的处置计划。此举可以便于双方在实践中达成某些处置问题的共识。（2）各方承诺定期参加危机管理小组的模拟情景演习。定期的演习可以促进彼此合作交流。（3）各方承诺对金融市场基础设施的可处置性进行评估，共同使用金融稳定理事会 2014 年《金融机

① See Nizon Packin, *The Case Against the Dodd - Frank Act's Living Wills: Contingency Planning Following the Financial Crisis*, *Berkeley Business Law Journal*, Vol. 9, 2012, P. 24.

② See Mehrsa Baradaran, *Regulation by Hypothetical*, *Vanderbilt Law Review*, Vol. 67, 2014, P. 33.

③ See id. P. 2.

④ See id. P. 29.

构有效处置框架的关键属性》附件3中的“可处置评估指南”，及时在危机中提供基本信息，共享评估结果。(4) 各方商定至少每年一次对处置计划进行审查。(5) 监管合作过程中，各方承诺在尊重信息敏感性前提下，实施信息的高端层面与技术层面的共享等。① 另外，我们在第五章提出的签订问题国际金融机构跨境协调协议也可以用于解决金融市场基础设施处置计划的法律协调问题。

3. 我国金融市场基础设施恢复与处置计划的制订

作为有序处置制度的组成部分，恢复与处置计划的目标是保障金融市场基础设施出现问题时关键功能能够正常运转。具体说，恢复计划可以指导处于危机情形下的金融市场基础设施有序地恢复业务，处置计划则有助于处置当局有效使用处置权力和处置工具有序处置处于危机情形中的金融市场基础设施。这一目标也是我国金融市场基础设施恢复与处置计划制订的目标，所以，上面提及的金融市场基础设施恢复与处置计划核心要素均应该属于我国金融市场基础设施恢复与处置计划的内容。同时，我国金融市场基础设施的恢复与处置计划还应包括以下内容：

第一，我国监管当局对金融市场基础设施制订的恢复与处置计划有审批权，对不符合监管要求的恢复与处置计划可要求金融市场基础设施必须在给定时间内重新提交恢复与处置计划。如果金融市场基础设施未能改正金融监管当局指出的缺陷，监管当局可以对金融市场基础设施提供更加严格的监管要求，包括资本要求、流动性要求、业务限制等，直至满足监管当局关于恢复与处置计划的要求。如果仍不满足监管当局的要求，监管当局可以拆分其业务或者资产。另外，法律可以规定，即使由于危机情形的变化而导致无法实施原先制订的恢复与处置计划，监管当局可以根据事先已经获得的有效信息，结合自身的监管经验，采取其他监管行动，从而达到有序处置金融市场基础设施的目的。

第二，实施恢复与处置计划是有成本，无论是金融市场基础设施还是相关监管机构可能会承担过高的监管成本。我们认为金融市场基础设施恢复与处置计划的适用范围应该限定在具有系统重要性的金融市场基础设施。恢复与处置计划的适用范围过于广泛，超出系统重要性范围，不仅会给不具有系统重要性的金融市场基础设施带来成本负担，导致他们不利的市场竞争地位，还会增加监管机构的负担。

第三，危机情景的压力测试是恢复和处置计划的重要内容。需要明确的是，压力测试基于预测，而基于历史经验和历史数据的方法的预测必然有误差。但是

---

① See FSB, *Key Attributes of Effective Resolution Regimes for Financial Institutions*, October 2014, pp. 32 – 33.

不能仅仅根据这一点就否定恢复与处置计划的作用。恢复与处置计划中的压力测试与日常的压力测试在流程上并无实质性的差别，区别在于测试目的不同。恢复与处置计划中的压力测试主要针对金融市场基础设施达到资不抵债边缘的情形，因此测试选择的情景和假设更加严格。① 金融危机之后，国际社会对压力测试已经进行了多方面的改善，包括构建完善的压力测试评估体系、改进压力测试方法与技术，加强压力测试的信息披露等。②

---

① 王刚：《系统重要性“银行恢复和处置计划”：国际实施进展、基本要素和政策建议》，载于《金融监管研究》2013 年第 5 期。

② 丁建臣，庞小凤，孟大伟：《商业银行压力测试：国际实践与政策建议》，载于《上海金融》2013 年第 7 期。

第七章

国际金融中心金融财税制度

国际金融中心的形成有赖于金融资源的集聚效应，金融资源的分配又有赖于金融要素的合理配置，[①] 国家合理的干预对于资源配置起着重要的作用。法治化的金融财税制度，是国家干预重要的制度工具。正如有学者指出，税收对金融业的调控效果最为明显和突出，税收直接影响金融资源规模、结构以及金融资源的竞争性配置。[②] 国际金融中心如中国香港和新加坡的金融业快速发展，都有赖于一套金融税制的支撑。[③] 伦敦金融城发布的《全球金融中心指数（第八期）》报告显示，税制被普遍认为是“最能改善一个金融中心的竞争力的因素”，这一竞争性税制因素又具体分为公司税制、个人税制、股息和资本收益税。[④] 可见，财税制度对支撑促进金融业的发展之至关重要性。

上海国际金融中心建设离不了一套法治化的财税制度的支撑。正如上海国际金融中心发展规划纲领性文件《“十二五”时期上海国际金融中心建设规划》（以下简称《规划》）专门提出“以制度建设为重点，着力营造具有国际竞争力的金融发展环境”，其中包含“基本形成符合国际金融中心运行需要的金融税收、会计、信用、监管等法规体系，逐步形成具有较强国际竞争力的金融发展环境”的发展目标。不仅如此，《规划》更明确了财税如何促进上海国际金融中心建设

---

① 闫彦明：《金融资源集聚与扩散的机理和模式分析——上海建设国际金融中心的路径选择》，载于《上海经济研究》2006 年第 9 期。

② 吴弘：《上海国际金融中心建设的法制环境》，北京大学出版社 2010 年版，第 185 ~ 186 页。

③ 熊鹭：《比较金融税制》，中国财政经济出版社 2013 年版，第 2 页。

④ See The Global Financial Centres Index 8, avilaible at http://www.qfc.com.qa/en-US/Home.aspx.

的指标、任务及措施。《规划》从宏观层面对此做出了一系列安排，比如：一是主要指标上，“到 2015 年，（上海）金融发展环境的国际竞争力明显增强，金融法律、税收、监管等与国际惯例接轨程度明显提高”。二是在主要任务和措施上，如“完善金融税收制度，研究借鉴成熟的国际金融中心经验，争取率先开展金融税收制度改革试点，充分发挥合理税制安排在促进金融创新发展、增强金融国际竞争力中的重要作用。研究有利于金融市场发展，有利于航运金融、贸易金融发展，有利于促进金融创新的金融税收政策。”无论是中央政府还是上海市政府，都认识到财税对于上海国际金融中心建设的重要价值。《关于推进上海加快发展现代服务业和先进制造业建设国际金融中心和国际航运中心的意见》（以下简称《意见》）将“涵盖完善金融税收和法律制度”成为和“金融纠纷解决”、“社会信用体系建设”、“完善金融监管体系”、“维护金融稳定安全”等 4 个方面并重的任务和措施之一。作为支持金融中心建设的财税配套制度，上海已扎实地迈出了其革新的步伐。首当其冲的是上海于 2012 年 1 月 1 日起在全国率先试点“营业税改征增值税”，开启流转税领域结构性减税的序幕。2016 年 5 月 1 日，包括金融业在内的营改增改革在全国范围内推开。金融业营改增有利于金融业打通金融增值税进项抵扣链条、消除重复征税、优化税制结构、减轻纳税人负担。

上海自贸区的设立为上海国际金融中心建设突破中央地方财政分权之可能禁区提供了可能性，但目前相关立法进展缓慢。因暂无较全国财税立法“特立独行”的金融支持配套的税收优惠政策，相关外资银行显得有些意兴阑珊。[①]《中国（上海）自由贸易试验区总体方案》（以下简称《方案》）中虽然提及“探索与试验区相配套的税收政策”，但因地方立法权限问题、试点改革授权合法性问题、金融财税有关利益博弈等方面的原因，有关金融支持的配套财税政策，仍然有较大期望空间。

国家税务总局、国家社会科学基金、上海市党校系统等部门对金融税制都已经先后开展了专门性的课题研究，如 2002 年国家税务总局金融税收政策研究课题组完成的《关于我国金融税收政策若干问题的研究》。[②] 2007 年，国家社会科学基金项目《金融市场税收政策效应评估与税制优化研究》阶段性研究成果——《我国金融衍生工具市场税制构造探析》。[③] 2008 年，上海市党校系统“上海国际金融中心的法制和监管环境研究”的课题研究成果——《上海国际金融中心的法

① 《探秘上海自贸区：金融机构入驻无税收优惠》，载于《理财周报》，转引自 http：//business. sohu. com/20131014/n388110753. shtml.

② 国家税务总局金融税收政策研究课题组：《关于我国金融税收政策若干问题的研究》，载于《财贸经济》2002 年第 11 期。

③ 尹音频、何辉：《我国金融衍生工具市场税制构造探析》，载于《税务研究》2009 年第 284 期。

制建设探讨》[①] 等。这些课题成果结合21世纪初我国乃至全球金融市场的发展和变革，对上海国际金融中心建设的财税法制环境、税收政策效应等进行了富有成效的研究。但金融税制变化频繁，各国为建立促进金融中心的财税制度而不断修改税法，以增强税制对资源配置的吸引力和竞争力。有鉴于此，本章在总结上述课题研究经验基础上，参酌近几年来各国金融中心财税支撑的最新制度，围绕上海国际金融中心建设的财税法制环境完善为中心展开研究。

本章立意在于，建设国际金融中心离不开财税法律环境的支持，上海国际金融中心建设也不例外。上海国际金融中心建设需要一套法制化的、与国际接轨的并具有国际竞争力的金融税收制度。此外，纵观各国财税体制，财税大多系中央集权领域，为促进地方金融中心建设，地方应赋予一定的财税分权，本章认为财税的适当分权是建设上海国际金融中心良性法律支撑的合理和基本路径。鉴于此，本章先分析财税支撑金融发展的基础理论，进而比较借鉴各国金融财税尤其是国际金融中心金融财税的制度规定及实践，再对中国目前金融财税的制度现状及缺陷予以剖析，并提供上海金融中心建设财税法制环境完善的建议和方案。

一、金融财税法制支撑国际金融中心建设的基本理论

财税法的核心内容是财税利益的分配。金融财税法制，是指围绕金融领域财税利益分配而确定权利、义务和责任的法律规范的统称。金融财税法制环境，泛指金融市场有关财税法律规范的运行环境。不同的语境下会有不同的概念及范围、要素组成，金融财税法制环境有必要首先予以厘清。金融财税法制支撑国际金融中心建设，是现代市场经济下国家干预金融资源配置的重要工具，具有坚定的理论和法律基础。财税法制支撑金融中心建设遵循一定的逻辑，在促进上海国际金融中心建设有其必要性。鉴于此，本部分对金融财税法制环境的基础理论予以分析。

（一）金融财税法制环境的概念及语境分析

金融和财税均是两个复杂的系统，用财税法制促进金融市场发展可能衍生诸多范畴和面向。正如哈特在《法学中的定义和理论》中指出：几乎每一个法律、

① 吕炳斌：《上海国际金融中心的法制建设探讨》，载于《新金融》2009年第6期。

法学的词语都没有确定的、一成不变的意义，而是依其被使用的语境（环境、条件和方式）有着多重意义，只有弄清这些语境，才能确定它们的意义。[①] 金融财税法制环境在不同语境下的内涵和外延，显然存在较大的差别，尤其是不同语境下的金融财税法制环境，其作用于金融中心建设的角度、方法、效果也将明显存在差别，必须先予厘清。

1. 狭义的金融财税法制环境和广义的金融财税法制环境

一般而言，狭义的金融财税法制仅是对金融机构有关金融产品课征税款或提供财政支持的有关法律规范的总称。如有学者认为，“税收政策对金融机构的作用机制归根结底就是通过各种手段调控金融机构的税收负担。”[②] 其主要体现便是对各种金融产品的课税依据及其有关资产、负债的税务处理规则。作为资金融通过程的各种载体，金融产品，主要包括货币、黄金、外汇、有价证券等。[③] 也就是说，金融产品就是金融市场的买卖对象，供求双方通过市场竞争原则形成金融产品价格，如利率或收益率，最终完成交易，达到融通资金的目的。[④] 可见，相比其他经济领域的税收制度，如房产、车船、广告，或者批发、零售、劳务等，金融财税法制有着其扎根于不同种类的金融产品的特点。有关金融财税法制环境的研究，就不得不对各种金融产品有更为深刻的认识。当然，根据上述金融产品不同性质，还可以再细分出其他衍生品。实践证明，鉴于法律文本的局限性，金融衍生品的财税制度往往更容易成为财税法制的空白领域，其性质的判定和分类以及法律的适用就更为重要。

广义的金融财税法制，除了指向围绕金融机构为主要的运营主体的金融商品及交易行为以外，还应包括其他所有与融资、借贷、赊销、信用等有关的经济活动，以及其他与金融行为有密切关系的交易行为。因为在金融生活中，除上述金融机构及其经常销售的金融产品以外，企业、个人以及其他社会团体也会从事与融资、借贷、赊销、信用等有关的经济活动，显然，这些领域的财税制度对整个金融市场而言，同样有着不可忽视的作用。更为重要的是，“企业组织的中心人物是业主和受雇经理，但是贷款者也起重要作用，同时考虑与供应商、客户、特

① 张文显、于莹：《法学研究中的语义分析方法》，载于《法学》1991 年第 10 期。

② 李强：《英国金融中心建设的税收政策及其对上海的启示》，载于《管理科学》2011 年第 2 期。

③ 吕斌、李国秋：《个人理财理论、规划与实务》，上海大学出版社 2006 年版。

④ 对于金融产品，可以从不同角度加以分类，比如根据产品形态不同可分为三类，即货币、有形产品，无形产品。按发行者的性质划分，金融产品可分为直接金融产品和间接金融产品。以信用关系存续的时间长短，可分为短期金融产品和长期金融产品。根据服务行业不同可分为：银行类金融产品、保险类金融产品、信托类金融产品、证券类金融产品、财务公司类金融产品和租赁类金融产品。参见孙双锐等：《商业银行营销管理》，兰州大学出版社 1999 年版。

许权持有人以及其他会影响企业经营方式的那些人的关系常常也是重要的。"①

以上海为例,《上海市推进国际金融中心建设条例》有关促进上海金融中心建设即囊括了各类金融市场、金融机构及其他参与金融业务的主体、金融产品和衍生品体系。如《上海市推进国际金融中心建设条例》关于推进的金融市场体系,既包括"(配合国家金融管理部门)推进货币、外汇、债券、股票、商品期货、金融衍生品、保险、黄金、产权等市场的建设",也包括"支持银行、证券、保险、信托、期货、基金、融资租赁、货币经纪、财务公司等各类金融机构的发展",以及"支持金融机构开发、推广有利于金融市场健康发展、符合国家金融监管要求的各种金融产品和业务。支持有关机构研究探索以股指、汇率、利率、股票、债券、银行贷款等为基础的金融衍生产品。推动离岸金融、股权投资、并购贷款、私人银行、券商直投、信托租赁、汽车金融等业务的发展,鼓励有序开发跨机构、跨市场、跨产品的金融业务。"此外,2002 年国家税务总局发布的《金融保险业营业税申报管理办法》对金融税收范围也做了类似规定。

财税法制对上述金融市场体系建设均有支撑促进作用,故本章更倾向于对广义的金融财税法律制度环境进行研究,包括各类金融市场、金融机构及其他参与金融业务的主体、金融产品和衍生品体系的财税法制环境建设。即这一研究,既着眼于金融财税法制对金融机构有关金融产品的课税机理,也将广泛涉及其他商业、工业企业、个人以及其他社会团体从事与金融有关的事业所对应的税收分配制度环境。

2. 金融财政法制环境和金融税收法制环境

顾名思义,从文意上理解,金融财税法制环境,就包括金融财政法制环境和金融税收法制环境两个部分。税收在逻辑上属于财政(收入)之一个分支,经常被捆绑在一起进行阐述或作为研究对象。但财政首先发源于税收一域,税收规范数量多、成独立化的体系,税收由此而成为一个独立的领域。② 无论是理论和实践,二者均有不同的内涵和外延,财政在谱系中包括财政分权体制、预算、国债、转移支付、政府采购等内容,③ 税收则包括各种税收法以及程序法。财政和税收在促进经济社会调控上,所采取的手段方式截然不同。财政主要通过财政返还、财政奖励、财政扶持、财政出资等形式调控金融资源配置,税收主要通过在纳税主体、纳税客体、税率和纳税期限等上的差异,尤其是赋予特定主体和行为

---

① [美] 威廉姆·A·克莱因、约翰·C·科菲,陈宝森、张静春、罗振兴、张帆译:《企业组织与财务——法律和经济的原则》,岳麓书社 2006 年 5 月版,第 4 页。

② 刘剑文:《财税法——原理、案例与材料》,北京大学出版社 2013 年版,第 1 页。

③ 张守文:《财税法学》,中国人民大学出版社 2011 年版。

的差异税率、税收优惠待遇实现其调控功能。财政调控侧重于增加财政支出，税收调控侧重于减少税收收入，两者在机理上有所不同。

促进上海国际金融中心财税法制环境建设，需要发挥财政和税收两方面的调控功能，有赖于完善金融财政法制环境和金融税收法制环境。在金融财政法制环境建设上，充分发挥财政返还、财政奖励、财政扶持及出资在金融市场建设中的作用，其核心机理是增加对金融市场的财政投入。如财政部、国家税务总局曾经发布《关于国家政策性银行营业税、所得税缴纳及财政返还问题的通知》，对国家政策性银行缴纳营业税、所得税予以一定的财政返还，以鼓励国家政策性金融市场的发展。如 2013 年 9 月财政部、中国人民银行、人社部联合发布《关于加强小额担保贷款财政贴息资金管理的通知》，旨在加强对弱势群体参与金融予以支持，带动就业以及促进创业。在金融税收法制环境建设上，充分发挥金融税收对金融市场的调控功能，通过各税种在纳税主体、纳税客体、税率和纳税期限等上的差异，借以差异税制、税收优惠待遇实现金融资源的优化配置，建立具有国际竞争力的金融税制。金融税收促进金融市场建设的核心机理是减少金融市场的税收，即税收差异税制和税收优惠。如 2010 年财政部、国家税务总局发布《关于农村金融有关税收政策的通知》，规定对金融机构农户小额贷款的利息收入免征营业税，并对部分利息收入减征所得税，即是促进农村金融发展。

在支撑促进金融市场发展上，金融税收比金融财政更具有广泛适用性和优势。首先，税收手段更丰富多元，具有广泛的适用性。如在税收促进金融发展上，在税种分布上，可分为货物和劳务税（如增值税）、营业税、所得税、印花税等税种领域；税收促进手段上，可在纳税主体、纳税客体、税率和纳税期限等不同要素上采取差异税制以促进金融发展。在税收促进的作用领域上，可以针对各类金融市场、金融机构及其他参与金融业务的主体、金融产品展开，故税收对金融促进非常丰富多元。而金融财政所采取手段和作用领域均相对有限，常见的即为财政返还、财政奖励、财政扶持，且主要针对金融市场主体或参与者，尤其是扶持特定行业如农业金融、中小企业融资以及弱势群体贷款等，作用领域和对象具有特定性，效果有限。其次，税收手段更符合市场经济逻辑，具有正当性。税收通过改变各税种之各课税要素，对金融市场及其参与者予以管制诱导，是在尊重市场机制主导下的政府有效干预，属于间接调控手段。而财政手段实质上是对某一金融市场及参与者直接无偿地给予财政利益优惠，容易造市场竞争的不平等，属于更直接的干预手段，往往有碍于市场机制自发运行。此外，财政手段主要是财政支出，往往受制于国家的财力而不可能是普惠的，而税收手段不直接受制国家财力，易实现普惠性。[①]

总而言之，尽量两者机理和功能有所差别，但金融税收和财政均对金融市场发展有重大的支撑促进作用。为了营造金融市场的良好发展环境，有必要构筑良性的金融财税法制环境。鉴于各国金融中心的财税法制发展经验，金融税收对金融发展更具有带动和促进功能，故应充分发挥金融税收对金融市场的促进作用，建立良性的金融税收法制环境。本章侧重分析金融税收环境对上海金融中心建设之促进作用，但也适当顾及金融财政法制环境的分析研讨。

3. 中央金融财税法制环境和地方金融财税法制环境

一般认为，国际金融中心的财税法制环境，是由金融中心所在国家的中央政府从宏观层面制定的全国性财税法制和金融中心具体所在地市的地方性财税法制结合构成。具体而言，中央金融财税法制，包括国内法和国际法两个层面。在中国，国内法层面的财税法制包括由全国人大及其常委会制定的有关金融业的财政税收立法，也包括中央专门制定的适用于某一特定区域如金融中心的特别立法，主要表现为对金融中心的金融市场、金融主体和参与者、金融产品和业务的差异性税收规则等。国际法层面的财税法制包括发展双边、多边国际税收协定网络等。作为国际经济交往发展到一定阶段，国家的税收管辖权扩大到跨国性质的征税对象，[②] 一国国际税法关于金融业税收的规则，势必成为金融市场尤其是全球性金融中心关注的重要内容。地方财税法制，主要是在地方政府有权制定特殊财税法律制度的前提下，对符合地方特色的金融财税制度予以立法。此外，中央财税法律制度尚未制定的有关金融业的财税规则，地方政府有权制定适用于本区域的财税规则。当然，地方制定的对中央金融财税法制规则的解释性规范性文件，也属于地方财税法制之一部分。

值得提及的是，地方关于金融财税领域的立法范围和界限，有赖于一个财政分权体制。是故，中央与地方关于财税分权的体制，是构造金融财税法制环境必须考量的体制基础。尤其是地方政府出台的金融财税政策规范性文件，是否符合其财税分权的范围和界限，涉及一国金融财税法制环境的体制合法性问题，颇为重要。关于财政分权体制，可分为集权型分权体制、分权型分权体制、混合型分权体制。[③] 中国财政分权体制形成于 20 世纪 90 年代分税制体制改革，系集权型分权体制。[④] 1993 年国务院发布《关于实行分税制财政管理体制改革的决定》，

① 毕金平：《我国企业科技创新税收优惠制度之正当性考察》，载于《科技与法律》2008 年总第 71 期。
② 陈安：《国际经济法学专论》（下编分论），高等教育出版社 2002 年版，第 861～868 页。
③ 刘剑文：《财税法——原理、案例与材料》，北京大学出版社 2013 年版，第 36～37 页。
④ 张守文：《财税法学》，中国人民大学出版社 2011 年版，第 175 页。

其中规定，将税种统一划分为中央税、地方税和中央地方共享税，并建立中央税收和地方税收体系……中央税、共享税以及地方税的立法权都要集中在中央，以保证政令统一，维护全国统一市场和企业平等竞争，集权型分权体制一目了然。尽管前述《关于实行分税制财政管理改革的决定》提及“地方税体系”，但税收立法权集中于中央，地方并不享有，中国并不存在严格意义上的地方税。就目前财税分权体制而言，地方政府享有税收利益权和税收征管权，不享有税收立法权或决策权。但实质上，地方政府享有一定的授权立法的权力。如《契税暂行条例》第三条规定，契税税率为3% ~5%。契税的适用税率，由省、自治区、直辖市人民政府在前款规定的幅度内按照本地区的实际情况确定，并报财政部和国家税务总局备案。故地方政府可以在中央立法的授权性条款中获得一定的立法权，以应对地方特殊情况之需求。但总的来说，关于财税（尤其是税收）的立法权，属于中央事权，地方基本无立法权。

按中国当前的财税分权体制，上海建立国际金融中心的财税法制环境主要是中央金融财税法制环境，地方金融财税法制的促进功能弱小。但从发展趋势上看，时至今日，无论官方和学者均认为，从给予地方财政自主权考量，应赋予地方一定的税收立法权，并构建地方税体系，实属必要。[①] 尤其是为建立上海在全球金融中心竞争中的优势地位，地方政府的自主权、独立权尤为不可或缺，地方政府的独立立法权尤其是关于金融财税领域的立法权应值得提倡。2013 年 9 月中央决定成立中国（上海）自由贸易试验区，在《中国（上海）自由贸易试验区总体方案》中更提及“探索与试验区相配套的税收政策”，使得地方政府享有先行先试的金融财税立法权更值得期待。

由是观之，建立国际金融中心的财税法制环境包括中央层面的全国性金融财税法制环境和地方层面的金融财税法制环境，两者缺一不可。本章分别对两个层面的金融财税法制环境予以分析，但鉴于目前的财税体制状况，中央层面的财税法制占据主导地位。但本章认为，国际金融中心所在地的财税法制环境也尤为重要，本章尝试提出地方享有独立金融财税立法权的可行路径和方案。

4. 普适性金融财税法制环境和特殊性金融财税法制环境

从税收的普适性和特殊性出发，税收可划分为两类：一是普适性的税收制度，针对所有人所有行业一体适用的税制，包括各税种的设置、计税依据的确

① 曾纪芬：《完善我国地方税制体系的若干思考》，载于《经济研究参考》2011 年第 23 期；韩洁：《理顺事权与财权：十八大以来财税体制改革述评》，载于《中国财经报》2013 年 11 月 5 日；熊伟：《财政法基本问题》，北京大学出版社 2012 年版，第 122 ~128 页。

定、税率的设定、课税范围的选择等，当然并不排除在上述要素上专门针对特定人特别适用。二是背离基本税收制度的特殊性税制，即给特定的纳税人或经济活动以特殊的税收待遇或施以差异化税制，主要包括税收豁免、加速折旧、税收抵免、费用扣除、准备金制度、优惠退税等。[①]

之所以有如此特殊性税制，乃在于税收的职能使然。现代税收一般有两种职能：一是筹集财政收入职能；二是经济社会调控，包括资源配置和社会稳定调节功能，即税收被国家用于调控宏观经济，调节产业、行业发展和资源配置，调节收入分配、抑制贫富差距，保障社会稳定。[②] 现代税收的经济社会调控功能日益凸显，这有赖于特殊性税制的设计。在促进金融市场发展上，有必要引入特殊性金融财税制度，即国家基于促进金融发展的目的，在普适性金融税制中对正常的税制结构有目的地规定一些背离条款，从而以国家财政收入的减少、放弃或让与，形成财政上的税式支出，[③] 使金融市场中的特定金融参与主体或特定金融产品享有差异性税收待遇或税收优惠，从而引入其进入金融市场或重新配置金融资源，以达到金融市场资源最优配置、促进金融市场的发达。

有鉴于此，金融财税法制环境还可以从税收的普适性和特殊性语境角度，将财税法制环境分为普适性金融财税法制环境和特殊性金融财税法制环境。建立国际金融中心的财税法制环境，两者缺一不可，更有必要建立特殊性金融财税制度。

（二）金融财税法制环境支撑金融中心建设的法理基础

财税能否作为支撑金融市场发展的工具，有赖于回溯考察现代税收的职能，背后又深涉现代市场经济下政府与市场的关系命题。税收产生之初的主要职能是筹集财政收入，现代国家由此发展为租税国家，国家征税只是为筹集国家运转和提供公共产品的必要经费，税收不具有经济社会调控功能。这就是税收中性理论。税收中性思想最早由英国古典经济学家亚当·斯密提出。亚当·斯密认为税收的唯一职能就是收入职能，并提出税赋的平等、确定、便利和经济的四大原则。[④] 税收中性理论成为现代税制建构的一个重要思想。但随着现代经济社会的

① 李强：《英国金融中心建设的税收政策及其对上海的启示》，载于《管理科学》2011 年第 2 期。

② 刘剑文、熊伟：《税法基础理论》，北京大学出版社 2004 年版，第 5 ~ 6 页。

③ 楼继伟：《税式支出理论创新与制度探索》，中国财政经济出版社 2013 年版；李旭鸿：《税式支出制度的法律分析》，法律出版社 2012 年版。

④ ［英］亚当·斯密，郭大力、王亚南译：《国民财富的性质和原因的研究》（下卷），商务印书馆 2008 年版，第 386 页。

发展，市场机制的失灵已不可避免且普遍存在，政府随即开始转变职能，频繁干预市场，税收是其中一个重要的干预工具。现代市场经济日益成为混合型经济，是“市场—政府”混合调节的经济形态，“市场无形之手”与“政府有形之手”必须上下配合。在这一背景下，税收中性思想也呈现不断地调整之势。税收中性从绝对中性向相对中性的转变，税收被认为在一定范围和程度上是对市场机制的干预和补充，税收日益成为调控经济社会的重要手段。

正是因为税收具有了经济社会调控功能，财税成为支撑金融市场发展的工具才获得正当性基础。金融财税制度，本身就是国家调节金融市场的一种干预手段。通过金融财税制度的设计，尤其是差异性税制或优惠制度的引入，借以国家之手干预市场配置，使得金融资源重新配置，使得各类金融市场、金融机构及其他参与金融业务的主体、金融产品和业务达到最优化状态。金融财税制度，在现代市场经济机制下始具有理论基础，财税支撑国际金融中心建设也具有了正当性。

财税具有经济社会调控功能，也有坚实的法律基础。以德国为例，早期观点认为税收调控措施与税收的财政收入目的规范相冲突，故德国联邦宪法法院主张以税法之名、行干预经济之实的税收经济法系形式之滥用而违宪。但在近代资本主义由自由竞争向垄断过渡的阶段中，国家干预主义兴起，税收对国民经济加以宏观调控的功能逐渐获得承认并被广泛运用，德国联邦宪法法院也开始转变态度、承认这种经济税法的正当性。[①] 为此，1977 年德国《租税通则》在税捐要件中“以收入为目的”之下附加了“亦得仅为附带目的”。[②] 此处的“附带目的”即主要指税收的经济社会调控功能。就我国而言，《宪法》第十五条第 2 款规定，国家加强经济立法，完善宏观调控。财政及税收也属于宏观调控手段。有学者指出，结合《宪法》第五十六条中华人民共和国公民有依法纳税的义务，即可推出：国家有权通过税制的创设与修改，对公民经济自由予以必要的限制，以实现特定的经济政策或社会政策目标。以上诸多宪法条款，便构成了税收调控权的宪法依据。[③] 正基于此，在传统财政税法外，又衍生出社会税法和经济税法，并已成为学界的共识。[④]

如上分析，财税调控功能具有坚实的宪法和法律基础。金融财税具有支撑金融中心建设的功能，也具有了宪法和法律基础。不仅如此，财税具有重要的调控

① 李刚：《论税收调控法与税法基本原则的关系》，载于《厦门大学学报》2008 年第 9 期。

② 葛克昌：《行政程序与纳税人基本权》，北京大学出版社 2005 年版，第 72 页。

③ 朱一飞：《税收调控权研究》，法律出版社 2012 年版，第 108 ~ 109 页；刘剑文、熊伟：《税法基础理论》，北京大学出版社 2004 年版，第 6 页。

④ 朱一飞：《税收调控权研究》，法律出版社 2012 年版，第 7 ~ 8 页。

功能，也是目前我国宏观调控的主要政策手段，也具有坚定的政策依据。党的十八届三中全会发布的《中共中央关于全面深化改革若干重大问题的决定》即指出，以财政政策和货币政策为主要手段的宏观调控体系，推进宏观调控目标制定和政策手段运用机制化，加强财政政策、货币政策与产业、价格等政策手段协调配合，提高相机抉择水平，增强宏观调控前瞻性、针对性、协同性。

（三）金融财税法制促进金融中心建设的逻辑与具体形式

金融财税是金融主体参与金融市场的必要成本，金融财税制度通过调节金融交易的财税成本以引导金融主体的投资以及金融市场的资源配置，从而达到财税对金融市场的调控干预目的。这即是财税促进金融中心建设的基本逻辑。具体而言，金融财税促进金融市场发展的逻辑过程为：创设或调整财税制度——纳税人交易成本变化——纳税人金融行为调整——金融投资、消费或劳动——纳税人的金融活动变化——金融市场资源配置发生变化。这一逻辑过程即是财税调控金融的传导机制，其中包含金融市场的信息机制、心理行为机制和经济变量机制。[①]

财税调控金融的主要手段是税制要素的变化，如差异性税制或税收优惠，即通过“原则—例外”的技术对于纳税人、征税客体、归属、税基、税率等做出例外或特殊规定。[②] 其中，金融市场税种又可包括所得税（企业所得税和个人所得税）、增值税、营业税、印花税等税种，金融市场财政手段又包括财政返还、财政奖励、财政扶持等，上述均可以通过施行差异化税制予以调控。从财税调控金融的对象看，可以包括各类金融市场如货币、证券、保险、外汇、商品期货、金融衍生品、黄金、产权等市场，以及金融市场相应的金融机构及其他投资者、参与者，还包括各种金融商品和衍生品等。在财税促进金融市场的的作用点上，即可以针对金融交易过程予以调控，也可以针对退出交易过程的金融净所得和特定金融资产征税，还可以针对特定金融行为予以调控。

此外，值得注意的是，金融市场与实体经济市场不同，金融市场税收与实体经济税收也不同，这就决定了税收调控金融的逻辑和机制的不同。由于金融深化发展导致了金融的虚拟化，金融市场具有虚拟性、波动性、不确定性，以及心理预期影响的重要性等特点，决定了金融税收机制具有税收作用的强烈性、税基的虚拟性、税负的难测性、超额负担的多重性、税务管理的复杂性等特征，这就决

① 尹音频：《资本市场税制优化研究》，中国财政经济出版社2006年版，第39页。

② 刘剑文：《〈企业所得税法〉实施问题研究——以北京为基础的实证分析》，载北京大学出版社2010年版，第167页。

定了税收调控金融市场的极大复杂性。[①]

通过调控各税种的各税制要素，引导金融主体的投资以及金融市场的资源配置进而促进金融中心建设，有多种形式。一是金融市场准入方面，市场需要公平的财税法制环境。如果现有财税法律制度设置了高门槛，尤其是对不同所有制的金融主体采取补贴、扶持以及转移支付方面的歧视性态度，使非公有制的金融主体发育不健全，严重影响金融生态主体的多元化。因此，金融财税法制建构应凸显公平性，以建立公平的金融法制环境。二是金融市场发展方面，需要透明的、完善的财税法制环境。比如当前对信托、私募基金、合伙，以及证券投资基金和房地产信托投资基金这类“集合投资工具”的税收政策尚不明确，有碍于金融市场的发展。因此，建立一套完善系统的且对于金融市场稳定预期的金融税制非常重要。三是金融机构市场退出方面，市场需要一套金融退出的财税法制环境。一方面，金融企业和一般商业、工业企业作为公司的职能有着明显的区别，[②] 甚至同样作为金融企业的商业银行和投资银行也有着不同的商业和业务模式。[③] 另一方面，金融机构固然有其特殊性，但其较多采取公司化运营，仍然保留公司化本质，需要在依法退出市场时，有一部符合市场化需求的金融退出财税法律制度予以保障。[④] 四是金融税收征管方面，市场需要针对金融市场的税收征管制度。相比一般的商业企业，金融机构、企业有着更为规范的会计建账体制和会计电算化的要求。而现有纳税申报、征收管理、纳税评估和稽查模式是一揽子的涉税报表和征管方式，并未触及金融市场的特殊性。故发展金融市场需要更为高效的金融税收征管制度。

二、主要国际金融中心财税法制环境的基本经验

财税法制环境作为支撑促进国际金融中心建设的主要制度工具，有必要很好地参考域外的经验。上海建设国际金融中心也不例外，创造一个具有国际竞争力的财税法制环境对上海建设国际金融至关重要。本部分主要概述上述几个国际金

① 尹音频：《资本市场税制优化研究》，中国财政经济出版社 2006 年版，第 41 页。

② 例如资本弱化税制的典型规范性文件，《财政部国家税务总局关于企业关联方利息支出税前扣除标准有关税收政策问题的通知》。

③ 钱弘道：《金融革命——投资银行产业总评判》，北京大学出版社 1999 年版。

④ 《财政部国家税务总局关于被撤销金融机构有关税收政策问题的通知》第五条规定，被撤销金融机构的清算所得应该依法缴纳企业所得税。显然没有考虑金融机构撤销的原因，如果是符合资产并购的特殊性税务处理的条件，应当符合资产负债项目递延的规定。

融中心的财税法制的基本经验，从中提炼有益经验，以为上海建立国际金融中心财税法制环境提供借鉴。

（一）英国财税法制概况及伦敦金融中心财税法制环境

伦敦金融中心财税法制环境是整个英国财税法制的一部分，尤其是英国的财政分权体制更是伦敦金融中心财税自主权的基础。按英国的政治体制和历史传统，英国的财权高度集中于中央政府，除财产税外，其他一切税收均由中央政府集中征收和支配。税收立法权完全属于中央，只有中央政府才有权决定开征新税种，地方政府无税收立法权，不能设置、开征地方税种。① 在这一体制下，中央与地方的预算收入完全按税种划分，不设共享税，由各自所属的税务征收部门征收，主要税种包括个人所得税、公司所得税、国民保险税、增值税、石油收益税、印花税、资本利得税、国内消费税、继承税和关税。② 有关金融领域的财税规则，基本由中央政府制定，地方少有立法权。

英国也有地方税，主要是财产税，始于1601年伊丽莎白的《贫困救济法》案中开征的强制性财产税，并经1990年的人头税、1993年的地方议会税沿革至今，新的地方税按照财产价值征收，并考虑个人因素，并对低收入者实施减免。③ 理论上，其主要内容是对社会存量财富征收的税收，主要包括对房产、地产等不动产课征的房地产税、对继承和赠与课征的遗产与赠与税。按照OECD的分类标准，对金融和资本交易的课税也统计在财产税中。④

财税在英国民主宪政发展中起到重要的导引作用，税收法定原则观念根深蒂固，在金融财税领域也不例外。英国1215年大宪章即确立“无代表，不纳税”原则，1688年《权利法》确立“无议会之同意，不得以任何特权之借口征收任何赋税”。⑤ 有关税收的规则，均由议会立法详细明确规定，行政少有决定财政税收之权力。就立法程序而言，立法是由财政部向议会提出财政法案，经议会通过后，还需经过王室同意才生效。⑥

在英国，有关金融业及其从业人员适用的税种主要是公司所得税、增值税、

---

① 王平、高长平、杨长松、林淑敏：《英国财税金融状况及启示》，载于《天津经济》2006年12月。

② 财政部税收制度国际比较课题组：《英国税制》，中国财政经济出版社2000年版，第39～40页。

③ 同上引，第20～22页。

④ 高培勇：《世界主要国家财税体制：比较与借鉴》，中国财政经济出版社2010年版，第21页。

⑤ Hugh J. Ault & Brian J. Arnold, *Comparative Income Taxation: A Structure Analysis (3rd Edition)*, Kluwer Law International, 2010, P. 148.

⑥ 财政部税收制度国际比较课题组：《英国税制》，中国财政经济出版社2000年版，第16页。

个人所得税、印花税等。

在金融机构公司所得税方面，所得既包括一般所得也包括资本利得。① 金融机构公司所得税税率一般为28%，但自2010年4月起，利润不超过30万英镑的小型金融机构适用22%的税率。如果公司利润在30万~150万英镑之间，则对起初的30万英镑按22%的税率征税，30万~150万英镑部分按28%的税率征税。② 但从税率看，伦敦金融机构所得税保持较高的税负标准。

在涉及金融领域的个人所得税方面，英国的个人所得税采取先分类再综合的所得制，应税所得是指所得税分类表规定的各种源泉所得，各自扣除允许扣除的必要费用后加以汇总，再统一扣除生计费用（如基础扣除、抚养扣除、病残扣除等）后的余额。同时，英国所得税引入指数及通货膨胀调整制度，所得税税率、级次、免税额及扣除额每年调整。③ 以2009~2010年为例，股息所得以及储蓄所得，全年应纳税所得额在2 440英镑以下的部分按税率10%征税，其他所得税率也为10%；超出2 440~37 400英镑部分，股息按10%税率征税，储蓄所得按20%税率征税，其他所得的税率则为22%；超过37 400英镑部分，股息按32.5%税率征税，储蓄所得按40%税率征税，其他所得的税率则为40%。对于从事金融业务人员的收入，以雇用所得按上述其他所得税率征税。但自2009年4月，英国开始对银行、证券公司等金融机构向高级管理人员发放的奖金征收50%的个人所得税。④此外，英国于1965年引入独立的资本利得税，由此区别于一般所得税。资本利得税的征收前提是存在资产处分，如股份、债务证券及其他金融产品等，其与个人所得税在税制设计上有所不同。⑤ 从2008年4月开始，资本利得税实施单一资本利得税，税率18%，而随着英国政府推出的“拯救企业家”豁免措施，该税的实际税负仅有10%。总体而言，尽管从税率上看，英国对涉及金融的个人所得税率低于其他所得，但涉及金融的个人所得税负仍然较高。

英国对提供货物和服务一体课征增值税，金融业属征增值税范畴。英国的增值税体系恪守税收中性原则，即在市场能够有效发挥作用的领域，税收尽可能减少对市场价格体系的扭曲。⑥ 英国增值税对货物和劳务在流转中的增值额征税，

---

① Hugh J. Ault & Brian J. Arnold, *Comparative Income Taxation: A Structure Analysis* (*3rd Edition*), Kluwer Law International, P. 156.

②④ 李强：《英国金融中心建设的税收政策及其对上海的启示》，载于《现代管理科学》2011年第2期。

③ Hugh J. Ault & Brian J. Arnold, *Comparative Income Taxation: A Structure Analysis* (*3rd Edition*), Kluwer Law International, 2010, P. 150.

⑤ Hugh J. Ault & Brian J. Arnold, *Comparative Income Taxation: A Structure Analysis* (*3rd Edition*), Kluwer Law International, 2010, pp. 155 - 156.

⑥ 高培勇：《世界主要国家财税体制：比较与借鉴》，中国财政经济出版社2010年版，第21页。

税率一般为17%，但对银行保险等金融业免征增值税。[①] 关于金融交易的印花税，对金融证券投资者交易股票征印花税，对卖方按交易价格的0.5%为税率计征。对金融机构的股份收购也征收印花税，税率按收购价的0.5%确定。但为了提高伦敦金融中心的竞争地位，从2007年11月英国起免除从事股票、期权交易的金融中介印花税，同时取消股票回购和融券交易的印花税。[②]

（二）美国财税法制概况及纽约金融中心财税法制环境

美国实行彻底的分税制，美国财政管理体制分为联邦、州、和地方三级，三级政府各自有独立的财政税收制度和法律，各自享有属于本级政府的税收立法权、征收权，联邦和州各有独立的税收立法权，州的税收立法权不得有悖于联邦利益和联邦税法。从税权划分角度，美国财政体制属联邦、州和地方分权型体制。从税种上，美国现行税制的主要税种有：公司所得税、个人所得税、销售和使用税、遗产和赠与税、社会保障税、财产税、资本或净财富税、累积盈余税、消费税。联邦以个人所得税、社会保障税为主，其次有公司所得税、消费税、遗产和赠与税、关税等；州主要以销售和使用税为主，辅之以所得税（个人所得税、公司所得税）；地方税以财产税为主。[③]

关于金融领域的财税立法权，存在中央与地方的分权，州享有一定的税收立法权。关于金融业及其从业人员适用的税种主要是公司所得税、个人所得税、资本利得等。其中公司所得税、个人所得税采取双重税制，由中央统一立法，州在不违背联邦利益与立法基础上，有一定的立法权。纽约国际金融中心也是如此，除了联邦税法外，还有纽约州税法的规定。联邦税和纽约州税都存在税率降低的趋势，为金融业提供适宜的商业环境。纽约州也根据其享有的税收立法权，促进纽约金融中心财税法制环境发展。

值得注意的是，美国税收体系以直接税为绝对主导、间接税所占比重很小，且一向以税制完备而著称的美国至今尚未采用增值税，金融领域也不例外。[④] 有关金融业及其从业人员适用的税种主要是公司所得税、个人所得税、资本利得税等。

在金融业的公司所得税方面，公司所得税是美国金融业的主要税种，也是纽约州一级政府的主要税种，纽约州有独立的立法权出台相应规定促进金融类机构

---

① 国家税务总局税务科学研究所：《外国税制概览》，中国税务出版社2009年版，第368页。

② 闫云凤：《金融业税收政策怎么改》，载于《上海经济评论》2014年8月20日。

③ 国家税务总局税务科学研究所：《外国税制概览》，中国税务出版社2009年版，第370页。

④ 财政部税收制度国际比较课题组：《美国税制》，中国财政经济出版社2000年版，第23～27页。

的发展。在联邦层面公司所得税一体征收，金融业与非金融业并没有区别，公司所得税均适用15% ~38%的多级累进税率，应税所得低于1 833万美元，适用税率为15% ~38%；应税所得高于1 833万美元，适用税率为35%。（应税所得超过一定数额后，税率又有所降低）。在纽约州层面上，纽约州的公司所得税税率呈下降的趋势，如从2000年税率9%至2008年降到7.1%。不仅在税率层面，在免税额、抵免额上，纽约州也出台诸多优惠措施。如1969年纽约制定了《纽约投资减税法》，规定公司符合相应条件的投资，投资额的1%可以从公司的所得税中扣除，随后，抵免额又增加至投资低于3.5亿美元的公司允许5%的抵免，对于超过3.5亿美元的允许4%的抵免，而且投资应抵免税额可以结转以抵补以后15年的所得税。纽约州的这一举措，促进众多大公司把总部设在纽约或在纽约建立分公司，对金融行业产生了示范和集聚效应，促进了纽约全球金融中心的发展。[①]

在涉及金融业的个人所得税方面，包括联邦层面的个人所得税，纽约州也有独立的立法权制定个人所得税规则。在联邦层面，美国个人所得税近年来呈不断减税趋势，如2000年美国的个人所得税税率分为15%、28%、31%、36%、39.6%5个档次，到2008年美国的个人所得税税率分别降至10%、15%、25%、28%、33%、35%6个档次。此外，美国个人所得税自1981年开始实行税收指数化调整，即按照每年消费物价指数的涨落自动确定应纳税所得额的适用税率。在纽约州层面，纽约州所征的个人所得税也采用超额累进税率，分为4%、4.5%、5.25%、5.9%和6.85%5个档次。但如果考虑到联邦所得税申报的扣除项，纽约个人所得税的累进程度就降低了，富人的税负也随之降低。据调查，纽约富裕阶层的近1/4是金融证券方面的人士，降低的个人所得税促使金融知识水平高、国际经验丰富的专业人才汇集纽约，使得国际金融中心的人才储备条件得以保证。

资本利得也是金融业的一个重要税种。美国资本利得税对个人和公司一体适用，常见的资本利得征税主要是买卖股票、债券、贵金属和房地产等所获得的收益征税。资本利得税以资本净值征税，即投资收益减去投资损失。个人投资损失如果超过了投资收益，则净损失可以在所得税中减免。具体而言，对个人来说，长期投资（超过1年）的资本利得税率较低，为15%，短期投资适用的税率为35%。美国对个人股票投资的资本利得税率为15%，个人股票投资所获的现金红利，作为公司所得税的课税范围来计税，而后者的名义税率仅为7.1%。[②]

---

① 闫云凤、杨来科：《国际金融中心建设中的财税政策——纽约的启示》，载于《上海金融》2009年第2期。

② 刘洋：《上海金融人才环境建设的个人所得税政策选择》，载于《上海金融学院学报》2011年第1期。

（三）日本财税法制概况及东京金融中心财税法制环境

日本是中央集权的单一制国家，但在财税体制上实行分税制体制。日本税收分为中央税和地方税，中央税是指由国家征收的税款，通常由大藏省所属国税厅负责征收，地方税是地方公共团体征收的税款，可分都道府县税和市町村税。[①]尽管日本采行分税制体制，但这种分权体制是"大权集中、小权分散"的混合型分税财政体制。[②] 日本宪法规定，中央政府负责税源、税种和地方税收方面的立法，负责制定标准税率和变动幅度；地方政府没有立法权，地方税法只负责在法律权限内规定地方政府税收的种类、税基、征税标准。在金融财税领域也不例外，地方只能在中央标准税率和变动幅度范围内进行自主立法，空间有限。

《日本宪法》对于财税问题明确规定了两个原则，对于金融财税法制具有重要的纲领性意义。第一原则源于《日本宪法》第 84 条：除非法律规定或满足法律规定的条件，不得开征新税或对当前税种进行修改。这即是税收法定原则。由此原则衍生出以下结论：一是没有法律的特别授权，任何不具有立法权的法规和命令，都不能规定税收要件；二是税收法律法规的规定必须具体明确；三是无论政府的指导原则或通告对税收实践影响多大，它们都不能成为税法的渊源。[③] 第二原则源于《日本宪法》第 14 条：法律面前人人平等。这即是公平原则，在税收上可衍生出以下结论：一是量能课税；二是税收平等；三是税收中性。[④] 上述两个原则成为金融财税法制的基本指导原则，尤其是金融财税法制立法建构的指导准则。

与金融业有关的税种首先是法人税、法人事业税和法人居民税，实行中央地方双重征税，中央和地方分别对法人企业征收法人税。法人税的征税对象是法人各经营年度从事经营获取的利润，与金融有关的税目包括存款利息所得、股息所得、贷款利息所得、资产转让所得等。法人税的基本税率是 30%，资本金不超过 1 亿日元的法人，年应纳税所得额低于 800 万日元，适用税率为 22%；年应纳税所得额超过 800 万日元，适用税率为 30%。日本法人除缴纳法人税外，另须缴纳附加的法人事业税和法人居民税。法人事业税属于都道府县收入，法人居民税

---

① 赵惠敏、董蕾：《日本的财政分权体制及对中国的借鉴》，载于《经济研究参考》2007 年第 17 期。

② 刘松话：《国外三类典型分税制财政体制及对我国的借鉴》，http://www.audit.gov.cn/n1992130/n1992150/n1992576/3199225.html。

③ Hugh J. Ault & Brian J. Arnold, *Comparative Income Taxation: A Structure Analysis (3rd Edition)*, Kluwer Law International, 2010, P. 96.

④ See id. P. 97.

属于都道府县和市町村收入，税率（按照法人税额的一定比例）由各地方政府制定。当期已缴纳的法人事业税允许从法人税应纳税所得额中扣除。除中央法人企业税外，地方对法人企业征地方法人所得税和企业税。据统计，中央和地方法人税共计税率约40%，与其他发达国家相比，日本法人所得税税负相对较高。[①] 值得注意的是，日本税法对股息税收实行法人之间分配股息扣除制度。法人 A 对法人 B 持股达25%以上、持续时间在6个月以上的，法人 A 从法人 B 取得的股息全额不征税；持股低于25%时，取得的股息80%不征税。[②]

关于金融业的个人所得税，日本个人所得税也实行中央地方双重征税，中央和地方分别征收个人所得税。与金融业及其从业者有关的税目包括利息所得、股息所得、工薪所得、财产转让所得等，日本个人所得税实行累进税制，税率为5%～40%。值得一提的是，为避免个人所得税和法人税的双重征税，日本设置了股息抵免项目。应纳税总所得额低于1 000万日元时，扣除额为股息所得的10%；应纳税总所得额超过1 000万日元时；扣除额为股息所得的10%和超过部分的股息所得的5%的合计金额。为避免国内个人所得税和外国个人所得税的双重征税设置了外国税额抵免。日本居民的国外源泉所得依据外国法律已缴纳的外国税额可以从日本的个人所得税和居民税中抵免。此外，地方在中央个人所得税基础上还征收个人居民税和个人事业税。

资本利得税属于个人所得税之特殊一类。按现行法律规定，资本利得采取在减除最大法定扣除额50万日元后与其他所得综合课税的原则，保有期超过5年的转让资产，其资本利得视为长期资本利得，应纳税所得额减按净资本的50%计算。对销售特殊指定证券（包括法人股、可转让无担保公司债等）采取与其他所得分离的方式课税，适用税率为26%（个人所得税20%，个人居民税6%）。通过指定证券公司转让上市证券实现的资本利得，税率按10%征收（个人所得税7%，个人居民税3%），适用期限从2004年1月1日起截至2007年12月31日。自2008年1月1日开始，将按20%的税率征收（其中，个人所得税15%，个人居民税5%）。自2003年1月1日起，通过指定证券公司转让上市公司股份产生的资本损失允许向后结转3年。来自银行存款以及特殊指定金融工具的利息采取与其他所得分离的预提方式征税，税率为20%（个人所得税15%，个人居民税5%）。[③]

日本财税制度与其国内经济社会形势密不可分，日本自20世纪90年代初经

---

① Hugh J. Ault & Brian J. Arnold, *Comparative Income Taxation: A Structure Analysis (3rd Edition)*, Kluwer Law International, P. 98.

② 国家税务总局税务科学研究所：《外国税制概览》，中国税务出版社2009年版，第175页。

③ 同②，第179～180页。

济泡沫破灭后，经济一直萎靡不振，政府债台高筑。历届政府无不提出财税改革，试图解决经济萧条及其债务问题。2014 年 6 月，安倍内阁抛出“经济财政运营和改革基本方针 2014”和“经济成长战略”，核心内容之一是进行彻底的财政税制改革，包括大力提高消费税、逐步降低法人税、适度调整个人所得税和财产继承税。有关金融业税收方面包括法人税、个人所得税，法人税税率计划由目前 35.64% 从 2015 年开始以每年 1.1% ~1.2% 的比例逐步降低，力争在 5 年之后将法人税降低到国际平均水平。个人所得税方面，日本将提高个人所得税中最高税率的起征点，超过 5 000 万日元部分将征收 45% 的个人所得税；将资本利得税的税率恢复到 20%。[①] 这无疑对日本金融业以及东京金融中心带来重要的影响。

（四）新加坡财税法制概况及新加坡金融中心财税法制环境

新加坡是个城市国家，政府系一级政府，没有地方政府，在税收上实行中央一级征税制度，税收立法权和征收权均集中于中央，由中央统一规定。新加坡税制结构清晰简单，现行税制的主要税种包括公司所得税、个人所得税、商品和劳务税、社会保障税、财产税、印花税等。[②] 新加坡以属地原则征税。[③] 在新加坡发生或来源于新加坡的收入，或在新加坡收到或视为在新加坡收到的收入，都属于新加坡的来源收入，需要在新加坡纳税。如果收入来源于新加坡境外，并且不是在新加坡收到或视为收到，则不需在新加坡纳税。总的来说，新加坡是全世界公司税税率最低的国家之一。在税收政策特点上，新加坡政府的税收政策是以实行差别待遇从而刺激经济发展为出发点，金融财税领域也存在诸多的税收优惠制度。有关金融业及其从业人员的税收包括公司所得税、个人所得税、增值税、印花税等。

关于金融业的公司所得税，自 20 世纪 90 年代以来，新加坡政府试图不断降低所得税的税率，以使得新加坡税制具有国际竞争力。自 2008 年估税年度起企业所得税税率为 18%；自 2010 年估税年度起所得税税率调为 17%，且所有企业可享受前 30 万新元应税所得的部分免税待遇：一般企业前 1 万新元所得免征 75%，后 29 万新元所得免征 50%；符合条件的企业前 10 万新元所得全部免税，后 20 万新元所得免征 50%。此外，公司间的股息不征收预提税，利息按 15% 征收预提税。公司的资本利得不征税，同时资本损失也不能抵补。新加坡为打造跨

---

① 乐绍延、许缘：《日本财政税制改革任重道远》，载新华网：http：//news. xinhuanet. com/world/2014 -07/29/c_1111848172. htm.

② 国家税务总局税务科学研究所：《外国税制概览》，中国税务出版社 2009 年版，第 306 页。

③ 黄晓虹、李顺明、邓文勇：《新加坡税收制度简介与借鉴》，载于《税务研究》2008 年第 11 期。

国公司的区域总部，也采取一系列的税收优惠政策，如将“商业总部”注册于新加坡的跨国公司，给予其0～90%的不等的税收减免，免税期长达5～10年；如将“区域营业部”注册于新加坡的跨国公司，对其营业利润减按10%税率征收。正因为此，新加坡成为东南亚乃至全球最主要的跨国公司总部聚集地之一。[①] 为鼓励外国来源所得汇至新加坡，自2003年7月1日起，对新居民股息、分支机构利润与服务所得等汇到新加坡的外国来源所得，均予免税。为促进亚洲货币市场、离岸金融市场发展，金融机构在新加坡境内的银团离岸贷款，取得的亚洲货币单位所得免税；保险公司来自离岸风险保险和再保险业务所得，税率减为10%。为促进房地产投资信托基金的发展，房地产投资信托基金派发的海外非个人投资者的预扣税税率从20%降至10%。

关于金融业的个人所得税，个人所得税税率为累进税率3.5%～20%，对非居民个人按20%的比例税率征收（除税收协定约定外），非居民个人受雇用收入可按15%税率征税。关于资本利得，新加坡的个人资本利得不征税，同时资本损失也不能抵补。关于股息个人所得税的重复征税问题，新加坡规定股东的股息所得在公司环节已缴纳了20%的公司所得税，因而股东在缴纳所得税时，其股息多的可以少缴20%的所得税。为吸引优秀的金融人才，对基金经理所得提供10%的税收减免。

关于金融交易的增值税，新加坡对提供应税商品和服务征收增值税，税率为7%。但对人身保险、某些金融交易，免征增值税。关于金融业的印花税部分，2000年6月30日，新加坡取消股票印花税。此外，为吸引亚洲各地富裕人士把资产放在新加坡而避免外逃，以发展新加坡的财富管理金融业务，新加坡于2008年2月15日取消遗产税。

（五）中国香港财税法制概况及香港金融中心财税法制环境

基于历史原因，中国香港税制深受英国与其他英联邦地区税制及普通法系影响，亦受制于中国香港地区的政治、社会与经济。[②] 中国香港税制非常简单，以税种少、税率低、税负低、征管简便而闻名，这也是中国香港成为全球金融中心的重要原因。[③] 现行税制中的主要税种包括利得税、薪俸税、物业税、差饷税、

① 杨沐、张秀琼：《新加坡是怎样建成一个国际金融中心的》，载于《城市观察》2011年第1期。

② 许炎：《探究香港税法的前世今生：低税率并不意味低税负》，载于《法制日报》2011年6月28日。

③ 《香港税制》，http://www.investhk.gov.hk/zh-cn/setting-up-your-business/hong-kong-tax.html.

印花税、博彩税、酒店房租税、应课税品税等税种。[①] 中国香港不设增值税和营业税，也没有严格的所得税，目前与所得有关的税制仅是对三种所得分别征税，即薪俸所得、利润所得和物业出租所得，与其相对应的税种则为薪俸税、利得税和物业税。[②] 与新加坡相似，香港税制的一个重要特点是采取属地原则，即仅对源于香港的所得征税，对香港之外取得的任何所得不负纳税义务。

与金融业有关的税收包括利得税、薪俸税、印花税，中国香港没有增值税和营业税。涉及金融业课税首先是利得税（或称企业所得税），利得税对各行业、专业或商业于中国香港产生或得自香港的利润征收，利得税的税率分别为16.5%（适用于有限公司）和15%（适用于非有限公司），与世界上大多数国家和地区相比，这一税率都非常低。不仅如此，利得税的税基狭窄，不包括企业的资本利得、分红所得、利息所得等资本性所得。企业和个人（金融机构除外）存放在认可银行的存款利息收入，可获豁免所得税。也即是说，企业从事的与金融有关的收益基本免税。[③] 在税收上的优惠，极大地促进了资金融通和金融投资。

涉及金融业课税还有薪俸税（或称个人所得税），薪俸税可以采取两种征税方式，一是以累进税率计算，以2008年为例，薪俸税的累进税率分别为2%、7%、12%、17%，累进额为40 000港币；二是在未扣除免税额前用标准税率计算，标准税率为15%。两者以缴税较少者为准。[④] 由此可见，香港薪俸税具有纳税人少、免税额高和税率低等特征。据统计，香港大约有350万工作人口，其中不到40%的人需缴纳薪俸税。在纳税人中，纳税最多的前10万名纳税人缴纳约65%的薪俸税。[⑤]

涉及金融业交易的还需要缴纳印花税。香港印花税是对转让物业、证券、票据以及其他应税凭证，在签立转让文书时采用贴花方式缴纳的税收。[⑥] 印花税是当前香港针对金融市场的主要税种，但其征税范围比较狭窄，主要是针对不动产征收。对于部分证券类金融资产的交易凭证，香港的印花税实行固定税率或按交易量从量征计，现行税率为0.5%，并有诸多可以免税情形。香港印花税的税负很低，且单边征收。[⑦]

---

① 李文平：《香港地区税收概况》，载于《涉外税务》2007年第11期。

② 许炎：《探究香港税法的前世今生：低税率并不意味低税负》，载于《法制日报》2011年6月28日。

③④ 闫云凤：《沪港金融业税收政策的比较》，载于《南方金融》2013年第4期。

⑤ 许炎：《探究香港税法的前世今生：低税率并不意味低税负》，载于《法制日报》2011年6月28日。

⑥ 国家税务总局税务科学研究所：《外国税制概览》，中国税务出版社2009年版，第414页。

⑦ 闫云凤：《沪港金融业税收政策的比较》，载于《南方金融》2013年第4期。

（六）主要国际金融中心财税法制的经验借鉴

1. 财税的适度分权是支撑国际金融中心建设的一个路径

财税分权程度及界限涉及一国之根本财政体制，实乃一国宪法、国家组织形式之内容。国际金融中心往往系一国国家战略之重要部分，同时也是国际金融中心所在地地方政府之政策重心。国际金融中心建设除发挥中央层面的政策支持，地方政府更应倾其全力予以扶持促进。从理论上看，基于区域民主自治、信息优势及政策效率性角度，地方应享有一定的独立于中央的自主权。① 财税领域也不例外。纵观各国财政体制，财政体制可分为集权型体制、分权型体制、混合型体制。但不论哪一种体制，地方政府均有一定的自主权，只是程度和范围差异悬殊而已。财税促进金融中心建设，有必要发挥财税分权的体制功能，充分发挥地方财税法制环境对金融中心建设的支撑。

财税分权支撑金融中心建设可以有不同的表现形式：一种形式是在分权型财政体制下地方政府享有较大的财税自主权。以美国为例，美国是分权型财政体制，纽约全球金融中心发展一定程度上受益于纽约州的财税自主权，纽约州在公司所得税、个人所得税上享有不违背中央政府利益的税收立法权。前面述及，纽约州在公司所得税税率、免税额、抵免额出台诸多优惠措施，这大大促进了纽约金融中心财税法制环境发展。日本也是分权型财政体制，但地方政府分权空间有限，即便如此，地方政府也能在中央标准税率和变动幅度范围内进行自主立法。另一种形式是集权型财政体制下地方政府享有较小的财税自主权。如英国、新加坡，但即便如此，地方政府仍享有一定的财税自主权。不仅如此，对于集权型财政体制而言，中央政府可以通过特别授权形式，赋予特定地方政府制定优惠性财税立法，以促进金融中心建设。

财税法制促进全球金融中心建设，不仅应发挥中央政府的财税支撑作用，也应发挥地方政府财税自主权，财税分权、发挥地方自主性是基本和可行的路径。上海应充分财税分权体制对金融中心建设的促进功能。尽管中国财政分权体制系集权型分权体制，地方不享有财税立法权。但财税分权的形式可以有多种表现，如可以通过中央特别授权地方政府制定专门的金融财税规范，也可以为在中央层面制定专门适用于某个地方的金融财税规范等。

① 周刚志：《财政分权的宪政原理——政府间财政关系之宪法比较研究》，法律出版社 2010 年版，第 94 ~ 95 页。

2. 建立系统的金融税收制度，并体现对金融业的优惠待遇

一套系统的金融税收制度，涉及到各类金融市场、金融机构及其他参与金融业务的主体、金融产品和诸多衍生品的课税。从课税主体上说，金融财税包括对金融机构如银行、证券、保险、信托等金融机构的课税，也包括对从事金融业务的主体如个人和企业从事存款、贷款、资产转让、股票投资及其他金融产品等投资和交易的课税；从课税环节看，既包括对从事金融营业的所得课税，也包括对金融交易流转环节课税，还包括对金融资产的课税；从课税税种上看，涉及金融业的税种主要有企业所得税、个人所得税、资本利得税、增值税或营业税、印花税等。一国金融税制的完善，需要建立覆盖所有金融主体、金融市场和金融产品的税收制度。

值得一提的是，各国关于金融衍生品的税制是重要的一题。金融衍生品是一种特殊类别买卖的金融工具统称。对这些金融创新背景下的衍生工具的课税水平，从一定意义上说，也间接侧面反映了一国金融市场发展水平。当然，也有学者从这些新金融主体的纳税主体资格、征税客体、经济利益归属、课税时点等方面进行分析，得出“税收各要素对金融创新工具的非适用性”的结论。[①] 前述提及的国际金融中心所在发达国家和地区，其在衍生工具的可税性上（免税、不征税、零税率等问题）上，已经探索出较为成熟的思路。一是金融衍生品的签发环节，英国对金融证券投资者交易股票对卖方征收印花税，税率均为交易价格的0.5%；二是金融衍生品的交易环节，有关金融衍生品交易是否征税，一直是极为争议的话题。[②] 目前少数国家或地区如日本、中国香港地区等对期货交易征收交易税，美国也曾经在1990年计划开征交易税，但开征交易税的提议在美国最终未能获得通过。三是金融衍生品的收益环节，金融衍生品交易过程中的所得发生的时间、所得的归属期和所得的种类等都很容易发生改变，容易出现税基差异上的处理问题。如美国将货币合约的收益或损失视为“普通所得或损失”，其他合约的收益或损失视为“资本利得或损失”，套期保值品所得或损失视为“普通所得”。英国将避险交易的损益归入一般损益，投机交易的损益按资本利得或损

① 汤洁茵：《金融创新的税法规制》，法律出版社2010年版，第56~62页。

② Caroline Heber & Christian Sternberg, *Market Infrastructure Regulation and the Financial Transaction Tax*, Max Planck Institute for Tax Law and Public Finance Working Paper No. 2014 - 07, May 2014, available at http://www.tax.mpg.de; Ross P. Buckley & Gill North: *A Financial Transactions Tax: Inefficient or Needed Systemic Reform?* UNSW Law Research Paper, No. 2011 - 53, December 2011, available at http://ssrn.com/abstract=1975590.

失课税等。①

促进金融业的发展，优惠的税收待遇必不可少。金融业的税负可以为以所得税为代表的直接税税负和以增值税为代表的间接税税负。在实践中，大多数发达国家对金融机构以征收直接税为主，税率也呈下降趋势，同时对一些金融交易所得或金融产品减免税。而对于间接税制，多数发达国家对银行信贷、保险、证券、共同基金管理等核心金融业务同时免征增值税（其进项税额也不能扣除），对手续费、咨询费等附属金融业务则正常征收增值税，②由此体现金融领域的税收激励作用（见表7－1）。

表7－1　　　金融服务业间接税的制度类型及其税负特征

<table>
<tr><th>情况</th><th>征税</th><th>免税</th><th colspan="2">零税率</th></tr>
<tr><td>制度类型</td><td>金融服务业供给及其要素均应税</td><td>免税（含排除和免除两种法律形式）</td><td colspan="2">零税率即退税＝金融服务业的增值×0－购买要素负担税金</td></tr>
<tr><td>税基</td><td>金融服务业周转全额为税基</td><td colspan="3">在增值税下，仅以金融服务业供给中本环节的增加值为税基</td></tr>
<tr><td>税负情况</td><td>金融服务业的要素含税价值进入金融服务业供给的税基，存在阶梯状重复征税</td><td>金融服务业供给含有：要素顺转税金，本环节价值增值税金</td><td>金融服务业供给仅包含：要素顺转税金，但金融服务业供给中本环节价值增值不负担税金</td><td>因金融服务业供给投入要素退税及金融服务业供给本环节不赋税，类似于出口货物</td></tr>
<tr><td>代表地区</td><td colspan="2">中国：现行营业税属于传统全额间接税制，对金融服务业按国际惯例界定税基具有以价值增值为对象的效果，但金融服务业的增值税基界定仍偏宽。金融服务业要素和供给均含税</td><td>多数欧盟成员国及日本</td><td>新加坡、新西兰（2005年）、澳大利亚、加拿大和UK（部分金融服务业）</td></tr>
</table>

资料来源：曹雪琴：《论我国金融服务间接税减负及其制度完善》，载于《上海金融》2009年第10期。

① 张帆、肖慕鸿：《OECD国家金融衍生品税制比较及对我国的启示》，载于《财会月刊》2010年第11期。

② 王在清：《中国金融业税收政策与制度研究》，中国税务出版社2005年版。

3. 金融税制设计应简化与便利，并避免双重征税

在金融业的增值税或营业税课税上，有学者认为对金融服务免税避免了确定金融中介服务和其他隐性收费的金融服务价值的问题，同时降低了税务机关的征管成本和纳税人的遵行费用。但同时也会导致重复课税、导致价格扭曲、减少了政府的财政收入等问题。[①] 也有学者认为在允许进项税额抵免方面，新加坡的方法综合考虑了政策合理性和征管简便性，它试图用一种方案克服免税方法的两个重要局限：一是重复课税，二是进项税额在应税服务和免税服务之间分摊造成的征管上的复杂性。但这种方法仍遗留了一定程度的重复课税，因为不是全部的进项税额都可以抵免。但是，为将重复课税完全消除，需要对金融服务适用零税率，这一方面对政府意味着更高的财政收入损失；另一方面也将导致一定的扭曲性影响。[②] 为此，首先需要明确的是一国有关金融业的流转税制，其次是采取该税制能否确保避免双重征税，最后是免税以及零税率的选择上，是否遵从税收中性原则，尽量避免金融服务价格的扭曲。

在金融业的公司和企业课税上，也应避免重复课税。学界重复征税概括为法律上的双重征税以及经济上的双重征税。[③] 在课税主体上，有学者指出发达国家纳税人范围大体可分为两种立法方式：其一在立法上详细列举各种属于公司税或法人税课税范围内的实体或组织，如德国公司税法。其二是采用非穷尽性列举再加一般性概括公司税纳税人特征或例外排除的立法方式，如法国和澳大利亚的公司税法。在课税客体上，有学者认为银行利润和企业所得税之间的关系是由两个因素决定的：其一表现为企业所得税的“市场效应”，其二表现为“股本成本效应”，并认为企业所得税对银行业的收入有重大的影响。实践中，对信托所得和信托持有的征税问题上，如纳税主体不明确、征税客体无法界定、纳税环节模糊、适用税率不统一，就会带来一系列征管难题。[④] 再如关于合伙企业课税制度差异引起的“识别冲突”所造成的国际双重征税和双重未征税的问题。[⑤]

① European Commission, *Inventory of Taxes - Levied in the Member States of the European Union*17, th edition, Luxembourg: Office for Official.

② Howell Zee & Alan Schenk, *Treating Financial Services Under Value Added Tax: Conceptual Issues and Country Practices*, Tax Notes International, June 25, 2001.

③ 廖益新：《国际税法学》，高等教育出版社 2008 年版，第 45～49 页。

④ 郝琳琳：《信托所得课税法律问题研究》，法律出版社 2013 年版，序言部分。

⑤ 廖益新：《国际税收协定适用于合伙企业及其所得课税的问题——以中国执行双边税收协定为视角》，载于《上海财经大学学报》2010 年第 4 期。

4. 在金融业跨境税源分配上，各国更注重税收协定的作用

国际金融中心的一个核心特征是，金融资源在全球流动和优化配置。对一个国际金融中心来说，金融资源的全球流动必然导致税源的国际化和征管的国际合作。各国加强金融业税源及征管的合作势在必行，签订双边或多边税收协定是重要内容之一。双边（多边）税收协定的核心内容是在所得来源地国以及取得所得的纳税人居住国之间划分对于各类跨国所得和财产价值的征税权。[①] 目前，世界各国在参照《经合组织范本》和《联合国范本》基础上缔结的双边税收协定都遵循基本相同的立法模式，即区分不同种类的所得，通过分别确定各种所得的课税连接要素，将课税权益分配给相关的协定缔约国。[②] 尽管两大范本分别倾向于代表发达国家或发展中国家的基本税收利益，但在条款的架构和阐述方式上，已日益趋同。

必须指出的是，两大范本关于税收利益分配的差异仍然普遍存在，比如股息、利息所得的课税。为吸引和促进跨境要素的流动，各国需要在居民管辖权和来源地管辖权的博弈中做出抉择。有学者认为，利息预提税实质上是来源地国的借款方一项额外的费用，由此加重了其借贷成本。也有学者认为，资本输出国之所以愿意放弃这部分税收利益，主要是因为资本输出国不像资本输入国那样倚重预提税作为国家的主要税收来源，而且在发达国家之间借贷资金的流量基本持平。无论采取何种税制，至少在运用税收协定分配跨境税源的问题上，多数国家已经尝试通过协定文本最大限度减轻税收管辖权重叠带来的重复课税问题。

三、上海国际金融中心财税法制环境的缺陷分析

财税法制对于国际金融中心建设具有重要的支撑作用，上海国际金融中心建设有赖于发挥财税法制的促进功能。前面述及，财税法制促进金融中心建设具有综合性、系统性，涉及对各类金融市场、金融机构及其他参与金融业务的主体、金融产品和诸多衍生品的课税制度，其中所涉税种又包括营业税或增值税、企业所得税、个人所得税、印花税等，非常庞杂丰富。本节以金融机构所涉金融交易

---

① 廖益新、邱冬梅：《利息或是股息——资本弱化规则适用引发的定性识别冲突问题》，载于《暨南学报》2009 年第 4 期。

② Klaus Vogel, *Klaus Vogel on Double Taxation Conventions*, 3rd. edition, Kluwer Law International, 1997, P. 34.

的主要税收制度为中心，并结合其他金融参与者或投资者从事金融交易的税收制度，分析上海国际金融中心建设财税法制现状及问题所在。本节意旨在于，财税法制分权是支撑上海国际金融中心建设的基本路径，上海国际金融中心建设不仅应发挥中央政府的财税支撑作用，更应发挥地方政府财税自主权，故下面分别从地方和中央两个层面展开，分析上海金融中心建设的财税法制环境及其缺陷。

（一）中央和地方关于上海国际金融中心建设财税法制环境

上海金融中心建设的财税环境必然依托于中央关于金融财税的立法规定，中央关于金融业的财税立法也构成上海国际金融中心建设的财税法制支撑。且鉴于中国系集权型财政分权体制，地方很少有权制定扶持金融中心建设的财税政策，中央关于金融业的财税立法即成为上海国际金融中心建设的主要财税法制支撑。下面以金融机构所涉金融业务的主要税种为中心，包括营业税及附加、企业所得税、个人所得税、印花税等，概括上海国际金融中心建设的财税法制环境。其中营业税及附加、印花税系针对交易环节的课税，从性质上属于流转税，下面将一并讨论。

1. 营业税及附加税种、印花税等流转税

营业税及附加、印花税在形式上属于流转税。中国目前实行以流转税为主体的税制结构，流转税占财政收入的绝对比重。金融业也不例外，对银行业征收的流转税占其整体税负比重较大，税率偏高，税负偏重。[①] 首先，营业税是中国目前金融业课税的主要税种。在我国从事金融业务均应按《营业税暂行条例》“金融保险业”税目征收营业税。按《金融保险业营业税申报管理办法》规定，此处的金融保险业包括贷款（包括贴现、外汇等）、信托、保险、证券、融资租赁、金融商品转让（包括股票转让、债券转让、外汇转让、其他金融商品转让）、金融经纪和其他金融业务等，纳税的主体包括银行（人民银行、商业银行与政策性银行）、信用合作社、证券公司、保险公司、金融租赁公司、证券基金管理公司、财务公司、信托投资公司、证券投资基金及其他经中国人民银行、中国证监会、中国保监会批准成立且经营金融保险业务的机构等。按《营业税暂行条例》的规定，金融保险业的税率为5%。关于金融业的税基，对从事金融业务的按营业额

① 乔青峰：《对金融税制缺陷与税制改革的思考》，载于《行政论坛》2006年第12期。

计征税基，对转让金融产品的按差价计征税基，详见表7-2。

表7-2　我国金融保险业营业税的现行税基以及税收优惠概览

金融服务业	税基
贷款（含典当）	金融机构的全部利息收入。转贷业务为贷款利息-借款利息
融资租赁	向承租者收取的全部价款和价外费用-出租方出租的实际成本
政策银行金融	中小企业担保、农村信用社、邮政企业代办金融业务等暂时免税
结算票据贴现和托收等服务	存款或购入金融商品不征。贴现押汇征。再贴现转贴现业务收入属金融机构往来暂不征。托收以收入减支付给委托方价款后余额为营业额
金融商品交易	外汇、有价证券、期货以卖出价减买入价的余额为营业额。货物期货除外
金融经纪服务	证券公司向客户收取的证券交易佣金
投资基金	发行基金不征。基金管理人用基金买卖股债价差暂免。个人和非金融机构申赎基金差价不征。金融机构申赎基金差价征
全国社保基金	社保基金理事会、投资管理人买卖证券基金股票债券差价收入暂免
证券化资产	证券化项目利息收入全额应税。证券化服务佣金应税。金融机构投资证券价差应税。非金融机构投资不应税
特定资本市场	证交所和证券公司监管费税基扣除。QFII委托境内公司买卖证券价差免
保险	净保费收入=原始保费-分出保费。出口货物保险（含出口货物和出口信用及担保保险免）。再保险分入保费免。储金保险（一年以上返还寿险）保费免

其次，从事金融保险业，需要缴纳城市维护建设税和教育附加费。两税系20世纪80年代中期设立，其目的在于筹集财政资源支持城市建设和鼓励教育发展。两税具有临时性和附加性特征，其征纳以营业税为基础，即对金融业务征营业税之外，再以营业税纳税额为计税依据，征收城市维护建设税和教育附加费。《城市维护建设税暂行条例》第四条规定，城市维护建设税税率如下：纳税人所在地在市区的，税率为7%；纳税人所在地在县城、镇的，税率为5%；纳税人所在地不在市区、县城或镇的，税率为1%。教育费附加则统一按3%的附加率征收。

再次，印花税是金融业的常见税种，印花税系对书立、领受法律规定的合同和凭证所征收的一种税。一般而言，金融业所涉及的印花税征税项目主要有购销合同、借款合同、财产保险合同、产权转移书据、营业账簿、权利、许可证照等。按《印花税暂行条例》第三条规定，在金融交易中，根据书立和领受合同凭证的不同，规定不同税率。具体而言，购销合同以购销金额为计税依据，税率为

0.3‰；借款合同以借款金额为计税依据，税率为0.05‰；财产保险合同以保险费收入为计税依据，税率为1‰；产权转移书据以书据所载金额为计税依据，税率为0.5‰；股权转让以实际成交价格为计税依据，税率为2‰；记载资金的账簿以实收资本和资本公积的合计金额为计税依据，税率为0.5‰；其他账簿每件贴花5元。尽管印花税的税率较低，但印花税的计税依据为对涉及交易额（如贷款合同金额）的全额计征，故印花税在金融业税负中占有一定的税负比例。为促进金融业发展，在印花税领域国家也出台诸多优惠政策。如2002年8月，财政部、国家税务总局发布《关于开放式证券投资基金有关税收问题的通知》，其中规定：基金管理人运用基金买卖股票按照2‰的税率征收印花税；对开放式证券投资基金的投资者申购和赎回基金单位或封闭式证券投资基金投资者买卖基金单位，暂不征收印花税。此外，下列行为金融交易免征印花税：无息、贴息贷款合同免征印花税；外国政府或者国际金融组织向中国政府及国家金融机构提供优惠贷款所书立的合同免征印花税；人寿保险合同、健康保险合同不征收印花税等。

值得注意的是，印花税中一个特别的类型是证券交易印花税，系从普通印花税发展而来，是专门针对证券交易发生额征收的一种税。中国证券交易印花税制几经变革，自2008年9月19日起，股票交易印花税由双边征收改为单边征收，税率为1‰，由出让方按1‰的税率缴纳股票交易印花税，受让方不再征收。

2. 企业所得税

涉及金融业的企业所得税，主要包括金融机构的企业所得税与非金融机构所涉金融业的企业所得税两个方面。在金融机构的企业所得税上，2008年《企业所得税法》统一了各类金融企业（包括外资企业）税率、优惠政策、税前扣除标准等，中国企业所得税税制得以完全统一。[①]《企业所得税法》第四条规定，企业所得税的税率为25%。对于所得税的税基，《企业所得税法》第五条规定，企业每一纳税年度的收入总额，减除不征税收入、免税收入、各项扣除以及允许弥补的以前年度亏损后的余额，为应纳税所得额。金融机构课征所得税的一个特殊问题是税前扣除问题。《企业所得税法》第10条第（7）项及《企业所得税法实施条例》第55条的规定，未经核定的准备金支出不得税前扣除，即符合国务院财政、税务主管部门规定的各项资产减值准备、风险准备等准备金支出允许税前扣除。我国国税总局、财政部结合金融企业特点，专门出台了金融企业所得税税前扣除规则。如《财政部、国家税务总局关于证券行业准备金支出企业所得税税前扣除有关问题的通知》《财政部、国家税务总局关于保险公司准备金支出企

① 廖益新：《中国统一企业所得税制改革评析》，载于《中国法学》2007年第4期。

业所得税税前扣除有关问题的通知》《财政部、国家税务总局关于中小企业信用担保机构有关准备金税前扣除问题的通知》等。

为促进金融业发展，我国也出台诸多企业所得税优惠政策。如2002年8月，财政部、国家税务总局发布《关于开放式证券投资基金有关税收问题的通知》，其中规定：对基金管理人运用基金买卖股票、债券的差价收入，在2003年底前暂免征收企业所得税。2009年，财政部、国家税务总局发布《关于执行企业所得税优惠政策若干问题的通知》，规定对住房公积金管理中心用住房公积金购买国债、在指定的委托银行发放个人住房贷款取得的利息收入，免征企业所得税。《财政部、国家税务总局关于农村金融有关税收政策的通知》，规定自2009年1月1日至2013年12月31日，对金融机构农户小额贷款的利息收入在计算企业所得税应纳税所得额时，按90%计入收入总额等。

关于非金融机构所涉金融业的企业所得税，即从事金融领域投资企业的企业所得税，这些与从事其他领域投资的所得税处理并无不同。值得注意的是，我国企业所得税征税客体的所得包括“收入和利得”，没有对普通所得和资本利得分开征税，这不同于诸多国家将资本利得税单独课征资本利得税，并将资本利得税作为国家所得税的重要部分。① 此外，《企业所得税法》规定涉及金融交易的所得包括：一是《企业所得税法》第26条，对下列收入免征所得税：符合条件的居民企业之间的股息、红利等权益性投资收益；在中国境内设立机构、场所的非居民企业从居民企业取得与该机构、场所有实际联系的股息、红利等权益性投资收益。从经济性质的角度，股息、红利等权益性收益的确增加纳税人的净资产，理应纳入应税所得范畴，但由于这些股息、红利等权益性收益属于税后利润分配，如果再全额并入纳税人的所得中课征所得税，即构成了经济性重复征税。②故对股息、红利等权益性收益免征所得税，是为了避免重复性征税，也是促进投资（包括金融投资）的考虑。二是对投资资产的税务处理。所谓投资性资产，是指企业对外进行权益性投资、债权性投资和混合性投资所形成的资产。其中，权益性投资是指以购买股票、股份、股权等类似形式资产的投资，债权性投资是指购买债券、债券的投资，混合性投资是指兼具权益性和债权性的投资。③ 在计税基础确定上，投资资产的计税基础原则上“以投资方实际支付的全部价款（包括支付的税金和手续费等相关费用）”确定。

---

① 王薏涵：《我国开征股票资本利得税的制度研究》，财政部财政科学研究所2010年硕士学位论文。

② 廖益新：《国际税法学》，高等教育出版社2008年版，第48页。

③ 朱军：《资本商品课税问题研究》，中国税务出版社2011年版，第69页。

3. 个人所得税

涉及金融业的个人所得税包括金融机构从业人员的所得课税、对个人投资者从事金融产品投资的收益课税。我国个人所得税制采取分类所得税制模式，按所得来源不同区分若干所得类型分别计征所得税。同时，我国个人所得税采取以个人为单位的征管模式，不考虑纳税人的个人及家庭情况。① 金融业个人所得税也遵循上述基本税制和征管模式。具体而言，有关金融业的个人所得税规则如下：

首先是对金融机构从业人员的所得课税，主要是工资薪金所得，也包括劳务报酬所得。《个人所得税法》对工资薪金所得课税采用累进税制，工资薪金所得适用7级超额累进税率，根据应纳税所得额不同分别适用3%～45%的税率，同时，个人工薪所得的每月标准费用扣除额为3 500元。劳务报酬所得则适用比例税率，税率为20%。除了工资薪金、劳务报酬所得，金融机构的从业人员可能享有一定的股票期权和限制性股票所得。关于这部分权利收益，财政部、国家税务总局先后发布《关于个人股票期权所得征收个人所得税问题的通知》《关于股票增值权所得和限制性股票所得征收个人所得税有关问题的通知》《关于股权激励有关个人所得税问题的通知》，其中规定：个人因任职、受雇从上市公司取得的股票增值权所得和限制性股票所得，由上市公司或其境内机构按照“工资、薪金所得”项目和股票期权所得个人所得税计税方法，依法扣缴其个人所得税。上述规范性文件对具体课税方法做了具体规定。

其次是对个人投资者从事金融产品投资的收益课税。具体而言，个人投资者从事金融产品投资的收益课税，包括投资收益和投资转让所得课税。（1）关于投资收益所得课税，按《个人所得税法》第2条规定“利息、股息、红利所得”，按利息、股息、红利的收入额为计税依据，按20%的税率征税。但为促进金融投资和金融市场繁荣，我国也出台了诸多税收优惠政策。2008年，财政部、国家税务总局发布《关于储蓄存款利息所得有关个人所得税政策的通知》，规定自2008年10月9日起，对储蓄存款利息所得暂免征收个人所得税。2007年7月，国务院发布《对储蓄存款利息所得征收个人所得税的实施办法》，规定对个人取得的教育储蓄存款利息所得以及国务院财政部门确定的其他专项储蓄存款或者储蓄性专项基金存款的利息所得，免征个人所得税。2002年8月，财政部、国家税务总局发布《关于开放式证券投资基金有关税收问题的通知》，规定对投资者（包括个人和机构投资者）从基金分配中取得的收入，暂不征收个人所得税和企

① 卢艺：《从国外二元所得税制的经验看我国个人所得税课税模式选择》，载于《税务研究》2010年第6期。

业所得税等。(2) 关于投资转让所得课税，我国个人所得税也没有对普通所得和资本利得分开征税，将资本利得纳入到普通所得征税。具体而言，投资转让所得按《个人所得税法》第二条规定“转让财产所得”征税，计税依据按“财产转让所得，以转让财产的收入额减除财产原值和合理费用后的余额，为应纳税所得额”。为促进金融投资和金融交易的繁荣，我国也出台了诸多税收优惠政策。2010 年，财政部、国家税务总局和证监会联合发布《关于个人转让上市公司限售股所得征收个人所得税有关问题的通知》，规定对个人在上海证券交易所、深圳证券交易所转让从上市公司公开发行和转让市场取得的上市公司股票所得，继续免征个人所得税。但自 2010 年 1 月 1 日起，对个人转让限售股取得的所得，按照“财产转让所得”，适用 20% 的比例税率征收个人所得税。

2013 年 9 月，国务院批准《中国（上海）自由贸易试验区总体方案》，其中为上海自贸区设定了一系列鼓励金融投融资的优惠政策。一是实施促进投资的税收政策，方案规定：注册在试验区内的企业或个人股东，因非货币性资产对外投资等资产重组行为而产生的资产评估增值部分，可在不超过 5 年期限内，分期缴纳所得税。对试验区内企业以股份或出资比例等股权形式给予企业高端人才和紧缺人才的奖励，实行已在中关村等地区试点的股权激励个人所得税分期纳税政策。二是实施促进贸易的税收政策，方案规定：将试验区内注册的融资租赁企业或金融租赁公司在试验区内设立的项目子公司纳入融资租赁出口退税试点范围。对试验区内注册的国内租赁公司或租赁公司设立的项目子公司，经国家有关部门批准从境外购买空载重量在 25 吨以上并租赁给国内航空公司使用的飞机，享受相关进口环节增值税优惠政策。对设在试验区内的企业生产、加工并经“二线”销往内地的货物照章征收进口环节增值税、消费税。根据企业申请，试行对该内销货物按其对应进口料件或按实际报验状态征收关税的政策。在现行政策框架下，对试验区内生产企业和生产性服务业企业进口所需的机器、设备等货物予以免税，但生活性服务业等企业进口的货物以及法律、行政法规和相关规定明确不予免税的货物除外。完善启运港退税试点政策，适时研究扩大启运地、承运企业和运输工具等试点范围。此外，该《方案》还提及“在符合税制改革方向和国际惯例，以及不导致利润转移和税基侵蚀的前提下，积极研究完善适应境外股权投资和离岸业务发展的税收政策。”

值得注意的是，中央层面的立法往往也有赋予地方的授权立法条款，这也给地方自主立法提供空间，金融税收领域的立法也不例外。如《契税暂行条例》第三条规定，契税税率为 3% ~5%。契税的适用税率，由省、自治区、直辖市人民政府在前款规定的幅度内按照本地区的实际情况确定，并报财政部和国家税务总局备案。上海市可以根据此一立法授权空间，制定有利于促进金融中心建设的契约税率。2009 年 8 月，上海市政府发布《上海市集聚金融资源加强金融服务促进金融业发展的若干规定》，对外资金融机构分支机构改制成外资法人金融机构、在本市新注册设立或新迁入的金融机构总部两类金融机构在开业或迁入 5 年内购买自用办公用房的，其房地产交易手续费减半征收，按契税应缴税额给予 50% 的地方贴费。

上海市关于促进金融中心建设的财政支撑薄弱，财政扶持的手段和方式也较为匮乏。如 2012 年 7 月，上海浦东新区政府发布《浦东新区促进金融业发展财政扶持办法》的主要内容是对金融机构、股权投资企业和股权投资管理企业、融资租赁企业、金融专业服务机构、人才补贴、企业改制上市等给予一定的财政补贴和扶持。2009 年 12 月，上海浦东新区政府发布《关于完善陆家嘴金融城商业配套的财政扶持办法》，规定对金融城配套商业规划予以财政扶持，其宗旨在于“为满足金融城广大金融从业人员的商业、文化消费需求，填补张江金融后台基地（银行卡产业园）的商业配套空白，提升整体城市功能，营造优质的金融服务业发展环境”。

（二）上海国际金融中心财税法制环境的缺陷分析

第一，地方财税自主权不足。上海国际金融中心建设，不仅应发挥中央政府的作用，也应发挥地方政府的主导作用，这有赖于地方政府享有较大的财税立法自主权。但按当前我国的财政分权体制看，地方人大和政府均无权就财税制度自主做出规定。

我国于 1993 年国务院发布《关于实行分税制财政管理体制改革的决定》(以下简称《决定》)，奠定了中国的分税制体制。《决定》规定，将税种统一划分为中央税、地方税和中央地方共享税，并建立中央税收和地方税收体系……中央税、共享税以及地方税的立法权都要集中在中央，以保证政令统一，维护全国统一市场和企业平等竞争。可见，中国财政分权体制系集权型分权体制，地方不享有财税立法权。2009 年 1 月，财政部和税务总局又联合下发了《关于坚决制止越权减免税，加强依法治税工作的通知》，其中指出，中央税、共享税以及地方税的立法权都集中在中央，各级财税部门不得在税法明确授予的管理权限之外，擅自更改、调整、变通国家税法和税收政策。《立法法》在代议制立法层面确定了这一体制，不仅使得分税制体制在形式上合法化，而且更进一步规定财税事项的法律保留原则及其特定情况下授权立法规则。有关财税的事项只能由中央层面的全国人大及常委会立法规定，其中的部分事项可以由人大常委会授权国务院制定，且国务院不能转授权。

是故，中国的集权型财政分权体制决定了建设上海国际金融中心，难以得到地方层面的金融财税立法支撑。正如有学者指出，上海国际金融中心要想在竞争激烈的环境中求得生存和发展，为金融行业提供特殊的税收优惠是十分关键的。而中国金融行业的税收制度调整还比较缓慢，建议上海制定地区性质的金融机构优惠政策，以利于在国际金融中心建设中占有后发优势。[①] 但我国地方人大和政府均无权就财税制度自主作出规定，这大大限制了上海国际金融中心建设。

第二，中央层面缺乏专门支撑上海国际金融中心的财税政策。除了地方出台金融财税规则，中央也可以为地方专门制定金融财税规则，以特别支撑地方国际金融中心建设。中央可以专门为上海国际金融中心制定专门的金融财税规则，或者授权上海市制定专门适用上海国际金融中心的金融财税规则，但目前中央政府缺乏专门的关于上海国际金融中心的金融财税规则，也没有授权地方政府出台金融财税规则的权力。如在国务院已经批准上海建设国际金融中心的政策背景下，中央没有对上海的金融机构总部出台针对性的财税支持政策。有关上海自贸区建设的国务院批准《中国（上海）自由贸易试验区总体方案》。全国人大常委会为支持上海自贸区建设调整相关法律的适用也未涉及金融财税的规则。

第三，金融业的税负过重。上海国际金融中心建设，在税收制度上一方面要发挥金融业相对其他产业的税收优势；另一方面要发挥上海国际金融中心在全球竞争中的税收优势。然而，我国金融业的税负过重，影响了上海国际金融中心建设。正如上面提到，我国金融业营业税的税率为5%的比例税率，如果再附加上城建税和教育费附加、印花税等综合税率达5.5%，[②] 高于交通运输业、建筑业、邮电通讯业和文化体育业适用的3%的比例税率。在实际税负层面，2006年国家税务总局对各行业营业税税负做了实证调查，在沪深交易所缴纳营业税的六大行业中，金融、保险业中的银行业缴纳营业税及其附加的实际税负排名第二，高于其他行业的平均值。[③] 这不利于金融业与其他产业竞争，聚集投资资源进入金融领域。从国际层面看，多数国家金融业务一般纳入增值税范围，且为促进金融业发展，多数国家对银行信贷、保险、证券、共同基金管理等主要金融业务免征增值税（因此其进项税额不能扣除），如欧盟各国、加拿大、澳大利亚、新西兰、韩国等。但对金融机构的辅助性业务，如提供保险箱服务、证券或收藏品的安全保管服务等，征收增值税。对出口业务或与商品劳务出口有关的金融服务，一般

①② 李强：《英国金融中心建设的税收政策及其对上海的启示》，载于《现代管理科学》2011年第2期。

③ 熊鹭：《比较金融税制》，中国财政经济出版社2013年版，第28页。

实行零税率，以鼓励出口。[①] 少数国家对银行业征收营业税或相似税种，但税率较低（见表7-3），还有一些国家对金融业不征营业税。

表7-3　对金融业征收营业税或类似税种的国家的税率表

国别	税基	税率（%）
法国	按增加价值（利差收入）	1.2～4
匈牙利	总的利息和利息类收入+其他金融业务和投资业务收入+非金融和投资业务的销售收入-利息支出-利息类开支	<2
俄罗斯	总利息所得+代理收入+银行账户维持费+FOREX交易的贸易收入+银行担保手续费等。	4
韩国	银行总收入	0.5
巴西	总收入（货币变动收入+外汇变动收入+财务收入等）	3
中国	转贷业务收入（贷款利息-存款利息）+一般贷款收入（利息收入全额）+中间业务收入（手续费收入全额）[②]	5

资料来源：王聪：《公平与效率：金融税制和国有商业银行税负》，载于《金融时报》2003年5月26日。

中国金融业的流转税之所以如此之重，主要有如下原因：首先，中国金融业采用营业税模式而非增值税模式，营业税是对营业全额增税、而非增值税模式下只对增值额征税，金融业消耗的投入物所含的进项增值税额并不能得到扣除。对金融业征收营业税，不允许抵扣购进品所含的增值税，实际上金融业承担双重征税负担。正如有学者指出，金融机构的全部利息收入作为税基全额征税营业税，这是上海成为国际金融中心一个重要的负面因素。[③] 其次，营业税的税基过宽，且不够合理。以银行业为例，目前营业税的税基主要是贷款利息收入、手续费收入、买卖有价证券外汇的差价收入。其中，按现行营业税暂行条例规定，对银行代收的某些款项如银行收取的代垫邮电费、凭证手续费等也纳入税基范围，但这些收入显然属于补偿性质，对其征税欠缺合理性。[④] 最后，银行业资产质量参差不齐，存在大量的不良贷款，营业税一般是按权责发生制确定税基，故在滞收利

① 国家税务总局金融税收政策研究课题组：《关于我国金融税收政策若干问题的研究》，载于《财贸经济》2002年第11期。

② 不包括对人民银行的贷款业务。对人民银行的贷款业务不征税，是指人民银行对金融机构的贷款业务，人民银行对企业贷款或委托金融机构贷款的业务应当征收营业税。参见《国家税务总局关于人民银行贷款业务不征收营业税的具体范围的通知》。

③ 上海市法学会：上海国际金融中心法制环境建设座谈会会议纪要，2009年4月26日。

④ 熊鹭：《比较金融税制》，中国财政经济出版社2013年版，第31～32页。

息比率较高情况下，银行对大量应收未收利息需用营运资金垫付税款，银行账面的利息收入比实际实现的利息收入要高，这导致实际税负比法定税负更高。不仅如此，中国金融业除了缴纳营业税外，还需缴纳城建税及教育费附加，又要缴纳印花税。这几种税叠加后，使得金融业的流转税负担非常重。

企业所得税的税负较高。我国金融企业所得税税负较高。据上海市的统计，全市内资金融企业的平均实际税率高于其他内资企业的平均实际税率14.2%，个别银行的税率高达50%左右。外资金融企业税负率高于其他外资企业税负率3.6个百分点。[①] 金融企业所得税税负较高，主要有以下两点表现：首先，企业所得税法定税率偏高，金融企业所得税名义税负过重。我国目前的金融企业所得税率为25%，这一税率相比于新加坡金融中心（17%）、香港金融中心（16.5%或15%）而言较高，这使得上海国际金融中心建设在税收竞争中处于劣势。不仅如此，近年来为吸引投资展开税收竞争，各国企业所得税税率普遍呈现下降的趋势。此外，多数国家对于包括证券交易利得在内的长期资本利得，通常区别于普通所得而适用较低的税率，而我国企业普通所得与资本利得合并征税，按普通所得征税，这又增加了企业所得税的税负。其次，企业所得税税前扣除项目限制较多。按照会计惯例以及国际税收惯例，与企业经营有关的支出和费用都允许在所得税前如实扣除，但我国现行税制对许多支出项目规定了税前扣除标准，如工资支出、业务招待费支出、坏账准备的提取等。对金融企业影响较大的扣除项目限制主要表现在允许税前扣除的坏账标准过严。内资金融企业依据规定计提的呆账准备，其按规定提取呆账准备资产期末余额1%计提的部分，可在企业所得税前扣除。符合规定核销条件的呆账损失，首先应冲减已在税前扣除的呆账准备，不足冲减部分据实在企业所得税前扣除。企业收回已核销的呆账损失时，应相应调增其应纳税所得额。其应收未收利息逾期180天以上的就可以冲抵当期应纳税所得额，应收未收本金逾期3年以上仍未收回的，原则上可以据实税前扣除。金融行业经营风险较大，及时核销逾期不能收回的坏账，对保障金融企业抗风险能力有着重要意义。贷款本金3年不能收回，才能认定为坏账予以核销，不符合金融企业防范经营风险的要求。[②]

个人所得税的税负较高，税制存在缺陷。首先，个人所得税的税负较高。目前，我国工资薪金个人所得税采用累进税制，最高税负率达到45%（3%~45%），高于世界上其他国际金融中心，如新加坡的个人所得税也采用累进税率（3.5%~20%），中国香港薪俸税的累进税率分别为2%、7%、12%、17%。相

① 闫云凤：《沪港金融业税收政策的比较》，载于《港澳台金融》2013年第4期。

② 国家税务总局金融税收政策研究课题组：《关于我国金融税收政策若干问题的研究》，载于《财贸经济》2002年第11期。

比而言，上海国际金融中心无疑在竞争中处于劣势，不利于上海吸引高级金融人才集聚以及繁荣金融投资。此外，“利息、股息、红利所得”“财产转让所得”的税率为20%，从国际比较看，这一税率也相对较高，且随着各国个人所得税税率日益下降，我国个税更缺乏国际竞争力。尽管财政部、国际税务总局出台了诸多税收优惠措施，但事实上对部分收益征税、部分收益不征税，本身有失税收公平，会扭曲资金流向，影响资本配置效率。[①] 其次，个人所得税的税制存在缺陷。目前我国个人所得税制采取分类所得税制，以个人为课税单位，这种课税模式实乃在各国个人所得税制中较为罕见。一方面分类所得税制，分类征收、分项扣除，不能体现纳税人的真实税负能力，容易导致税负不公平；另一方面以个人为课税单位，并采取标准扣除，未能充分考虑纳税人的个体差异、纳税能力以及纳税人的住房、养老、失业和赡养人口的多寡、婚姻状况、年龄健康状况、子女教育等因素，也容易导致税负不公平。

第四，金融课税的税制设计缺陷。金融课税的税制设计，直接影响到金融业的发展。一个良性的金融课税税制，必然对金融业有极大的促进作用。但我国金融税制设计较为粗糙。有学者在结合我国金融税收的相关情况，列举了我国金融资产税收需完善的地方：金融资产税收体系不健全、不能有效体现公平原则、股息收入存在重复课税、税率过高、利息收入的个人所得说设计不够合理以及征管制度存在缺陷等。[②] 关于金融课税的税制缺陷，可以从以下角度展开。首先，在传统金融的课税领域，尚未建立系统的金融课税制度。金融课税是一个极其复杂的领域，如金融领域分散，涉及银行、证券、保险、期货、财务、信托以及其他金融衍生品等；金融的税种复杂，包括营业税、企业所得税、个人所得税、印花税等；金融的征税环节较多，既包括对金融交易环节征税，也包括对金融收益环节征税，还包括对金融资产征税；税法对于金融产品的优惠多样，税制不够规范。税额式减免、税基式减免、税率式减免尚未有统一的制度化样本等。中国目前关于金融的课税体系分散，尚没有形成一个逻辑的系统的金融课税制度。其次，在创新金融领域，尚未有相应的金融课税规则。随着金融的发展，各种金融产品及其衍生品层出不穷，现行税制无法适应金融衍生工具的发展，这对现行税制构成极大的挑战。突出体现在金融衍生品课税领域，我国金融衍生工具课税的法律依据尚未明确，目前对衍生工具的征税规定仅限于期货和股票期权，至于互换、掉期等较为复杂的衍生交易的课税，目前均没有相关课税规则。现行规则主要有：一是期权费全额按“金融保险企业营业税”税目征收营业税；二是期货合

---

① 刘馨颖：《我国金融税制现状与存在的问题》，载于《经济研究参考》2011年第60期。

② 王在清著：《中国金融业税收政策与制度研究》，中国税务出版社2005年版。

约按历史成本计价。现货市场价格波动不影响合约的账面价格，未实现损益不征税，资产实现交换后在损益实现环节征税；三是平仓合约按平仓数量及市场价征税。[①] 纵观其他国家金融衍生品课税，衍生品课税覆盖金融衍生工具的签发、交易、收益等各环节，即金融衍生工具的签发环节征收印花税、交易环节征收交易税、收益环节征收所得税。[②] 最后，金融税制的完善也可促进金融创新，但现行税制在支持金融创新力度方面不强等。[③] 由于金融税收对诸多衍生品未纳入课税范围，导致金融税收覆盖面偏窄，一些金融业务或者收益并没有纳入征税范围，有悖税收公平原则，税收政策也不能实现应有的功能。[④] 更有甚者，有关证券投资的印花税频繁调整，加剧信息干扰，凸显金融税收立法覆盖面偏窄，随意性较大[⑤]等。

第五，财税法定主义落实不到位。合法性问题是上海建设国际金融中心的必须考量之问题。财税对国际金融中心建设具有重要的支撑促进作用，但必须应该通过合法的形式展开。从理论上说，财税一直是法律保留领域，尤其是税收更强调税收法定主义。上海国际金融中心建设系国家重大战略决策，也是上海市未来发展的根本方向和坐标，理应在合法的框架下推进。

尽管我国在《宪法》《立法法》及《税收征收管理法》层面已确立了财税法定主义，但从实践层面看，我国财税法制远远未能落实财税法定主义。[⑥] 按财税法定主义要求，有关财税事项应由全国人大及常委会制定以法律形式规定，特别情况下可以授权国务院制定行政法规。但我国财税立法的法律层次低，目前仅有少数几部财税法律由全国人大及常委会制定；与此相对的是，我国税收授权立法盛行，国务院及财政部、税务总局在税收立法中占据主导位置。金融财税领域也不例外，从前文所述有关金融税收规则尤其是促进金融业发展的税收优惠和财政扶持政策，绝大部分由国税总局、财政部规定，这不符合财税法定主义的要求，也与《宪法》《立法法》等法律相冲突。

正如前面述及，财税支撑上海国际金融中心应以法律为主导形式，保障财税领域上海国际金融中心的合法性。上海国际金融中心建设需要充分发挥法律的核心和导向作用，加快实现从政府导向向法律导向转变，营造透明的金融财税法治环境，注意与国际条约、惯例衔接，尽量减少政府对金融市场的过度干预。[⑦] 加

---

①② 张瀛：《金融市场税收政策：国际经验与改进思路》，载于《海南金融》2009 年第 12 期。

③ 施正文：《中国金融税制的问题分析与立法完善》，载于《税务与经济》2006 年第 3 期；席晓娟：《中国金融税制现代化之法律思考》，载于《金融与经济》2009 年 3 月。

④ 任常军：《中国金融业税制现存问题及改革思考》，载于《金融理论与实践》2008 年第 4 期。

⑤ 黄江东：《上海国际金融中心建设的税法环境优化》，载于《上海政法学院学报》2011 年第 3 期。

⑥ 刘剑文、熊伟：《财政税收法》，法律出版社 2009 年版，第 73 页。

⑦ 袁海勇：《上海建设国际金融中心的财税法制问题》，载于《上海政法学院学报》2011 年第 1 期。

强金融财税法制建设，保障金融财税政策的形式合法性，是当前上海建设国际金融中心财税法制的重要命题。

第六，金融课税的征管问题，税源管理未予以特殊考虑。首先，我国当前税源管理采取征、管、查三分离的征管体制，对金融行业数据集中、业务分散、交易迅速、跨境流动频繁等特点，尚未有专门的行业性征管模型和机制。其次，关于金融业的配套征管服务尚未实现个性化，比如风险控制、税收遵从、纳税服务、预约定价等。财政制度对金融领域进行特殊考虑，不是没有科学依据，如资本弱化税制、汇算清缴中财产报损对金融领域坏账方面的特殊考虑，但都只停留在检查层面，而没有前置到纳税服务和税源监控环节。最后，在税源征管的跨期抵免上，存在跨期不得结转的做法。2013 年 12 月 1 日起，纳税人从事金融商品转让业务，不再按股票、债券、外汇、其他四大类来划分，统一归为“金融商品”，不同品种金融商品买卖出现的正负差，在同一个纳税期内可以相抵，按盈亏相抵后的余额为营业额计算缴纳营业税。若相抵后仍出现负差，可结转下一个纳税期相抵，但在年末时仍出现负差，不得转入下一会计年度。[①]

四、上海国际金融中心财税法制环境的完善对策

建设上海国际金融中心离不开良好的财税法制环境的支撑。鉴于前面分析结论，当前我国的财税法制不仅难以有效促进金融业的发展，反而由于金融税制问题及在国际竞争力中的劣势而掣肘国际金融中心建设，亟待完善。本部分结合前面分析，建设上海国际金融中心的财税法制环境，既要立足于当前中国法制状况以及金融课税制度，又要借鉴各国财税支撑国际金融中心建设的经验，由此尝试提出完善上海国际金融中心财税法制环境建设的对策。本部分核心理念在于，财税适度分权是上海国际金融中心建设财税法制环境的基本路径，在现行财税分权体制下应尽可能、采取多种形式发挥地方的财税自主权，建构有利于国际金融中心建设的地方金融财税政策。减轻金融税负、完善金融课税制度，建立符合金融业发展并与国际接轨的具有国际竞争力的金融税制也至为关键。同时，财税在逻辑上强调法治原则，金融税制也应通过合法化的形式展现，上海国际金融中心的财税支撑手段也应从政策主导向法律主导转变。

① 《国家税务总局关于金融商品转让业务有关营业税问题的公告》。

(一) 中央与上海金融财税分权体制的调整及分权形式

财税适当分权是建设上海国际金融中心建设财税法制环境的基本路径，这应是建设上海金融中心财税法制环境的观念基础。从各国国际金融中心建设看，虽然各国有不同的财税分权体制，地方财政分权的范围和幅度不同，分权形式也截然各异，但各国均赋予国际金融中心所在地的地方政府一定的金融财税自主立法权。从更宏观角度出发，财政分权是现代市场经济国家财政体制改革的普遍趋势。纵观世界各国，既没有中央政府完全集中财政权力的情况，也没有财政权力绝对分散在地方政府的现象。中央与地方的财政适度分权成为世界上大多数国家的共同选择。中国也必须选择一条符合中国国情的财政分权模式。[①] 从逻辑上讲，无论是从区域自治理论，抑或是公共产品分层供给理论，还是地方政府的信息优势及政策效率优势等角度，地方政府都应享有一定的财税自主权，中央也应赋予地方一定的独立权力。[②] 在金融财税领域也不例外。

值得注意的是，金融财税分权的调整必然应立足于中国的整体性财政分权体制。1993 年国务院《关于实行分税制财政管理体制改革的决定》确立了中国的集中型财政分权体制，2000 年全国人大发布的《立法法》又在代议制立法层面确定了这一体制。从实践上中，这一过度集中的体制导致地方财力不均、地方政府公共服务供给不均乃至地方区间发展的不均衡，也导致地方各级政府财政体制的混乱，地方财政短缺以及由此衍生的土地财政、地方非制度性融资等诸多经济社会问题。[③] 故此，从培育上海国际金融中心良好的财税法制环境的角度，我国推行适当的财政分权体制应该提到日程上来。

中央与上海金融财税的分权调整，必须依托于中央与地方财税分权体制的调整。上海金融财税自主权的可能形式及其范围界限，也依赖于中央与地方财税分权体制这一基础背景。从国际经验看，各国财税分权体制模式有两种：第一种是彻底式的分税制改革，及赋予地方完全的财税自主权；第二种是集权型体制下的地方分权，即一方面保证中央财税集中体制的基本原则；另一方面赋予地方对某些税种的课税要素的自主调整权，或赋予某些地方性税种的开征权，甚至建立地方税种体系。

相比而言，第一种方式不符合中国单一制的国家结构形式。第二种是折中性

---

① 徐阳光：《财政制度改革：中央与地方如何分权》，载于《团结》2008 年第 6 期。

② 罗伟卿：《财政分权理论新思想：分权体制与地方公共服务》，载于《财政研究》2010 年第 3 期。

③ 黄国平：《财政分权理论对中国经济与社会发展失衡的解释及反思》，载于《理论月刊》2013 年 2 期。

的分权体制，也是中国财政分权体制的理想选择，即赋予地方一定的财税自主权、建立地方税体系。这一思路历来是官方和学界一致赞同并积极尝试推动的方向。如2011年《中华人民共和国国民经济和社会发展第十二个五年规划纲要》提出“逐步健全地方税体系”，2012年中国共产党十八大报告《坚定不移沿着中国特色社会主义道路前进 为全面建成小康社会而奋斗》也提出“构建地方税体系”。2013年12月中共十八届三中全会发布的《中共中央关于全面深化改革若干重大问题的决定》也进一步要求“完善地方税体系”，建立“事权和支出责任相适应的制度”。学界也普遍认为在中国财税集中体制下赋予地方财政自主权、逐步建立地方税体系也是中国分税制改革的最佳路径。[①] 故在这一政策背景下，上海欲获得金融财税自主权只能透过第二种模式，即在现有金融税制属于中央立法的前提下，寻求一定程度的地方财税尤其是地方税的立法权。

2009年国家发改委发布的《“十二五”时期上海国际金融中心建设规划》提出，“研究借鉴成熟的国际金融中心经验，争取率先开展金融税收制度改革试点”。上海国际金融中心金融税收制度改革先行先试的一个重要方面就是在保证金融财税立法中央事权的前提下，赋予地方一定的金融财税立法权。金融财税的地方立法权可以采用的形式大致有下面三种情况。

一是由全国人大及常委会专门授权，授予上海市制定专门适用上海国际金融中心的金融财税规则，上海由此获得金融财税立法权。授权立法，是指享有立法权的国家机关根据现实需要，依法将其对部分事项的立法权授予其他机关或组织，后者根据这种授权对自己立法权限范围以外的事项进行立法的活动。[②] 在我国立法实践中，授权立法是一个普遍现象。上海自贸区建设也不乏授权立法的先例，尽管目前并没有涉及金融财税领域的专门授权。上海市可以争取全国人大及常委会发布专门授权规则，授权上海市在不违背全国性法律规定的前提下，根据上海国际金融中心建设的要求，就金融税制整体的调整以及针对上海的特别政策加强研究，积极争取相关国家部门的支持，为建设国际金融中心制定地方性金融财税规范性文件，以促进上海国际金融中心建设。

事实上，授权立法除上述的特别性授权外，还包括一般性授权立法。[③] 即立法者在一项普遍性立法中，规定将某些具体事项授予相关部门因地制宜具体制定规则。如《契税暂行条例》第3条规定，契税税率为3%～5%。契税的适用税

① 李升：《地方税体系：理论依据、现状分析、完善思路》，载于《财贸经济》2012年第6期；郝硕博、李上炸：《对地方税体系的探讨》，载于《税务研究》2009年第6期；贾康：《地方税体系如何构建》，http：//special. caixin. com/2012－12－11/100467854. html.

② 马怀德：《中国立法体制、程序与监督》，中国法制出版社1999年版，第135页。

③ 周旺生：《立法学》，法律出版社2009年版，第314页。

率，由省、自治区、直辖市人民政府在前款规定的幅度内按照本地区的实际情况确定，并报财政部和国家税务总局备案。地方政府可根据中央立法条款中的授权立法，结合本地实际情况制定契税税率，上海市也不例外。

二是由中央政府立法，制定专门适用于上海市国际金融中心建设的金融财税规则。中央层面的立法一般适用于所有区域，但也不排除可以制定专门适用于某个区域的立法。这种专门授权、特别立法的模式，备受社会各界赞同和期待。事实上，2013 年 9 月国务院批准的《中国（上海）自由贸易试验区总体方案》，实质上就是国务院为上海市的专门立法。

三是在现有立法分权体制下，上海利用其自主立法权制定金融财税规则。事实上，不考虑中央与地方分权体制这一宏观架构，但就立法权的配置上，中国的立法权也具有一定的分权属性，现有立法体制下地方享有一定的自主立法权。《立法法》第 72 条规定，省、自治区、直辖市的人民代表大会及其常务委员会根据本行政区域的具体情况和实际需要，在不同宪法、法律、行政法规相抵触的前提下，可以制定地方性法规。从这一规定看，地方政府享有“本区域内具体情况和实际需要”、“不同宪法、法律、行政法规相抵触”的自主立法权，财税领域自然包括其中。这一立法分权体制，实质上也赋予地方一定的自主立法权。从立法的实践看，中央立法机关在立法时往往考虑地方实际需要而拟定诸多原则性条款，赋予地方因地制宜而制定具体规则的权力，此外，立法者的认识能力有限，法律文本具有滞后性和保守性，立法漏洞也普遍存在，地方由此有一定的漏洞补充立法权。故上海市可以充分利用这一立法分权体制，制定金融中心的财税政策，以促进上海国际金融中心建设。尤其是金融领域极其复杂、金融衍生品层出不穷，中央层面的金融财税立法往往存在很大的缺陷和漏洞，这给上海提供了更多的金融财税立法空间。如在衍生品课税领域中央立法极其不完善，上海市可以充分利用这一漏洞，制定有利于金融中心建设的衍生品课税规则。

（二）完善金融财政制度，建立多元化财政支撑政策

建设上海金融中心财税法制环境，包括财政法制环境和税收法制环境两部分。尽管相比于税收手段，财政手段在适用范围和手段均处于劣势，但仍有其必要性。财税支撑金融中心建设，应尽可能地寻求多种支撑手段和方式。况且，通过财政返还、奖励等扶持手段，系一种直接性的财政给予，能激励金融投资者或参与者，促进金融投资、繁荣金融市场。但目前无论是中央政府还是地方政府，财政支撑上海国际金融中心建设的力度均薄弱，财政手段和方式也较为匮乏，有必要完善。

首先，财政支撑金融中心建设，应以财政分权为基本路径。地方政府只能在其财政自主权范围内出台财政支撑政策，结合前面分析，为推动上海金融中心的财政自主，地方政府应积极争取中央的专项财政授权。此外，从国际经验看，中央制定专门的财政扶持政策至关重要。当前，国务院已经批准上海建设国际金融中心建设，中央应对上海金融机构总部出台针对性的财政支持政策。

其次，应创新金融财政制度，实现多元化的财政支撑。在财政支撑的对象上，可以扩大财政手段的作用范围，涵盖所有的金融机构和参与者。其中也可以采取差异性财政政策，对不同类型的金融机构施加不同的优惠，促进金融业内部的资源优化配置，如为促进金融创新，可以加大对衍生品创新的财政扶持等。在财政手段和方式上，既可以采取财政返还、奖励等支出手段，也可以尝试引入税式支出、税收抵扣等财政收入手段。中央层面还可以通过预算、转移支付等方式，扶持上海金融中心建设等。

最后，统筹规划、系统布局，保障财政政策的统一化、系统化和法制化。当前各地争相以各种形式出台财政扶持措施，各种优惠政策杂乱无章、乱象丛生，导致财政政策的不统一、政策效果的互相排斥，也影响金融资源的优化配置。有鉴于此，通过梳理现有各地专项财政支出目录，制定统一的金融财税奖励程序，立法上尽可能明确的、清晰的规定对国际金融中心的财政支持，实现财政政策的系统化、法制化。

（三）以减轻税负为主线，改革金融业流转税制

前面述及，金融业的税负过重，有碍金融业发展以及上海国际金融中心建设。建立上海国际金融中心财税法制环境，减轻金融业税负、建立公平良性的金融业税制是关键。中国目前实行流转税为主导的税制，流转税在金融业税收中占据很大比重。减轻金融业税负，金融业流转税负的减轻至关重要。从性质上看，有关金融业的流转税包括营业税及附加、印花税系针对交易环节的课税。

1. 推行“营改增”改革，金融业改采增值税模式

中国对从事金融业务的单位和个人均以“金融保险业”税目征收营业税，以金融业营业额为税基、以5%的税率征税。这不仅高于其他一些征收营业税的服务业，而且远远高于主要国际金融中心的流转税负。故要保障上海金融中心财税制度的国际竞争力，降低营业税的税负是必然选择。有学者认为，当前有两种方法减轻金融业税负：一是降低营业税的税率，达到国际金融业的税负水平。二是金融业的营业税税率不降低，通过调整税基、将按照利息收入总额计税改为按照

利差收入计税等。[①] 然而，本书认为金融业税负过高的根本原因在于中国金融业采用营业税模式，营业税是对营业全额征税，不允许抵扣购进品所含的税款，这使得金融业承担税负很重。而世界上大部分国家对金融业的增值额征增值税，且大部分业务免税或轻税。[②] 建设上海国际金融中心财税法制环境，也应该充分借鉴这一经验，推行金融业的"营改增"改革，金融业由营业税改采增值税模式。

金融业之所以推行"营改增"改革，首先是出于降低金融业税负的考虑。由于增值税是对商品和服务流转环节的增值额课税，避免了营业税的"道道征收，全额征税"的重复征税，再辅之以较低的增值税税率，即可以大幅降低金融业的流转税负。不仅是减轻税负，金融业推行营改增改革，还有其他多方面的良性效应。增值税本身就是一个"良税"，可以消除流转环节的重复征税、保持税收中性。[③] 有学者指出，以银行业"营改增"为例，银行业改征增值税有利于减轻金融业过高的流转税负，避免双重征税从而促进金融企业内部的专业分工，同时抵扣链条衍生至生产性企业减轻其税负等，且采增值税制使得服务出口可以实现零税率，金融服务贸易的发展受到很大提升。[④] 国务院决定自 2016 年 5 月 1 日起，营改增试点扩展至金融业，由此前 5% 的营业税率改为 6% 的增值税率。但对于农村信用社、村镇银行、农村资金互助社、由银行业机构全资发起的贷款公司、法人机构在县及县以下地区的农村合作银行和农村商业银行提供金融服务收入，中国农业银行纳入"三农金融事业部"改革试点的县域支行提供三农贷款的利息收入，可以适用简易计税方法按照 3% 的征收率缴纳增值税。[⑤]

2. 取消城市维护建设税和教育附加费

中国目前金融业在征营业税基础上，以营业税款为依据附征城市维护建设税和教育附加费。由于营业税本身税负过重，再附加两个税种，更加重了金融业的流转税负。有鉴于此，本书建议中国取消城市维护建设税和教育附加费，以减轻金融业的流转税负，且也有助于完善中国的流转税种体系。

城建税和教育附加费设立于 20 世纪 80 年代中期设立，国务院分别于 1985 年发布《城市维护建设税暂行条例》和 1986 年发布《征收教育费附加的暂行规定》。之所以设立两种附加税费，系为了筹集财政收入而出台的税费政策，具有

---

① 李强：《英国金融中心建设的税收政策及其对上海的启示》，载于《现代管理科学》2011 年第 2 期。

② 韩克勇：《我国银行业税收制度研究》，载于《湖北经济学院学报》2010 年第 6 期。

③ 张守文：《财税法学》，中国人民大学出版社 2011 年版，第 194 页。

④ 魏陆：《中国金融业实施增值税改革研究》，载于《中央财经大学学报》2011 年第 8 期。

⑤ 财政部、国家税务总局，《关于进一步明确全面推开营改增试点金融业有关政策的通知》，财税［2016］46 号。

一定的临时性和权宜性。时至今日，中国财政收入占 GDP 已达到很高比重，财政府库丰盈，并不需要以两项税费补充国家财政收入，即使专门为城市维护建设和教育筹集财源，也可以通过一般税收补充，两种税费在财政上并无多大的存在必要性。

在本质上，城市维护建设税和教育费附加费是一种附加税，没有独立的征税对象或税基，这使其本身的正当性基础存疑，最多系一种临时性的政策而不应该具有永久性。当前金融业税负过重，取消城市维护建设税和教育附加费有利于降低金融业税负，促进金融业发展。同时，取消两项附加税费，也有助于建设中国的流转税种体系、完善现代税收制度。

3. 降低或取消金融业印花税

尽管印花税的税率较低，但采取双边征收，印花税占据金融业税负的一定比例，加剧了金融业的流转税税负，可以考虑降低或取消金融业印花税。具体而言，对于一般金融业的印花税，应进一步降低其税率，以减少金融交易的成本，并考虑由双边征收改为单边征收。

对于证券交易印花税，则可以考虑予以取消。从税理上讲，印花税的征收对象是书立或者领受印花税暂行条例列举的各类书据凭证。而证券交易属于有价证券的有偿转让，不属于书立或者领受书据、凭证的范围，本身不应纳入印花税的课税范围。且当前证券交易电子化、无纸化，证券交易时既无实物凭证，又无印花税票，征收印花税有悖印花税之法理。[①] 从其他国际金融中心看，2000 年 6 月 30 日，新加坡取消股票印花税。为了提高伦敦金融中心的竞争地位，英国也从 2007 年 11 月起免除从事股票、期权交易的金融中介印花税，同时取消股票回购和融券交易的印花税。日本自 1999 年 4 月更是取消了包括印花税在内的所有交易的流通票据转让税和交易税。[②] 鉴于此，为提高上海金融中心的国际竞争力，可以考虑取消证券交易印花税。

（四）以减轻税负为主线，改革金融业直接税制

金融业直接税主要包括企业所得税和个人所得税。当前我国金融业的直接税税负较高，且无论是企业所得税还是个人所得税，在税制设计均存在问题。建立上海国际金融中心财税法制环境，有必要减轻金融业税负、改革金融业直接税

① 刘佐：《中国金融税制研究（上）》，载于《中央财经大学学报》2004 年第 9 期。

② 闫云凤：《金融业税收政策怎么改》，载于《上海经济评论》2014 年 8 月 20 日。

制，建立更为公平良性的金融税制。

1. 降低金融业所得税税率，调整所得税税基确认规则

降低金融业企业所得税税负，可以从税率和税基两个层面入手。一是降低金融企业的企业所得税税率。中国目前企业所得税税率名义25%，金融企业也遵循这一税率标准。为保障上海金融中心的税制竞争力，企业所得税税率有必要降低。为了适当降低金融机构企业所得税的税负，可以考虑适当降低中国企业所得税税率，实行15%、20%、25%三级超额累进税率，其中15%的低税率适用于应纳税所得额不超过10万元的部分，以适当照顾微利的中小企业。[①] 对非金融机构所涉金融业的企业所得税，即从事金融领域投资企业的企业所得税仍然采取当前的课税模式，即资本利得纳入到普通所得征税、不专门开征资本利得税，按“股息、利息”税目征税，税率可以根据金融企业所得税税率一并降低，以促进金融领域投资。

二是调整企业所得税的税基确认规则。当前企业所得税税前扣除项目限制较多，致使企业所得税的实际税负很高，有必要予以调整。首先，企业所得税税前的扣除项目应与国际财务、会计准则相一致，原则上，与企业生产、经营有关的支出和费用都应当允许在所得税前据实扣除。具体而言，对采取收付实现制的金融机构而言，其费用确定相对简单；对采用权责发生制的金融机构而言，确定营业费用时需要遵循一些既定的标准，基本思路是：如果产生一项营业费用的所有事件都已经发生，费用金额能够合理精确地确定，而且与该项费用相关的经济结果已经产生，那么银行机构可以在该费用发生的年度在税前扣除此项费用。

其次，调整金融业呆账损失扣除规则，按照中性原则确定呆账准备金和贷款损失的税收政策。按税收中性原则，税收扣除的数量与银行贷款损失的实际或者名义市场价值相一致，税收扣除时间与贷款损失发生的时间相一致，这是税收中性原则的客观要求。国际上关于呆账损失的税务处理方法包括冲销法、特殊准备金法和普通准备金法。冲销法、特殊准备法是大多数国家采用的方法。[②] 综合权衡各种利弊得失，我国应循序渐进地对现行的贷款损失税收待遇进行调整，以逐步过渡到未来的特定准备金模式：一是当年核销的呆账准备金应该当年提足，而不是递延到第二年提取；二是逐步提高呆账准备金计提比率，适当增加银行的自主权；三是选择经营良好的银行试行按五级分类法计提普通准备金法和特殊准备

---

① 闫云凤：《金融业税收政策怎么改》，载于《上海经济评论》2014年8月20日。

② 韩克勇：《我国银行业税收制度研究》，载于《湖北经济学院学报》2010年第6期。

法，计提比例可由试点银行自行规定或由税务局规定法定最高或最低比例。[1] 同时，加强财政税务部门和银行监管部门的相互配合，对贷款损失超过专项准备的部分，由银行监管部门认定贷款损失是否属实，税务部门根据银行监管部门的认定给予相应的税收减免。这样既能使银行的呆账核销行为得到有效的监管，又能使银行的贷款损失得到及时核销，有利于实现税收中性和减少银行不良资产挂账，降低银行运营风险。

2. 降低个人所得税率，改革个人所得税课税模式

完善金融业个人所得税，可以从降低个人所得税税率和改革个人所得税税制模式两个层面入手。首先，降低个人所得税的税率。我国工资薪金个人所得税税负率为3% ~45%。个人所得税税负偏高无疑会间接提高金融行业的人工成本，从而影响其竞争力。因此，中国应参酌各主要金融中心个人所得税税负，降低个人所得税税率，以保障国际竞争力。除金融机构从业人员的所得税外，涉及金融业的个人所得税还包括对个人投资者从事金融产品投资的收益课税，目前这方面的个人所得税税负也较重。前面述及，中国资本利得并没有建立独立的税制，而是按普通所得税课征。具体而言，个人投资者投资收益，目前按《个人所得税法》第二条规定“利息、股息、红利所得”，按20%的税率征税。本书认为，降低金融业个人所得税的建议如下：第一，按各国资本利得税制经验，允许将资本损失从资本利得中扣除，但是扣除额不得超过当期的资本利得，扣除不完的部分可以从以后的资本利得中扣除。第二，为避免重复征税，对于个人获得的已缴纳企业所得税后分配的股息、红利，可以免征或减征个人所得税。由于中国将所得税分设为企业所得税和个人所得税，个人从企业分得的股息、红利往往是企业所得税后的利润分配，如果再征收个人所得税，则面临着双重征税的问题。故为避免对企业的股息、红利等所得重复征税，对于缴纳企业所得税后分配的股息、红利，可以选择免征个人所得税、减征个人所得税或者采取归集抵免制计征个人所得税等方法减轻个人所得税税负，避免重复征税。根据中国目前的情况，为了鼓励投资，提高税收征管效率，以选择采用免税法或者减税法为好。[2]

其次，改革个人所得税的课税模式，实现个人所得税制的公平化、合理化。我国个人所得税制采取分类所得税制模式，同时征管上采以个人为单位的征管模式，这一税制弊端重重。就金融业而言，采取分类所得税制，不能体现金融从业者的真实税负能力，也不能考虑纳税人的个体差异、纳税能力（如纳税人的住

---

① 王国华：《金融课税问题研究》，中国税务出版社2006年版，第151页。

② 刘佐：《中国金融税制研究（下）》，载于《中央财经大学学报》2004年第10期。

房、养老、失业和赡养人口的多寡、婚姻状况、年龄健康状况、子女教育等），容易导致税负不公平。从世界各国个人所得税制模式看，个人所得税有分类所得税制、综合所得税制、分类与综合所得税制。就我国而言，结合当前分类所得税制的经验，以及经济发展状况和征管水平，我国适宜采用分类与综合所得税制。①2013 年 12 月，党的十八届三中全会《关于全面深化改革若干重大问题的决定》提出“逐步建立综合与分类相结合的个人所得税制”的个人所得税改革方向和目标。有鉴于此，中国应改变个人所得税的征税模式，实行综合与分类相结合的个人所得税制，并采以家庭为单位的征收模式。具体而言，有关金融业所涉及的“工资、薪金所得”“劳务报酬所得”“利息、股息、红利所得”的课税，应先分类即按月（次）预征、后综合即年终汇算清缴的课税模式。同时，调整个人所得税税前扣除项目，适当提高纳税人的基本扣除额，增设赡养人口和老人、儿童、残疾人等扣除项目，调整住房和医疗、养老、失业保险等扣除项目，按照社会平均生活水平合理制定并适时调整相应的扣除标准。

① 王乔、席卫群：《比较税制》（第二版），复旦大学出版社 2009 年版，第 110 ~ 132 页。

第八章

国际金融中心支撑性法律制度

国际金融中心被认为是各种金融服务的集合。但是，能否最有效地配置各种金融服务资源，并不仅仅取决于金融机构、金融基础设施及其相关的制度供给，还取决于金融中心的发展环境。《“十二五”时期上海国际金融中心建设规划》明确提出，力争到2020年基本形成符合国际金融中心运行需要的金融税收、会计、信用、监管等法规体系，逐步形成具有较强国际竞争力的金融发展环境。可以说没有健全的金融中介服务、社会信用体系建设、人力资源、金融纠纷解决等支撑性的法律法规，也不可能有来自全球的各种金融服务的聚集，国际金融中心建设也无从谈起。所以，国际金融中心建设的法制环境研究不能仅仅从金融法制展开，还要包括国际金融中心发展的各种支撑性法律法规。毫不夸张地说，上海在国际金融中心发展的各种支撑性法律法规还比较落后或者缺失较多，在很大程度上限制了国际金融中心的建成和发展潜力。据此，本章通过国际比较，立足上海，着重研究上海国际金融中心建设在信用评级、社会信用体系建设、人力资源和金融纠纷解决法律制度存在的问题，并提出了相应的完善建议。

一、信用评级业发展的法制环境

信用评级机构是金融市场重要的服务性中介机构，它由专门的经济、法律、财务专家组成的对金融机构和金融产品进行等级评定的依法设立的社会中介机构。信用评级机构最根本的作用是对金融机构和金融产品信用状况独立发表意见。它作为独立的第三方利用其自身的技术优势和专业经验，就各经济主体和金融工具的信用风险所发表的一种专家意见，它不能代替资本市场投资者本身做出投资选择。

（一）金融危机之前信用评级机构存在的问题

2007～2008年金融危机爆发之前，由于监管机构对信用评级的过分依赖以及相关法律的不健全，信用评级机构的监管一直处于一种松懈的状态，加之人们过分地相信市场的自我调节作用，使得人们相信信用评级机构的运行并不存在重大问题。直到2007年金融危机爆发，人们才开始关注信用评级机构对金融危机推波助澜的作用。

1. 信用评级机构的独立性

2007～2008年金融危机发生之后，信用评级机构的独立性问题首先引起了人们普遍的关注，也是本次金融危机后对信用评级机构监管改革的重要讨论议题。评级霸权与自身的利益冲突问题使得信用评级机构首先丧失的就是自身的独立性，如果信用评级机构的独立性不能保证，那么信用评级的客观性与准确性均无从谈起，投资者的利益将会受到巨大威胁，这与信用评级机构设立的初衷相违背。我们认为，影响信用评级机构独立性的问题主要反映在利益冲突和职业道德缺失。

信用评级机构利益冲突问题的隐患是从收费模式由向信用评级手册的订阅者收费转变为向评级对象收费开始种下的。20世纪80年代初，信用评级结果逐步被纳入立法监管规则体系之中，使得信用评级机构的话语权在金融市场上得到了空前强化，评级的权力在金融市场上迅速得到扩大。一家信用评级机构可以既参加相关金融产品的设计又提供信用评级的服务，这就间接为信用评级机构的利益冲突提供了平台。此外，美国2006年通过的《信用评级机构改革法》规定信用评级机构可以一方面收取咨询手续费，另一方面又可以对这些金融产品进行信用评级，[①] 直接在立法上为其利益冲突进行“掩护”。而英国与欧盟对此则没有任何立法上的相关规定，欧盟只是要求对利益冲突进行披露，对于如何解决利益冲突并没有作出相关的规定。国际清算银行曾经指出机构性融资产品的信用评级与传统评级的最大区别在于信用评级机构不仅评估信用风险，而且参加结构性金融

① Credit Rating Agency Reform Act of 2006, Sec. 3 (a).

产品的设计，发行方可以获得信用评级机构的建议或者运用信用评级机构的评级模型来构建金融产品。[①] 在这一过程中，利益冲突问题就很容易发生。

虽然不能把金融危机的产生全部归咎于信用评级机构，但是信用评级机构在危机中确实起到了加剧危机爆发的作用。参与信用评级的工作人员在设计结构性金融产品的过程中，无论是对发行者还是对投资者，都享有巨大的权力。投资者依靠其对抵押债券的高信用评级，投入了大量资金，认为投资前景极为乐观。他们从来不曾质疑信用评级的结果是否真实，殊不知这些同美国国债同等级别的高质量“AAA”级证券在制造之初根本就没有其确定价值的真实客观依据。[②] 由此可知，信用评级机构违背了其应有的职业道德，未经合理的专业评估而不负责任地为高风险的金融产品做出过高的信用评价，其独立性名存实亡。据外媒报道，穆迪及标准普尔两家评级机构的前员工在 2010 年 4 月 22 日接受美国参议院常设调查小组委员会问讯时表示，一旦他们对华尔街的结论提出任何质疑，那么他们将被排除在抵押债券评级的工作之外。[③] 可以说，信用评级机构已经受到华尔街的过分影响，丧失了其应有的职业道德。

2. 信用评级机构的客观性

在信用评级机构发展的过程中，金融市场的主体包括监管者均对信用评级机构评级行为的客观性持认可态度。金融危机之后，信用评级机构开始备受指责。信用评级机构在追求利润的驱使下，信用评级的客观性已经大打折扣。首先，信息披露不足。次贷危机爆发之前，除了美国 2006 年颁布的《信用评级机构改革法》中部分规定要求信用评级机构对信用评级进行信息披露外，欧盟基本没有信用评级机构信息披露方面的立法。信用评级的信息披露均出自于公司自愿，立法上并未对信用评级信息披露的内容进行明确地界定，无论投资者还是监管者均对信用评级机构的运行过程以及评级程序了解甚微。更令人不解的是美国 1940 年的《投资公司法》颁布以后，信用评级机构便自愿注册为投资公司，但是他们却无须和其他投资公司一样向美国证券交易委员会报送信息披露材料并且接受常规监管。这在信用评级业务趋于垄断性发展后，无疑又是信用评级机构取得的一项特权。

其次，信用评级过程不透明。在进行信用评级的过程中，排除内部的专业评

---

① BIS, *Background Note - Working Group on Rating Structured Finance Non - Credit Risks in Structured Finance Transactions and the Role of Rating Agencies*, December 2004, P. 4.

② 王月：《从金融危机审视证券信用评级机构法律规制的缺失——科学发展观视域下对中国金融监管的法律检讨》，载于《经济视角》2009 年第 6 期，第 58 页。

③ 美国会报告：《穆迪普尔为商业利益牺牲评级精确性》，载于《新财经》2010 年 4 月 24 日。

级人士，投资者甚至监管者本身都不知道信用评级的具体操作流程。而金融危机爆发之前，美、英国家监管当局也未对信用评级的透明度引起足够的重视。信用评级的过程对于“门外汉”来说始终是神秘的，外界人士甚至监管者都无从得知信用评级的结果是如何做出的，加之信用评级已经成为一项评级机构特有的垄断性权力，使得信用评级机构的权力空间无限扩大。随着金融衍生品的不断创新，信用评级的需求也不断增加，这就变相地为信用评级机构提供了更多的介入空间，最终在评级不透明的市场环境下，整个证券化资本市场中均充斥着信用评级的符号。而评级过程的不透明也给评级机构的利益冲突带来了潜在风险，信用评级的过程如不能完全纳入监管和公众的视野，将会使投资者的利益保护面临巨大的风险。

3. 信用评级的准确性

由于信用评级机构没能发挥其揭示信用风险的预警功能，金融危机发生之后，其公信力也大大降低，评级机构的专业性已经遭到了人们的质疑。美国多家公共养老基金曾表示，这些公司轻易给予那些抵押证券最高评级的做法，最终导致了此次全球性金融危机的爆发。①

信用评级准确性不足，首先是信用评级模型和方法更新不及时。在进行信用评级时，部分信用评级机构没有采用有效的信用评级方法和模型来分析和处理相关的信息。为了节约成本而获得更大的利润空间，评级机构没有对信用评级所使用的模型和方法进行及时的更新，对新的金融衍生品也没有采用新的评级模型评估，而是使用过时的评级模型。其次，信用评级机构风险预警功能失效。信用评级机构的基本功能是揭示市场风险，但信用评级机构的评级结果往往会滞后，未能及时揭示市场风险。如安然事件，标准普尔公司是在美国证券交易委员会正式介入调查之后才开始下调其信用等级。又如美国新世纪金融公司于 2006 年第四季度的盈利已经出现问题，但是三大信用评级机构仍然没有重视，直至 2007 年 4 月 2 日，该公司宣布申请破产保护，三大信用评级机构才发现其信用评级存在问题，随后，一系列的抵押债券均被开始下调级别。再次，信用评级的基础数据失真。信用评级机构在信用评级的过程中所处采用的数据均为被评估的主体或实体所提供的原始数据，而对于数据的真实性则没有进行充分地审查。在美国的众议院听证会上，前标准普尔公司住房抵押债券信用评级部总监弗兰克·瑞特承认，在信用评级的过程中，对于某些信息，标准普尔没有进行尽职调查，仅仅要求被

① 美国会报告：《穆迪普尔为商业利益牺牲评级精确性》，载于《新财经》2010 年 4 月 24 日。

评估人提供担保函。[①] 基础数据的失真直接导致信用评级结果的失真，最终导致的结果就是金融市场中的高风险金融产品均以虚高的信用评级赢得投资者的信任。

4. 对信用评级机构监管的缺失

金融危机暴露了监管机构对信用评级机构存在的问题，一方面是监管机构对评级机构过于信任，疏于监管；另一方面，相关的信用评级机构监管立法缺失。

自1975年以来，美国监管机构相继援用“国家认定的统计评级组织”（Nationally Recognized Statistical Rating Organization，以下称NRSRO）的信用评级结果作为其监管基准，使得信用评级机构在金融市场上的“话语权”得到了空前强化，并且在某种程度上成为了“金融市场的看门人”。监管机构对信用评级的依赖最明显的体现就是过度引用信用评级。美国证券交易委员会在2002年向美国参议院政府事务委员会提交的一份报告中显示，当时至少有8部联邦法律、47部联邦监管规则、100多部地方性法律和监管规则将NRSRO的信用评级作为监管基准。[②] 这说明信用评级机构的适用范围越来越广，已经不仅仅局限于对投资者的决策依据。在20世纪80年代初，对于信用评级过程和方法的合理性，立法上没有任何相关的监管规定。这就意味着监管机构在将信用评级引入监管规则体系之时，没有任何的审慎措施和科学依据。那么将其作为监管规则的可行性和合理性也就无从谈起。

在相当长的一段时间内，美国对评级机构的监管处于“真空”状态，因为美国真正意义上对信用评级机构监管的立法始于2006年颁布的《信用评级机构改革法》，在此之前美国没有在立法上对信用评级机构的监管做出任何正式的规定，美国国会仅仅通过《萨班斯—奥克斯利法》的第702条授权美国证券交易委员会对信用评级机构在资本市场的角色和功能进行研究；欧盟和英国则长期对信用评级机构秉持着自律监管为主的理念。

在美国，相关立法重程序、轻实体。根据美国2006年颁布的《信用评级机构改革法》相关规定，美国证券交易委员会无权对信用评级机构的信用评级行为进行实质性审查，同时还规定其审查不得涉及信用评级的程序、指标、模型和方法及其合理性。[③] 这就意味着美国证券交易委员会无权对其信用评级过程进行实质性的监管，而只能进行一些程序性的审查，如要求信用评级机构向其披露年

---

① 王彦鹏：《监管的失语与权力的高歌——美国信用评级机构助推次贷危机根源论》，载于《金融法苑》2009年第78期，第56页。

② U. S. SEC, *Financial Oversight of Enron: The SEC and Private - Sector Watchdogs*, 2002.

③ Credit Rating Agency Reform Act of 2006, Sec. 4 (c) (2).

报、披露信用评级的程序和方法等。

5. 信用评级机构的责任豁免

次贷危机引发美国公众对金融业的巨大敌意，引发大量与信用评级机构相关的集团诉讼。评级行业在次贷危机下开展的调查和诉讼中成为众矢之的，但是成功起诉信用评级机构依然存在障碍。保护言论自由、出版自由的美国宪法第一修正案（以下简称“宪法第一修正案”）是信用评级机构主要的免责法宝。

评级行业长期享有和新闻出版业一样的法律地位，能够援引美国宪法第一修正案与信用评级机构的传统经营模式密不可分。评级行业发展之初采用的是订阅人收费模式，类似新闻出版业，信用评级机构通过对大众提供评级服务获得收益，评级报告作为意见享有言论自由、出版自由，可以允许错误。[①] 根据司法判例，信用评级报告经常被法院认为是涉及“公共利益”的意见。宪法第一修正案对言论自由、出版自由有多重保护，而涉及公共利益的意见是保护的核心，信用评级机构和新闻媒体一样，易于援引“实际恶意”标准进行免责抗辩。次贷危机发生前，虽然也有信用评级机构被起诉，但是以宪法第一修正案为“盾牌”，信用评级机构并无太大的诉讼风险。法官考虑最多的是实际恶意原则对言论自由的保护，对于宪法第一修正案提供的其他保护较少考虑。这个时期的司法判例比较少，具有代表性、引发公众关注的是“杰弗逊学区案”和“橙县案”。在杰弗逊学区案中，法院认为穆迪的评级报告是对杰弗逊学区未来偿债能力的判断，属于涉及公共利益的意见，非债券买卖的推荐，适用实际恶意标准，进而判断穆迪的评级不属于虚假陈述或者诽谤。法官都恩斯在总结中写到，债券市场依赖于大量自由、开放的信息交换，宪法第一修正案是债券评级系统最好的保护者。[②] 在橙县案中，标准普尔认为虽然评级报告事后被证明是错误的，但是分析师遵循了严格的评审程序，信息来源在当时看来也是可靠的，不能要求分析师为此再做额外的调查，其行为不存在实际恶意，可以免责。地区法院认为标准普尔的评级结果是有广泛影响的陈述，涉及公众关心的问题，除非证明标准普尔具有实际恶意，否则不得因为出版商关于证券评级、资信评估的报告或者其他出版物中含有错误的信息对它们起诉或者索赔。法院因此肯定了标准普尔的抗辩理由。

但是，“惠誉案”对美国信用评级机构未来面临的诉讼浪潮埋下伏笔。联邦第二巡回法院在判断惠誉（非民事诉讼当事方）是否属于职业新闻工作者时，主要依据惠誉在商事交易构建过程中的角色。法院查明，惠誉只对客户的证券进行

---

① 李雯：《起诉信用评级机构首道障碍之跨越》，载于《武大国际法评论》2011 年第 1 期。

② Jefferson County School District v. Moody's Investor's Service, Inc., 988 F. Supp. 1341, 1348 (1997).

评级；惠誉资产化证券组的主席贵格曼也作证惠誉绝大多数的评级活动是来自客户的要求。这与商业报纸或者期刊存在根本区别，新闻媒体报道的范围覆盖所有被认为具有新闻价值的对象。法院认为惠誉信息收集和传播的业务建立在付费客户需求的基础上而不是新闻价值的判断上。法院援引的司法判例值得注意：首先是“帕曼案”，标准普尔对所有公共债务融资和优先级证券发行进行评级，不论它们是否由标准普尔的客户运作。这是纽约联邦地区法院认定标准普尔为职业新闻工作者的一个原因；[①] 其次是“拉萨利案”，信用评级机构杜夫因为被委托进行评级而不能享受出版者的责任豁免。法官派克指出，杜夫进行评级是基于塔金融公司的请求，而且杜夫同意该公司在有关债券发行的公开披露文件、广告等相关材料中基于特定用途而使用杜夫的名称和评级信息，这不同于传统上信用评级机构自己出版的刊物中基于公众利益而散播评级信息。因为杜夫评级只是在非公开发行的募集说明书中基于私人合约和非公开目的使用，而不是出版中的发表，所以杜夫无法获得宪法第一修正案对新闻媒体的保护。[②] 案件揭示出来的惠誉与客户之间的交易关系，不是传统上新闻从业人员与报道对象的典型关系。

（二）金融危机后对信用评级机构的监管改革

鉴于信用评级机构的市场势力及信用评级对金融市场的系统性影响，加强信用评级机构的监管已经成为金融市场和监管政策的需要，各国尤其是美国和欧盟在金融危机后，对信用评级机构的监管做了较为全面和深入的改革。

1. 美国相关改革措施

自金融危机爆发以来，美国证券交易委员会陆续出台了一系列对信用评级机构予以监管的措施。2009 年 2 月，美国证券交易委员会公布了针对 2006 年的《信用评级机构改革法》的修正案。[③] 本次修正案的修正条款主要补充和修订了 2006 年的《信用评级机构改革法》以及 2007 年实施的《信用评级机构改革法实施细则》，[④] 目的在于减少信用评级的利益冲突，进一步提高信用评级的透明度，强化信用评级的责任。2009 年 7 月 12 日，美国证券交易委员会决定设立信用评级

---

① In re Pan. Am Corp.), 161 B. R. 577, 585 (S. D. N. Y. 1993).

② LaSalle National Bank, et al. v. Duff & Phelps Credit Rating Co. and Shawmut Bank Connecticut, N. A., 951 F. Supp. 1071, 1095 - 1096 (1996).

③ Amendments to Rules for Nationally Recognized Statistical Rating Organizations, April 10, 2009.

④ Oversight of Credit Rating Agencies Registered as Nationally Recognized Statistical Rating Organizations, June 18, 2007.

机构稽核小组以限制证券发行方寻求获得最高信用评级的行为。[①]《多德—弗兰克法》设专章加强对评级行业的监管，规定九部分的监管规则，代表美国对信用评级机构监管的发展和新动向。美国国会在阐述《多德—弗兰克法》的主旨时指出，鉴于信用评级系统性的重要以及公民、机构投资者和金融监管者对评级的依赖，信用评级机构是资本信息、投资者信心以及美国经济高效表现的中心，信用评级机构的行为和表现事关国家和公众利益。

美国对信用评级机构监管改革主要包括以下内容：第一，明确了信用评级机构的市场准入细则。在信用评级机构的市场准入方面，信用评级机构要想成为NRSRO必须持续从事信用评级业务至少3年，其所发布的信用评级已得到证券发行人与合格机构投资者的认可，并且已经完成相关的注册程序。[②]

第二，提出了信用评级机构内部控制的要求。对于信用评级机构的内部治理，美国证券交易委员会规定信用评级机构制定、维持和实施合理的书面公司规章和程序来防止评级机构自身以及其关联方对重大的、非公开的信息的滥用，并且以此来解决和管理信用评级过程中可能产生的利益冲突问题。同时，信用评级机构应该任命专人担任合规主管并且负责公司规章和程序的执行，以及确保合规要求充分有效地得到履行。此外，美国证券交易委员会强调信用评级机构合规人员的责任要求，并要求其提供合规情况的年度审计报告等。[③]

第三，完善了缓解利益冲突问题等相关措施。美国证券交易委员会从评级机构的信用评级和咨询服务两大主要业务中对减少利益冲突做了规定。在信用评级业务上，美国证券交易委员会要求信用评级机构不得对其提供建议的金融工具进行评级；负责信用等级评定的职员不得参与评级费用协议的讨论和拟订，并且禁止负责参与决定信用评级、开发或核准用于决定信用评级的程序或方法的相关内部人员参与有偿的研讨、协商或其他安排；负责信用评级的信用分析师不得从发行人处收受价值超过25美元的礼物（包括娱乐项目）。[④] 在咨询服务方面，美国证券交易委员会要求信用评级机构在为客户提供咨询服务时不得对其提供进一步的评级服务，即一旦评级机构或NRSRO的下属单位向义务人（或发行方）、承销商或证券保荐机构对证券义务人（或发行方）的公司结构或法律结构、资产、负债、活动等作出了建议，该信用评级机构将不得发行任何关于上述义务人或证券的信用评级。[⑤]

---

① 黄继汇：《美证交会密集推出监管组合拳》，载于《中国证券报》2009年8月6日。

② SEC, Amendments to Rules for Nationally Recognized Statistical Rating Organizations, Amendment to Rule 17g-3.

③ Id., 17g-5.

④ Id.

⑤ Id.

第四，细化了信用评级机构的信息披露的要求。美国证券交易委员会要求信用评级机构在披露信用评级的方法、程序信息时，要以产品类别进行划分，以便于投资者识别和比较；在发行人付费的情况下，每次新的评级行为过程都应在 12 个月之内反映在信息披露历史中；在非发行人付费的情况下，新的评级行为则应该在 24 个月内进行信息披露；并且禁止信用评级机构在相关产品的信息未向其他信用评级机构披露之前为那些由发行人、发起人或承销商付费的结构化产品评级。在进行信息披露时，信用评级机构要分别按 1 年期、3 年期和 10 年期提供任一资产类别的信用等级迁移情况的统计量。① 此外，修正案中还新增加了以下 3 方面的信息披露：（1）信用等级在何种程度上取决于标的资产的评估；（2）信用等级的确定是否考虑了标的资产发起人的信用品质；（3）跟踪信用评级的过程，包括当下被评级证券的评级模型的任何变动。②

第五，增加了对信用评级过程的详细记录和档案管理的要求。档案管理和信息记录是美国证券交易委员会在本法中新增加的规定，主要包括对信用评级和相关人员的记录两个方面。在信用评级上，美国证券交易委员会要求信用评级机构制作并保存有关当下信用评级的所有信用评级行为的记录。③ 另外，在结构性金融产品的信用评级过程中，如果定量模式是其重要组成部分，则一旦该模式中内含的信用评级与最终发布的信用评级之间存在实质性的差别，评级机构必须进行记录说明。④ 在评级的相关人员方面，评级机构应该记录所有针对信用评级分析师在确定和维持信用等级过程当中提出的申诉。⑤

第六，设立专门的评级委员会。根据《多德—弗兰克法》，美国证券交易委员会将会在其内部设立一个专门的信用评级委员会并由其决定评级委员会的规模大小，且评级委员会的组成人员须多数为投资者，但至少有两个成员应该分别来自信用评级机构和投资银行。该委员会将负责如下事项：（1）指定信用评级机构进行信用评级；（2）发布评级机构年度报告，公布各个信用评级机构的详细评分情况；（3）监管信用评级机构收费是否合理等。

2. 欧盟相关改革措施

欧盟委员会于 2008 年 11 月 12 日出台了针对信用评级机构监管的建议性条

① SEC, Amendments to Rules for Nationally Recognized Statistical Rating Organizations, Amendment to Rule 17g - 2.

② Id.

③ Id., 17g - 5.

④ Id., Amendment to the Instructions for Form NRSRO.

⑤ Id., 17g - 2 (b) (7).

例，拟在整个欧盟范围内实施相同的监管方法，主要目的在于通过确保信用评级的可靠性和信息的准确性，从而恢复和重建市场及投资者的信心。[①] 该条例已经于 2009 年 4 月 23 日在法国斯特拉斯堡以压倒多数的表决结果获得通过，正式成为欧盟对信用评级机构的监管法律，[②] 其部分相关规则与美国新出台的信用评级机构改革法修正案的有关细则相类似。

第一，信用评级机构市场准入的相关规定。该条例规定信用评级机构要继续在欧盟市场上开展业务必须进行统一的登记注册，即在欧洲运营的信用评级机构要在欧洲证券监管机构委员会登记注册，并且由其负责信用评级机构注册名单的更新。短期内，每个信用评级机构都将受到一个联席机构的监管，这一联席机构由信用评级机构业务所在国监管部门联合组成。同时，该条例还规定，信用评级机构必须要遵守欧盟相关的规章制度。[③] 在信用评级机构的市场准入上，欧盟效仿了美国的做法，放弃了先前的自律监管，将其纳入金融监管的体系，确立了统一的监管机构并且进行登记注册。

第二，确保独立性和避免利益冲突的相关规定。欧盟规定信用评级机构必须确保其作出的信用评级不受任何现存或潜在的利益冲突或商业性关联因素（包括该信用评级机构、管理人员、雇员以及任何直接或间接控制其信用评级的人）的影响。同时，为了确保能够达成此要求，欧盟对信用评级机构做出了组织结构和运行两方面的要求。[④] 在组织结构上，评级机构董事会中必须至少要有 3 名其薪酬不取决于信用评级机构业务表现的独立董事。[⑤] 在机构运行上，信用评级机构须披露占其年收入 5% 以上的客户名单、不得向被评级的实体或任何与其相关联的第三方提供咨询服务、不得对信息掌握不全面的金融工具进行评级。[⑥] 通过以上规定可以看出，欧盟做法与美国的修正案相似，对有偿评级引起的利益冲突问题进行规制并且监管的主要目标在于保证其独立性，避免以及恰当地管理利益冲突。

第三，信用评级质量的相关规定。该条例要求信用评级机构必须披露信用评级依据的模型、方法以及关键的假设。一旦信用评级机构改变评级方法、模型或者关键假设，必须在不晚于 6 个月内审查受到影响的信用评级，与此同时要披露可能受到此影响的信用评级并及时对其进行重新评级。此外，评级机构必须建立

---

① Proposal for a Regulation of the European Parliament and of the Council on Credit Rating Agencies, 2008.

② Regulation (EC) No. 1060/2009 of the European and Parliament and of the Council of 16 September 2009 on Credit Rating Agencies.

③ Id. Article 14.

④ Id. Article 6.

⑤ Id. Section A, Organisational Requirements.

⑥ Id. Section B, Operational Requirements.

针对信用评级质量的内部控制审查机制，持续检查并更新其做出的评级以及评级所使用的方法，每年至少要检查一次。[①] 欧盟的这些监管措施对于信用评级的及时更新和金融条件变化的适应都起到了重要的作用。这些条款还可以有效阻止信用评级机构集中精力和资源在初步信用评级上而忽视后续的评级管理，从而持续地保持信用评级的质量，确保信用评级机构对其使用的评级方法和出具的信用评级保持审慎的态度。

第四，信息披露和透明度的相关规定。该条例规定信用评级机构必须要以特定的符号或者增加其风险特点的信息将结构性金融产品与一般的传统产品的信用评级区别开来；[②] 信用评级机构必须公开披露利益冲突、评级方法、模型、关键假设、一般性质的赔偿政策等重要相关信息，每六个月披露一次信用评级的历史违约率等相关数据并且每年要向主管机关披露占其总收入比例最大的20个客户。[③] 对于评级机构的透明度问题，欧盟要求评级机构必须出具年度透明度报告并且记录其评级活动，该报告应该在每个财政年度结束后的最近三个月内提供并且确保该报告至少可在其机构网站上保留5年。[④]

（三）我国信用评级机构法制环境的完善

中国信用评级行业诞生于20世纪80年代末，是改革开放的产物。最初的评级机构由中国人民银行组建，隶属于各省市的分行系统。1988年，我国第一家信用评级机构“上海远东资信评估有限公司”成立，但是由于监管法律的真空、没有统一的法律法规约束，这一市场一直处于比较混沌的状态。20世纪90年代以后，经过几次清理整顿，评级机构开始走向独立运营。1997年，人民银行认定了9家评级公司具有在全国范围内从事企业债券评级的资质。2005年，中国人民银行推动短期融资券市场建设，形成了中诚信、大公、联合、上海新世纪和远东五家具有全国性债券市场评级资质的评级机构。经过20多年的发展和市场洗礼，目前，我国规模较大的全国性评级机构有大公国际、中诚信、联合资信、上海新世纪四家。除了大公国际，其余三家都有外资参股或者控股。

---

① Regulation (EC) No. 1060/2009 of the European and Parliament and of the Council of 16 September 2009 on Credit Rating Agencies. Article 8.

② Id. Article 10.

③ Id. Section E, Disclosures.

④ Id. Article 12.

1. 我国信用评级机构发展制约因素

行政干预导致了我国信用评级机构独立性不足。中国信用评级机构的诞生和发展依赖于行政力量，但是行政干预成为当下阻碍信用评级行业壮大的最主要因素。中国信用评级机构起步较晚，诞生于20世纪80年代，是改革开放的产物。最初的信用评级机构由中国人民银行组建，隶属于各省市的分行系统。人才、经验和基础的缺乏是信用评级机构建设初期的主要问题。而新中国成立后，中国优秀的人才主要集中在行政机关，政府推动信用评级机构产生、发展是唯一具有可操作性并最节约交易成本的方式。但是，政府推动的弊端是明显的，存在行政机关“中介化”，中介组织“行政化”的错位现象。政府包办了相当部分的辅助性、技术性等中介服务职能，而中介组织又“替代”政府承担了部分行政职能。

发行人付费模式破坏了信用评级机构的独立性。我国信用评级机构主要采用向发行人收费的模式，依靠申请评级的企业支付评级费用生存，通过申请评级的企业提供信用资料对企业或者企业债券评级。这样极易产生“道德风险”，致使“允诺级别”等不规范现象发生。甚至有的信用评级机构承诺按照一定比例返还费用，有的“以级定费”，形成实际上的“评级购买”。在中国信用评级立法不健全的现状下，法律只要求评级结果公开，评级方法和过程的信息披露没有相关细则，这使得市场各方无法充分评估监督评级质量；另外，由于没有具体的惩罚措施，责任人的法律意识淡薄，无法保障评级质量。于是评级行业市场陷入“机构求评级——公司得到高评级——社会信任度下降”的恶性循环。[①]

缺乏专门的信用评级机构立法。目前我国有关信用评级机构的立法散乱且层级较低，没有专门性法律，主要条款来自行政法规和部门规章。评级行业主要依据中国人民银行颁布的《信用评级管理指导意见（2006）》《信贷市场和银行间债券市场信用评级规范（2006）》《中国人民银行关于加强银行间债券市场信用评级作业管理的通知（2008）》和证监会颁布的《上市公司发行可转换公司债券实施办法（2001）》《资信评级机构出具证券公司债券信用评级报告准则（2003）》《证券市场资信评级行业务管理暂行办法（2007）》等文件。这样的现状混淆了评级业务的指导和评级机构监管两个不同层面的立法，而且这些规范仅作粗略的方向指引，原则化且过于简单，整体性差，针对性和操作性不强，致使信用评级的应用、征信数据的采集与使用、评级行业管理等方面缺乏法律依据。[②]

① 韩龙、许明朝：《风险模型之殇与对金融风险监管的审视——根植于这场金融危机的考察》，载于《国际金融研究》2010年第7期，第68～78页。

② 聂飞舟：《美国信用评级机构法律监管演变与发展动向——多德法案前后》，载于《比较法研究》2011年第4期，第144～153页。

许多信用评级机构挂靠在政府部门之下，产权不清晰，权责不明确，它们还未成为完全意义上自主经营、自负盈亏的市场竞争主体和法人实体，还未按照现代企业制度的要求运作。2004 年 7 月《行政许可法》出台后，信用评级机构由地方政府或相关管理部门推动的做法在合法性上受到质疑，行业发展由于缺乏法律依托而陷入停滞状态。

2. 完善我国信用评级机构监管的建议

对信用评级机构的监管措施都要围绕着保障其独立性、准确性、客观性这个信用评级的根本目的进行。信用评级的收费模式由各个金融机构订阅分析报告的被动收费发展为主动向被评级机构索取费用。实践证明信用评级收费模式无法保障信用评级的独立性。但信用评级机构作为市场化的机构，又不能通过行政手段把它改造成为非营利性的政府机构或者准政府机构。为了保障评级机构评级的独立性、客观性和准确性，对评级机构施加必要的监管，增加其相应的义务和责任实有必要。

首先，要完善信用评级的立法，我国目前还尚未制定管理信用评级机构的法律。相较于美国的信用评级机构改革法律及其修正案、欧洲议会通过的监管信用评级机构的法律，我国在信用评级上的正规立法少之又少。在我国目前直接规范信用评级行业的法律规范中，效力等级最高的规范性文件是 2007 年证监会颁布的《证券市场资信评级业务管理暂行办法》，但其法律约束力仍然有限。这对于信用评级机构的监管及其发展都是极其不利的，尤其是越来越多的外资信用评级机构涌入到我国的金融市场中，我们更应该制定相关的法律规范，监管和防范信用评级机构引起的市场风险。立法对于我们来说是最直接的监管手段。纵观欧美等发达国家，危机爆发之后均对信用评级机构的监管做出新的立法保护投资者的基本权益；面对危机，我国作为发展中国家更应跟上脚步，尽快制定监管信用评级机构较高位阶的法律，从而明确信用评级机构的主体、权利、义务及其法律责任，从立法上规范信用评级机构的行为，保障投资者的基本权益。

其次，建立统一的信用评级机构的监管机构。目前我国对信用评级机构的监管格局是中国人民银行负责银行间债券市场和信贷市场、借款企业、担保机构信用评级的监管，证监会负责证券市场评级行业务监管，发改委负责非上市公司企业债评级的监管，保监会负责保险公司投资企业债券评级的监管。由于信用评级机构一直处于多方管理的状态，因此缺乏一个明确的、统一的机构来制定监管制度，使得监管部门出台的规章既不及时，也不连续。对我国来说，建立统一的监管机构已经势在必行。有的学者认为应该由证监会统一监管并制定其相关监管标准。也有学者认为应该由中国人民银行统一监管信用评级机构，并同其他金融机构监管部门制定相关的监管标准，实施集中统一的监管。笔者同意有些学者的建议，应由银监会作为统一的监管机构较为合适。原因有二，一是我国是以间接融资为主的发展中国家，银行的信用占据了大部分市场信用，交给监管银行的主要部门——银监会来监管符合我国的国情。二是在新巴塞尔协议的倡导下，以间接融资为主的国家倾向于交由银行监管部门负责信用评级机构的监管。①

最后，要明确信用评级机构应该承担的义务和责任。信用评级机构既然收费，就应当承担相应的义务和责任。那么，对于客户提供的信息不加审慎地采用显然是不合理的，对其信息真实性负责是对其收费应承担的一个基本义务和责任。信用评级机构权利和义务的极端不平衡是造成其垄断性质的评级霸权、道德风险和利益冲突等问题的主要原因。信用评级是金融市场的产物之一，金融消费者将其作为投资的风向标，信用评级的客观公正与否直接影响其基本权利。可以说，信用评级已经涉及到公众利益，那么就要求信用评级的透明度为公众所知，包括信用评级的过程和方法都应尽可能的披露出来。

在我国，几乎没有任何因信用评级机构违法的错误评级给投资者造成损失的救济机制与补偿机制，信用评级机构的监管在立法、司法上都存在着很大的空白，不利于信用评级结果对相关主体权益的保护。因此，我们认为应该加紧建立相关的信用评级争端解决机制，完善信用评级的司法程序。

从美国的司法判例看出，缺乏严格的法律责任机制容易导致信用评级机构的失职和错误，误导消费者、损害评级市场。② 以《多德—弗兰克法》为代表，各国开始检讨信用评级机构的法律特权。商业言论的目的是通过获取交易机会来营利，这是一项重要的经济权利。不同于财产权或者契约自由等，商业言论的意义在于社会公众通过它获得了需要的信息，依靠这些信息，大众作出理性的经济决策。在一个自由、开放的市场经济中，这是公共利益的源泉。从这个意义上说，不能把商业言论视为纯粹的经济权利，应当受到更为超然和具有优先属性的宪法第一修正案的保护。③ 当评级报告被视为商业言论时，结合《多德—弗兰克法》，对于保护投资者利益有两大好处，第一，不同于“安曼特案”的判决，商业言论援引宪法第一修正案的保护时要求发布者对言论有调查义务；第二，商业言论保护的着眼点在于受众的利益，非发布者的利益，这可以看做对长时间倾向于信用评级机构免责的做法的纠正。但是，美国法院普遍认为，如果评级报告不能适用

① 柳永明：《美国对信用评级机构的监管》，载于《上海金融》2007年第12期，第60页。

② 郑又源：《我国信用评级机构规制与监管问题研究》，载于《兰州大学学报（社会科学版）》2010年第6期。

③ 赵娟、田雷：《论美国商业言论的宪法地位——以宪法第一修正案为中心》，载于《法学评论》2005年第6期。

实际恶意标准，可以作为商业言论获得宪法第一修正案次一级的保护。因此，出台《多德—弗兰克法》不等于信用评级机构已经和宪法第一修正案脱钩。

虽然目前中国民事赔偿责任规定过于简单，而且司法实践中很少有受评对象或者投资者针对信用评级机构起诉的案例。[①]《侵权行为法草案》曾经规定了专家责任，其第九十一条规定，“以专业知识或者专门技能向公众提供服务的专家，未遵循相关法律、法规、行业规范和操作规程，造成委托人或者第三人损害的，应当依据本节规定承担侵权责任，但能够证明没有过错的除外。”第九十五条规定，“负有信赖义务的专家提供不实信息或不当咨询意见使受害人遭受损害的，应当承担侵权责任，但能够证明自己无过错的除外。”但是由于各种原因，这些规定没有成为正式的法律。

美国司法判例有三点值得中国法院借鉴：第一，信用评级机构经常在抗辩中提出，评级报告既不是担保，也不是对投资者作出决策的建议，现在美国法院并不将其视为免责的理由。中国法院也宜秉持这样的立场，今后对于评级机构类似的免责声明或者条款，应从有利于评级市场稳定的角度认定法律效力。第二，评级行为引起的法律关系可能是多重的，美国法院的做法是接受当事人依据案件情况提出的不同诉求，比如来自证券法的证券欺诈之诉、来自普通法的过失之诉和虚假陈述之诉。中国法院对信用评级机构的法律责任的判断也应根据不同的法律关系来判断。第三，从美国的司法判例可以发现，信用评级机构能否援引实际恶意标准或者获得宪法第一修正案的其他保护，取决于信用评级机构的实际作为以及评级自身的作用。中国法院可以学习美国法院审理案件过程中，查实并参考多种因素判定信用评级机构有无责任、承担何种责任的做法。

二、上海社会信用体系建设的法制环境

在国际金融中心中，如果交易各方所掌握的信息不对称，没有一个维护契约执行的信用环境，就会增大从事交易的风险，影响人们的交易意愿。这就要求尽快建立社会信用体系，而社会信用体系建设必须依法进行。目前，在国家层面，我国尚无涵盖社会信用体系建设的统一立法。在缺乏上位法的情况下，地方社会信用体系立法需要遵守《立法法》的规范，遵循法治原则，尽可能依据相近的上

① 方添智：《次贷危机中信用评级失灵的原因及法律规制——美国信用评级制度改革评析》，载于《国际经济法学刊》2010 年第 2 期。

位法的相关制度。基于上海在社会信用体系建设地方立法的实践经验，以及国际金融中心发展的需要，上海必须在社会信用体系建设立法方面先行先试。

（一）社会信用体系建设立法和现状

社会信用体系等概念目前尚未形成统一的认识，其相关概念包括信用、诚信、征信和社会信用体系等。信用一词有狭义和广义之分，狭义的信用是指建立在信任基础上，不用立即付款或担保就可获得资金、物资或服务的能力，这种能力以在约定期限内偿还的承诺为条件，广义的信用是指诚信原则在社会上的广泛应用。我国对信用的理解更多从广义出发，既涵盖经济范畴，也涉及社会范畴。这意味着不必过于纠结信用和诚信一词的明确区分，而且二者在现实生活中已经被广大公众融合应用，使用语境不同，但语义基本一致。基于这样一种对信用的广义理解，将之转化成信用立法中的核心概念。据此，我们所理解的信用就是一定主体履行法定义务和约定义务的状况。这可从两方面理解：一是信用主体的广泛性，包括个人、法人、其他组织，政府和司法机关等。二是信用代表一种本身无优劣的信用主体履行法定和约定义务的客观状况。[①]

“征信”是指征求他人或自身信用或验证信用，使授信方能够比较充分地了解信用申请方履约的能力，以降低风险。[②] 依据渠道可分传统和网络征信两种，实践中往往和信用联结在一起，因而有“信用征信”称谓，和征信混用。“征信业务”依据《征信业管理条例》规定，是指对企业、事业单位等组织的信用信息和个人的信用信息进行采集、整理、保存、加工，并向信息使用者提供的活动。

社会信用体系的提法为我国所特有，[③] 有广义狭义之分。广义的社会信用体系是一种社会、经济管理机制，以道德、产权和法律为基础，以信用制度为核心，通过对市场主体信用记录的采集、分析、传播、预警等功能，解决经济和社会生活中信用信息不对称的矛盾，惩戒失信行为，褒扬诚实守信。狭义的社会信用体系是作用于经济交往领域的信用风险保障体系，主要解决信用交易的安全和效率问题，不包括社会成员的社会行为规范等诚信问题。更狭义的社会信用体系主要指企业和个人的信用服务体系，一般认为应是一个商业化的运作系统，主要作用是通过专业化的信用服务活动，帮助授信方规避商业和金融信用风险。[④]

---

① 沈凯、王雨本：《信用立法的法理分析》，载于《中共中央党校学报》2009 年第 3 期。

② 陈潜、唐民皓：《信用·法律制度及运行实务》，法律出版社 2005 年版。

③ 马国建：《构建区域一体化社会信用体系研究：以长三角地区为例》，上海三联书店 2014 年版。

④ 韩家平：《我国社会信用体系建设的内涵与外延》，载于《中国改革报》2014 年 7 月 28 日第 2 版。

在我国，广义的社会信用体系定义已得到中央的认可。2011 年 10 月，党的十七届六中全会公报第一次采用按照政治、经济、社会生活的领域来划分信用体系建设的格局，形成政务诚信、商务诚信、社会诚信和司法公信四大领域。作为中央层面社会信用体系建设指导性文件的《社会信用体系建设规划纲要（2014～2020 年)》(以下简称“《规划纲要》”）也明确以推进政务诚信、商务诚信、社会诚信和司法公信建设为主要内容。广义的定义符合我国当前信用建设实际。它既体现了我国过去对信用概念的理解，也反映了现阶段我国社会信用问题的基本特征。

在国家层面，近年来，《征信业管理条例》和《企业信息公示暂行条例》陆续出台，着重规定了征信机构的市场准入、征信机构的操作规则和企业信息的公开、企业诚信约束等方面。2014 年国务院颁布《社会信用体系建设规划纲要(2014—2020 年)》，提出以法律、法规、标准和契约为依据，加快社会信用体系建设，建成以社会信用建设基础性法律法规为基础，以信用监管机制、信用服务市场体系、守信激励和失信惩戒机制为框架的覆盖全社会的信用系统。规划纲要发布以后，国家也多次发文推进社会信用体系建设。这其中就包括：中央文明委发布的《关于推进诚信建设制度化的意见》、国务院发布的《关于促进市场公平竞争维护市场正常秩序的若干意见》和《关于“先照后证”改革后加强事中事后监管的意见》、国务院办公厅发布的《关于运用大数据加强对市场主体服务和监管的若干意见》、环境保护部和国家发改委联合发布的《关于加强企业环境信用体系建设的指导意见》和《国务院关于批转发展改革委等部门法人和其他组织统一社会信用代码制度建设总体方案的通知》等系列文件。

在个人信用建章立制方面，有《个人信用信息基础数据库管理暂行办法》。其中规定了个人信用数据库采集、保存个人基本信息、个人信贷交易信息以及反映个人信用状况的其他信息，为商业银行和个人提供信用报告查询服务。中国人民银行还发布了《个人信用信息基础数据库信用报告本人查询规程》、《个人存款账户实名制规定》、《支付信用信息管理办法》等一系列规范个人信用的行政规章制度。

在企业信用规范方面，2001 年国家经贸委联合其他部委颁布《关于加强中小企业信用管理工作的若干意见》，指出加强中小企业信用管理的重要性、指导思想和基本原则以及信用管理工作的实施方法。2003 年工商总局发布《关于对企业实行信用分类监管的意见》，依据企业守法诚信情况把企业分为 A、B、C、D 四类，采取不同的监管措施。

在政府信息公开方面，2007 年国务院出台《政府信息公开条例》，旨在提高政府工作透明度，促进依法行政。此后，为贯彻诚信政府、信息公开的精神，各个职能部门也出台对应的信息公开规章，比如有《环境信息公开办法（试行）》、《安全生产监管监察部门信息公开办法》。这些都明确了政府及时、准确、完整地开放其所掌握的涉及信用的政府信息的要求。

在联合惩戒方面，国家发改委分别于 2014 年、2015 年联合多个部门签署了《关于对重大税收违法案件当事人实施联合惩戒措施的合作备忘录》、《失信企业协同监管和联合惩戒合作备忘录》。备忘录初步构建起了市场监管领域内跨部门协同监管和联合惩戒机制，为构建失信市场主体“一处违法，处处受限”的信用监管框架作出了有益尝试。

从地方立法看，从 1999 年开始以上海为试点进行信用体系建设，到目前为止在各省市已取得了一定的成果。许多省市都制定了相应的法规、规章来推进和规范信用体系建设。从目前的立法现状来看，多数省市的立法集中于对信用信息本身进行规范，主要涉及信用信息的范围、发布、采集、保存时间以及纠错程序等。目前已有 16 个省级政府通过了地方政府规章。在地方性立法方面，海南、广东、陕西三省和江苏无锡等地制定了社会信用体系建设方面的立法。

《海南省人民代表大会关于加强信用建设的决定》于 2004 年颁布，内容涉及政务诚信、商务诚信、社会诚信和司法公信四个方面。海南的人大决定模式更多是宣示性的，和国家层面的规划纲要大同小异，操作性较差。2007 年 7 月广东省第十届人民代表大会常务委员会第 33 次会议通过的《广东省企业信用信息公开条例》是我国第二个和社会信用体系建设立法相关的地方性法规。条例从商务诚信角度，选取企业信用信息的公开、使用、保护进行立法。缺憾是只针对企业信用信息，侧重商务诚信角度进行社会信用体系建设中的一环进行立法，体系上不够完整。2011 年 11 月 24 日通过的《陕西省公共信用信息条例》是关于公共信息管理方面的地方性法规，包括总则、行业信用信息建设、信用信息征集、信用信息披露和使用、异议信息处理、法律责任和附则七章共 41 条。条例聚焦公共信用信息，围绕其征集、披露、使用、保护和异议进行立法。基本上涵盖了中观层面社会信用体系立法的各个方面。这种立法体例和模式也被其他地方效仿。

上海是我国较早进行社会信用体系地方立法试点的城市。在政策规划方面，除了早期一些规划外，近几年的相关规划包括 2012 年发布的《关于进一步加强上海市社会信用体系建设的意见》，作为 2020 年前指导全市信用工作的纲领性文件。与此同时，上海市政府还先后制定 3 个三年行动计划，并每年制定年度社会信用体系建设的工作要点，协调指导全市各领域、各区县的工作。除此之外，上海市早在 2001 年就成立了社会信用体系建设市级联席会议，2013 年又进行了调整充实，成员单位覆盖 68 个委办和区县，各区县也都建立了相应的组织推进机制。

《上海市推进国际金融中心建设条例》中将信用环境建设单列一章，要求建设统一的金融业征信平台，完善信用信息的采集与使用；健全金融业高级管理人员执业信用记录；实现行政管理部门和司法机关的信用信息共享机制；鼓励信用服务机构开发信用产品、合法经营活动等。《上海市促进中小企业发展条例》等其他多部地方性法规中也都对信用体系建设作出制度安排。

上海市政府还先后出台《上海市个人信用征信管理试行办法》《企业信用征信管理试行办法》《上海市公共信用信息归集和使用管理试行办法》等三部政府规章，对信用信息的记录、共享、使用作出了规定。

市政府各部门制定了《企业信用档案管理办法》《加强中小企业信用制度建设的实施意见》等涉及信用信息记录、披露、使用的相关管理办法、实施细则和工作标准规范性文件，《企业信用信息数据规范》《个人信用信息数据标准（试行版）》《商业征信准则》和《中小企业信用评估准则》标准、目录、指南等技术规范，以及《行政和司法部门企业信用信息公开目录》《政府部门示范使用信用报告指南》《上海市公共信用信息目录（2014 年版）》等政府部门信用信息公开和使用工作规范，总计 140 多余项，为建立信用体系奠定了制度基础。

在上海自贸区建设中，信用建设也是其重要内容。2013 年 9 月 27 日国务院印发的《中国（上海）自由贸易试验区总体方案》、2013 年 9 月上海市政府发布的《中国（上海）自由贸易试验区管理办法（市政府令第 7 号）》以及 2014 年 7 月 25 日《中国（上海）自由贸易试验区条例》中也有信用信息的相关规定。2015 年 1 月 23 日，中国（上海）自由贸易试验区管理委员会关于印发《中国（上海）自由贸易试验区公共信息管理使用办法》《中国（上海）自由贸易试验区信用信息查询服务规程》的通知对信息管理、查询做了进一步的规定。

2016 年 12 月 27 日，《上海市信用条例》（草案）提交上海市第 14 届人大常委会第 34 次会议一审。这是我国首部关于社会信用体系建设的综合性地方性法规，内容涉及信用的概念，信用信息的采集、归集、共享和使用，信用激励与约束，信息主体权益保护，信用服务行业的规范与发展等。

与世界发达国家、地区相比，上海社会信用体系建设立法在信用制度、信用信息、信用惩戒措施、信用服务行业能力等方面仍面临着诸多现实问题，需要进一步完善。

法律制度位阶较低。近年来，本市出台了一系列社会信用体系建设相关的规章及规范性文件，但是由于位阶较低，对社会信用体系建设的整体推动力度不足。比如，个人征信制度、企业信用建设方面，现有的《关于加强本市社会诚信体系建设的意见》《上海市个人信用征信管理试行办法》《个人信用信息数据标准（试行版）》和《上海市征信机构备案规定》《企业信用征信管理试行办法》《加强中小企业信用制度建设的实施意见》《上海市企业失信信息查询与使用办法》等规定，在效力层级上显得较低，难以对个人征信制度和企业信用建设所涉及的社会关系进行全面的规范和调整。

信用信息各环节存在薄弱点。在信用信息的记录、共享、公开、保护方面存在一些制度缺失。(1) 信用信息基础数据比较薄弱。在信息记录方面，由于各类社会主体对信用信息重要性认识不足，对记录信用信息、建立信用档案、信息记录入库后的更新、纠错、异议处理后续相关工作等缺乏相关制度性安排，导致信息记录不全面、不规范。(2) 信用信息归集共享的完整性有待提高。信用信息管理的条块分割、部门分割问题十分突出，各部门基于信息的安全性以及部门利益的考虑，往往不愿提交自己掌握的信息，即使愿意提交也存在滞后，造成数据归集得不到有效保障。同时，各部门自身信息化建设程度存在差异，信用信息数据化的范围不均衡，存在数据错项、缺项，加上数据标准规范不统一，导致提交、共享和关联数据的难度、成本加大。(3) 信用信息公开程度缺乏明确界定。现有的政府规章对公共部门掌握的法人、自然人信用信息公开或面向社会提供没有清晰的界定，包括可以公开的个人信用信息以及通过何种渠道获取有关信息等均无明确规定，导致征信机构无法稳定、合理、合法地从银行、企业采集和获得相关的个人信用信息。(4) 信息主体权益保护不够充分。上海现行的规定中，虽有一部分条款体现了对信息主体权益的保护，包括禁止采集的信息、不良信息的保存年限、给予信息主体查询自身征信报告的权利以及异议和投诉权等，但这些规定并不全面，如信息使用不当可能直接侵害信息主体的合法权益，从而影响信息主体提供信息的主动性和对信用行业的支持。可见，当前有关信用信息各环节主体责任落实、对已经出现的信用侵害进行制裁及赔偿等规定均有所缺失，亟须通过出台相应制度加强信用信息链各环节的事中事后监管。

失信惩戒机制有待增强。目前，失信惩戒机制运用的广度、深度都还不够，失信惩戒措施缺乏刚性。(1) 行政性惩戒缺乏有力依据，在行政许可等事前管理的应用难度大。(2) 联合惩戒不到位，不少政府部门和公共管理部门局限于运用本部门的管理手段，加上信用信息获取难度大、企业信用管理相对较弱，导致联合惩戒措施难以真正落实，企业因违法行为被某一部门查处，却在另一部门获荣誉表彰的现象屡见不鲜。(3) 不同主体惩戒关联机制需要健全。非自然人主体的信用与自然人主体的信用之间的惩戒机制互不贯通。非自然人主体特别是企业主体的失信成本偏低、惩戒效果较差。

信用市场尚待进一步培育和拓展。信用服务市场自发性需求不足，企业和个人在经济活动中普遍缺乏使用信用信息的意识，银行等金融机构也倾向于内部信用征信和评级，对外部信用服务没有形成制度性安排。信用信息使用率不高，开发的信用产品绝对量不高，以政府部门主导构建的“自然人信用信息系统”市场开放程度还不够。信用服务行业整体规模偏小，信用服务机构发展缓慢、信用产品应用不够广泛等。

社会信用体系建设立法障碍。(1) 概念认识存在分歧。一些基本术语，包括社会信用体系、诚信、征信等认识上存在不统一。(2) 地方立法权限有限。社会信用体系建设更多属于国家事项，涉及领域广且新。(3) 多平台关系难以打通。即使解决了概念上的分歧以及立法权限问题，社会信用体系建设立法还不得不面临多平台关系难以打通的格局。这里既有部门利益方面的考虑，也有归集上的数据质量参差不齐以及联合惩戒上的难以作为等问题。政府主导的社会信用平台与金融征信平台及金融业以外的社会征信平台，如工商、海关、税务、公安人口办等相互之间的关系往往为各自为政问题能否通过地方立法得以有效解决有待思考。

(二) 上海社会信用体系建设立法框架

1. 立法调整范围

社会信用体系建设立法的调整范围可以分为宏观、中观和微观调整范围。宏观调整范围包括社会信用体系建设的四个方面：政务诚信、商务诚信、社会诚信和司法公信四大领域，内容涉及信息的归集、使用、共享，信用信息基础建设，信用市场建设，诚信教育等。宏观调整范围的缺陷是立法冗杂，宣示性条文过多。微观调整范围是就社会信用体系建设的某个具体事项或者问题进行立法，如现在中央政府或者地方政府的一些部门对诸如公用信息或者征信进行的立法就是微观调整范围的立法。其问题在于政府各个部门选择性立法，导致社会信用信息共享、协调产生困难。中观调整范围是围绕信用信息管理活动，对信用信息的采集、归集、公开、查询、应用、安全和信用主体权益保护进行立法。

通过对比宏观、中观和微观立法调整范围，我们认为聚焦社会主体信用活动规范的中观调整范围较为合适。也就是说，本市社会信用体系建设立法应以规范和“社会信用活动相关的信用信息系列行为”为调整对象，围绕信用信息这条主线，针对信用信息记录、归集、公开、查询、应用、保护进行立法。具体来说，上海社会信用体系建设立法包括如下内容：(1) 建立有效的组织推进机制；(2) 市信用平台定位和各基础库关系；(3) 信用信息的范围与归集；(4) 信用信息的公布与查询；（5）信用信息应用，奖惩机制自在其中；（6）信用信息保护；（7）信用服务行业规范发展；（8）法律责任。

上海社会信用体系建设立法采用中观调整范围的主要理由是：

（1）更加贴近上海实际。中观层面立法有利于总结前一阶段上海社会信用体系建设中积累的成功经验，通过立法在已有成果的基础上进行深入创新，引领上海社会信用体系发展。反之，如采用综合性强的体系型立法，则立法调整范围过大，在国家层面未出台相关规定和对社会信用体系认识不统一的实际情况下，立法难度大，且对上海地方经济发展的引领和支持针对性不强。当然这不意味着中观层面的立法可以完全忽略宏观层面的立法内容。对于归属于宏观层面的政务诚信和司法公信，中观层面的立法可以有针对性的涉及。受制于地方立法权限，暂时难以突破的，可以通过宣示性条款予以涵盖。对于可以具体规定的，则不仅应涵盖，而且还需具体规定。例如，对于政务诚信，在政府信用信息范围确定和公务员诚信记录、公开和使用上，地方性法规宜作出细致规定；对于司法公信，司法信用信息范围确定及司法执法和从业人员信用档案建立、公开和使用也应有明确规定。同时，还可以在归集共享司法机关所掌握的信用信息上对其提出要求。

（2）更符合信用体系建设工作实际。社会信用体系建设离不开对社会信用管理活动的规制和调整，信用信息的采集、归集、公开、使用等问题贯穿于社会信用管理活动的全过程，而这也是当前本市社会信用管理建设中存在和迫切需要解决的问题。如果就某单一问题或事项入手，容易忽视对整体社会信用管理活动链条的把握，难以达到地方信用立法的积极效果。相比较而言，从社会信用管理一系列活动入手更为合适。

（3）更具可行性。从立法事权和立法实施层面分析，从中观切口着手，地方的立法空间和立法权限更大，对本地区的社会信用体系建设可以起到较为宏观的规范和指导。同时，目前本市社会信用体系建设基本采取政府主导、相关各方参与的模式，在这种模式下，选择从中观立法便于横向协调配合、纵向引领监管，更有利于立法的实施推进。

2. 建立有效的组织推进机制

上海市已经建立了社会信用体系建设联席会议，由市委和市政府职能部门、市高院、市检察院、中央驻沪机构、区县政府以及其他部门和单位68家单位组成。社会信用体系建设联席会议下设市征信办公室，办公室设在作为本市信用信息工作主管部门的市经济信息化部门。由市发展和改革委员会管理的市信息中心2014年增挂“上海市公共信用信息服务中心”牌子。目前组织推进机制运行多年，取得一定成效，但也存在一些需要解决的问题。一是市监察局退出了市社会信用体系建设联席会议制度，转以查案办案为主，随之而来的是社会信用体系当中不可获取的政务诚信失去了主管部门。未来需要考虑在组织推进机制上补全这块，发挥本市在政务诚信建设领域为全国先行先试的作用。二是区县主管部门的不明确不利于全市社会信用体系建设工作的整体推动。三是现有组织推进机制缺少一个独立的信用管理部门，采取的是委办局兼职、挂靠方式，不利于实行统一领导、统一规划、统一建设、统一监管。

上海社会信用体系建设立法可围绕政府在社会信用体系建设中的职能进行创新，界定政府对社会信用的协调、监管和服务职能，为此，应建立相应的组织机制，如做实现有的社会信用体系建设联席会议，或者专门设立市信用管理局或者专项工作办公室，对信用体系建设实行统一领导、统一规划、统一建设、统一监管，改变过去信用建设和管理由委办局兼职、挂靠的局面，从而提高政府作用的有效性和监管的效率。对于政务诚信，因和政府信息公开工作密不可分，考虑到市政府办公厅主管政府信息公开工作，政务诚信这块工作在市监察局缺位情况下，应交由市政府办公厅负责，结合政府信息公开规定落实。对于区县，尽可能明确较为一致的部门作为社会信用体系建设的主管部门，形成部门和区县条块结合的推进机制。

3. 明确市信用平台定位和各基础库关系

现有市信用平台经由市政府批准成立，由市信用中心负责建设、运行和维护，于2014年开通运行。市信用平台定位于全市公共信用信息归集和查询的统一平台和推动全社会公共信用信息应用的重要载体。虽然在社会信用体系建设过程中，实有人口库、法人库、金融信用信息基础数据库以及税务、建设、社保等各领域多个信用平台并存，但是，无论从国家层面对信用平台的建设要求，还是上海自身发展需要，建立一个集中统一的信用平台势在必行。这有助于借助其他分散平台已有数据基础上，通过归集，形成发布使用统一规范。

上海社会信用体系建设立法还要明确市信用平台和各基础库、央行及其他信息提供主体关系。一是市信用平台与区县子平台、行业信用子平台之间的关系。子平台，包括区县子平台、各类行业或条线信用子平台等。市信用平台是全面、系统归集全市公共信用信息的统一平台。区县子平台按照市信用平台统一规范、标准，进行建设、运行和管理，区县子平台负责归集本区域公共信用信息，并应将所归集公共信用信息全部向市信用平台提供。各条线部门子平台应与行业或条线信用子平台合署建设。行业或条线信用子平台负责归集本行业或条线公共信用信息，并应将所归集公共信用信息全部向市信用平台提供。市信用平台按照市（区）政府部门在行政管理过程中应用公共信用信息的需求，向子平台提供数据及功能服务，支撑政府部门事中事后监管。

二是市信用平台与市法人库、市人口库之间的关系。目前市法人库和市人口库仅向平台开放单条查询接口，难以支撑平台为政府部门和信用服务机构提供监测预警、统计分析等应用。上海社会信用体系建设立法应明确规定，市法人库和市人口库定期将基础库中的公共信用信息与市信用平台间的基础数据同步，实时将更新数据自动推送至市信用平台。

三是市信用平台与其他市场信用平台之间的关系。市信用平台可根据服务需求，与相关社会机构及组织建立数据共享机制，采集金融类、司法类、行业类、交易类、社交类等社会信用信息，以更好地支撑和满足各类政府和社会应用。尤其要做好公共信用平台和人民银行征信中心掌握的金融信用信息以及其他互联网企业、行业组织掌握的商业信用和社会信用信息之间的对接，实现互通互用。市信用平台建设的目的即为政府及市场提供公共信用信息服务。信息化和互联网产业的高速发展，对信用信息的综合应用提出更多需求。

4. 信用信息的范围与归集

在信用信息的范围与归集上，上海社会信用体系建设立法主要涉及三个方面的内容。一是界定信用信息的范围和标准；二是要明确各主体，特别是行政主体记录信用信息、建立信用档案的责任和义务，确保数据归集质量；三是同步嵌入有关禁止归集、事先告知等保护信息主体权益的条款。

（1）规定使用统一社会信用代码。我们建议在立法中明确，信用信息记录、归集、应用应当以统一社会信用代码作为关联匹配信息主体信用信息的标识。其中，自然人的统一社会信用代码为身份证号码；法人和其他组织的统一社会信用代码为登记管理部门赋予的唯一机构编码。

（2）信用信息归集的范围。上海社会信用体系建设立法应考虑，将信用信息界定为是指可用于识别自然人、法人和其他组织信用状况的数据和资料。信用信息由信息主体的基本信息、良好信息和失信信息组成。失信信息又可根据严重程度，细分为一般失信、严重失信和极严重失信三种。同时将自然人信用信息限定在年满18周岁的自然人。归集的信用信息种类包括自然人、法人和其他组织的基本信息、良好信息和失信信息。失信信息又可根据严重程度，细分为一般失信、严重失信和极严重失信三种。除了明确种类和界定标准之外，还应对三类信息通过列举方式予以明确。上海社会信用体系建设立法应明确禁止归集自然人的宗教信仰、基因、指纹、血型、疾病和病史信息以及法律法规禁止采集的其他自然人信息。

5. 信用信息的公布与查询

信用信息公布更多是针对公共信用信息而言。做好公布这个环节有利于公共信用信息的开发利用，同时也可对信息主体起到惩戒作用。公布环节也是地方立法通过纳入政务诚信和司法公信进行先行先试探索的一个关键环节。因此，完善的公共信用信息公布在信用信息各环节当中居于核心地位。这就要求立法通过合理界定公开与不公开之间的边界，有助于在保护国家秘密、商业秘密和个人隐私的基础上，最大限度公开信用信息。

上海社会信用体系建设立法在信用的信息公布方面可以规定以下内容：(1) 要求主管部门编制并发布公共信用信息目录。公共信用信息目录包括公共信用信息的具体内容、录入规则、查询期限、公开程度等要素。(2) 要求信息提供单位编制并公布信用信息分类分级指导目录，该目录可以反映出信息主体良好或者失信信用状况程度。(3) 要求信息提供单位公布对信息主体采取分类管理的标准措施。(4) 依照法律法规规章应当主动公开的信用信息，信息提供单位、信息归集单位或信息主体有义务向社会公布。(5) 从对公共利益保护角度，加大失信信息的公布范围和力度。对于黑名单或重大失信行为主体信息一律公布；其他对公共利益造成重大影响的也应当公布。可以尝试在包括行政处罚等不良信息的公开上确立更为明确的公开目录、平台、方式、时限。也可以细化《企业信息公示暂行条例》当中的“其他依法应当公示的信息”。(6) 细化政府信息主动公开标准，提升政务诚信。同时对“官谣”行为进行规制，提升政府公信力。(7) 鼓励加大司法裁判文书等司法公开力度，便于社会开发利用和监督，进而提升司法公信力。(8) 公布的渠道规定在政府网站、“上海诚信网”、移动客户端等其他便利公众知悉的方式，规定在网站上的电子信息需要以机器可读的格式公布。(9) 限定公布的期限一般为5年，法律法规另有规定的，从其规定。失信信息的公布期限，自对信息主体违法失信行为的处理决定执行完毕之日起计算。超过期限的失信信息，不再通过信息提供主体和信用平台公布。

和信用信息公布配套的另外一种不可或缺的机制就是信用信息的查询。对于非向社会公布信息，信息应用主体可以查询。上海社会信用体系建设立法可以规定以下有关信息查询的内容：(1) 查询条件，信息主体本人可以查询，或经信息主体书面授权，信息应用主体也可查询非向社会公布的信用信息，已经依法向社会公布的信用信息无须取得信用主体的授权同意。(2) 区分不同主体设置不同的查询规范。对于行政机关，在特定领域内必须查询。对于社会查询，区分本人查询和非本人查询，设置不同的规范。对于信用服务机构查询，从鼓励行业发展角度，提供批量查询等便捷方式，顺应互联网+时代的应用需求。(3) 规定信用信息查询的收费机制，确立按成本收费原则。但是对于自身信息的查询，允许信息主体每年有一次免费获取信用报告的权利。（4）限定查询的期限一般为5年，法律法规另有规定的，从其规定。失信信息的可查询期限，自对信息主体违法失信行为的处理决定执行完毕之日起算。超过期限的失信信息，不再通过信息提供主体和信用平台接受查询。

6. 信用信息应用

信用信息应用主要指的是守信奖励失信惩戒机制。这是社会信用体系建设的关键环节，尤其是失信惩戒机制的成熟与否直接关系到社会信用体系建设的作用和效果。鉴于现有失信惩戒机制存在行政性惩戒缺乏有力依据、联合惩戒不到位、不同主体惩戒关联机制不够健全等问题，上海社会信用体系建设立法应该在以下领域寻求一些突破。

（1）政府带头示范应用。政府带头示范应用是建立有效的守信奖励失信惩戒机制的关键。立法应该规定对信用状况良好的自然人、法人和其他组织，行政机关在同等条件下，在事前、事中、事后依法采取下列激励措施，予以优先支持：在行政管理活动中开设“绿色通道”，予以优先办理；在财政资金补助、税收优惠等政策扶持活动中，列为优先选择对象；在政府采购、政府购买服务、政府投资项目招标、国有土地出让等活动中，列为优先选择对象；国家和本市规定的其他激励措施。对信用状况不良的自然人、法人和其他组织，行政机关在事前、事中、事后依法采取强化管理或限制资格或权益方面的惩戒措施。具体有：在日常监管中列为重点监管对象，增加检查频次，加强现场核查等；在行政许可、年检验证等工作中，列为重点核查对象；取消已经享受的行政便利化措施；限制享受财政资金补助、税收优惠等政策扶持；限制参加政府采购、政府购买服务、政府投资项目投标、国有土地出让等活动；限制参加政府组织的各类表彰奖励活动；限制担任企业法定代表人、负责人或者高级管理人员；国家和本市规定可以采取的其他措施。

上海社会信用体系建设立法应该规定，行政机关根据履行职责的需要，对失信情况特别严重的自然人、法人和其他组织建立名录，依法采取强化管理、限制甚至禁止资格或权益、列入并公布黑名单等惩戒措施。具体有：不予注册登记等市场禁入措施，或者依法采取取消资质认定、吊销营业执照等市场强制退出措施。行政机关应当将失信情况特别严重的认定标准和失信情况特别严重信息，即黑名单信息，定期通过固定渠道以机器可读方式向社会公布。

上海社会信用体系建设立法应明确建立联动奖惩机制，将信用联动奖惩有效贯穿行政管理各个环节，包括事前告知承诺与信用考查、事中信用分类管理与监测预警、事后信用联动奖惩与结果信息反馈三个环节。明确规定建立“黑名单”制度，对在食品药品安全、企业产品质量、环境安全、纳税情况、债务偿付情况等方面纳入“黑名单”的当事人，在从事本领域内的经营活动时，相关部门应当采取一种或多种惩戒措施，实现“一处违法、处处受限”的目标。明确要求政府各部门在办理本领域内行政许可时，如果相关法律法规或规范性文件明确将企业诚信状况或无违法记录作为许可条件的，应将市信用平台上公示的信息作为重要参考。

（2）鼓励引导社会应用。上海社会信用体系建设立法应鼓励自然人、法人和其他组织在融资信贷、订立经济合同、劳动用工等经济社会活动中查询并使用公共信用信息。确立市信用主管部门通过专项资金支持、政策优惠、奖励等措施培育信用服务市场，促进信用产品开发创新。

（3）做好动态联动。联动奖惩机制不仅局限在行政机关内部和本市范围，还有赖于和跨领域、跨区域、跨主体联动。上海社会信用体系建设立法应明确规定以下内容：①通过构建合理机制，除了要实现公共管理、社会、金融三大领域内部信用信息一定形式的互联互通外，还应实现三大领域信用信息动态联动。②探索跨区域联动。信用联动奖惩机制应在长三角信用联席会议制度的基础上，加强信息共享，以环保、旅游和电梯等行业为试点，逐步向全领域开放，实现区域联动奖惩。适时推进全国联动，与国家信用信息平台对接，切实实现信用联动奖惩跨条线、跨区域的全方位联动。③通过法人名称与法定代表人（负责人）姓名、投资人名称、管理者姓名进行识别和关联，将法人和自然人的信息有效贯通，实现法人和个人信用信息深度关联。

7. 信用信息保护

（1）信息主体权益保护。上海社会信用体系建设立法至少应包括以下内容：①设置原则性条款，要求信用信息公布和查询时不得泄露国家秘密、侵犯商业秘密和个人隐私。②对于自然人，规定不得归集的信息类别。这些信息包括自然人的宗教信仰、基因、指纹、血型、疾病和病史信息以及法律、行政法规规定禁止采集的其他个人信息。对于自然人的收入、存款、有价证券、商业保险、不动产的信息和纳税数额信息，归集时需要取得信息主体的书面同意并告知信息主体提供该信息可能产生的不利后果。③对于信用信息的公开，除了信息主体同意主动公开、法律法规规章规定应主动公开的信用信息外，其他信用信息只能提供查询。④对于信用信息的查询，信息主体有权查询；其他主体查询应当事先征得信息主体书面同意，明示用途和使用范围。除非信息主体事先同意，不能转委托（授权）。同时明确提供查询的单位的保密义务和查询程序规范。⑤信息主体有权在自身遭受信用侵害时，要求赔偿损失。

（2）异议处理。上海社会信用体系建设立法应就异议申请、异议处理、异议标注三个方面作出规定。①设置信用信息公布前的确认程序。要求信息提供单位在公布信用信息之前，提供给信息主体，要求其进行事前确认，赋予其陈述和申辩的机会。②就异议申请方面，明确信息主体有权在其信用信息记录存在不准确、不完整情形时，提出异议。市信用中心有义务在收到异议申请时，在规定时间内进行比对或通知信息提供单位，由其进行核查，不准确、不完整情况属实的，应当予以更正并通知信息主体。同时，对于信息主体对异议处理仍有异议的以及信息提供单位未按照规定核查异议的，市信用中心有义务对此进行必要的标注，或中止向社会提供该异议信息的查询。③规定信用信息准确性举证责任倒置制度。即在信息主体提出信息异议时，信息提供单位在一定期限内无法证明该信用信息准确性的，市信用中心应当删除该信息。

（3）信用修复。上海社会信用体系建设立法可以建立两个方面的机制。一是设定信用信息有效期，如设定信用查询、公开和奖惩的有效期限为5年，自失信行为或者事件终止之日起计算，国家另有规定的除外。二是有条件实施信用修复。对于信用主体非主观失信行为，应允许其提出信用修复申请，已经整改到位的，如按照规定的条件和程序，主动履行法定义务，减轻或者消除不良行为后果的，可以允许信用修复；信用主观因主观故意发生失信行为或者失信行为造成严重影响的，不允许修复。信用修复后，原始失信信息应当转为档案保存。

（4）信息提供和查询单位的信息安全责任。立法应明确规定信息提供和查询单位应当做好信息安全工作，确保信息主体的信息安全。

8. 信用服务行业规范发展

考虑到上海信用服务行业存在信用服务市场自发性需求不足、信用信息应用率不高、信用服务行业整体规模偏小等现状，上海社会信用体系建设立法有必要对发展信用服务行业作出规定，如要求在公共管理领域加强政府带头应用，形成统一的公共管理部门使用产品规范化要求；鼓励企事业单位、社会组织等其他主体使用信用产品，引导企业间扩大信用交易；加大公共信用信息平台向信用服务机构公开信息的力度，降低信用服务机构采集信用信息和开发信用产品成本。

9. 法律责任

依据上海社会信用体系建设立法所规制的不同主体在信用信息活动各环节中所造成的后果程度不同，区分信息提供单位、归集单位、应用单位等不同主体，设置不同的责任承担方式。承担责任的主体包括行政机关及其工作人员、市信用中心以及其他主体；承担责任的方式包括行政处罚、民事赔偿、刑事责任。

三、人力资源保障的法制环境

国际金融中心的地位是建立在多种资源条件综合优势之上，其竞争力的形成与巩固是基于一系列供给和需求因素的推动，除了商业环境、金融制度、经济运行状况、金融业发展水平、税费成本、基础设施等领域外，人力资本和人力资源保障始终居于影响竞争力的主要领域。本章的研究，将根据国际金融中心人力资源特点及保障需求，围绕实现大规模高素质人力资源聚集、构建有效人才发展环境、促进人才资源国际化和流动性等三方面法制环境问题展开。

（一）主要国际金融中心人力资源保障法制环境的比较

伴随着全球化的发展和知识经济的崛起，全球各主要国际金融中心所在国相继采取了一系列有助于金融及其相关服务业高端人才聚集与发展的立法和监管举措，通过改善监管的公正性和可预见性、与同业者的竞争公平性、营商的便利程度、个人税负等法制环境，以此构筑具有国际竞争力的金融人才高地。

1. 伦敦：公平与稳定的人才就业环境

为适应金融业发展水平，在提升国际金融中心人才竞争力方面，伦敦实行了公正透明、简单易行的相关政策：第一，英国推出工作许可签证、永久居留权与保留原国籍、免费医疗、子女免费教育、家属探亲签证等一系列优惠措施。伦敦金融城为全球前50商学院毕业生提供免签证就业。第二，受市政府委托，伦敦开发署发起成立了650万英镑的技能培训基金，以帮助引进与挽留熟练的员工。第三，在保障劳动者合法权利方面。法律对有关招聘事项予以详尽规定，包括政府职业介绍所、临时工作、合同、工作时间、非工作时间、雇佣终止、机会均等与歧视问题等，用人单位必须严格执行。

英国特别注重防范雇主对雇员的不公平解雇。英国劳动法的限制解雇制度主要体现为对不正当解雇和不公平解雇两个方面进行规制。在限制不正当解雇问题上，英国主要依靠习惯法为被不正当解雇的雇员提供救济措施，包括损害赔偿救济、衡平法救济、权利宣言救济和公法救济等，其中最常用的是损害赔偿救济。在不公平解雇方面，英国通过成文法对解雇行为进行干预，以期弥补习惯法上限制不正当解雇制度在保护被解雇雇员方面存在的弱点，其中《劳动权利法》是对不公平解雇制度规定最为详细的法律。相比于习惯法，成文法主要关注解雇原因，当解雇原因“不公平”时，即构成不公平解雇。在不公平解雇的救济问题上，最主要的措施有：恢复原职、重新录用和经济补偿。当一项解雇发生后，雇员可以选择主张不公平解雇或主张不正当解雇。如果雇员主张不公平解雇，便可向劳动法庭提起诉讼；如果雇员主张的是不正当解雇，则必须根据习惯法向一般法院起诉。

英国也有相对完善的就业歧视立法。原则上，法律禁止雇主基于性别、种族、残疾、宗教和信仰、年龄实施歧视。英国反歧视法律主要体现在成文法中，当然如何解释法律，很大程度上必须依赖雇佣法庭和法院的判例。在英国，涉及就业歧视的成文法主要包括 1970 年《平等工资法》、1975 年《性别歧视法》、1976 年《种族关系法》、1995 年《残疾歧视法》。需要指出的是《性别歧视法》、《种族关系法》、《残疾歧视法》调整的范围不仅包括就业，还包括教育以及商品、服务或者设施的提供等其他事项。除了法律外，英国还通过条例的形式不断修改法律或者增加反歧视的保护范围，例如，2003 年《雇佣平等（宗教或信仰）条例》，2003 年《雇佣平等（性取向）条例》和 2006 年通过了《雇佣平等（年龄）条例》。除了禁止歧视的事由不断扩大，英国和欧盟的反就业歧视立法也覆盖了劳动的各个环节，包括就业准入、职业培训、晋升、工作条件等等，几乎涉及了就业的整个过程。

2. 纽约：移民政策促进人才资源的流动性与国际化

纽约的发展在较大程度上得益于美国卓有成效的人才政策。其主要体现在如下几个方面：第一，美国实行向技术移民倾斜的移民政策，放宽对各国优秀人才的移民限制。进入 90 年代，美国将移民法重点转向了投资移民和技术移民；第二，美国政府于 1990 年开始实施临时工作签证（H－1B）计划，吸收高科技人才到美国工作；第三，为优秀留学生提供“绿卡制”；第四，美国的劳动法律十分健全，且具有很强的可操作性。美国属于普通法系的国家，其劳动法律法规，既有主要以判例法为传统的立法形式，也有一系列的成文法，对于各类劳动事项制定了不同的立法规范，相关法律条文简洁明了。

美国劳动者权益的保护倚仗于其相对完善的劳动法律体系。美国有劳动法和雇佣法之分，劳动法涉及集体权利，而雇佣法处理个别劳动关系。劳动法涉足就业与职业培训、公平劳动标准、职业安全和卫生及社会保障等诸多领域。从联邦到各州，对不同行业均制定了详细的劳动保障法规，涉及人才的个人合法权益和公共合理利益都被予以涵盖与保护，其中相关主要法规有 1963 年的《公正酬劳法》、1964 年的《劳动取酬权利法》、1967 年的《杜绝员工年龄歧视法》、1972 年的《等同就业机会法》、1978 年的《反对雇员怀孕受歧视法》、1990 年的《保护残障人士工作权力法》、1991 年的《公民权利法》、1994 年的《公职服务人员权利保障法》等。

在反就业歧视方面，美国是世界上禁止就业歧视立法较为完善的国家之一。在其关于禁止就业歧视的立法中，《1964 年民权法》是居于联邦立法层面中心地位的成文法，联邦其他相关成文法还有《1990 年美国残疾人法》《就业年龄歧视法》《1963 年同酬法》，均规定禁止就业中根据种族、肤色、宗教信仰、性别和国籍而实施的歧视。

纽约州拥有自己的劳动立法，2010 年颁布与实施的《防止窃取工资法》，对本州的雇佣程序和救济手段予以明文规定。该法明确禁止雇主对持有雇佣条件异议的员工实施报复，并对违法的雇主实施更为严厉的惩罚。在解决劳动争议上，纽约州设有一个专职的五人制的公共就业关系委员会，负责调停和仲裁劳资纠纷（见图 8－1）。

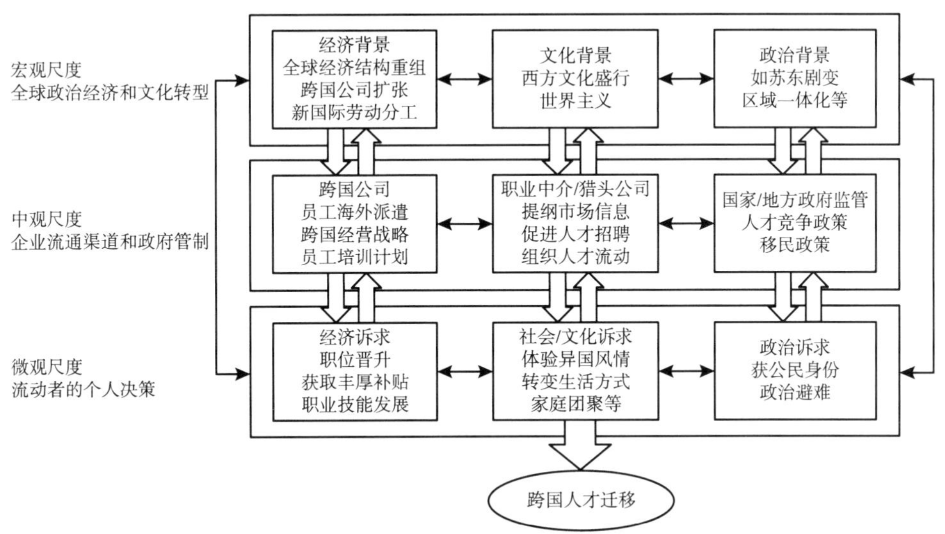

图 8－1　高端人才跨国流动的动力机制①

资料来源：香港中文大学研究基金项目（2021070），刘晔：《人文地理》2013 年第 2 期。

3. 东京："劳动三法"构筑和谐劳动关系的基石

日本宪法对劳动法律的形成确定了三项原则，即所有国民都有劳动的权利，

① 香港中文大学研究基金项目（2021070），刘晔：《人文地理》2013 年第 2 期。

劳动标准由劳资双方谈判解决，劳动者有集会结社的权利。据此，制定与实施的《工会法》（1945 年）、《劳动关系调整法》（1946 年）、《劳动基准法》（1947 年）确立了其在劳动法律体系中的“基本法”地位，并被日本称之为“劳动三法”。基于进一步提高工人的地位、改善工人劳动条件和保护人才劳动权益、有效调整各种劳动关系、预防与解决劳动争议等需求，“劳动三法”经历了多次修改和补充，与作为特别法的一系列其他诸法共同构成了一个相对完善的劳动法体系。其中，就劳动条件及待遇等方面制定的法律主要有：《最低工资法》《工资保障法》《劳动安全卫生法》《劳动者灾害补偿保险法》《男女雇用机会均等法》；在劳动市场及就业保障方面的法律则主要有：《失业保险法》《雇用对策法》《职业安定法》《高龄者雇用安定法》《残疾人雇用促进法》《短时间劳动者雇用改善法》等。

在提高员工待遇方面，日本的《最低工资法》要求雇主向雇员支付工资不能低于法定最低工资标准；为了保障劳动者工资支付，日本的《保障法》规定政府可先行垫付劳动者工资，然后向雇主追偿。在调整劳资关系方面，日本将集体谈判权作为一项独立权利加以保证，通过建立行政救济制度，将拒绝谈判作为不当劳动行为加以规制，而所构建的司法救济制度，则将回应谈判、诚实开展谈判视为法律义务，以保障集体谈判权。在劳动争议问题上，日本制定了《工会法》和《劳动关系调节法》，建立了由公益方、劳方和资方三方代表组成的劳动委员会，对劳资争议做出仲裁。由于工会在协调劳动关系中扮演着重要角色，因此日本法律也特别关注日本工会组织的认证问题。日本的劳动法几乎每年都作修改，尤其注重社会经济的发展变化，如先后出台规范劳动市场的“雇佣政策法”，其包括《职业安定法》《劳动者派遣法》《个别劳动争议解决促进法》等。

日本政府非常重视人才引进，从 1954 年开始就创设了“国费外国留学生制度”，由文部省提供高额奖学金资助外国留学生，并和国外大学签订了短期留学生资助项目。1993 年启动了财团法人国际研修协力机构资助的“外国人研修制度”。2001 年日本推进的“e - Japan 战略”加大了引进外国 IT 技术人才力度，到 2005 年引进的高端外国 IT 技术人才达 3 万人左右，超过了美国的同期水平。最近几年，在招聘海外人才政策上，日本将“具有专门知识和技术”的外国科技人才最长居留期延长为 5 年，并于 2012 年 5 月起施行放宽外国高端人才的永住许可举措。

4. 迪拜：极具活力的中心劳动特别法

基于阿联酋联邦法令的授权，迪拜国际金融中心（Dubai International Financial Center，以下简称 DIFC）不仅拥有其民商事务独立立法权及自成一体的司法体系，而且在劳动关系法律调整与涉外劳动法律规制等司法实践方面还形成了其独特的制度设计、法律架构、调整机制。DIFC 于 2004 年成立，次年颁布施行了中心劳动法，即《迪拜国际金融中心劳动法 2005 年第 4 号法案》，对中心内的劳动关系及相关的各个方面通过立法形式予以确定，交由 DIFC 管理局负责实施。

为加速国际金融中心的建设与繁荣，迪拜在劳动立法和制度设计上都有别于阿联酋联邦现行法律体系。更具国际化与全球化的法制安排主要体现在用工制度、劳动合同制度、劳动保障制度以及劳动争议解决等四个方面：在用工制度上，中心劳动法并未像联邦劳动法那样在劳动权利方面对本国人与外国人做出区别性规定，DIFC 内实体雇佣外国人并无限制；在劳动合同制度上，中心劳动法的规定更为原则性及基础性，除了形式上为要式的法定要求之外，为劳动合同相对方留下了充分意思自治的空间；在劳动保障制度上，DIFC 更为注重公平就业及反歧视，较之联邦劳动法更为明确地规定了职工医疗保险的缴纳体为用人单位，并允许用人单位与职工协商工作时间与假期。对工伤和职业病用人单位将承担赔偿责任；在劳动争议解决上，2012 年后修订的 DIFC 法律弃用了联邦法关于劳动争议救济实行行政调解前置程序的规定，改为用人单位和职工直接将诉求提交 DIFC 法院裁决。

5. 中国香港：保障人力资源的自由竞争

自由契约和合理竞争历来是中国香港劳动立法与就业制度设计所秉承的两大原则。在确立了劳动基准法的强制性规范条件下，现行中国香港劳动法给雇佣合同中的意思自治应用留有适度空间，如雇佣条款及条件等，这不仅提升了劳动力市场的活跃程度，而且也促进了高端人才的国际化与竞争力。中国香港业已建立一整套完备的劳动法体系，涵盖了雇佣、劳资关系、雇员保护、劳工赔偿、职业培训等领域，其中主要成文法律有《雇佣条例》《劳资关系条例》《香港以外雇佣契约条例》《劳资审裁处条例》《破产欠薪保障条例》《职业介绍所条例》《职业训练局条例》等。

在劳动争议的解决方面，香港设立了实体化劳动仲裁机构，由劳资审裁处和小额仲裁处等机构处置劳动争议案件。上述两个机构与劳动争议仲裁委员会有着严格的职能划分：前者处理个体劳动争议和主要因拖欠工资等导致的集体劳动争议案件，后者处理因要求增加工资等导致罢工、闭厂的重大集体劳动争议。在解决集体劳资纠纷的问题上，香港《劳资关系条例》制定了一套解决非政府机构的劳资纠纷处置程序，包括调解、特别调解、调停、仲裁及调查委员会。在劳动仲裁程序上，香港实行仲裁官独任制，拥有简洁、快捷、灵活的特点，将调解设为仲裁的必要条件，实现了仲裁和诉讼的良好衔接。

为了吸引具有认可资历的内地优秀人才和专业人才来港工作，香港特区政府入境事务处从21世纪初起相继出台了“输入内地人才专业计划”（即专才计划）“非本地毕业生留港/回港就业安排计划”“优秀人才计划”（即优才计划）等三个人才计划。对于永久居住权的提供，上述三个计划采取了不同策略：在专才计划中，专才需在同一个雇主处引进并连续工作七年；在非本地毕业生留港计划中，毕业后一年可以自由谋职，从来港入学起计算，学龄加工作时间满7年；在优才计划中，不需先有雇主，运用两种计分方法，通过评审即可。

在就业环境和就业保障方面，香港特别行政区劳工处先后出台了“特别就业计划”“工作试验计划”“就业展才能计划”。在扩大就业上，“特别就业计划”给予雇主培训津贴，鼓励他们聘请40岁或以上的失业人士；在保障就业上，“工作试验计划”为寻找工作困难的求职人士提供一个月的工作试验，试验完成后每位试工者可获得5 000元津贴；在残障人士求职上，“就业展才能计划”为残疾求职者提供职前培训，协助他掌握最新的劳工市场信息、求职策略、面试技巧等，雇主每聘用一名残疾求职人士，可获发为期3个月的残疾雇员半月工资津贴，其奖励数额上限为3 000元。

6. 新加坡：高福利低税负的劳动保障体系

新加坡是东盟国家中市场经济最为完善及劳动社会保障最为健全的国家。雇员的基本劳工标准、劳资关系的处理原则、工会的权利与活动等，均由《就业法》《劳资关系法》《劳资纠纷法》《工人赔偿法》《外籍劳工法》等主要法律构成的劳资关系法律体系来规制。其中，《就业法》对雇用合同的订立与终止、违反雇用合同的责任、雇主的更换、企业转让后雇用合同的效力、薪水的支付、休息日和节假日加班补偿、兼职雇员、家庭佣人、儿童与少年的雇用、孕妇的保护与福利、职业介绍所的管理等内容做出了明确规定。《劳资关系法》和《劳资纠纷法》主要用于调整劳资关系，前者规定了集体谈判、经理雇员申诉受限、劳动争议的劳动仲裁法院裁决等程序性制度，而后者则专门用来规范和处理企业劳资纠纷，包括对非法劳工行为与闭厂行为的界定，对非法行为的处罚措施，对劳资纠纷中共谋行为的治罪处罚。《工人赔偿法》明确了工伤赔偿的适用对象、赔偿范围及诉讼程序。《外籍劳工法》主要适用于管理外籍务工人员及相关事项。

新加坡有四个国家级的劳资关系协调机构：国家工业仲裁法庭、劳资纠纷委员会调查委员会、全国工资理事会、国家生产委员会。这四个委员会都是按照三方性原则建立起来，在解决劳资纠纷、促进劳资合作方面发挥了十分重要的作用。其中，国家劳动仲裁法庭，又称工业仲裁法庭，由专职庭长、10名雇主组织陪审员和10名工会组织陪审员组成，是解决劳资纠纷最权威的机构，其裁决对劳资双方都具有法律约束力。劳资纠纷调查委员会属于政府的非常设机构，由人力部授权组成，其作用是对劳资纠纷进行调查并向政府提出调查报告。如果劳资纠纷无法通过集体谈判和依法裁定而顺利解决，劳资纠纷调查委员会则可以出面进行裁决，调查委员会的裁决对纠纷双方同样具有法律约束力。

新加坡的社会保障制度独具特色，其由社会福利和社会保险组成，通过政府和社会团体组织实施的个人储蓄式中央公积金、系列医疗保健基金等完成。个人储蓄式中央公积金制，从最初简单的养老储蓄制度，现已逐步发展为包括医疗、住房、养老等在内的综合性保险制度。1984 年的保健储蓄（全国性医疗储蓄计划）、1990 年的健保双全计划（重病保险计划）、1993 年保健基金（由政府出资的“兜底”型保健信托基金）等 3 个保健基金构成了现有的医疗保障体系。此外，新加坡一贯推行“低税负”政策来提升其投资环境与人力资源的竞争力，在税收优惠上还设计了各种有利于投资和吸引人才的税收扣除及减免政策，如个人所得税最高税率仅为 20%，明显低于欧美及东盟国家。

（二）中国人力资源的法制环境

我国现行有关人力资源的法律规定，可分为涉外和非涉外两大部分。非涉外法规由中央立法和地方性劳动法体系构成，中央立法主要包括用以调节与规范劳动关系的劳动法、民法通则以及合同法。地方性劳动法规则偏重于地方政府为吸引与安置包括金融人才在内的人才优惠政策。涉外劳动法规的立法是基于劳动法、民法通则及合同法等国家层面的法律调整，并以国内与涉外劳动关系的立法双轨制为主要特征。

较之国内的劳动关系及其法律规制，涉外劳动关系及其立法制度更具复杂性与独特性，这不仅反映在海外派遣、外国人在华就业等跨境经贸交往多元化导致的涉外劳动关系构成的多样性，以及涉外劳动关系中所包含着的来自不同制度及国度社会文化等差异造成的理念碰撞，而且还表现在涉外劳动关系的立法受制于涉外因素的作用贯穿于内国法与国际法两个法域。

鉴于国际金融中心人力资源保障所具有的开放性与国际化，以及高端金融人才竞争的全球化等特点，我们将与国际金融中心人才国际化密切相关的涉外劳动关系，作为主要研究方向及分析背景。

1. 涉外劳动关系法律构建失衡

国际金融中心建设涉及大量海外人才的引进，涉外用工和劳动纠纷数量亦在增加，但我国有关涉外劳动法律并未受到重视，相关立法有待完善。

涉外劳动关系作为涉外用工和对外劳务中基本法律关系的连接纽带，乃是当今我国对外经贸关系的重要组成部分，对其进行的法律调整与规制与以提升国际综合竞争力为目的的合理配置人力资源密切相关，并且也直接影响我国经济转型及加速融入经济全球化的对外开放战略进程。

涉外因素是涉外劳动关系区别于国内劳动关系的主要标志之一，构成劳动关系上的一个特殊类型，并形成了劳动法上的特殊劳动群体。在我国，涉外因素的法理推定源自 1988 年《最高人民法院关于贯彻执行〈中华人民共和国民法通则〉若干问题的意见》第一百七十八条规定，即凡民事关系的一方或者双方当事人是外国人、无国籍人、外国法人的；民事关系的标的物在外国领域内的；产生、变更或者消灭民事权利义务关系的法律事实发生在外国的，均为涉外民事关系。[①] 2002 年公布的《民法典》（草案）第九编试图将涉外劳动关系扩大至“民事关系一方的住所、经常居住地或者营业所位于中华人民共和国领域外”，[②] 但 2010 年 10 月通过的《中华人民共和国涉外民事关系法律适用法》（以下简称“涉外民事关系法律适用法”）没有明确采纳这一建议。故此，依据现行法律，涉外劳动关系应当解释为劳动合同主体为外国人或劳动合同的缔结地或履行地点在国外的劳动法律关系。

关于涉外劳动关系的判定，我国除了对用人单位的涉外用工主体资格和外国人就业许可实施必要的认定外，目前司法实践中通常沿用的是国内劳动关系的构成标准。2006 年全国人大常委会第十九次会议审议并公布的《劳动合同法（草案）》第三条曾明确：“本法所称劳动关系，是指用人单位招用劳动者为其成员，劳动者在用人单位的管理下提供有报酬的劳动而产生的权利义务关系。”[③]2007 年颁布的《劳动合同法》（以下简称“劳动合同法”）规定，用人单位自用工之日起即与劳动者建立劳动关系，建立劳动关系应当订立书面劳动合同。[④] 针对未签订书面劳动合同的情况，2008 年 9 月国务院颁布并实施的《劳动合同法实施条例》明确规定了用人单位及劳动者的法律责任。显然依据我国现行立法，建立劳动关系的唯一标准是实际提供劳动。换言之，只要劳动者实际提供了劳动，用人单位实际使用了用工，用人单位与劳动者之间既建立了劳动关系。

---

① 最高人民法院：《关于贯彻执行〈中华人民共和国民法通则〉若干问题的意见（试行）》。

② 2002 年公布的《民法典（草案）》第九编第一条指出，有下列情形之一的，为涉外民事关系：（一）民事关系的一方是外国人、无国籍人、外国法人、国际组织、外国国家；（二）民事关系一方的住所、经常居住地或者营业所位于中华人民共和国领域外；（三）民事关系的标的在中华人民共和国领域外，或者争议的标的物移转出一国国界；（四）产生、变更或者消灭民事关系的法律事实发生在中华人民共和国领域外。

③ 2007 年颁布的《劳动合同法》中没有此条款。

④ 《劳动合同法》第七条、第十条。

涉外劳动关系的范围，历来是我国司法实践中颇具争议的问题，其焦点之一则是受我国劳动法所调节的法律关系范围是否应涵盖各种类型的“涉外劳务”，究其原因在于涉外劳动中劳动关系、雇佣关系、劳务关系、服务关系等相似概念的混淆与错位以及现行劳动法的缺位。依据我国现行法规的规定，涉外劳务在类型上可划分为中国境内的涉外劳务派遣、国内对外劳务合作机构的境外劳务派遣、国内境外就业中介机构的劳务外派就业三种类型。但是涉外劳动这一特殊类型的劳动关系依然未受到现行立法应有的重视，在系统性、稳定性和适应性等方面，相关法律体系的构建亦存在明显的缺陷：

首先，全国人大常委会制定的《劳动法》《劳动合同法》等法律多采用空间效力式的类推适用，均未就涉外劳动的实体法法律调整在国家法律层面上设置专项条款予以明确规定。我国现行《劳动法》《劳动合同法》虽然明确规定我国境内的用人单位与劳动者建立的劳动关系、劳动合同关系应适用我国法律，① 但对直接适用于涉外劳动关系的强制性规定却没有做出界定。《涉外民事关系法律适用法》首次在涉外劳动合同的法律适用问题上做出了专门的规定：“劳动合同适用劳动者工作地法律；难以确定劳动者工作地的，适用用人单位主营业地法律；劳务派遣，可以适用劳务派出地法律”，② 基本排除了当事人意思自治原则的适用，尽管该法强调了“中华人民共和国法律对涉外民事关系有强制性规定的，直接适用该强制性规定。”③

对于各类涉外用工在劳动待遇、劳动报酬、劳动保险、劳动条件等方面，我国现行法律仍缺乏整体的系统性。例如，《劳动法》《劳动合同法》及《台湾香港澳门居民在内地就业管理规定》等法规均确定了“个体经济组织”的用人单位主体资格，④《外国人在中国就业管理规定》第 26 条也规定“用人单位与被聘用的外国人发生劳动争议，应按照《中华人民共和国劳动法》和《中华人民共和国企业劳动争议处理条例》处理”，可其第 34 条却明文禁止“个体经济组织”聘用外国人。⑤ 此外，除总经理职务外，外国人的工作签证有效期一般为一年，因此外籍雇员根本无法依据我国《劳动合同法》的规定与雇主签订无固定期限的劳动合同。⑥

其次，目前对涉外劳动关系实施的具体法律调整，主要依靠的是那些立法价位较低的部门规章及地方性法规，由于各部门在立法目的及调整目标上的不同，

---

① 《劳动法》第 2 条、《劳动合同法》第 2 条。
② 《涉外民事关系法律适用法》第 41 条、第 43 条。
③ 《涉外民事关系法律适用法》第 4 条。
④ 《劳动法》第 2 条，《劳动合同法》第 2 条，《台湾香港澳门居民在内地就业管理规定》第 2 条。
⑤ 《外国人在中国就业管理规定》第 34 条。
⑥ 《外国人在中国就业管理规定》第 18 条。

以及各地涉外用工水平上的差异，导致了涉外法规的政策化与地方化倾向，直接影响到涉外劳动法律的权威性及其法律制度的稳定性。这方面的典型事例包括各地实施外籍就业人员参加城镇职工社会保险的制度在时间顺序上存在着先后差距，天津市、江苏省和北京市明显早于上海市，导致了外籍就业人员参加我国城镇职工社会保险的制度混乱，并引发了部分外籍就业人员对该项政策公平性的质疑。

最后，将涉外劳动简单地等同于国内劳动来规制，忽视涉外因素可能引发的外国法律、国际条约、国际惯例的适用，淡化强制性规范、任意性规范、国际公约三者间有机衔接等立法取向，降低了我国涉外劳动制度应对劳动力跨境流动与国际人才竞争的适应性。这是我国劳动法的域外效力值得关注的问题。例如，随着我国国内市场的逐步拓展，来华就业、创业的外国籍技术人员人数逐年增多，其中一些人依据其与境外原雇主缔结的劳动合同，负有竞业禁止义务。当双方就此发生纠纷时，原外方雇主可依据我国民事诉讼法的规定向被告住所地法院提起诉讼，那么此类纠纷是否需要通过劳动争议仲裁前置程序先行处理？我国法院可否适用中国劳动法中的相关规定做出裁决？如何避免两国间因直接适用劳动法中强制性规定而引发的法律冲突？上述问题有待相关的司法解释来明确。

2. 我国涉外劳动制度现存缺失之评析

我国现行规范涉外劳动关系的法律制度，主要由国际公约、劳动法律、行政法规、部门规章、地方性法规、司法解释等构成，其具体内容涉及外国人劳动许可制度、涉外劳动合同制度、在华就业外国人的社会保险制度、涉外劳动权利的救济制度等部分。然而，囿于我国涉外劳动立法上的空白与滞后状态，上述各项制度在运行机制及调整模式上并没有设置应对涉外因素、国外的职业雇佣化和用工多元化发展等影响的举措，而是将涉外劳动等同于国内劳动关系来对待，这种采用国内劳动法空间效力式的类推适用的后果，直接导致了法律调整的疏漏及其效用的缺失。

（1）涉外劳动关系的构成失当。自 1996 年实行外国人就业申请制度以来，外国人及台港澳人员来华工作的人数逐年递增，并呈现出快速增长的趋势，到 2013 年底持外国人就业证在中国工作的外国人共 24.4 万人，持台港澳人员就业证在内地工作的台港澳人员共 8.5 万人。①

依据《外国人在中国就业管理规定》，获准来中国就业的外国人，应凭劳动部签发的许可证书、被授权单位的通知函电及本国有效护照或能代替护照的证

① 资料来源：人力资源和社会保障部：《2013 年度人力资源和社会保障事业发展统计公报》。

件，到中国驻外使、领馆、处申请职业签证；用人单位聘用外国人须为该外国人申请就业许可，经获准并取得《外国人就业许可证书》后方可聘用；用人单位应在被聘用的外国人入境后15日内，持许可证书、与被聘用的外国人签订的劳动合同及其有效护照或能代替护照的证件到原发证机关为外国人办理就业证，并填写《外国人就业登记表》；用人单位与被聘用的外国人发生劳动争议，应按照《劳动法》和《企业劳动争议处理条例》处理。

较之国外立法所调整的劳动关系，无论是在用工客体上还是用工方式上，我国现有涉外劳动关系的构成都显得过于宽泛。由于外国人就业实行许可制度与劳动合同制度，其范围几乎涵盖了所有来华就业的外国人，出现了将国外某些原本属于“非典型雇佣关系”的用工以及具有双重身份的职业经理人等一并纳入了涉外劳动关系范畴的现象，其典型人群就是西方法律上称之为“独立合同人”或“自雇人士”，[①]这不仅对我国尚未成熟的涉外劳动关系及涉外用工制度增加了法律调整的难度，而且也有悖于劳动雇佣规范细化的国际发展趋势。“独立合同人”是西方劳动雇佣法及判例上与雇员相对应的概念，一般系指与企业之间签订合同约定在自己的工作场所利用自己的设备和雇员完成特定的工作，企业支付其报酬的工作者。[②]雇主与独立合同人之间并不存在雇佣关系，企业无须向其提供工作福利，仅须依其工作所花费的时间和工作内容来支付报酬，而健康保险和退休金计划等均须由独立合同人自行支付。[③] 鉴于实践中有时难以辨别独立合同人与一般雇员，美国国内税务署建议从财务控制、行为控制以及各方之间关系等三方面加以区分。西方普遍认为独立合同人涉足的职业包括：农民、专业人士、店主、配偶助手（helper-spouses）及建筑工人，其中典型的专业人士有工程顾问、医生、会计、律师、股票经纪人、房地产经纪人、媒介载体、艺人、口译员或翻译、作家、人才代理、电台主持人、私人教师、导游、理发师或发型师、按摩师、私人健身教练、推销商、销售代表等。[④]

（2）涉外劳动制度的法律失调。在2004年国务院进行的行政许可项目的清理中，虽然“外国人入境就业许可”得以保留，但随后无论是在国家层面上还是

① 在西方一些国家对于“自雇人士”是否属于劳动者存在不同观点。例如欧洲法院重申欧盟条约中的有关“劳动者”是指所有从事经济活动的人员。但在英国，自雇人士通常被界定为“为自己从事义务活动并向多个客户提供服务的人士”，由于他们自己决定服务对象、服务方式及时间，能够保护自己的商业利益，为此不是英国法律意义上的“劳动者”。

② See Anne C. L. Davies, *Perspectives on Labour Law*, Cambridge University Press, 2004, P. 88.

③ See Rogar Blanpain, *Comparative Labour Law and Industrial Relations in Industrialized Market Economies*, Kluwer Law International, 2004, P. 278.

④ See The European Foundation for the Improvement of Living and Working Conditions, *Self-employed Person*, http://www.eurofound.europa.eu/areas/industrialrelations/dictionary/definitions/selfemployedperson.htm.

在地方层面上，均未出台过与外国人在华就业相关的专门法律及法规，而现有的劳动就业专门法律如《劳动法》、《劳动合同法》、《 就业促进法》、《劳动争议调解仲裁法》等又均未直接涉及外国人就业问题，目前广泛适用的依然是1996年劳动部、公安部、外交部、外经贸部联合颁布的《外国人在中国就业管理规定》。受制于立法的制度选择及立法技术条件等原因，加上国内劳动法类推适用于涉外劳动的局限性，现行法律规定难以满足当前外国人就业管理形式发展的需要，我国涉外劳动制度的法律失调突出表现在以下几个方面：

第一，外籍白领雇员例外制度的缺位。上海目前涉外用工中大量存在着高薪外籍白领，有关部门忽视了涉外劳动者的差异性，将保障劳动者最低劳动条件的一些劳动法规机械地适用于外籍白领阶层，如年薪收入远高于我国一般白领的外籍高级雇员，与普通雇员一起适用劳动法规定的同一加班补偿标准及企业违法解除劳动合同的经济赔偿数额。这一方面导致了用人单位的人力成本增加，极易引发加班加点产生的劳动报酬争议，降低了涉外劳动力市场的活跃程度；而另一方面当被违法解除劳动合同时，外籍高管所能获得的经济补偿不足以弥补与其原收入及福利的高额亏损。例如，我国《劳动法》第四十四条规定："有下列情形之一的，用人单位应当按照下列标准支付高于劳动者正常工作时间工资的工资报酬：（一）安排劳动者延长工作时间的，支付不低于工资的50%的工资报酬；（二）休息日安排劳动者工作又不能安排补休的，支付不低于工资的200%的工资报酬；（三）法定休假日安排劳动者工作的，支付不低于工资的300%的工资报酬。"但是，依据我国《劳动合同法》的规定，公司高管（包括）被违法解除劳动合同时，其能够获得的经济补偿与其原收入相差悬殊，微不足道。《劳动合同法》规定，企业违法解除劳动者合同需给予双倍经济赔偿，但数额不得高于本地区上年度职工月平均工资3倍的上限以及最高不超过12年年限。①当发生劳动争议纠纷时，我国多数地区法院均视上述规定为强制性规范加以适用，排除适用当事人的不同约定。②

在针对劳动者的差异性实行例外制度方面，国外一些成熟制度可资借鉴，例如美国的"白领雇员豁免"制度。美国《公平劳动标准法》将企业高层执行官、行政管理人员和专业人员概括称为"白领雇员"，规定雇主对其可以豁免适用最低工资标准和加班费，并采用职责标准、固定薪酬标准等强化"白领雇员豁免"

---

① 《劳动合同法》第47条。

② 在上海法院的审判实践中已出现依据当事人约定决定解雇补偿金数额的案例，但是法院审判的依据仅仅是法院内部的相关规定，并未得到国家立法及地方立法的支撑，故此上海法院判决的合法性引发了一些法律界人士的质疑。参见万静：《外国人在华就业遭遇劳动合同法难题》，载于《法制日报》2008年5月8日第8版。

制度的可操作性。[①]

第二，外企常驻代表机构用工地位的边缘化。依据《北京市人民政府关于外国企业常驻代表机构聘用中国雇员的管理规定》、《广东省外国企业常驻代表机构聘用中国雇员管理规定》等地方法规规定：外国企业常驻代表机构招聘中国雇员，必须委托外事服务单位办理，不得私自或者委托其他单位、个人招聘中国雇员；中国公民必须通过外事服务单位向外国企业常驻代表机构求职应聘，不得私自或者通过其他单位、个人到外国企业常驻代表机构求职应聘；涉外就业服务单位与中国雇员建立劳动关系应当依照我国有关法律法规签订劳动合同，并依法为中国雇员缴纳社会保险费用。[②]

在现有的涉外劳务派遣三方关系中，我国境内涉外外事和就业服务单位与外国企业常驻代表机构形成的是非劳动关系，即我国法律上的一般民事关系，涉外外事和就业服务单位与派遣人员则通过签订劳动合同形成的是劳动关系，构成了法律上的用人单位；而外国企业常驻代表机构作为事实用人单位与派遣人员形成的仅仅是一种特殊的使用关系。境内涉外劳务派遣制度上的这种结构性缺陷，造成外国企业常驻代表机构无法直接与派遣人员订立相关知识产权保护协议窘境。如出于保护商业秘密目的所订立的竞业限制协议，用工地位边缘化使得其难以有效地保护所拥有的商业秘密的正当权利。这方面的典型案例有《法制日报》、《人力资源》杂志以及《劳动法世界网》联合评选出的2008年十大劳动争议案件之一的“首例涉外劳务派遣者被诉违反竞业限制案”。

第三，就业许可中用人单位应尽责任的配置失衡。在现有的司法实践中，不少涉外劳动纠纷的起因出自用人单位对企业责任及社会责任的淡漠与丧失。由于在违约经济赔偿上非法用工的成本较之合法用工要低得多，因此有些用人单位以降低人力成本为目的聘用未办理就业证的外国人，或有意推诿协助外国人办理就业证的企业义务，致使用工双方形成的用工关系不受我国劳动法及劳动合同法的保护，以此规避出现劳动争议时企业应当承担的劳动法上的用人单位责任。更有甚者，某些用人单位本身并不具备用工主体资格，竟然违法聘用持有就业证的外国人，导致劳动争议处理时合法就业的外国人无法享受劳动法上相关经济补偿规定的正当权利。按照现行法律规定，一旦出现涉外劳动就业争议，其处置分为雇佣关系与劳动关系两种类型，前者仅仅需要支付工资，而后者除支付工资外，还需支付解除劳动合同的经济补偿金等费用。

在解答“未领取就业证的国（境）外自然人，与本市用人单位之间形成劳

---

① 林晓云等编著：《美国劳动雇佣法》，法律出版社2007年版，第44～54页。

② 《北京市人民政府关于外国企业常驻代表机构聘用中国雇员的管理规定（1997修正）》第五条、第六条，《广东省外国企业常驻代表机构聘用中国雇员管理规定》第11条、第13条。

动关系，发生劳动权利义务内容争议的，是否作为劳动争议案件”问题时，上海高级人民法院于2002年曾明确指出，考虑到如果受理国（境）外劳动者在本市单位就业而引发的劳动争议案件，等同于鼓励非法就业，因此作出了不予受理的规定。国（境）外自然人的非法就业当然不能受到劳动法的保护，但国（境）外自然人在我国非法就业发生的劳动权利义务争议，又确属于平等主体之间民事权利义务争议，因此，如符合民诉法规定的起诉条件的，可作为一般民事案件，由人民法院直接受理。[①]我国《劳动合同法》规定，经济补偿按劳动者在本单位工作的年限，每满一年支付一个月工资的标准向劳动者支付。用人单位违反本法规定解除或者终止劳动合同的，应当按经济补偿标准的二倍向劳动者支付赔偿金。[②] 根据2010年7月最高人民法院就《关于审理劳动争议案件适用法律若干问题的解释（三）》所作的解答，对于用人单位拖欠劳动者劳动报酬、加班费或者经济补偿的，劳动者可以向法院起诉，要求用人单位支付劳动报酬、加班费或者经济补偿，同时也可以主张加付的赔偿金。[③]然而，如果是非法用工，即便是雇主的过错造成的，发生争议时，外籍雇员的事实劳动关系的主张及依据劳动合同法的经济补偿诉求也无法获得法院的支持。这方面的典型案例有2009年4月10日《中国法院网》刊登的法国籍厨师真·郎尼马逊与上海泽田餐饮公司案。[④] 在我国《劳动合同法》颁布后，此类纠纷仍多有发生，[⑤] 其结果均以外籍雇员败诉而告终，而纠纷中，雇主的过错无人问津。

（3）涉外劳动合同中意思自治原则适用的疏漏。涉外劳动合同的法律适用问题，主要涉及实体法规定和冲突法规范两个方面，前者通过劳动法相关强制性规范的直接适用来规制用人单位与劳动者间权利义务的归属，保障社会公共利益的实现，而后者则借助国际私法规范以确定处置涉外劳动纠纷的准据法。关于我国劳动法的适用范围，现行劳动法规已予以了明确。1995年的《劳动法》、2007年的《劳动合同法》和《劳动争议调解仲裁法》以及1994年的《外国人在中国就业管理规定》等对在中国境内形成的劳动关系及发生的劳动争议均作出了仅适用

① 《上海市高级人民法院民一庭关于审理劳动争议案件若干问题的解答》，2002年2月6日。

② 《劳动合同法》第47条、第87条。

③ 《最高人民法院关于审理劳动争议案件适用法律若干问题的解释（三）》。

④ 李鸿光：《法国大厨无证打工无合法劳动者身份难获“全胜”》，中国法院网2009年4月20日发布，http：//www. chinacourt. org/html/article/200904/20/353598. shtml。

⑤ 张留兵高黎琴：《未办就业许可证被裁美国执行董事起诉被驳回》，中国法院网2009年4月8日发布，http：//www. chinacourt. org/html/article/200904/08/352043. shtml；刘广鹏：《美国高管法庭讨要薪酬外国人就业证成焦点》，中国法院网2009年11月10日发布，http：//www. chinacourt. org/html/article/200911/10/380486. shtml；王晓：《外籍服装设计师被解雇索赔因劳动合同无效未获支持》；李鸿光：《老外未办“就业证”上岗总经理仅属雇佣关系》，中国法院网2010年1月7日发布，http：//www. chinacourt. org/html/article/201001/07/389710. shtml。

中国劳动法规的规定。[①] 对于涉外劳动合同的准据法问题，2010 年 10 月颁布的《涉外民事关系法律适用法》第 43 条规定，“劳动合同，适用劳动者工作地法律；难以确定劳动者工作地的，适用用人单位主营业地法律。劳务派遣，可以适用劳务派出地法律。”

意思自治原则在涉外劳动合同中的适用，历来是我国法学界及司法实践中颇具争议的问题之一。基于劳动法所具有的社会法性质，以及劳动基准法的强制性规范，加之将涉外劳动简单地等同于国内劳动来规制的缺陷等多重因素的叠加效应，我国涉外劳动合同中意思自治原则的适用空间原本就非常狭窄，一些本可以约定的任意性规范也变得具有排他性，如劳动合同单方解除条件等，削弱了涉外劳动法协调涉外劳动关系与维护涉外就业权的基本功能，降低了涉外劳动力市场的活跃程度，并由此引发了涉外劳动争议中劳动合同法适用问题。针对我国劳动立法中涉外劳动争议如何适用劳动合同法这一空白，《上海市劳动局关于贯彻〈外国人在中国就业管理规定〉的若干意见》等地方性法规进行了积极的、有益的尝试。上海市南汇区人民法院审理的“陈德基诉飞世尔试验器材制造（上海）有限公司劳动合同纠纷案”就是这方面的典型案例。[②] 上海市南汇区人民法院审理认为，根据“上海市劳动局关于贯彻《外国人在中国就业管理规定》的若干意见”第 16 条规定，用人单位与获准聘雇的外国人之间有关解除聘雇关系涉及的双方权利义务，由劳动合同约定。飞世尔公司与陈德基在聘用合同中明确约定任何一方要终止合同必须提前一个月书面报告，而飞世尔公司又是按照这一约定解除双方劳动关系，行为并无不当。因此一审判决没有支持陈德基继续履行合同的请求。

然而，随着我国《劳动合同法》的颁布，人们已在质疑上海法院可否继续以上海市劳动局关于贯彻《外国人在中国就业管理规定》的若干意见适用当事人的约定排除我国劳动合同法中有关解除劳动关系的规定，[③]我国《涉外民事关系法律适用法》的实施则彻底终止了法院适用当事人选择的法律处理涉外劳动合同纠纷的做法。根据《涉外民事关系法律适用法》第 43 条的规定，在处理涉外劳动合同纠纷时，我国法院将首先适用我国法律中的强制性规定；其次适用劳动者工作地法律，在难以确定劳动者工作地时，适用用人单位主营业地法律。[④]

上述规定虽以调整我国境内发生的涉外劳动关系为立法主旨，并以偏重保护

---

① 《劳动法》第 2 条、《劳动争议调解仲裁法》第 2 条、《外国人在中国就业管理规定》第 26 条。

② 魏浩征、陆奕：《2008 年十大劳动争议案件点评：外国人在华就业遭遇劳动合同法难题》，法制网 2009 年 1 月 17 日发布，http://www.legaldaily.com.cn/0801/2009-01/17/content_1021980.htm。

③ 万静：《外国人在华就业遭遇劳动合同法难题》，载于《法制日报》2008 年 5 月 8 日第 8 版。

④ 万鄂湘：《中华人民共和国涉外民事关系法律适用法条文理解与适用》，中国法制出版社 2011 年版，第 309 页。

涉外劳动纠纷中我国劳动者的基本权益为目的，但其排除意思自治原则在具有契约属性的涉外劳动合同中的应用，代之以简单的适用一般情况下与劳动合同关系密切地的法律，即劳动者工作地法或用人单位主营业地法，这不仅有悖于涉外劳动合同的发展规律及根本属性，而且降低了我国涉外劳动制度应对劳动力跨境流动与国际人才竞争的适应性。正是基于对涉外劳动合同的特殊性和涉外劳动伴随着经济全球化呈现的多元化发展的认识，以及对处理涉外劳动合同的复杂性等考虑，多数国家的国际私法均将意思自治原则作为确定涉外劳动合同准据法的首要原则，并规定在不违反法院地及劳动合同最密切联系地保护公共利益的强制性法律的情况下，劳动合同当事人可以有限制地选择适用于劳动合同准据法。

有关劳务派遣问题，我国《劳动合同法》和《侵权责任法》均做出了相关规定，前者第 59 条规范了劳务派遣单位（用人单位）与劳动者之间订立的劳动合同，后者第 34 条规定了用工单位、劳务派遣单位对被派遣人因执行工作任务造成他人损害的替代责任，然而上述两部法律都未对“劳务派遣”做出相应的法律界定。在此情形下，我国《涉外民事关系法律适用法》第四十三条却简单地规定了“劳务派遣，可以适用劳动者工作地法律”，其调整的法律关系缺乏确定性是显而易见的。依据国际司法实践，在采取“单一雇主”的法律规制模式的国家中劳务派遣中一般涉及三类合同关系，即用人单位（劳务派遣单位）与用工单位（劳务接受单位）之间的劳务派遣协议、用人单位与劳动者之间的劳动合同关系以及用工单位与劳动者之间的劳务协议。因此，除用人单位与劳动者之间的劳务合同外，如果涉外劳务派遣协议及涉外劳务协议也排除适用当事人选择适用的法律，这种规定显然存在着不妥之处。

（三）完善人力资源法律制度的建议

目前，对我国有效调整涉外劳动关系形成制约与阻碍的制度性“瓶颈”，主要集中在三个方面：一是如何改善“类推适用”中国国内劳动法与涉外劳动法彼此在价值取向、调整范围、调控方法等方面的冲突与碰撞现状；二是怎样在国家立法层面上构建国内劳动法与涉外劳动有机衔接的效用机制，以强化涉外劳动合同制度在强制性规范、任意性规范以及国际公约（包括双边协定）三个层面上的融合度与适用性；三是，现行涉外劳动制度如何应对涉外劳动中出现的由传统用工形式向灵活用工形式的发展趋向，创建符合来华就业外籍白领职业特性及就业特点等需求的用工管理模式。

国际金融中心建设要求我们积极参与国际化金融人才的竞争，同时要有效使用国际化金融人才资源，前者意味着我国将全面介入相关人才资源在全球范围内的开发与配置进程，而后者指的是我国要在全球激烈的人才竞争中居于优势地位，必须强化基于政策引导与法律保障的制度导向、拓展资金投入与创业平台的市场导向、培植文化认同与文化氛围的价值导向，以此整体提升我国人才的国际化水平。[①] 上海市推出的面向海外高层次人才的优惠政策，如缩短外籍人才永久居留证申报周期、建立外国人就业证和外国专家证一门式受理窗口、开展在沪外国留学生毕业后直接留沪就业试点，以及长期在沪工作的外籍高层次人才优先办理2~5年有效期的外国专家证、海外人才居住证（B证）延长有效期限最高到10年等，为涉外劳动的立法创新提供了难得的先行契机。

1. 涉外劳动的制度定位

由国内劳动关系与涉外劳动关系分别立法与调整的双轨制，向构建以“国民待遇”为基准的劳动法一体化规范的单轨制过渡，建立调整国内劳动关系与涉外劳动关系有机衔接的法律制度。

我国的经济转型发展、对外开放战略及海外发展战略均进入了拓展阶段，相关的涉外劳动法律制度定位问题亦由此更为凸现。长期以来，涉外劳动制度一直游离于整个劳动管理体系之外，其现有的法律调整主要集中在就业资格与手续办理，以及各地相继施行的外籍人员参加社会保险等方面，[②]而作为该项制度核心架构的涉外劳动合同制度、涉外劳动权利的救济制度等内容，现行的立法及法律并未明确规定，造成了涉外劳动的管理及纠纷处置中如何适用劳动合同法等相关法律的一系列问题。与此相伴的是在涉外劳动法律调整机制中内国劳动法规范被赋予的直接效力导致了就业选择权、用工管理权、合同解除权等基本权利的弱化，同时过度追求劳动者职业稳定的现有用工制度，不利于涉外人力资源在市场上的自由竞争与优化配置，并有损于涉外劳资双方彼此利益的动态平衡和法律关系的和谐发展。

基于有效参与国际人力资源在全球的开发与配置目的，改变现行涉外劳动立法上的空白与滞后，以及国内劳动法空间效力式类推适用导致调整效率低下等现状，在调整涉外劳动关系方面，搭建一个以国民待遇原则为基础、以保障内国公共利益为前提、合理规范涉外劳动关系、有效处理涉外劳动纠纷的统一法律平台，理应成为我国涉外劳动法律制度建设与创新的目标。为此，制度定位应当确定为：将国内劳动关系与涉外劳动关系、“涉外劳动关系”与“涉外劳务关系”

---

① 叶明：《人才国际化战略：机理与设计》，载于《东南大学学报》2006年第1期。

② 已于2011年7月1日开始实施的《社会保险法》第97条规定，外国人在中国境内就业的，参照本法规定参加社会保险。

的相关立法由双轨制向单轨制过渡，构建以“国民待遇”为基准的劳动法一体化规范，促进涉外劳动关系的协调发展。融合国内立法中的强制性规范、任意性规范以及国际公约中的相关规定等多种因素的考量，通过扩大涉外劳动法律的调整范围、渐进式地推进国民待遇原则的普遍适用、完善我国《涉外民事法律适用法》中相关规范等举措，依托开设专门的劳动法庭（劳动法院），使涉外劳动保障机制的运行纳入一个资源配置更为合理、有效的轨道。

2. 涉外劳动制度的法律架构

强化强制性规范、任意性规范、国际公约三个层面上的融合度与适用性，以此提升对涉外劳动这一特殊劳动关系类型的法律调整效用。

在全球化自由人流动加速和跨国就业规模扩大的环境下，“跨国主义”不仅造就了民族国家及强化了移民本土性特征，而且也带来了国内法和国际法的相应调整，反映在涉外劳动法律领域的乃是基于人权化及国际化趋向的变化。尽管对于涉外劳动法的概念至今尚缺乏统一的定论，但如果将涉外劳动制度的法律架构设计置于国际立法实践与走向的视野之下，并加之以用工形式上显现的由传统向灵活的发展趋向等背景去分析，涉外劳动法的基本功能及特征则主要体现在维护涉外就业权与协调涉外劳动关系两个方面，其体系的完整性受制于内国劳动立法中强制性规范、任意性规范以及国际公约三个层面的融合度与适用性。

一个完备而有效的涉外劳动法律制度，需具备能够把对涉外用工的规制及保障与促进外资企业发展两者相融合的平衡机制，将内国劳动法律适度而合理地适用于涉外劳动争议处置，以此来弥补我国涉外立法存在的结构性缺陷，具体措施包括：(1）拓展劳动立法中任意性规范的适用领域，尊重当事人在就业选择权、用工管理权、合同解除权等方面的意思自治表达和自我调适能力。(2）合理规制劳动立法中适用于涉外劳动关系的强制性规范，所推行的倾斜保护原则不以牺牲经济效率为代价，通过提升用人单位的自律水平来保障劳动基准条款的执行。(3）加速跨国劳务国际合作机制的构建，积极推进我国涉外社会保障及涉外用工管理的国际双边合作，借助双边互惠方式签署社会保障互免协议和跨境劳务保护协定，以此妥善解决跨国劳动者的社会保障及权利保护等问题。(4）提升有关国际公约和国际组织的参与度，关注国际劳工标准与我国劳动法的衔接，特别是系统应对跨国公司通过制定类似 SA8000（企业社会责任标准）等行业守则推行国际劳工标准，选择一些适合我国需要的国际劳工公约逐步加以批准。

构筑一个由国内劳动法中强制性规范为主导、以国际公约及双边协定为支撑、把任意性规范作为沟通内国法与外国法桥梁的法律架构，将有助于提升我国现有涉外劳动立法体系的完整性及涉外用工制度的合理性。

3. 涉外用工管理模式的创新

构建基于劳动法框架下多元化灵活用工的管理模式及配套制度，以适应来华就业外籍白领群体的职业特性及就业特点等需求，提升我国对国际人才竞争的整体实力与法制环境。

与其他发达国家所不同的是，我国完备的涉外劳动法律制度的建设将在经济全球化、人才竞争国际化背景下完成。虽然当今世界的发展所呈现的经济全球化、文化相融化、法律一体化等趋向，为我国涉外劳动关系的发展及其争议的解决提供了有利的国际环境，但我国现行劳动立法仍以建立长期及稳定的固有雇佣关系为基本价值取向，现有的涉外用工制度无论是在管理模式上还是在体制建设上均已无法满足涉外就业特点及职业特性等需求，难以应对涉外劳动中出现的由传统用工形式向多元化灵活用工形式的发展趋向。此外，我国涉外劳动争议处置机制仍维持着“一裁两审制”程序，这不仅违背了劳动争议及时处理的“或裁或审制”国际通常惯例，而且也直接降低了我国涉外劳动争议处置机制的效能。我国涉外用工管理模式创新的具体内容包括：

一是顺应涉外劳动中出现的由传统用工形式向灵活用工形式的发展趋向，逐步施行一定限度的外籍专业人士兼职、“独立合同人”、“白领雇员豁免”等特殊制度，以适应来华就业外籍白领的职业特性及就业特点等需求。伴随着经济的快速增长与信息技术的广泛应用，近年来我国产业结构、技术结构、劳动力结构发生了巨大变化，在市场经济作用下迅猛扩展的商业和服务业促进了用工形式由传统向灵活的发展趋向。一方面企业通过灵活用工降低了用工成本，提升了市场竞争力，达到了追逐利益最大化的目的；另一方面一些拥有专业技能的劳动者，出于追求体现其社会价值的目的，不满足于那种传统的束缚于单位的就业形式。较之传统用工，灵活用工具有劳动关系多重化、劳动场所灵活化、劳动关系从属性弱化、劳动待遇多样化等特征。涉外劳动领域内现存在的灵活用工形式主要包括兼职就业、独立就业、自营就业、派遣就业等种类。金融业及相关服务业外籍人士的兼职，对于弥补目前我国亟须的熟悉国际资本市场和复杂金融产品结构的高端人才缺口起着积极作用，如特许注册金融分析师、注册金融策划师、金融风险管理师、英国特许公认会计师、注册国际投资分析师等，其兼职行为本身就是一种高端人力资源的市场重新优化及配置过程。通过地方立法的补充规定形式，放宽此类外籍高端专业人才的兼职许可，实施登记审批及责任共担等措施，将专业外籍人士的兼职纳入劳动法的调整范围，从而改变目前普遍存在的涉外就业人员兼职的不规范现状。此外，面对涉外用工中大量存在着的高薪外籍白领现状，在加班补偿标准及企业违法解除涉外劳动者合同的经济赔偿数额等方面，应当采用有别于普通用工的差异性规定，以避免机械适用现有劳动法规产生的劳动争议。

二是将现行涉外劳动争议处置的“一裁两审制”改为“或裁或审制”，强化涉外劳动争议处置机制的效能，最大限度地体现劳动争议及时处理原则。当前我国涉外劳动争议处置实行“仲裁前置，一裁两审”的制度，并将调解作为可供选择辅助程序置于仲裁之前，法院不受理当事人未经仲裁直接提起的涉外劳动争议诉讼。这种“一裁两审制”在现有司法实践中显现出明显的不足与缺陷。“仲裁前置”所具有的强制性，不仅有悖于当事人意思自治原则，而且在一定程度上还限制了当事人的诉权，同时“一裁两审制”的救济周期过长，不符合纠纷解决机制的及时和便利的要求。另外，涉外劳动仲裁裁决因不具终局效力而缺乏权威性，造成仲裁委员会和法院的重复劳动现象，浪费了本已紧张的司法资源。按照法律的规定，当事人因对劳动争议仲裁裁决书不服而向人民法院起诉的，则裁决书不发生法律效力。[①]“或裁或审制”可概括为“裁审分离，各自终局”制，指的是当事人一方可以向劳动仲裁委员会申请仲裁，或选择向法院直接提起诉讼，但不得就同一涉外劳动争议同时或先后申请仲裁或提起诉讼。“或裁或审制”的优点在于：首先可以提升涉外劳动仲裁裁决的权威性，降低劳动争议处理的成本，使劳动争议双方当事人的合法权益得到及时有效的保障；其次可以起到分流劳动争议案件的作用，以有利于司法资源的有效配置，从而提高劳动争议案件的处置质量；最后是符合当事人意思自治原则，使一些选择司法诉讼的争议当事人直接进入司法程序。此外，一些西方国家业已成熟的强化涉外劳动争议处置机制的做法也值得借鉴，如推进专门的劳动法庭与劳动法院设立、规范法院对劳动争议仲裁的协助与干预、建立企业涉外用工规章的预先审查制度、构建涉外劳动纠纷的预警机制等。

三是构建行业岗位的国家性职业标准，规范外籍专业人才的职业认定管理，形成与国际接轨的职业能力评价机制。基于提升我国对国际化人才资源的开发配置与有效使用的效能目的，有必要在外国人来华就业管理方面实施配套的职业审核制度，其中包括就业身份的界定、职业认定、专有技术及科研成果的鉴定等内容。职业能力评价应依据外籍金融人才的知识、技能、经验等三个模块综合考量，以此推进市场和管理部门甄别和筛选外籍人才的科学性，引导外籍专业从业人员制定在华就业的职业生涯规划，促进我国高新技术行业的整体人才结构协调发展。例如，在国际金融职业认证方面，目前国际行业协会在我国注册受到现行法律的限制。国家应当在支持上海等地建设国际金融中心的同时，积极构建国际

① 《最高人民法院关于审理劳动争议案件适用法律若干问题的解释》第十七条规定：“劳动争议仲裁委员会作出仲裁裁决后，当事人对裁决中的部分事项不服，依法向人民法院起诉的，劳动争议仲裁裁决不发生法律效力。”

化金融人才高地的相关配套政策，逐步扩大与国际金融职业认证协会合作的力度，并吸引更多的国际金融职业认证协会来沪设立代表处或服务中心。

4. 涉外就业环境的优化路径

依仗政策扶植与法律保障的制度导向、拓展竞争资源与共享资源的市场导向、培植文化认同与文化氛围的价值导向等支撑，创建涉外就业环境的比较竞争优势与持续竞争优势一体化发展模式。

涉外就业环境的改善应首先发挥相关制度导向作用，在“国民待遇”与倾斜政策的框架下，侧重有利于竞争优质资源的居留签证、职业认定、就业许可、税收优惠、社会保障、市场监管、储备开发等法制创新，具体内容包括：(1) 放宽绿卡通道，以有利于外籍及华裔专业人士的“特聘、兼职、项目合作与攻关”；(2) 健全外籍在华从业人员的就业身份界定、个人信用及专有技术认证体系；(3) 加快出台在华工作外籍人员参加城镇职工社会保险的实施细则；(4) 强化对违法用工的惩戒力度，提升用人单的社会责任性；(5) 按年度颁布中国涉外劳动市场及用工岗位指导白皮书。

四、金融法院和金融调处制度

根据法律经济学家提出的“不完备法律理论”，法律所具有的一般性、持久性、可预测性等特征，决定了法律是内在不完备的。在法律不完备时，就存在剩余立法权和执法权的分配问题。[①] 金融市场高效、公正的纠纷解决机制就是补充法律不完备的有效机制。权利的实现必须有救济予以支撑。诉讼和仲裁尤其是诉讼是目前金融纠纷最常见的救济手段，统计数字显示上海也是以诉讼作为金融纠纷最主要的手段。但是，不说诉讼给个人和社会带来的成本，由于其缺乏专业性和耗时长，给金融稳定可能会带来负面影响。所以，对于金融纠纷应采用多元化的纠纷解决办法。上海市人大常委会 2009 年通过的《上海市推进国际金融中心建设条例》也只是简单地涉及诉讼和仲裁两种纠纷解决方法。显然，作为上海国际金融中心建设的支撑制度，多元化的金融纠纷解决机制应从制度层面做深入的研究并付诸实施。

① ［美］卡特琳娜·皮斯托、［英］许成钢：《不完备法律在金融市场监管中的应用》，载于《比较》2002 年第 3 期。

多元化的金融纠纷解决机制包括金融诉讼、仲裁、调解、调处（ombudsman，又译为督查）等制度。当发生金融纠纷时，当事人可以依据合同法或侵权法的规定向法院提起诉讼或申请仲裁，或者双方到第三方机构申请调解和调处。在有些国家，法律还规定监管机构代表消费者寻求法律救济。如英国 2000 年《金融服务与市场法》第 382 节规定，经金融监管署申请，如果法院认为银行侵犯了相关法定的要求并且其因此受益或者其他人因此遭受损失，法院可以做出命令，要求银行直接向金融监管署支付法院认为是合理的赔款，而金融监管署则根据法院的指令将赔款支付给利益受到损失的消费者。第 384 节还规定金融监管署有权要求违反相关法定要求的银行直接向利益受到损失的消费者支付赔款。鉴于其他纠纷解决机制已多有论述，本节只讨论在上海建立专门的金融法院和金融调处制度的可行性。

（一）金融法院

金融纠纷不同于一般的民商事纠纷，其涉及的不仅仅是个体之间的权利和义务，还涉及到金融风险的系统性防范和国家的经济宏观政策。而金融产品的不断创新使得金融纠纷的法律关系复杂性在不同的时期有不同的特点。金融诉讼往往涉及众多的金融消费者，单个金融诉讼往往会耗费当事人和社会大量成本，效率低下。所有这些都要求金融诉讼有必要采取更加专业的解决方法。

专业性金融司法审判组织设立背后蕴含着一种意图，即通过司法组织的重构来提升司法的专业性，保障司法独立性和为金融中心建设服务的目的。受金融危机影响，法院受理的金融纠纷案件也呈现快速增长态势，金融纠纷案件所具有的群体性、敏感性、复杂性的特点，对民商事审判工作提出了全新的挑战。2008 年上海率先在金融机构聚集的浦东新区试点设立全国首家金融庭，2009 年底上海高院与所辖的两个中院的金融庭也相继成立，并逐步在有条件的基层法院设立金融庭。目前，除浦东外，黄浦、杨浦、闵行、虹口基层法院也先后设立了金融庭，其他没有设立金融庭的基层法院则在商事审判庭内设立了金融商事审判专项合议庭。

专门的金融审判组织适应了金融专业性的需要。金融案件数量的大幅增长以及案情的复杂程度的提升要求法院必须强化自身在法律知识以外的专业性特质，以便通过更有效率的方式实现对金融争议案件的公正审理。作为现代经济活动核心的金融，其运转过程中自然不可避免会产生各类由于各种利益冲突而导致的争议。金融创新的日益发展使得金融市场在广度和深度上都远远超过了实体经济的发展速度，金融纠纷的数量也迅猛增长。专业的法庭或法院针对专门案件进行类型化的处理，符合经济学的“比较优势原理”。金融市场上有着与日常生活完全不同的话语体系，如权证、股票指数期货、回购等，金融交易活动的抽象性也不是一般的普通消费者所能理解，专业化的分工可以提高准确性和效率。

根据我们的调查（详见本书第四章第一部分），约29%的金融机构认为上海法院在金融审判中的专业性不足，高达66%的金融机构认为不同地区法院对同性质案件的审判标准不相同。这说明只是普通法院中设立专门的金融法庭仍不能解决金融审判的专业性不足问题。为此有人提出设立完全独立于地方政府的金融高级法院，设立全国性的金融高级法院，直接归最高人民法院领导，金融高级法院负责管理全国的金融法院系统。[①] 这种主张实际反映了金融机构自身急于打破条块分割的利益诉求。

我们认为，参照我国海事法院体制，建立全国性的统一金融法院未尝不可，但现阶段仍不现实。从建设上海国际金融中心的需要出发，我们认为在上海建立独立的金融法院系统则是十分有必要的。

首先，建立金融法院可以明确金融法院的受案范围。上海高院曾确定了金融商事审判条线管辖案件的三项原则：一是要体现金融特征，有利于集中管辖和集约审理；二是要优化案件对口管理，有利于类案裁判标准统一；三是要便于立案部门的操作和各审判条线之间的沟通。根据上述划分原则，上海高院专门下发《关于调整商事审判职能分工的通知》以及《关于金融商事审判条线案件管辖范围的说明》，采取“以案由划分为原则、主体划分为补充”的划分标准。但在实践中，各个法院做法不一，有的只要涉及金融机构的案件均纳入金融审判庭的受理范围，有的只是将较为复杂的金融产品纳入受理范围。像委托理财合同纠纷、不良金融债权纠纷、借款合同纠纷案件分属不同条线审理，给对口指导、统一裁判带来了一些问题。随着私募股权投资基金、第三方支付等新兴金融业务的迅速发展，产生的纠纷案件也逐渐进入司法领域，这些都需要明确归入金融商事审判条线管辖。

其次，依据我们的调查（详见本书第四章第一部分），上海部分基层法院和中、高院的金融审判庭的审判员主要来自于原民事审判庭，在金融专业方面仍需加强。金融审判不同于一般的民商事审判，两者依据的理念和理论不尽相同。一名合格的金融审判法官不但需要精通一般民商法知识，还需要掌握必备的金融学和金融法律知识，并熟悉金融业务实践。虽然法院的金融专业知识可以通过培训予以加强，但通过建立专门的金融法院审判系统，可以进一步强化金融审判的专业性。

最后，通过设立专门的金融法院系统，可以解决“同案不同判”的问题。仅

---

① 王兰军：《建立独立的金融司法体系防范化解金融风险——兼论组建中国金融法院、中国金融检察院》，载于《财经问题研究》2000年第9期。

仅加强金融审判的专业化建设，难以解决“同案不同判”的问题，尤其是跨省市金融案件在上海和其他省市审理，可能出现不同结果。因此，这种分散建立的金融庭仍然不能保证金融案件审判的全面公平性和一致性，也无法体现上海由国际金融中心所派生出的金融纠纷解决中心的作用。我们建议，在推动金融审判专业化的同时，上海可适时推动中央在上海进行“先行先试”，率先设立金融法院（可为中级人民法院），适当扩大金融案件的受理区域和范围，对涉及上海地区金融市场和金融机构的案件进行集中管辖，并将金融商事、刑事、行政案件一并归由金融法院审理，逐步打造与上海国际金融中心地位相适应的金融司法优势。

（二）金融调处制度①

金融调处制度是一种庭外解决金融机构和消费者之间纠纷的方法，通常由法律规定设立一个独立机构履行解决纠纷的职能。在普通法系国家，如英国、爱尔兰、澳大利亚、新西兰、南非、加拿大和一些大陆法系国家如德国、丹麦、卢森堡等都有金融调处制度。金融调处制度把法庭从消费者和金融机构之间大量未能解决的纠纷中解脱出来，也可以使消费者从中立并具有专业知识的调处机构那里得到快速和公平的纠纷处理。② 当然，金融调处制度是司法和仲裁解决方法的补充，消费者仍可以直接向法院和仲裁庭提出申请解决其与金融机构的纠纷，而不是必须要通过金融调处制度解决纠纷。

英国的金融调处机构是按照《金融服务与市场法》第16部分和附表17于2000年建立的一个独立机构，它合并了先前已经设立的六个不同金融业的调处机构。作为解决消费者和金融机构之间纠纷的另类方法，金融调处机构不是一个监管机构，它只能受理当事人不能友好解决而消费者愿意提交金融调处机构解决的纠纷，即消费者首先要向金融机构投诉，只有在消费者不满意金融机构处理意见的情况下，他才能请求金融调处机构解决纠纷。③ 金融调处机构受理的纠纷包

---

① 本节部分内容来自周仲飞：《银行法研究》，上海财经大学出版社2010年版，第八章第一节。

② World Bank, Slovakia: *Technical Note on Consumer Protection in Financial Services*, *Sectoral Analyses and Good Practice Reviews*, Vol. II, July 2007, P. 86.

③ 根据金融行为局的规则，当被投诉人（金融机构）已经向投诉人（消费者）就后者的投诉送达了最后的答复，或者被投诉人受到投诉后届满8周未答复的，金融调处机构可以视为属于其受理的“投诉”或“纠纷”。［英］金融行为局：《监管手册》，《纠纷解决：投诉》第2.8.1节。当然，金融调处机构并不一定受理消费者所有的投诉。在下列情况下，金融调处机构对消费者的投诉可以不予受理：调处机构认为消费者没有遭受或者不可能遭受财产损失、重大痛苦或重大不便，投诉是随意的或诬告的，投诉明显不具有胜诉的可能性，金融机构已经提出了公平和合理的赔偿等待消费者接受，或者投诉是针对金融机构合理行使的商业判断等。同上引，第3.3.4节。

括两种，一种是金融调处机构有强制管辖权的纠纷，另一种是金融调处机构有自愿管辖权的纠纷。前者主要涉及受金融监管署监管的机构，后者涉及通过签约方式自愿接受金融调处机构解决纠纷的机构（或称为自愿参加金融调处计划的机构）。

金融调处机构的目标是公平、合理、快速和非正式方式解决个体消费者和小企业与金融机构之间的纠纷。公平性首先在于它是一个独立机构，不属于消费者、金融业、监管机构任何一方；其次在于处理纠纷的中立性和专业性。合理性在于它用清楚、普通的语言而不是专业术语解决纠纷和作出决定。快速性在于它尽量快速地解决纠纷，大部分纠纷在 6 ~ 9 个月内予以解决。非正式性在于除了必要的情况外，它通常不采用法院那种正式听审程序或交叉讯问的程序。

在金融调处机构具有强制管辖权的纠纷中，金融调处机构可以针对金融机构对消费者造成的资金损失或其他损失作出最高为 10 万英镑赔偿的决定，① 该决定可以通过法院予以执行。② 如果消费者通知金融调处机构他将接受后者的决定，则该决定对于消费者和金融机构都具有法定约束力；③ 如果消费者不服金融调处机构的决定，则该决定对消费者和金融机构均无约束力，消费者可以向法院起诉要求法院继续解决他与金融机构的纠纷。不服金融调处机构决定的金融机构则无此类救济的权利，④ 但它可以针对金融调处机构生效的决定向法院提起司法审查。不过，金融机构要在司法审查中获胜困难重重，因为法律已经赋予了金融调处机构可以按照其自己对案件公平、合理的认识作出决定。⑤ 在金融调处机构具有自愿管辖权的纠纷中，金融调处机构被赋予了与处理强制管辖权的纠纷相同的权力，如果消费者接受了金融调处机构作出的决定，该决定对消费者和自愿参加调处计划的金融机构均具有法定约束力。如果金融机构不执行该决定，消费者可以向法院申请强制执行。⑥

尽管英国金融调处制度在保护消费者权益方面发挥了重要作用，但它一直遭到各方的各种批评，英国金融行为局也不断补充和完善《监管手册》中的《纠纷解决：投诉》部分的内容。对金融调处制度批评主要集中在它的公平性：首先，金融调处机构的资金来源于金融机构缴纳的年费和个案费用，人们因此担忧金融调处机构能否独立于金融机构。其次，金融行为局负责任命金融调处机构的

---

① ［英］《金融服务与市场法》第 229 节，金融行为局：《监管手册》，《纠纷解决：投诉》第 3.7.4 节。10 万英镑的货币赔偿不包括货币赔偿的利息、成本和成本的利息。同上引。

② ［英］《金融服务与市场法》附表 17，第 16 段。

③ ［英］《金融服务与市场法》第 228（5）节。

④ ［英］《金融服务与市场法》第 229（10）节。

⑤ ［英］《金融服务与市场法》第 228（2）节。

⑥ ［英］金融行为局：《监管手册》，《纠纷解决：投诉》第 4.4.2 节。

董事会主席和董事（尽管董事会主席和董事不直接参与纠纷解决），负责批准金融监管署的年度预算，负责制定金融调处机构的规则，人们因此对金融调处机构能否完全独立于监管机构产生了疑问。最后，金融调处机构在解决纠纷时拥有很大的自由裁量权，它可以根据纠纷的具体情况判断在个案中何谓公平和合理，可以参照相关的法律、条例、规则、指导、标准、业务守则以及它认为应该是行业的良好标准来作出决定。在程序上，金融调处机构通常不采用面对面的听审程序和交叉讯问程序，而是依据书面证据做出判断和决定。

2008 年 7 月 1 日，澳大利亚证券和投资委员会将银行与金融服务调处机构、金融业投诉处和保险投诉处合并成立了金融调处机构。[①] 作为替代法庭解决纠纷的机构，金融调处机构的目的在于当个体消费者和小企业不能与金融服务提供者直接解决纠纷时，为他们提供免费、公平并可随时获得的纠纷解决机制。所有在澳大利亚从事金融业务的机构都可以成为金融调处制度的成员，而实际上 2001 年修订的《公司法》要求所有金融机构都应该参加证券和投资委员会批准设立的调处计划。根据《金融调处机构：银行和金融职权范围》的规定，金融调处机构有权受理个体消费者[②]和小企业提起的金额在 28 万澳元以下的纠纷。与英国的做法相同，对金融机构的服务、保密或隐私保护不满的消费者首先要向金融机构提出投诉，只有在消费者对金融机构内部的解决措施不满意的情况下，他才可以向金融调处机构申请解决纠纷。但金融调处机构不受理消费者针对金融机构对业务做出的商业判断，或涉及某一个具体政策如利息或费用政策或首次向金融机构投诉后届满 6 年或金额超过 28 万澳元等情况而提起的纠纷。[③]

金融调处机构受理纠纷后，将依据法律、行业业务守则、行业良好做法和公平原则对纠纷进行审理和作出决定。金融调处机构有权要求当事人双方提供信息（除非信息涉及隐私和保密），对纠纷进行调查，提出对纠纷解决的书面建议。双方当事人一般应该在一个月内表示是否接受金融调处机构的建议，如果消费者拒绝接受该建议，金融调处机构不再提供任何重审或复议等程序，消费者可以向法院起诉或者寻求其他法律救济手段；如果消费者接受该建议而金融机构不予接

---

① 澳大利亚金融调处制度的法规体系主要包括《证券和投资委员会法》、证券和投资委员会的《政策声明》第 139 号："外部纠纷解决计划的批准"（1999 年）、《金融调处机构章程》（2008 年）、《金融调处机构：银行和金融职权范围》（2008 年）和《银行和金融服务调处机构职权范围指引》（2000 年）。金融调处机构成立后，有关银行和金融职权范围的指引仍沿用 2000 年制定的《银行和金融服务调处机构职权范围指引》，《指引》是对《职权范围》进行解释，以及如何适用《职权范围》进行评述。

② 对于某些富裕的个体消费者，金融调处机构可以根据其资产或财富，决定不受理其提起的与银行的纠纷。这些富裕的个体消费者是指净资产不少于 250 万澳元，或者过去两年每年的总收入不少于 25 万澳元，或者是专业投资者。但是，金融调处机构只是在极个别的情况下行使这种自由裁量权，并且不会仅仅依据专业投资者决定不受理其提起的投诉。［澳］《银行和金融服务调处职权范围指引》，第 6 ~7 页。

③ ［澳］《金融调处机构：银行和金融职权范围》第 5.1 和 5.5 条。

受，金融调处机构将直接做出金融机构败诉的决定。[①] 在金融调处机构做出金融机构败诉的决定的情况下，金融调处机构可以要求金融机构支付最高为28万澳元的损失赔偿，或者是其他非货币性的补偿措施。一旦消费者接受了金融调处机构的决定，该决定对于纠纷双方当事人都具有法定效力；如果消费者拒绝接受决定，则该决定不发生法律效力，金融调处机构的解决程序就此终止，消费者可以继续向法院起诉或寻求其他法律救济。

上面介绍的英国和澳大利亚金融调处制度均是依法设立，金融调处机构负责所有的金融服务纠纷。实际上，各国存在着多种形式的金融调处制度，比较普遍的是按银行业、保险业、投资业等分业设立各种金融调处制度，如意大利银行调处计划、德国保险调处机构、法国金融市场调处机构。在德国，甚至银行业还按不同的银行系统成立储蓄银行投诉计划、合作银行调处计划、私人银行调处计划等。有的是由监管机构设立，如英国的金融调处机构由金融监管署设立，澳大利亚的金融调处机构由证券和投资委员会批准设立；而有的则是民间通常是金融服务业协会如银行家协会设立，如德国的合作银行调处计划。几乎所有的调处机构所作出的解决纠纷的决定只对金融机构有约束力，对消费者只有在其接受决定的情况下才有约束力，而德国的合作银行调处计划只能作出无约束力的建议，而不能作出有约束力的决定。

金融调处机构的地域管辖权通常局限在本国境内，对于外国居民因购买本国金融机构的服务或产品而发生的纠纷，本国的金融调处机构或者该外国居民所在国的金融调处机构是否有管辖权？为了解决这个问题，欧共体于2001年将挪威、爱尔兰和列支敦士登的庭外纠纷解决计划（包括金融调处计划）连接成一个网络，成为FIN－NET，以快速解决消费者与国外金融机构之间的跨境纠纷。目前已经有来自21个欧洲经济区国家的50个计划成为FIN－NET成员，各成员均签订了《谅解备忘录》。如果消费者和另外一个成员国的金融机构发生纠纷，作为FIN－NET的成员，消费者所在国的庭外纠纷解决计划都有义务协助该消费者确定并联系相关的有管辖权的庭外纠纷解决计划。消费者可以直接向相关的庭外纠纷解决计划提起与金融机构的纠纷，也可以把纠纷留给本国的庭外纠纷解决计划，由后者转交给相关国家的庭外纠纷解决计划。但是，相关国家的庭外纠纷解决计划必须按照本国的法律规定或者本计划的职权范围，对纠纷具有管辖权，否则，即使其是FIN－NET成员，也无权解决其他成员转交或消费者直接提起的纠纷。例如，对于德国消费者购买了英国银行在德国的分行的产品而发生的纠纷，英国金融调处机构对此没有管辖权，因为它只受理针对位于英国的银行（如德国

① ［澳］《金融调处机构：银行和金融职权范围》第7条。

银行在英国的分行）提起的纠纷；而德国的银行调处计划也可能无管辖权，因为该英国银行的德国分行可能没有参加德国相应的金融调处计划。而解决这个问题的最好方法是强制性地要求所有的金融机构参加东道国或者母国的庭外纠纷解决计划。

与其他庭外纠纷解决计划一样，规范化的金融调处制度应该包括以下基本内容：[①] 第一，每个金融机构应该设立受理消费者投诉的部门，制定受理消费者投诉的一整套程序办法。第二，当消费者不满金融机构对消费者投诉的处理时，消费者可以向金融调处计划提起其与金融机构的纠纷，请求金融调处计划予以解决。第三，金融机构调处计划应该是中立的，独立于授权机构、金融业和消费者。第四，金融机构调处计划的决定只对金融机构有效力，而消费者只有在接受银行调处计划决定的情况下，该决定对其才有约束力。

在此，我们建议，上海有必要借鉴英国、澳大利亚、德国等国已较为成熟的金融调处制度，在国内率先建立金融调处制度。作为我国多元化的纠纷解决机制之一，金融调处制度相比诉讼和仲裁耗时短、成本低，相比行业调解具有强制力。

第一，金融调处制度包括两部分的内容，一是金融机构内部的纠纷解决机制；二是独立的金融调处机构。这两部分内容可以在已有相关制度的基础上发展而来，不需要修改现行的法律制度，也无司法和行政管理上的障碍。金融调处制度有效性的前提是金融机构内部已经建立了完善的客户纠纷解决机制，因为金融调处机构只受理客户不满金融机构已做处理或者未予处理的纠纷。作为公司治理的主要组成部分，各个金融机构均被要求建立内部客户投诉处理机制。就此而言，我国已有了建立金融调处制度的部分基础。但是，我国金融机构内部纠纷解决机制存在着诸多不足，亟须规范化。规范化意味着金融机构内部要设立处理纠纷的专门部门或者岗位，并明确规定职责，公开纠纷处理的程序，告知客户的权利，为客户的投诉提供便利。各监管机构可明确规定金融机构内部纠纷处理时限原则不得超过 15 个工作日，特殊情况最长不得超过 60 个工作日。

除了金融机构内部纠纷解决机制外，金融调处制度还需新设独立的金融调处机构。理想而言，全国应该设立统一金融调处机构，但这在目前金融分业经营、分业监管的情况下会遇到体制上的障碍。如果由各个金融监管机构分别设立银行调处机构、证券调处机构、保险调处机构，既有行政管理体制上的障碍，又可能

---

① See World Bank, *Good Practices for Consumer Protection and Financial Literacy in Europe and Central Asia: A Diagnostic Tool (Consultative Paper)*, August 2008, pp. 25 – 26.

会影响金融调处机构的中立性和独立性。我们建议将各个金融业行业协会，即中国银行业协会、中国证券业协会、中国期货业协会、中国证券投资基金业协会、中国保险行业协会的现有调解职能分离出来，在此基础上各自设立独立的调处机构。这样的设计一方面可以充分利用行业协会已积累的调解经验和专业知识，另一方面体现纠纷解决的第三方性和独立性。各行业金融调处机构均是独立的法人机构，不属于客户、金融业、监管机构任何一方，与各个金融行业协会没有上下隶属关系，也不接受监管机构的行政领导。它们的经费源于参加金融调处机构的金融机构所缴纳的会费和纠纷受理费用。为保证其独立性，金融机构缴纳的会费采取“收支两条线”，由财政部门收取和下拨，而不是由金融机构直接向金融调处机构缴纳。

第二，金融调处机构受理客户与金融机构的纠纷案件需符合一定的条件。一是金融机构内部纠纷解决机制对纠纷作出处理是金融调处机构受理纠纷的前置程序。只有在客户不服金融机构作出的纠纷解决措施，或者金融机构在超过内部纠纷处理时限未对纠纷作出处理的情况下，金融调处机构才可以受理客户向其提起的纠纷。金融调处制度是司法和仲裁解决方法的补充，客户可以直接或者在不服金融机构纠纷解决措施时向法院提起诉讼或者向仲裁机构申请仲裁，而不是必须要通过金融调处机构解决纠纷。

二是金融调处机构受理的纠纷限于以金钱为标的纠纷，而不包括针对金融机构对业务做出的商业判断、或涉及某一个具体政策如利息或费用政策所发生的纠纷。金融调处机构受理的纠纷标的限额应综合考虑金融调处机构处理纠纷的低成本、快速等特点以及目前所发生的纠纷标的的平均水平，我们建议金融调处机构可以受理标的为 30 万元人民币以下的纠纷。

三是这里的“客户”仅限于自然人，不包括任何形式的组织。由于消费者与投资者、职业投资者与非职业投资者之间的区分在法律和实践中无明确界定，为了避免歧义，只要金额标的在 30 万元以下的纠纷均属于金融调处机构受理范围，无论该客户是消费者还是投资者或者是职业投资者。

上海建立金融调处机构必须遵循以下原则：一是低成本。金融调处制度的有效性体现在它的低成本。所谓低成本，对于客户而言，金融调处制度是一种免费的纠纷解决机制；对于金融机构而言，如金融调处机构最终决定金融机构赔偿客户的损失，它应按照赔偿数额的一定比例（如不超过 5%）向金融调处机构缴纳费用；如金融机构无须赔偿客户的损失，则它不必缴纳费用。要求金融机构在赔偿损失的情况下缴纳费用，类似于环境法中的“污染者自付原则”，是对金融机构最初未能妥善解决与客户纠纷的一种惩罚。

二是非正式性和快速性。金融调处制度是一种非正式纠纷解决机制，它不需要诉讼和仲裁那样严格的程序，如文本送达、当事人或代理人出席、质证和辩论等。有关调查取证、法律问题的阐述由金融调处机构的调处人自行负责，调处人依据法律、行业业务守则、行业良好做法和公平原则对纠纷进行审理和作出决定。快速解决纠纷是金融调处制度的特点和优势，无快速性即无金融调处制度存在的价值。金融调处制度的非正式性可以为纠纷解决节省大量时间，纠纷应在金融调处机构受理后 30 个工作日内予以解决，最长不得超过 60 个工作日。

三是强制性。不同于行业调解，金融调处制度具有强制性。它的强制性体现在以下几个方面。首先，会员加入的强制性。金融调处机构只能对其会员和客户的纠纷享有管辖权，所以，金融监管机构要明确规定金融机构成为金融调处机构的会员是其从事金融业务的前提条件之一，从而使金融调处机构有权解决金融机构与客户之间的纠纷。其次，纠纷管辖的强制性。一旦客户将纠纷提交金融调处机构处理，金融机构就不得将纠纷提交法院或者仲裁机构。但是，这种做法有可能侵犯金融机构的诉权。解决此问题的方法是金融监管机构须要求金融机构在与客户签订的合同中，加上金融调处机构强制管辖权条款，即金融机构同意一旦客户将纠纷提交金融调处机构解决，其将放弃其他纠纷解决方法。

第三，决定的法定效力。一旦客户接受了金融调处机构的决定，该决定对于纠纷双方当事人都具有法定效力，即金融机构无论是否同意必须接受该决定；如果客户拒绝接受决定，无论金融机构是否接受决定，该决定均不发生法律效力。实质上，金融调处机构的决定只对金融机构有约束力。但目前在我国尚无纠纷解决机构的决定只对单方有法律约束力的法律规定。此问题也可以通过合同约定予以解决，即金融监管机构须要求金融机构在与客户签订的合同中规定一旦客户接受金融调处机构的决定，金融机构将受到该决定的约束。

第四，决定的强制执行性。金融调处机构的决定一旦为客户接受就具有强制执行效力，如金融机构不执行，客户可以直接向法院申请执行。此点与现行司法实践并不完全相同。2009 年 7 月最高人民法院《关于建立健全诉讼与非诉讼相衔接的矛盾纠纷解决机制的若干意见》第十条认为，经商事调解组织、行业调解组织或者其他具有调解职能的组织调解后达成的具有民事权利义务内容的调解协议，经双方当事人签字或者盖章后，具有民事合同性质。但这些经人民调解组织、商事调解组织、行业调解组织或者其他具有调解职能的组织调解达成的具有民事合同性质的协议是否有效力，按照上述最高院“若干意见”第 20 条和第 25 条的规定，当事人需向有管辖权的法院申请确认其效力。法院依法审查后，决定是否确认调解协议的效力。确认调解协议效力的决定送达双方当事人后发生法律效力，一方当事人拒绝履行的，另一方当事人可以依法申请法院强制执行。也就是经当事人签字生效的调解协议，不具有直接履行的强制执行力，尚需经过法院确认后才具有效力。对此，我们认为有必要借鉴《人民调解法》第三十一条规定，即“经人民调解委员会调解达成的调解协议，具有法律约束力，当事人应当按照约定履行”，调处协议一旦由调处机构作出，且客户同意，该调处协议即具有法律约束力，客户可以直接要求人民法院执行。

第九章

结　语

无论是因商业需求和地理位置自然形成的国际金融中心，还是政府因发展经济需要推动形成的国际金融中心，都与法律有紧密联系似乎已经成为不言自明的公理。但是，法律的存在或者缺位对国际金融中心建设究竟是起着推动作用还是阻碍作用？某些法律是否比其他法律对于国际金融中心发展具有更加重要的作用？上海建设国际金融中心究竟存在着哪些有效配置资源的法律障碍和法律缺失？本书通过法律对伦敦、纽约、巴黎、东京等国际金融中心发展过程中所起作用的历史考察，试图回答法律的宽严程度和法律传统对国际金融中心建设的作用，以及法律所起作用的复杂性。本书基于对各个行业和公众2 500余份法治指标问卷（1 000份社会公众问卷、1 000份金融消费者问卷、500份公司问卷）、专家问卷、我国官方统计和国际货币基金组织评估的数据，编制了上海国际金融中心法治指数，指出了上海未来建设国际金融中心的法律障碍。本书从上述历史和现实两个维度，梳理出上海建设国际金融中心面临的11大主要法律问题，并提出相应的解决办法。这些问题包括：（1）地方缺乏金融立法权；（2）金融监管治理不善；（3）国际金融中心建设追求的人民币国际化可能产生系统性风险；（4）对金融机构和产品准入采取严格监管政策；（5）缺乏问题国际金融机构跨境处置的法律安排；（6）金融市场基础设施法律不健全；（7）金融业税负过重；（8）信用评级业不发达；（9）社会信用体系立法滞后；（10）涉外用工的非国民待遇；（11）金融纠纷处理缺乏专业性。

第一，历史证明，国际金融中心建设都会陷入“宽松（或者缺少）法律和监管制度→金融中心繁荣→泡沫→危机→严厉法律和监管制度”周期律。促进国际金融中心形成与发展的法律不在于一味地宽松与严格，而在于适应性，或者说能够促进国际金融中心发展的法律应该是与国际金融中心政治、经济、基础设施等发展水平相适应的具有弹性（或者灵活性）的法律制度。在金融立法属于中央事权的背景下，要求法律尤其是金融法律按照金融的发展因势而变将十分困难。我们认为，只有赋予上海具有解决金融法律冲突或填补金融法律空白的特别立法权，才能做到国际金融中心建设“先行先试”中法的即时跟进。我们建议，中央立法中实施性事务和次级性事务涉及金融机构准入和金融业务准入均可以交由上海市人大和上海市政府制定相关的实施办法。

第二，不管选择何种金融监管体制，对于金融稳定和金融发展更重要的是金融监管治理。历史证明金融监管治理不善是导致金融危机的重要原因，也是国际货币基金组织和世界银行对我国金融监管指出的缺陷之一。金融监管治理包括金融监管的独立性和问责性，需要一套完备的法律制度予以保障。遗憾的是，我国立法者和监管者对金融监管治理的重要性仍然停留在感性认识层面，相关的法律保障制度非常匮乏。相关问题已经在本书作者周仲飞教授所著的《银行法研究》有较为全面的论述，本书未有赘述。

第三，上海国际金融中心建设的目标之一是到 2020 年“基本建成与我国人民币国际地位相适应的国际金融中心”。人民币国际化本身并没有涉及过多的法律问题，只是在人民币自由化中，相关的限制规则要随之放松而已。人民币国际化法律制度研究的重点应该是如何建立基于货币稳定的宏观审慎监管制度，以防止因为人民币国际化产生的资本跨境流动和货币套利所引发的金融系统性风险。目前中国人民银行有关自贸区人民币开放使用的“宏观审慎监管”更类似于一种调节参数。我们提出的人民币国际化下的宏观审慎监管，则是在宏观审慎监管现有的“跨行业”“跨周期”维度下，增加新的维度变量：跨国境资本流动，通过宏观审慎工具的运用，防止在人民币国际化中金融系统性风险的发生和蔓延。

第四，国际金融机构云集、业务品种丰富是一个有竞争力的国际金融中心必备的两个要素。世界上国际金融中心的发展大抵都经历过“大爆炸”似的金融机构和业务自由化过程。不改变我国监管机构长期形成的对金融机构准入和金融产品准入严格监管的思维定式和行为惯性以及作为其反映的立法和监管规则，上海将仍然缺乏作为有全球影响力的国际金融中心所必备的金融机构总部数量和产品交易数量。我们建议，不但在金融机构准入和产品准入方面，上海应该被授予地方特别立法权，而且应适当降低在上海设立金融机构及其从事业务的门槛，并允许在上海注册的金融机构从事综合经营。这又进一步要求我们要尽快制订金融控股公司法和针对系统重要性金融机构的认定和监管的法律制度。

第五，国际金融中心能否聚集国际金融机构一个重要的前提是国际金融中心能否提供符合国际惯例的问题金融机构有序处置的制度安排。国际金融机构的处置往往涉及母国、东道国和第三国。在全球范围内，达成跨境处置国际金融机构条约至少在现阶段是不现实的。我们建议，跨境处置国际金融机构一个行之有效的方法就是相关国家签订跨境处置协调协议。我国在这方面的研究、监管实践、立法均较为薄弱。我们认为，跨境处置协调协议是“事前有法律约束力的政府间多边行政协议”，主要内容包括关键术语的共同定义、处置责任分配、融资支持安排、处置成本分担、处置工具的协调、关键信息的共享等。

第六，国际金融中心必须具备完善的金融市场，使各类金融产品得以有效交易，而完善的金融市场需要金融市场基础设施予以支撑。金融市场基础设施建设，不仅仅涉及技术问题，更需要法律规则的保障。上海国际金融中心的金融市场基础设施不发达，一个原因是缺乏支撑金融市场基础设施的法律规则。金融市场基础设施的法律化有助于维护人民币交易基础设施、证券交易基础设施、商品期货交易基础设施等金融市场基础设施运行的稳定性和有效性，能够降低交易成本和实现规模经济，明确交易、结算、清算过程中的参与者的权利义务关系，服务好金融市场。

第七，法制化的税收直接影响金融资源规模、结构以及金融资源的竞争性配置，历史与现实也证明税收制度是能有效提高一个国际金融中心竞争力的因素。但由于税收制度在我国属于中央立法事权，在一定程度掣肘着上海国际金融中心的发展。我们认为财税的适当分权是建设上海国际金融中心良性法律支撑的合理路径。在现行财税立法属于中央事权的背景下，赋予地方一定的财税立法自主权，对于减轻金融业税负，创新完善金融课税制度，提升上海国际金融中心的竞争力具有重要意义。

第八，信用评级机构的作用是对金融机构和金融产品信用状况独立发表意见，其是国际金融中心发展重要的支撑制度。我国信用评级业存在的主要问题一是缺乏专门的信用评级立法；二是信用评级机构缺乏独立性，个中的原因在于行政干预和发行人付费模式；三是信用评级机构权利和义务的不平衡，造成道德风险和利益冲突。我们认为尽快出台信用评级立法对于国际金融中心建设的意义不言而喻，其内容应包括建立统一的信用评级监管机构、信用评级机构应该承担的义务和责任、信用评级机构的透明度、信用评级的争端解决机制等。

第九，在国际金融中心中，如果交易各方所掌握的信息不对称，没有一个维护契约执行的信用环境，就会增大从事交易的成本和风险，影响人们的交易意愿。这就要求尽快建立社会信用体系。我国尚无涵盖社会信用体系建设的统一立法，上海目前也只对社会信用建设的某个方面进行立法，相关的立法位阶较低，在信用信息的记录、共享、公开、保护方面存在制度缺失，失信惩戒机制不到位。而上海进行统一的社会信用体系建设立法又面临着不少困难，如对社会信用体系建设中的基本概念认识存在着分歧，社会信用体系建设立法的调整范围难以确定，现有的各类信用信息平台难以打通等。针对这些困难，我们建议上海社会信用体系建设立法应以“社会信用活动相关的信用信息行为”为调整对象，围绕信用信息这条主线，针对信用信息管理机构、市信用平台定位和各基础库关系、信用信息记录、归集、公开、查询、应用、保护和信用产品市场等进行立法。

第十，国际金融中心是各类高端人才尤其是涉外高端人才的聚集，如何实现大规模高素质人力资源聚集、构建有效人才发展环境、促进人才资源国际化和流动性，需要相应的涉外劳动法和劳动合同法的保障。但我国对涉外劳动的实体法律调整多采用类推适用，主要依靠立法价位较低的部门规章及地方性法规，将涉外劳动简单地等同于国内劳动来规制。为此，我们建议构建以国民待遇为基准的劳动法一体化规范，建立调整国内劳动关系与涉外劳动关系有机衔接的法律制度；强化强制性规范、任意性规范、国际公约三个层面上的融合度与适用性，以此提升对涉外劳动这一特殊劳动关系类型的法律调整效用；构建基于劳动法框架下多元化灵活用工的管理模式及配套制度，以适应来华就业外籍白领群体的职业特性及就业特点等需求。

第十一，金融纠纷不同于一般的民商事纠纷，其涉及的不仅仅是个体之间的权利和义务，还涉及到金融风险的系统性防范和国家的经济宏观政策。金融审判不同于一般的民商事审判，两者依据的理念和理论不尽相同。这就要求金融诉讼有必要采取更加专业的解决方法。目前，上海业已建立的金融庭出现了立案范围不统一、同案不同判、法官缺乏金融常识等弊端。为此，我们认为从建设上海国际金融中心的需要出发，有必要在上海建立独立的金融法院系统。

金融纠纷往往涉众面大、单案标的小、耗时长的特点，如何把法庭从消费者和金融机构之间大量未能解决的纠纷中解脱出来？我们建议，上海有必要在国内率先建立金融调处制度。金融调处制度与现在上海法院和监管机构签订的调诉机制不同，它包括金融机构内部纠纷处理机制和由行业协会建立独立的金融调处机构。当消费者不服金融机构作出的纠纷解决措施，金融调处机构才可以受理消费者向其提起的纠纷。一旦消费者接受了金融调处机构的决定，该决定对于纠纷双方当事人都具有法定效力，具有法定的强制执行力。如果消费者拒绝接受决定，无论金融机构是否接受决定，该决定均不发生法律效力。

参考文献

[1] 米尔顿·弗里德曼、安娜·J. 施瓦茨著，巴曙松等译：《美国货币史：1867－1960》，北京大学出版社2009年版。

[2] 尤瑟夫·卡西斯、艾里克·博希埃编，艾宝宸译：《伦敦和巴黎：20世纪国际金融中心的嬗变》，格致出版社2012年版。

[3] 奥托·迈耶著，刘飞译：《德国行政法》，商务印书馆2002年版。

[4] 保罗·布莱斯特等编著，陆符嘉等译：《宪法决策的过程：案例与材料》，中国政法大学出版社2001年版。

[5] 康德著，沈叔平译：《法的形而上学原理》，商务印书馆1991年版。

[6] 古德诺著，王元译：《政治与行政》，华夏出版社1987年版。

[7] 罗伯特·欧文著，柯象峰等译：《欧文选集》，商务印书馆1984年版，第1卷。

[8] 托马斯·戴伊著，梅士译：《谁掌管美国》，世界知识出版社1980年版。

[9] 胡普科斯著，季立刚译：《比较视野中的银行破产法律制度》，法律出版社2006年版。

[10] 杰克·戈德史密斯、埃里克·波斯纳著，龚宇译：《国际法的局限性》，法律出版社2010年版。

[11] 彼得·诺曼著，梁伟林译：《全球风控家——中央对手方清算》，中国金融出版社2013年版。

[12] 威廉姆·A. 克莱因、约翰·C. 小科菲著，陈宝森、张静春、罗振兴、张帆译：《企业组织与财务——法律和经济的原则》，岳麓书社2006年版。

[13] 亚当·斯密著，郭大力、王亚南译：《国民财富的性质和原因的研究》（下卷），商务印书馆2008年版。

[14] 小林正宏、中林伸一著，王磊译：《从货币读懂世界格局》，东方出版社2013年版。

[15] 潘英丽等：《国际金融中心：历史经验与未来中国》（上卷），格致出版社2009年版。

[16] 周仲飞：《银行法研究》，上海财经大学出版社2010年版。

[17] 关保英：《行政法教科书之总论行政法》，中国政法大学出版社2009年版。

[18] 刘松山：《违法行政规范性文件之责任研究》，中国民主法制出版社2007年版。

[19] 刘光灿、孙鲁军、管涛：《中国外汇体制与人民币自由兑换》，中国财政经济出版社1997年版。

[20] 安志达：《金融控股公司——法律、制度与实务》，机械工业出版社2002年版。

[21] 《国际金融中心发展报告》编写组：《国际金融中心发展报告（2015年）》，中国金融出版社2015年版。

[22] 谢平等：《金融控股公司的发展和监管》，中信出版社2004年版。

[23] 肯·亚历山大、拉赫尔·杜梅尔、约翰·伊特维尔著，赵彦志译：《金融体系的全球治理》，东北财经大学出版社2010年版。

[24] 财政部税收制度国际比较课题组：《美国税制》，中国财政经济出版社2000年版。

[25] 财政部税收制度国际比较课题组：《英国税制》，中国财政经济出版社2000年版。

[26] 陈安：《国际经济法学专论》（下编分论），高等教育出版社2002年版。

[27] 高培勇：《世界主要国家财税体制：比较与借鉴》，中国财政经济出版社2010年版。

[28] 葛克昌：《行政程序与纳税人基本权》，北京大学出版社2005年版。

[29] 国家税务总局税务科学研究所：《外国税制概览》，中国税务出版社2009年版。

[30] 刘剑文：《财税法——原理、案例与材料》，北京大学出版社2013年版。

[31] 刘剑文：《〈企业所得税法〉实施问题研究——以北京为基础的实证分析》，北京大学出版社2010年版。

[32] 刘剑文、熊伟：《税法基础理论》，北京大学出版社2004年版。

[33] 楼继伟：《税式支出理论创新与制度探索》，中国财政经济出版社2013年版。

[34] 吕斌、李国秋：《个人理财理论、规划与实务》，上海大学出版社 2006 年版。

[35] 廖益新：《国际税法学》，高等教育出版社 2008 年版。

[36] 钱弘道：《金融革命——投资银行产业总评判》，北京大学出版社 1999 年版。

[37] 孙双锐等：《商业银行营销管理》，兰州大学出版社 1999 年版。

[38] 汤洁茵：《金融创新的税法规制》，法律出版社 2010 年版。

[39] 王在清：《中国金融业税收政策与制度研究》，中国税务出版社 2005 年版。

[40] 吴弘编：《上海国际金融中心建设的法制环境》，北京大学出版社 2010 年版。

[41] 熊鹭：《比较金融税制》，中国财政经济出版社 2013 年版。

[42] 许建国、蒋晓惠：《西方税收思想》，中国财政经济出版社 1996 年版。

[43] 徐冬根：《上海国际金融中心法制环境建设研究》，法律出版社 2007 年版。

[44] 叶秋华、宋凯利、郝刚：《西方宏观调控法和市场规制法研究》，中国人民大学出版社 2005 年版。

[45] 尹音频：《资本市场税制优化研究》，中国财政经济出版社 2006 年版。

[46] 张守文：《财税法学》，中国人民大学出版社 2011 年版。

[47] 周刚志：《财政分权的宪政原理——政府间财政关系之宪法比较研究》，法律出版社 2010 年版。

[48] 朱一飞：《税收调控权研究》，法律出版社 2012 年版。

[49] 陈潜、唐民皓：《信用·法律制度及运行实务》，法律出版社 2005 年版。

[50] 马国建：《构建区域一体化社会信用体系研究：以长三角地区为例》，上海三联书店 2014 年版。

[51] 万鄂湘：《中华人民共和国涉外民事关系法律适用法条文理解与适用》，中国法制出版社 2011 年版。

[52] 伍志文：《货币双轨制政府治理和金融稳定》，经济科学出版社 2007 年版。

[53] 孙国峰：《第一排：中国金融改革的近距离思考》，中国经济出版社 2012 年版。

[54] 董四辉、宿博：《层次分析法的改进方法在煤矿安全评价中的应用》，载于《辽宁工程技术大学学报》（自然科学版）2012 年第 5 期。

[55] 徐国栋:《诚实信用原则的概念及其历史沿革》,载于《法学研究》1989 年第 4 期。

[56] 郭金玉、张忠彬、孙庆云:《层次分析法在安全科学研究中的应用》,载于《中国安全生产科学技术》2008 年第 2 期。

[57] 赵颖、赵庆国:《基于层次分析法的中小企业自我评价模型及其应用》,载于《现代经济》(现代物业下半月刊) 2009 年第 2 期。

[58] 张震等:《基于层次分析法与模糊综合评价的供应商评价研究》,载于《东北大学学报》2006 年第 10 期。

[59] 朱建军:《层次分析法的若干问题研究及应用》,东北大学博士论文,2005 年 1 月。

[60] 陈周锡:《温州个人境外直接投资试点方案上报国务院》,载于《第一财经日报》2012 年 3 月 22 日。

[61] 关保英:《科学立法之科学性解读》,载于《社会科学》2007 年第 3 期。

[62] 张淑芳:《法律体系与法治体系之比较》,载于《探索与争鸣》2011 年第 9 期。

[63] 张淑芳:《我国制定地方立法法的若干思考》,载于《湖北民族学院学报》2000 年第 2 期。

[64] 季云华:《新兴市场国家国际资本流动管理的实践和启示》,载于《南方金融》2014 年第 5 期。

[65] 杨健:《人民币汇率升值与人民币贬值的两难选择》,载于《战略与决策研究》2010 年第 3 期。

[66] 王华庆:《对全球货币体系的思考》,载于《上海财经大学学报》2010 年第 12 期。

[67] 孟辰、汪建熙:《英国金融监管改革的最新进展及对中国的启示》,载于《金融监管研究》2012 年第 10 期。

[68] 周仲飞:《资本充足率:一个被神化了的银行法制度》,载于《法商研究》2009 年第 3 期。

[69] 周仲飞:《全球金融法的诞生》,载于《法学研究》2013 年第 5 期。

[70] 刘慧华:《一个里程碑式的研究——评吉尔平的〈全球政治经济学〉》,载于《美国研究》2004 年第 1 期。

[71] 石斌:《相互依赖·国际制度·全球治理——罗伯特·基欧汉的世界政治思想》,载于《国际政治研究》2005 年第 4 期。

[72] 徐崇利:《跨政府组织网络与国际经济软法》,载于《环球法律评论》2006 年第 4 期。

[73] 丁建臣、庞小凤、孟大伟：《商业银行压力测试：国际实践与政策建议》，载于《上海金融》2013 年第 7 期。

[74] 李景杰：《论金融机构的生前遗嘱制度及其对我国的启示》，载于《经济问题》2014 年第 12 期。

[75] 舒雄：《人民币跨境结算支付系统制度安排的缺陷及其完善》，载于《新会计》2011 年第 6 期。

[76] 王刚：《系统重要性“银行恢复和处置计划”：国际实施进展、基本要素和政策建议》，载于《金融监管研究》2013 年第 5 期。

[77] 毕金平：《我国企业科技创新税收优惠制度之正当性考察》，载于《科技与法律》2008 年总第 71 期。

[78] 韩洁：《理顺事权与财权：十八大以来财税体制改革述评》，载于《中国财经报》2013 年 11 月 5 日。

[79] 何小锋：《香港国际金融中心的优势与隐忧——兼论香港、东京、新加坡三大金融中心的关系》，载于《学术研究》1990 年第 2 期。

[80] 胡晓峰、胡立峰：《营业税改征增值税试点方案对融资租赁行业影响分析》，载于《科技与企业》2012 年第 6 期。

[81] 黄晓虹、李顺明、邓文勇：《新加坡税收制度简介与借鉴》，载于《税务研究》2008 年第 11 期。

[82] 黄国平：《财政分权理论对中国经济与社会发展失衡的解释及反思》，载于《理论月刊》2013 年第 2 期。

[83] 李刚：《论税收调控法与税法基本原则的关系》，载于《厦门大学学报》2008 年第 9 期。

[84] 李强：《英国金融中心建设的税收政策及其对上海的启示》，载于《管理科学》，2011 年第 2 期。

[85] 廖益新：《国际税收协定适用于合伙企业及其所得课税的问题——以中国执行双边税收协定为视角》，载于《上海财经大学学报》2010 年第 4 期。

[86] 廖益新：《中国统一企业所得税制改革评析》，载于《中国法学》2007 年第 4 期。

[87] 廖益新、邱冬梅：《利息或是股息——资本弱化规则适用引发的定性识别冲突问题》，载于《暨南学报》2009 年第 4 期。

[88] 刘洋：《上海金融人才环境建设的个人所得税政策选择》，载于《上海金融学院学报》2011 年第 1 期。

[89] 刘馨颖：《我国金融税制现状与存在的问题》，载于《经济研究参考》2011 年第 60 期。

[90] 刘佐：《中国金融税制研究（上）》，载于《中央财经大学学报》2004年第9期。

[91] 卢艺：《从国外二元所得税制的经验看我国个人所得税课税模式选择》，载于《税务研究》2010年第6期。

[92] 罗伟卿：《财政分权理论新思想：分权体制与地方公共服务》，载于《财政研究》2010年第3期。

[93] 吕炳斌：《上海国际金融中心的法制建设探讨》，载于《新金融》2009年第6期。

[94] 乔青峰：《对金融税制缺陷与税制改革的思考》，载于《行政论坛》2006年第12期。

[95] 王传辉：《国际金融中心产生模式的比较研究及对我国的启示》，载于《世界经济研究》2000年第6期。

[96] 王平、高长平、杨长松、林淑敏：《英国的财税金融状况及启示》，载于《天津经济》2006年第12期。

[97] 魏陆：《中国金融业实施增值税改革研究》，载于《中央财经大学学报》2011年第8期。

[98] 许炎：《探究香港税法的前世今生：低税率并不意味低税负》，载于《法制日报》2011年6月28日。

[99] 闫云凤：《金融业税收政策怎么改》，载于《上海经济评论》2014年8月20日。

[100] 闫云凤、杨来科：《国际金融中心建设中的财税政策——纽约的启示》，载于《上海金融》2009年第2期。

[101] 闫彦明：《金融资源集聚与扩散的机理和模式分析——上海建设国际金融中心的路径选择》，载于《上海经济研究》2006年第9期。

[102] 杨沐、张秀琼：《新加坡是怎样建成一个国际金融中心的》，载于《城市观察》2011年第1期。

[103] 尹音频、何辉：《我国金融衍生工具市场税制构造探析》，载于《税务研究》2009年第1期。

[104] 袁海勇：《上海建设国际金融中心的财税法制问题》，载于《上海政法学院学报》2011年第1期。

[105] 曾纪芬：《完善我国地方税制体系的若干思考》，载于《经济研究参考》2011年第23期。

[106] 赵惠敏、董蕾：《日本的财政分权体制及对中国的借鉴》，载于《经济研究参考》2007年第17期。

[107] 张文显、于莹:《法学研究中的语义分析方法》,载于《法学》1991年第10期。

[108] 张帆、肖慕鸿:《OECD国家金融衍生品税制比较及对我国的启示》,载于《财会月刊》2010年第11期。

[109] 方添智:《次贷危机中信用评级失灵的原因及法律规制——美国信用评级制度改革评析》,载于《国际经济法学刊》2010年第2期。

[110] 韩龙、许明朝:《风险模型之殇与对金融风险监管的审视——根植于这场金融危机的考察》,载于《国际金融研究》2010年第7期。

[111] 黄继汇:《美证交会密集推出监管组合拳》,载于《中国证券报》2009年8月6日。

[112] 李雯:“起诉信用评级机构首道障碍之跨越”,载于《武大国际法评论》2011年第1期。

[113] 柳永明:《美国对信用评级机构的监管》,载于《上海金融》2007年第12期。

[114] [美] 卡特琳娜·皮斯托、[英] 许成钢:《不完备法律在金融市场监管中的应用》,载于《比较》2002年第3期。

[115] 美国会报告:《穆迪、普尔为商业利益牺牲评级精确性》,载于《新财经》2010年4月24日。

[116] 聂飞舟:《美国信用评级机构法律监管演变与发展动向——多德法案前后》,载于《比较法研究》2011年第4期。

[117] 沈凯、王雨本:《信用立法的法理分析》,载于《中共中央党校学报》2009年第3期。

[118] 万静:《外国人在华就业遭遇劳动合同法难题》,载于《法制日报》2008年5月8日第8版。

[119] 王兰军:《建立独立的金融司法体系防范化解金融风险——兼论组建中国金融法院、中国金融检察院》,载于《财经问题研究》2000年第9期。

[120] 王彦鹏:《监管的失语与权力的高歌——美国信用评级机构助推次贷危机根源论》,载于《金融法苑》2009年第78期。

[121] 王月:《从金融危机审视证券信用评级机构法律规制的缺失——科学发展观视域下对中国金融监管的法律检讨》,载于《经济视角》2009年第6期。

[122] 叶明:《人才国际化战略:机理与设计》,载于《东南大学学报》2006年第1期。

[123] 赵娟、田雷:《论美国商业言论的宪法地位——以宪法第一修正案为

中心》，载于《法学评论》2005 年第 6 期。

[124] 郑又源：《我国信用评级机构规制与监管问题研究》，载于《兰州大学学报（社会科学版）》2010 年第 6 期。

[125] Hugh J. Ault & Brian J. Arnold, *Comparative Income Taxation: A Structure Analysis*, 3rd. Edition, Kluwer Law International, 2010.

[126] Stuart Banner, *Anglo – American Securities Regulation: Cultural and Political Roots*, 1690 – 1860, Cambridge University Press, 1998.

[127] Rogar Blanpain, *Comparative Labour Law and Industrial Relations in Industrialized Market Economies*, Kluwer Law International, 2004.

[128] James R. Barth, Gerard Caprio, Jr. & Ross Levine, *Rethinking Bank Regulation: Till Angels Govern*, Cambridge University Press, 2006.

[129] Youssef Cassis, *Capitals of Capital: A History of International Financial Centres*, 1780 – 2005, New York: CambridgeUniversity Press, 2006.

[130] Anne C. L. Davies, *Perspectives on Labour Law*, Cambridge University Press, 2004.

[131] Erik F. Gerding, *Law, Bubbles, and Financial Regulation*, *Routledge*, 2014.

[132] Jill M. Hendrickson, *Regulation and Instability in U. S Commercial Banking: A History of Crises*, *Palgrave Macmillan*, 2011.

[133] Rosa M Lastra, *Cross Border Bank Insolvency*, Oxford University Press, 2011.

[134] Ruben Lee, *Running the World's Markets: The Governance of Financial Infrastructure*, Princeton University Press, 2011.

[135] Jonathan R. Macey, Geoffrey P. Miller & Richard Scott Carnell, *Banking Law and Regulation*, 3rd. Edition, CITIC Publishing House, 2003.

[136] Margaret G. Myers, *A Financial History of the United States*, Columbia University Press, 1970.

[137] OCC, *Comptroller's Licensing Manual: Charters*, 2007.

[138] Yoon S. Park & Musa Essayyard eds. *International Banking and Financial Centers*, Kluwer Academic Publishers, 1989.

[139] K. Scott, G. Shultz & J. Taylor eds. , *Ending Government Bailouts as We Know Them*, Hoover Institution Press, Stanford University, 2010.

[140] Richard Scott, Carnell, Jonathan R. Macey & Geoffrey P. Miller, *The Law of Financial Institutions*, Fifth Edition, Wolters Kluwer, 2013.

[141] Klaus Vogel, *Klaus Vogel on Double Taxation Conventions*, 3rd. Edition,

Kluwer Law International, 1997.

[142] Zhongfei Zhou, *Chinese Banking Law and Foreign Financial Institutions*, Kluwer Law International, 2001.

[143] A. C. Pritchard, London as Delaware? *University of Cincinnati Law Review*, Vol. 78, winter 2009.

[144] Andrew Campbell & Rosa Lastra, Revisiting the Lender of Last Resort, *Banking and Finance Law Review*, Vol. 24, No. 3, June 2009.

[145] Andrew T. Guzman & Timothy L. Meyer. International Soft Law, *Journal of Legal Analysis*, Vol. 2, 2010.

[146] Basel Committee on Banking Supervision, *Report and Recommendations of the Cross-border Bank Resolution Group*, March 2010.

[147] Basel Committee on Banking Supervision, *Resolution Policies and Frameworks: Progress So Far*, 2011.

[148] Basel Committee on Banking Supervision, *Reporting Template and Reporting Instructions*, November12, 2014.

[149] BIS, *Background note – Working Group on Rating Structured Finance Non – Credit Risks in Structured Finance Transactions and the Role of Rating Agencies*, December 2004.

[150] BNP Paribas, *US Resolution Plan*, 2013.

[151] Bob Wigley, *London: Winning in a Changing World: The Review of the Competitiveness of London's Financial Centre*, December 2008.

[152] Caroline Heber, Christian Sternberg, *Market InfrastructureRegulation and theFinancial Transaction Tax*, Max Planck Institute for Tax Law and Public Finance-Working Paper, No. 2014 – 07, May 2014.

[153] Committee on Payment and Settlement System & Technical Committee of the International Organization of Securities Commissions, *Principles for Financial Market Infrastructures*, April 2012.

[154] Committee on Payment and Settlement System & Board of the International Organization of Securities Commissions, *The Recovery of Financial Market Infrastructures*, October 2014.

[155] Committee on Payment and Settlement System & Technical Committee of the International Organization of Securities Commissions, *Guidance on Cyber Resilience for Financial Market Infrastructures*, *CPMI – IOSCO consultative paper*, November 2015.

[156] ECB & European Commission, *Public Consultation on Technical Details of a Possible EU Framework for Bank Recovery and Resolution – ESCB Contribution*, 2011.

[157] ESCB, *EC's Public Consultation on the Technical Details of a Possible EU Framework for Bank Recovery and Resolution – ESCB Contribution*, 2011.

[158] European Commission (DG Internal Market and Services), *Technical Details of a Possible EU Framework for Bank Recovery and Resolution*, 2011.

[159] European Commission, *Inventory of Taxes – Levied in the Member States of the European Union*, 17th Edition, Luxembourg: Office for Official.

[160] EU, *An EU Framework for Crisis Management in the Financial Sector*, October 2010.

[161] Eva Hüpkes, Rivalry in Resolution: How to Reconcile Local Responsibilities and Global Interests?, *European Company and Financial Law Review*, Vol. 7, issue 2, 2010.

[162] F. Gulcin Ozkan & D. Filiz Unsal, O*n the Use of Monetary and Macroprudential Policies for Small Open Economies*, IMF Working Paper, WP/14/112, June 2014.

[163] Frederick Schauer, The Failure of the Common Law, *Arizon State Law Journal*, Vol. 36, 2004.

[164] FSA, *The Turner Review*: *A Regulatory Response to the Global Banking Crisis*, March 2009.

[165] FSB, *Assessment Methodology for the Key Attributes of Effective Resolution Regimes for Financial Institutions (Consultative Document)*, August 2013.

[166] FSB, IMF & BIS, *Guidance to Assess the Systemic Importance of Financial Institutions*, *Markets and Instruments*: *Initial Considerations*, October 2009,

[167] FSB, IMF & BIS, *Guidance to Assess the Systemic Importance of Financial Institutions*, *Markets and Instruments*: *Initial Considerations—Background Paper*, November, 2009.

[168] FSB, IMF & BIS, *Macroprudential Policy Tools and Frameworks*, *Update to G20 Finance Ministers and Central Bank Governors*, February 2011.

[169] FSB, *Key Attributes of Effective Resolution of Systemically Important Financial Institutions*, October 2011.

[170] FSB, *Reducing the Moral Hazard Posed by Systemically Important Financial Institutions—FSB Recommendation and Time Lines*, October 2010.

[171] FSB, *Thematic Review on Resolution Regimes Peer Review Report*, April

2013.

[172] Howell Zee & Alan Schenk, Treating Financial Services Under Value Added Tax: Conceptual Issues and Country Practices, *Tax Notes International*, June 25, 2001.

[173] IIF, *Making Resolution Robust*, 2012.

[174] IMF, *Resolution of Cross – Border Banks: A Proposed Framework for Enhanced Coordination*, 2010.

[175] IMF, *The Interaction of Monetary and Macroprudential Policies: Background Paper*, December, 2012.

[176] James R. Barth, Gerard Caprio Jr & Ross Levine, Bank Regulation and Supervision in 180 Countries from 1999 to 2011, *Journal of Financial Economic Policy*, Vol. 5 No. 2, 2013.

[177] Jianping Zhou, Virginia Rutledge, WouterBossu, Marc Dobler, Nadege-Jassaud & Michael Moore, *From Bail-out to Bail-in: Mandatory Debt Restructuring of Systemic Financial Institutions*, IMF Staff Discussion Note, 24 April, 2012.

[178] John C. Coffee, Jr., The Rise of Dispersed Ownership: The Roles of Law and the State in the Separation of Ownership and Control, *Yale Law Journa*l, Vol. 111, 2001.

[179] Joint Forum on Financial Conglomerates, *Supervision of Financial Conglomerates*, February 1999.

[180] Jonathan D. Ostry, Atish R. Ghosh, Karl Habermeier, Luc Laeven, Marcos Chamon, Mahvash S. Qureshi & Annamaria Kokenyne, *Managing Capital Inflows: What Tools to Use?*, IMF Staff Discussion Note, April, 2011.

[181] Katharina Pistor, *Legal Ground Rules in Coordinated and Liberal Market Economies*, European Corporate Governance Institutional Law Working Paper No. 30/2005, 2005.

[182] Katja Funken, *The Best of Both Worlds: The Trend Towards Convergence of the Civil Law and the Common System*, LA732 Comparative Legal Essay, July 2003.

[183] Kristin Forbes, Marcel Fratzscher & Roland Straub, *Capital Controls and Macroprudential Measures: What Are They Good for?*, NBER Working Paper No. 20860, January 2015.

[184] Mark J. Roe, Legal Origins, Politics, and Modern Stock Markets, *Harvard Law Review*, Vol. 120, December 2006.

[185] Matthias Lehmann, *Volcker Rule, Ring – Fencing or Separation of Bank*

Activities: Comparison of Structural Reform Acts Around the World, *LSE Law*, Society and Economy Working Papers 25/2014, 2014.

[186] Michael Bloomberg & Charles Schumer, *Sustaining New York's and the US' Global Financial Services Leadership*, 2007.

[187] Michael D. Bordo, Michael J. Dueker & David C. Wheelock, *Aggregate Price Shocks and Financial Instability: An Historical Analysis*, Federal Reserve Bank of St. Louis Working Paper 2000 – 005B, September 2001.

[188] Michael Graff, Law and Finance: Common Law and Civil Law Countries Compared: An Empirical Critique, *Economica*, Vol. 75, 2008.

[189] Morris Goldstein & Nicolas Véron, *Too Big to Fail: The Transatlantic Debate*, Peterson Institute for International Economics Working Paper, January 2011.

[190] Niki Anderson, Martin Brooke, Michael Hume & Miriam Kürtösiová, *A European Capital Markets Union: Implications for Growth and Stability*, Financial Stability Paper No. 33, Bank of England, February 2015.

[191] Nizon Packin, The Case Against The Dodd – Frank Act's Living Wills: Contingency Planning Following the Financial Crisis, *Berkeley Business Law Journal*, Vol. 61, 2013.

[192] Prabirjit Sarkar, Common Law vs. Civil Law: Which System Provides More Protection to Shareholders and Promotes Financial Development, *Journal of Advanced Research in Law and Economics*, Vol. 2, issue 2 (4), winter 2011.

[193] Stijn Claessens, Richard J. Herring, Dirk Schoenmaker & Kimberly A. Summe, *A Safer World Financial System: Improving the Resolution of Systemic Institutions*, Geneva Reports on the World Economy No. 12, 2010.

[194] The Clearing House, *"CHIPS" Self – Assessment of Compliance Core Principles for Systemically Important Payment Systems*, February 2014.

[195] The Clearing House, *CHIPS Rules and Administrative Procedures Effective*, 2016.

[196] The Pew Financial Reform Project, *Standards for Rapid Resolution Plans*, 2011.

[197] Thorsten Beck, Asli Demirgruc – Kunt &Ross Levine, Legal Theories of Financial Development, *Oxford Review of Economic Policy*, Vol. 17, No. 4, 2001.

[198] UBS, *US Resolution Plan*, 2013.

[199] U. S. SEC, *Financial Oversight of Enron: the SEC and Private – Sector Watchdogs*, 2002.

［200］ World Bank, Slovakia: Technical Note on Consumer Protection in Financial Services, *Sectoral Analyses and Good Practice Reviews*, Vol. Ⅱ, July 2007.

［201］ World Bank, *Good Practices for Consumer Protection and Financial Literacy in Europe and Central Asia: A Diagnostic Tool* (*Consultative Paper*), August 2008.

教育部哲学社會科学研究重大課題攻關項目

成果出版列表

序号	书　名	首席专家
1	《马克思主义基础理论若干重大问题研究》	陈先达
2	《马克思主义理论学科体系建构与建设研究》	张雷声
3	《马克思主义整体性研究》	逄锦聚
4	《改革开放以来马克思主义在中国的发展》	顾钰民
5	《新时期　新探索　新征程 ——当代资本主义国家共产党的理论与实践研究》	聂运麟
6	《坚持马克思主义在意识形态领域指导地位研究》	陈先达
7	《当代资本主义新变化的批判性解读》	唐正东
8	《当代中国人精神生活研究》	童世骏
9	《弘扬与培育民族精神研究》	杨叔子
10	《当代科学哲学的发展趋势》	郭贵春
11	《服务型政府建设规律研究》	朱光磊
12	《地方政府改革与深化行政管理体制改革研究》	沈荣华
13	《面向知识表示与推理的自然语言逻辑》	鞠实儿
14	《当代宗教冲突与对话研究》	张志刚
15	《马克思主义文艺理论中国化研究》	朱立元
16	《历史题材文学创作重大问题研究》	童庆炳
17	《现代中西高校公共艺术教育比较研究》	曾繁仁
18	《西方文论中国化与中国文论建设》	王一川
19	《中华民族音乐文化的国际传播与推广》	王耀华
20	《楚地出土戰國簡册［十四種］》	陈　伟
21	《近代中国的知识与制度转型》	桑　兵
22	《中国抗战在世界反法西斯战争中的历史地位》	胡德坤
23	《近代以来日本对华认识及其行动选择研究》	杨栋梁
24	《京津冀都市圈的崛起与中国经济发展》	周立群
25	《金融市场全球化下的中国监管体系研究》	曹凤岐
26	《中国市场经济发展研究》	刘　伟
27	《全球经济调整中的中国经济增长与宏观调控体系研究》	黄　达
28	《中国特大都市圈与世界制造业中心研究》	李廉水

序号	书　名	首席专家
29	《中国产业竞争力研究》	赵彦云
30	《东北老工业基地资源型城市发展可持续产业问题研究》	宋冬林
31	《转型时期消费需求升级与产业发展研究》	臧旭恒
32	《中国金融国际化中的风险防范与金融安全研究》	刘锡良
33	《全球新型金融危机与中国的外汇储备战略》	陈雨露
34	《全球金融危机与新常态下的中国产业发展》	段文斌
35	《中国民营经济制度创新与发展》	李维安
36	《中国现代服务经济理论与发展战略研究》	陈　宪
37	《中国转型期的社会风险及公共危机管理研究》	丁烈云
38	《人文社会科学研究成果评价体系研究》	刘大椿
39	《中国工业化、城镇化进程中的农村土地问题研究》	曲福田
40	《中国农村社区建设研究》	项继权
41	《东北老工业基地改造与振兴研究》	程　伟
42	《全面建设小康社会进程中的我国就业发展战略研究》	曾湘泉
43	《自主创新战略与国际竞争力研究》	吴贵生
44	《转轨经济中的反行政性垄断与促进竞争政策研究》	于良春
45	《面向公共服务的电子政务管理体系研究》	孙宝文
46	《产权理论比较与中国产权制度变革》	黄少安
47	《中国企业集团成长与重组研究》	蓝海林
48	《我国资源、环境、人口与经济承载能力研究》	邱　东
49	《“病有所医”——目标、路径与战略选择》	高建民
50	《税收对国民收入分配调控作用研究》	郭庆旺
51	《多党合作与中国共产党执政能力建设研究》	周淑真
52	《规范收入分配秩序研究》	杨灿明
53	《中国社会转型中的政府治理模式研究》	娄成武
54	《中国加入区域经济一体化研究》	黄卫平
55	《金融体制改革和货币问题研究》	王广谦
56	《人民币均衡汇率问题研究》	姜波克
57	《我国土地制度与社会经济协调发展研究》	黄祖辉
58	《南水北调工程与中部地区经济社会可持续发展研究》	杨云彦
59	《产业集聚与区域经济协调发展研究》	王　珺

序号	书　名	首席专家
60	《我国货币政策体系与传导机制研究》	刘　伟
61	《我国民法典体系问题研究》	王利明
62	《中国司法制度的基础理论问题研究》	陈光中
63	《多元化纠纷解决机制与和谐社会的构建》	范　愉
64	《中国和平发展的重大前沿国际法律问题研究》	曾令良
65	《中国法制现代化的理论与实践》	徐显明
66	《农村土地问题立法研究》	陈小君
67	《知识产权制度变革与发展研究》	吴汉东
68	《中国能源安全若干法律与政策问题研究》	黄　进
69	《城乡统筹视角下我国城乡双向商贸流通体系研究》	任保平
70	《产权强度、土地流转与农民权益保护》	罗必良
71	《我国建设用地总量控制与差别化管理政策研究》	欧名豪
72	《矿产资源有偿使用制度与生态补偿机制》	李国平
73	《巨灾风险管理制度创新研究》	卓　志
74	《国有资产法律保护机制研究》	李曙光
75	《中国与全球油气资源重点区域合作研究》	王　震
76	《可持续发展的中国新型农村社会养老保险制度研究》	邓大松
77	《农民工权益保护理论与实践研究》	刘林平
78	《大学生就业创业教育研究》	杨晓慧
79	《新能源与可再生能源法律与政策研究》	李艳芳
80	《中国海外投资的风险防范与管控体系研究》	陈菲琼
81	《生活质量的指标构建与现状评价》	周长城
82	《中国公民人文素质研究》	石亚军
83	《城市化进程中的重大社会问题及其对策研究》	李　强
84	《中国农村与农民问题前沿研究》	徐　勇
85	《西部开发中的人口流动与族际交往研究》	马　戎
86	《现代农业发展战略研究》	周应恒
87	《综合交通运输体系研究——认知与建构》	荣朝和
88	《中国独生子女问题研究》	风笑天
89	《我国粮食安全保障体系研究》	胡小平
90	《我国食品安全风险防控研究》	王　硕

序号	书　名	首席专家
91	《城市新移民问题及其对策研究》	周大鸣
92	《新农村建设与城镇化推进中农村教育布局调整研究》	史宁中
93	《农村公共产品供给与农村和谐社会建设》	王国华
94	《中国大城市户籍制度改革研究》	彭希哲
95	《国家惠农政策的成效评价与完善研究》	邓大才
96	《以民主促进和谐——和谐社会构建中的基层民主政治建设研究》	徐　勇
97	《城市文化与国家治理——当代中国城市建设理论内涵与发展模式建构》	皇甫晓涛
98	《中国边疆治理研究》	周　平
99	《边疆多民族地区构建社会主义和谐社会研究》	张先亮
100	《新疆民族文化、民族心理与社会长治久安》	高静文
101	《中国大众媒介的传播效果与公信力研究》	喻国明
102	《媒介素养：理念、认知、参与》	陆　晔
103	《创新型国家的知识信息服务体系研究》	胡昌平
104	《数字信息资源规划、管理与利用研究》	马费成
105	《新闻传媒发展与建构和谐社会关系研究》	罗以澄
106	《数字传播技术与媒体产业发展研究》	黄升民
107	《互联网等新媒体对社会舆论影响与利用研究》	谢新洲
108	《网络舆论监测与安全研究》	黄永林
109	《中国文化产业发展战略论》	胡惠林
110	《20世纪中国古代文化经典在域外的传播与影响研究》	张西平
111	《国际传播的理论、现状和发展趋势研究》	吴　飞
112	《教育投入、资源配置与人力资本收益》	闵维方
113	《创新人才与教育创新研究》	林崇德
114	《中国农村教育发展指标体系研究》	袁桂林
115	《高校思想政治理论课程建设研究》	顾海良
116	《网络思想政治教育研究》	张再兴
117	《高校招生考试制度改革研究》	刘海峰
118	《基础教育改革与中国教育学理论重建研究》	叶　澜
119	《我国研究生教育结构调整问题研究》	袁本涛 王传毅
120	《公共财政框架下公共教育财政制度研究》	王善迈

序号	书　名	首席专家
121	《农民工子女问题研究》	袁振国
122	《当代大学生诚信制度建设及加强大学生思想政治工作研究》	黄蓉生
123	《从失衡走向平衡：素质教育课程评价体系研究》	钟启泉 崔允漷
124	《构建城乡一体化的教育体制机制研究》	李　玲
125	《高校思想政治理论课教育教学质量监测体系研究》	张耀灿
126	《处境不利儿童的心理发展现状与教育对策研究》	申继亮
127	《学习过程与机制研究》	莫　雷
128	《青少年心理健康素质调查研究》	沈德立
129	《灾后中小学生心理疏导研究》	林崇德
130	《民族地区教育优先发展研究》	张诗亚
131	《WTO主要成员贸易政策体系与对策研究》	张汉林
132	《中国和平发展的国际环境分析》	叶自成
133	《冷战时期美国重大外交政策案例研究》	沈志华
134	《新时期中非合作关系研究》	刘鸿武
135	《我国的地缘政治及其战略研究》	倪世雄
136	《中国海洋发展战略研究》	徐祥民
137	《深化医药卫生体制改革研究》	孟庆跃
138	《华侨华人在中国软实力建设中的作用研究》	黄　平
139	《我国地方法制建设理论与实践研究》	葛洪义
140	《城市化理论重构与城市化战略研究》	张鸿雁
141	《境外宗教渗透论》	段德智
142	《中部崛起过程中的新型工业化研究》	陈晓红
143	《农村社会保障制度研究》	赵　曼
144	《中国艺术学学科体系建设研究》	黄会林
145	《人工耳蜗术后儿童康复教育的原理与方法》	黄昭鸣
146	《我国少数民族音乐资源的保护与开发研究》	樊祖荫
147	《中国道德文化的传统理念与现代践行研究》	李建华
148	《低碳经济转型下的中国排放权交易体系》	齐绍洲
149	《中国东北亚战略与政策研究》	刘清才
150	《促进经济发展方式转变的地方财税体制改革研究》	钟晓敏
151	《中国—东盟区域经济一体化》	范祚军

序号	书　名	首席专家
152	《非传统安全合作与中俄关系》	冯绍雷
153	《外资并购与我国产业安全研究》	李善民
154	《近代汉字术语的生成演变与中西日文化互动研究》	冯天瑜
155	《新时期加强社会组织建设研究》	李友梅
156	《民办学校分类管理政策研究》	周海涛
157	《我国城市住房制度改革研究》	高　波
158	《新媒体环境下的危机传播及舆论引导研究》	喻国明
159	《法治国家建设中的司法判例制度研究》	何家弘
160	《中国女性高层次人才发展规律及发展对策研究》	佟　新
161	《国际金融中心法制环境研究》	周仲飞
	……